中经金课法学专业精品课程
新时代高等教育创新型教材

民商法概论

Introduction to Civil and Commercial Law

主　编　蒲春平
副主编　刘海娟　马心怡
参　编　殷晓琳　李　毅

中国经济出版社
CHINA ECONOMIC PUBLISHING HOUSE

图书在版编目（CIP）数据

民商法概论 / 蒲春平主编.---北京：中国经济出版社，2023.11
中经金课法学专业精品课程
ISBN 978-7-5136-7429-4

Ⅰ.①民… Ⅱ.①蒲… Ⅲ.①民法-中国-高等学校-教材 ②商法-中国-高等学校-教材 Ⅳ.①D923

中国国家版本馆CIP数据核字（2023）第160284号

选题策划　雷　生
责任编辑　彭　欣
责任印制　马小宾
封面设计　牧野春晖

出版发行	中国经济出版社
印 刷 者	北京富泰印刷有限责任公司
经 销 者	各地新华书店
开　　本	889mm×1194mm　1/16
印　　张	24
字　　数	676千字
版　　次	2023年11月第1版
印　　次	2023年11月第1次
定　　价	59.00元

广告经营许可证　京西工商广字第8179号

中国经济出版社　网址 www.economyph.con　社址 北京市东城区安定门外大街58号　邮编 100011
本版图书如存在印装质量问题，请与本社销售中心联系调换（联系电话：010-57512564）

版权所有　盗版必究（举报电话：010-57512600）
国家版权局反盗版举报中心（举报电话：12390）　服务热线：010-57512564

前言 PREFACE

2018年1月,教育部公布《普通高等学校本科专业类教学质量国家标准》,对普通高校本科专业目录中92个本科专业类的专业内涵、学科基础、人才培养方向、培养目标、培养规格等方面提出了明确具体的要求。其中工商管理类、经济学类、财政学类各专业要求在专业必修课开设"经济法"课程,金融学类各专业要求在专业必修课开设"民商法"课程,培养新时代懂经济、懂管理、懂法律的高素质复合型人才。2021年"民法典"实施,这是新中国成立以来第一部以"法典"命名的法律,是新时代我国社会主义法治建设的重大成果。为此,我们结合经济学、管理学、金融学各学科专业对"民商法"课程教学的基本需求,组织长期从事一线教学科研工作的教师编写了本书。

一、本教材主要内容

本教材主要包括:法律基础知识、基本民事法律制度、物权法律制度、合同法律制度、知识产权法律制度、个人独资企业与合伙企业法律制度、公司法律制度、企业破产法律制度、票据与支付结算法律制度、证券法律制度、保险法律制度、反不正当竞争与反垄断法律制度、消费者权益保护与产品质量法律制度、劳动合同法律制度、民商事争议解决法律制度等内容。

二、本教材适用对象

本教材适用于经济学类、工商管理类、金融学类、财政学类各专业本科学生"民商法"课程学习使用,也可以作为财经类、工商管理类学生及公务员、企业管理人员了解经济法律知识的参考用书。

三、本教材的特点

1. 注重理论,突出实务

每章除介绍具体的经济法律制度内容外,在章前均设置"导入案例"导入本章知识内容并提出问题;每章后设置"课后思考",引导读者对实际的案例进行分析,通过案例分析加强对具体经济法律制度的理解。

2. 吸收最新的经济法学研究成果和立法成果

在编写过程中，尽量做到既注重经济法学知识体系的完整性，又注重体现最新的经济法学研究动态和立法情况。特别是针对《民法典》实施之后大量法律法规的修订情况，调整和更新了教学内容。

3. 编写体例新颖

本教材每章由"学习目标""导入案例""知识拓展""法条链接""典型案例""本章小结""复习与训练""课后思考"等组成。"学习目标"部分主要帮助读者了解本章重点及难点知识；"导入案例"部分主要是为了导入本章主要教学内容；"法条链接""典型案例"有助于学生检索重点法律法规，引导读者运用具体知识对实际案例进行探讨和分析，帮助读者将基本理论与具体实践问题结合起来，提高对法律的实践运用能力；"本章小结"系统总结本章主要知识点；"复习与训练"是针对本章知识的重点提炼出来需要思考的问题，可以帮助读者抓住重点，加深理解相关内容，为今后的复习提供一定的指引。

四、本教材的编写分工

本教材由长期从事"民商法""经济法"等课程教学与研究的一线教师参与编写。编写体例、大纲和结构由主编提出，经过全体编写人员的讨论。本书由蒲春平担任主编，刘海娟、马心怡担任副主编，殷晓琳、李毅参与编写。具体分工：蒲春平编写第一章、第二章、第四章、第七章、第十四章、第十二章第一节；刘海娟编写第三章、第六章、第八章、第十一章；马心怡编写第五章、第九章、第十章、第十三章；殷晓琳编写第十二章第二节；李毅编写第十五章。

对于本书的编写工作，尽管我们付出了努力，但是受能力及资料所限，尚存在不足之处，恳请广大读者批评指正。

编　者
2023 年 4 月

目录 CONTENTS

第一章 法律基础知识 ... 001
- 第一节 法的概念 ... 001
- 第二节 法的渊源 ... 005
- 第三节 法的分类 ... 008
- 第四节 法律关系 ... 011
- 第五节 法律责任 ... 014
- 第六节 法的运行 ... 015

第二章 基本民事法律制度 ... 022
- 第一节 民事法律行为 ... 022
- 第二节 代理制度 ... 031
- 第三节 诉讼时效制度 ... 036

第三章 物权法律制度 ... 043
- 第一节 物权法律制度概述 ... 043
- 第二节 物权变动 ... 046
- 第三节 所有权 ... 055
- 第四节 用益物权 ... 062
- 第五节 担保物权 ... 069
- 第六节 占有 ... 077

第四章 合同法律制度 ············082

第一节 合同与合同法概述 ············082

第二节 合同的订立 ············085

第三节 合同的效力 ············089

第四节 合同的履行 ············091

第五节 合同的保全 ············094

第六节 合同的变更、转让与终止 ············096

第七节 违约责任 ············101

第五章 知识产权法律制度 ············108

第一节 知识产权法概述 ············108

第二节 著作权法律制度 ············109

第三节 专利权法律制度 ············116

第四节 商标权法律制度 ············124

第六章 个人独资企业与合伙企业法律制度 ············135

第一节 个人独资企业法制度 ············135

第二节 合伙企业法律制度 ············142

第七章 公司法律制度 ············160

第一节 公司与公司法概述 ············160

第二节 公司基本理论 ············163

第三节 有限责任公司 ············166

第四节 股份有限公司 ············174

第五节 公司董事、监事、高级管理人员的资格与义务 ············181

第六节 公司债券与财务、会计制度 ············183

第七节 公司变更、解散与清算 ············186

第八章　企业破产法律制度 192
第一节　企业破产法律制度概述 192
第二节　破产的申请与受理 194
第三节　破产管理人制度 197
第四节　债务人财产 199
第五节　破产债权 203
第六节　债权人会议 204
第七节　重整与和解 206
第八节　破产清算程序 209

第九章　票据与支付结算法律制度 213
第一节　支付结算概述 213
第二节　票据法律制度 214
第三节　非票据结算方式 227

第十章　证券法律制度 237
第一节　证券法律制度概述 237
第二节　公司债券的发行与交易 243
第三节　证券监督管理机构 251
第四节　上市公司收购 253
第五节　证券投资者保护法律制度 257
第六节　证券违法行为法律责任 258

第十一章　保险法律制度 266
第一节　保险法概述 266
第二节　保险法的基本原则 273
第三节　保险合同 278
第四节　保险业法 290

第十二章 反不正当竞争与反垄断法律制度 ···················· 297
第一节 反不正当竞争法律制度 ···························· 297
第二节 反垄断法律制度 ···························· 303

第十三章 消费者权益保护与产品质量法律制度 ···················· 311
第一节 消费者权益保护制度 ···························· 312
第二节 产品质量法律制度 ···························· 323

第十四章 劳动合同法律制度 ···························· 338
第一节 劳动合同概述 ···························· 338
第二节 劳动合同的形式和内容 ···························· 341
第三节 劳动合同的订立和效力 ···························· 343
第四节 劳动合同的履行和变更 ···························· 348
第五节 劳动合同的解除和终止 ···························· 350
第六节 违反劳动合同的法律责任 ···························· 355

第十五章 民商事争议解决法律制度 ···························· 361
第一节 仲裁制度 ···························· 361
第二节 民事诉讼制度 ···························· 366

参考文献 ···························· 376

第一章 法律基础知识

Chapter One

学习目标

○掌握法的概念、特征；
○厘清法律规范、法律规则与法律原则的概念；
○理解我国法的渊源、法律关系及其构成要件；
○了解法的分类、法律责任及法的运行。

导入案例

○甲、乙公司签订了80万元的买卖合同，合同标的为机器设备一台。合同约定"甲公司应当在4月1日前交货，乙公司在收到设备后10日内付款"。后甲方未按约定交付设备，乙方遂将其起诉至法院。
○分析：该案中法律关系的主体、内容和客体。

第一节 法的概念

一、法的概念与特征

（一）法的概念

法是由国家制定或认可的，以权利义务为主要内容的，体现国家意志，并以国家强制力保障实施的人们行为规范的总称。法通过规定人们在相互关系中的权利和义务，确认、保护和发展对统治阶级有利的社会关系和社会秩序。

法是法律规范的总称，法律规范是构成法的"细胞"。所谓法律规范，就是指国家通过制定或认可的方式形成法律规则和法律原则来调整人们行为的规范。法律规范不同于法律条文，法律条文是法律规范的文字，法律规范是法律条文内涵的意思表示。一般而言，法律规范由多个法律条文组成。法律规范不仅包含法律规则，而且包含法律原则。法律规则是采取一定的结构形式具体规定人们的权利、义务以及相应的法律后果的行为规范。任何法律规则均由假定条件、行为模式和法律后果三个部分构成，这是法律规则的逻辑结构。法律原则是指一定法律体系中作为法律规则的指导思想、基础或本源的、综合的、稳定的法律原理的准则。法律规则、法律原则、权利义务和法律概念是法这一复杂系统的构成要素。

在法律规则和法律原则的适用上，一般优先适用法律规则，但是也有例外，即法律原则适用的三个条件："穷尽规则""实现个案正义"，或"更强理由"。

法不能等同于法律。在我国，一般认为狭义的法律仅指全国人民代表大会及其常务委员会制定的规范性的文件，广义的法律是指包括宪法、法律、行政法规、地方性法规等在内的一切规范性法律文件。

典型案例

甲与乙结婚，婚后因感情不和而分居。后来，乙认识了丙，两人同居。在乙因患肝癌去世之后，丙拿出了乙的遗嘱，称其与乙是朋友，乙将其一部分财产指定由甲继承，将另一部分价值约6万元的财产遗赠于丙。乙的遗嘱由公证机关公证，遗嘱生效后，甲控制了全部遗产，丙认为甲的行为侵犯了她的合法权益，遂向法院提起诉讼，请求法院判令甲给付其相应的遗产。

法院以乙的遗嘱违背公序良俗原则为由驳回了丙的诉求，但学界也出现了很多主张保护丙的继承权的观点。在本案中，法官选择了优先适用法律原则而未选择具体的法律规则作为裁判的依据，属一般法律原则对具体法律规则的例外和突破。

（二）法的基本特征

法的基本特征是指法与上层建筑的其他组成部分（如社会道德规范）相比较而体现的特殊性，一般认为，法有四大基本特征。

1. 法是调整人们行为的规范

人是天生的社会动物，人们之间必然存在着相互关系，这就是社会关系。人们在相互交往中常常会发生矛盾、冲突，这就要求有一系列规则，以规范人们的行为，人们之间才能正常有序地进行交往。恩格斯指出这个规则首先表现为习惯，后来便成了法律。

2. 法是由国家制定或认可的一种特殊的行为规范

人们的社会行为规范有多种，如习惯、教义、道德、政策、纪律等，法律规范与它们不同，是由国家制定或认可的、体现国家意志的行为规范。所谓法的制定，是指国家机关通过立法活动产生新规范。在我国，全国人民代表大会和全国人民代表大会常务委员会有立法权。所谓法的认可，是指国家对既存的行为规则予以承认，赋予法律效力。

知识拓展

2020年5月28日，十三届全国人大三次会议表决通过《中华人民共和国民法典》（以下简称《民法典》），该法自2021年1月1日起施行。婚姻法、继承法、民法通则、收养法、担保法、合同法、物权法、侵权责任法、民法总则同时废止。

3. 法是以规定权利和义务的方式来运作的行为规范

法所规定的权利和义务，包括个人、组织（法人和非法人）及国家（作为普通法律关系主体）的权利和义务，还包括国家机关及公职人员在依法执行公务时的职权和责任。它明确地告诉人们必须怎样做，禁止怎样做。必须做的未做，禁止做的做了，就要追究法律责任。

4. 法是由国家强制力保证实施的社会行为规范

国家强制力即军队、警察、法庭、监狱等，是法的后盾，其他社会行为规范都不具有这种属性。在通常情况下，这种强制力是不显现的；对少数违法犯罪分子来说，这种强制力就显现出来。其他社会规范也有强制力，但不具有国家性。另外，法是具有严格程序规定的规范，具有程序性也是法的一个重要特征。

二、法的本质

法的本质,指的是法有别于其他社会现象的特有的质的规定性。马克思主义法学产生前,不同学派曾对法的本质作过不同的阐述:法是自然的一部分,法是体现"永恒正义"的"健全理性",法是主权者的命令,等等。

马克思主义关于法的本质的论述,可以概括为以下三方面:

(一)法是统治阶级意志的表现

法是一种社会规范,是以国家政权意志形式出现的社会规范。国家政权由统治阶级掌握,因此法首先要反映统治阶级意志。统治阶级意志不是各个成员个人的意志和利益的简单相加,更不是个别集团、个别人的任性。

(二)法是国家意志的统治阶级意志

统治阶级意志并不都表现为法,只有以国家意志表现出来的统治阶级意志才是法。比如在我国,社会主义核心价值观是国家根本利益的反映,维护核心价值观本质上是维护国家的根本利益,同时社会主义核心价值观体现了中华民族在当代的核心价值,以国家意志的形式宣示核心价值观,既是捍卫核心价值的需要,也是立法修法实践的需要,因而有着重要的时代意义。也因为如此,核心价值观上升为法律、上升为国家意志,是普遍现象。

知识拓展

倡导富强、民主、文明、和谐,倡导自由、平等、公正、法治,倡导爱国、敬业、诚信、友善,积极培育和践行社会主义核心价值观。富强、民主、文明、和谐是国家层面的价值目标,自由、平等、公正、法治是社会层面的价值取向,爱国、敬业、诚信、友善是公民个人层面的价值准则,这24个字是社会主义核心价值观的基本内容。

《宪法》第二十四条第二款:国家倡导社会主义核心价值观,提倡爱祖国、爱人民、爱劳动、爱科学、爱社会主义的公德,在人民中进行爱国主义、集体主义和国际主义、共产主义的教育,进行辩证唯物主义和历史唯物主义的教育,反对资本主义的、封建主义的和其他的腐朽思想。

(三)法的内容是由统治阶级的物质生活条件决定的

法体现统治阶级意志,但统治阶级意志并非凭空产生,而是由统治阶级生活中的社会物质生活条件决定的。概言之,法就是统治阶级意志的反映。这是关于法的本质的基本回答。

三、法与道德、国家、政策、经济的关系

(一)法与道德

道德是生活于一定物质条件下的人们以善与恶、正义与非正义、光荣与耻辱、公正与偏私等标准来评价人们的言行,并靠人们的内心信念、传统习惯和社会舆论维持的规范、原则和意识的总称。法律与道德的关系问题是法学理论的一个永恒的话题。二者有内在的必然的联系,又有明显的区别。法与道德都是人们的社会行为规范,都建立在同一经济基础上并随着经济基础的发展变化而发展变化,内容是互相渗透的,且目标是竞合的。两者的关系表现在:法律是传播道德的有效手段,道德是法律的评价标准和推动力量。这是法与道德的联系。法与道德也有区别。两者在起源的时间、表现形式、具体内容、实现的方式和手段以及调整的范围等方面不尽相同。

知识拓展

法的概念争论的中心问题是关于法与道德之间的关系。依据人们在定义法的概念时对法与道德的关系的不同主张，大致上可以将那些形形色色的法的概念区分为两种基本立场，即实证主义学派和自然法学派。实证主义理论主张，在法与道德之间，在法律命令什么与正义要求什么之间，在"实际上是怎样的法"与"应该是怎样的法"之间，不存在概念上的必然联系，即法和道德是分离的。与此相反，非实证主义理论主张，在定义法的概念时，道德因素被包括在内，法与道德是相互联结的，法律应当合乎道德规范，即"恶法非法"。马克思主义关于法的主要观点表现为法的正式性、阶级性和社会性（物质制约性）。

（二）法与国家

1. 国家是法存在的政治基础

法依附于国家，离不开国家；没有国家，就没有法律。这主要是因为，法的存在离不开国家，法的实施离不开国家的强制力。另外，法的性质直接取决于国家的性质，法的特征、表现形式和内容均受国家的影响。

2. 法是实现国家职能的规范

国家也离不开法，无法不称其为国家。原因在于：法是确认国家权力的一种重要的表现形式，是执行国家职能的有效工具，是完善国家制度所必需的手段。

（三）法与政策

政策有党的政策、国家政策之分，有总政策、基本政策和具体政策之别。党的政策是其在政治活动中为实现一定的目的而作出的政治决策。

1. 党的政策与法的区别

党的政策是党的意志的体现，具有原则性，其实施主要靠宣传教育，政策的稳定性不强；而法是国家意志的体现，规范而具体，其实施主要靠法律制裁手段，有较强的稳定性。

2. 法与政策相互作用

法以政策（执政党的政策）为指导，政策依靠法贯彻实施。法与政策都是统治阶级利益的集中体现，都是为经济基础服务的阶级专政的工具。在认识和处理法与政策的关系问题时，既不能把二者简单等同，又不能把二者完全割裂开来、对立起来。当它们在实践中发生矛盾时，既要坚持依法办事，维护法的稳定性和权威性，又要根据新的政策的精神对法作出修订，使二者的内容和原则保持一致。

（四）法与经济

法与经济的关系体现在法与经济基础、法与生产力的关系上。

1. 法与经济基础

法是由经济基础决定的，而法对经济基础具有反作用。

2. 法与生产力

法的发展终归受到社会生产力发展水平的制约，但法对生产力同样具有反作用。

四、法的价值和作用

（一）法的价值

法的价值是指法对于人的有用性，是法这一事物的内在尺度。法的价值体现了一种主客体之间的关系，表明法对于人们而言所拥有的正面意义。法的价值既包括对实然法的认识，又包括对应然法的认识。"实然"是指事物的实际状态,"应然"是指事物的理想状态。法的实然与应然之间存在一定距离,实际存在的法与人们期待的法总会有差异。法具有三种基本价值:自由、秩序、正义。此外,效率、利益也是法的价值。

知识拓展

2023年3月1日,最高人民法院发布十件人民法院大力弘扬社会主义核心价值观的典型民事案例。2022年,全国法院在法律框架内运用社会主义核心价值观释法说理的一审民事案件达38.25万件,涌现出一大批释法说理精准得当,法理情水乳交融,充满法治精神和人文关怀,具有行为规范指引和道德价值引领双重意义的典型案例。此次发布的典型案例涉及英烈保护、善意规劝、尊老爱幼、婚姻自由、职场文明、法治精神六个方面。

(二)法的作用

法的作用是指法对人们的行为、社会生活和社会关系产生的影响。法的作用可以分为规范作用与社会作用两类。在两者的关系上,规范作用是手段,社会作用是目的。

1. 法的规范作用

法的规范作用是法自身表现出来的、对人们的行为或社会关系的可能影响。法的规范作用表现为指引、评价、预测、强制和教育作用。

2. 法的社会作用

法的社会作用是法为实现一定的社会目的而发挥的作用。在阶级对立的社会中,法的社会作用大体上表现在两个方面:第一,法在维护阶级统治方面的作用。法调整着统治阶级与被统治阶级之间的关系、统治阶级内部的关系、统治阶级与其同盟者之间的关系。第二,法在执行社会公共事务方面的作用。社会公共事务是相对于纯粹的政治活动而言的一类社会活动。这些事务的直接目的并不表现为维护政治统治,而在客观上对全社会的一切成员均有利,具有"公益性"。调整社会公共事务的法,体现着社会性(非政治性),但在本质上与法在维护阶级统治方面的作用并不矛盾。

在阶级社会中,法以其独特的方式对人类生活产生着重要的影响。法的作用是不容低估的,但法因其自身局限并非无所不能。法只是众多社会调整手段中的一种,其作用的范围不是无限的,而是有限的。人们对法的价值和作用往往不分,但它们之间有区别。前者取决于人的需要或取向,具有主观性、内生性;后者不因人的意志而转移,具有客观性、外显性。

第二节 法的渊源

一、法的渊源的概念

法的渊源又称法的形式,指法的各种具体表达方式。细细探究,法的渊源的含义不限于法的形式。法的渊源,简称法源,它有实质渊源、形式渊源之分。实质渊源指的是法体现谁的意志,即法出于"神"的意志、全民的意志还是统治阶级的意志。不同社会、不同国家,对此有不同的回答。形式渊源,指一定的国家机关依照法定职权和程序制定或认可的具有不同效力和地位的法的不同表现形式,即根据法的效力来源不同而划分的法的不同形式。在我国,对法的渊源的理解,一般指形式意义上的渊源，主要是各种制定法。

二、法的渊源的种类

根据法的创制方式的不同，可将法划分为制定法（成文法）和非制定法（不成文法）。

制定法，即由有权的立法机关依法定程序制定的法律文件。我国法的渊源主要是各种制定法，包括宪法、法律和有关规范性文件、行政法规和有关规范性文件、部委规章和地方性法规等。非制定法，主要有习惯法、判例法等。我国国家政策是当代我国法的非正式渊源之一，习惯也应视为我国法的非正式渊源。

三、我国正式法渊源

（一）宪法

作为根本法，《宪法》具有最高法律效力，被称作"母法"。因此从理论上讲，司法机关首先应当以宪法为依据来进行案件裁判。但鉴于我国当前《宪法》并未司法化，因此将宪法列入正式法律渊源，只是从形式上对《宪法》的尊重，在司法实践中，宪法极少单独作为案件裁判依据。

（二）法律

（1）基本法律。由全国人大制定和修改的刑事、民事、国家机构和其他方面的规范性文件。

（2）基本法律以外的法律（也被称为普通法律）。由全国人大常委会制定和修改的规范性文件。

（3）全国人大及其常委会作出的具有规范性效力的决议、决定、规定、办法等，也视为法律。

（三）行政类法规

1. 行政法规

国家最高行政机关即国务院所制定的规范性文件，其法律地位和效力仅次于宪法和法律。

2. 行政规章

行政规章包括：①国务院各部委根据法律和国务院行政法规、决定、命令制定、发布的规章。②地方政府规章，即省级、地级市级别的人民政府根据法律和国务院的行政法规制定发布的规章。

（四）地方性法规、民族自治法规、经济特区的规范性文件

1. 地方性法规

地方性法规：省级、地级市级别的人大及其常委会，根据本行政区域的具体情况和实际需要，依法制定的在本行政区域内具有法的效力的规范性文件。

2. 民族自治法规

民族自治法规：民族自治地方的人民代表大会有权依照当地民族的政治、经济和文化的特点，制定变通性质的自治条例和单行条例，但应报全国或省级人民代表大会常委会批准之后才能生效。

3. 经济特区的规范性文件

经济特区的规范性文件：根据全国人大授权制定，其法律地位和效力不同于一般的法规、规章。从理论上说，经济特区法规的效力相当于法律。假如经济特区制定并适用的规范性文件与上一位阶的规范性文件有不同规定的，并不一定因此而被宣布无效或撤销。

（五）特别行政区的法律

香港特别行政区和澳门特别行政区立法会根据《基本法》所制定的，在特区生效的地方性法律文件。

（六）国际条约、国际惯例

这里的国际条约以中国缔结或加入为前提，国际惯例则更多发挥对国际条约的补充作用。

四、法的效力

法的形式渊源也称效力渊源，故在探讨法的形式时不能忽略法的效力。广义的法的效力是指法的约束力和强制力。其中，规范性法律文件如刑法、民法等，具有普遍的效力；非规范性法律文件如判决书、调解书、公证书等，只有具体的、特定的法律效力。狭义的法的效力是指法的生效范围或适用范围，即对什么人、在什么地方和什么时间适用的效力。

（一）对人的效力

法对人的效力，是指法适用于哪些人。有以下几种原则：

（1）属人主义。凡是本国人，无论在国内或国外，都受本国法约束。对在本国领域的外国人不适用。

（2）属地主义。无论本国人、外国人，只要在本国法所管辖的区域内，一律有效力。本国人在国外，不受本国法的约束。

（3）保护主义。任何人只要损害了本国利益，无论损害者的国籍和所在地，都受到本国法的追究。

（4）结合主义。它以属地主义为主，与属人主义、保护主义相结合。现代国家大都采用这一原则，我国也采用这一原则。

（二）空间效力

法的空间效力是法适用的领域范围，包括领土、领水、领空和底土。驻外国使馆、悬挂本国国旗的船舶和航空器属于领域的延伸，本国法都有效。

法有位阶之分，构成一个上下有序、左右相连的和谐统一体系。法的位阶即法的效力等级，不同位阶的法在本国领域内的效力是有区别的。以我国为例：

（1）在全国一切领域内有效的法有：宪法；全国人民代表大会（以下简称全国人大）制定的基本法律和决议、决定；全国人民代表大会常务委员会（以下简称全国人大常委会）制定的法律和决议、决定；国务院制定的行政法规和发布的决定、命令等。

（2）根据宪法或由全国人大授权，由有权制定地方性法规的省、市人民代表大会及其常务委员会制定的地方性法规，在本行政区域内有效；民族自治地方的人民代表大会制定的地方性法规和自治条例、单行条例在本自治区内有效；特别行政区的立法机关制定的法律在本特别行政区内有效。

（3）国务院各部委制定的规章只在本部门所管辖的事项范围内有效，即具有行业性；与有权制定地方性法规的人民代表大会同级的政府制定的规章，只在本行政区域或本行政区域内的有关行业有效。但是，其内部规章只在本部门内部有效。

（4）有的法，如戒严法，只有在某一地区发生的情况达到该法规定的条件，依法定程序宣布实行戒严的地区和时间内有效。我国制定法律、法规和规章的主体很多，因此，必须切实加强立法监督，才能使我国的法的体系内容和谐一致，形式完整统一。

（三）时间效力

法的时间效力是指法从何时开始有效，何时失效，以及对其生效以前的事项是否有效。

（1）法生效的时间一般有以下四种形式：第一，自法颁布之日起生效；第二，由该法明文规定具体生效时间；第三，由专门的决定规定该法具体生效的时间；第四，明文规定法颁布后经过一定期限开始生效。正规的做法是明文规定（明示）生效的时间，即"以法生效"。

（2）法失效的时间一般有以下五种情况：第一，新法公布后，原有的同一法律即失效；第二，新法取代原有法，同时明文宣布原有法失效；第三，法本身规定有效期，届满即自行失效；第四，由有权机关或受权机关发布专门的文件宣布废止某个或某些法律、法规、规章；第五，法已完成历史任务而自行失效。规范的做法是"以法废法"。

在法的效力问题上，有一个新法与旧法的关系问题。处理这个问题的原则是"新法优于旧法"或"后法优于前法"。但只能优于同位阶的、规范同一事项的旧法或前法。

（3）法对其生效以前的事项是否有效，即法的溯及力问题。在法的溯及力问题上，主要有从旧原则、从新原则、从旧兼从轻原则和从新兼从轻原则。我国1997年修订的《刑法》第十二条规定：中华人民共和国成立以后本法施行以前的行为，如果当时的法律不认为是犯罪的，适用当时的法律；如果当时的法律认为是犯罪的，依照本法总则第四章第八节的规定应当追诉的，按照当时的法律追究刑事责任，但是如果本法不认为是犯罪或者处刑较轻的，适用本法。这就是通常所说的"从旧兼从轻"原则。

第三节　法的分类

一、法的一般分类

法的分类是指从一定的角度或根据一定标准将法律规范或法律制度划分为若干不同的种类。由于角度不同、标准不同，法被分为若干不同的类型。例如，以社会形态或历史形态为标准，可以把法分为奴隶制法、封建制法、资本主义法、社会主义法；以法规范的内容为标准，可以分为宪法、民法、刑法等；以创制方式和表现形式为标准，可以分为成文法、不成文法；等等。下面着重介绍几种常见的分类方法。

（一）实体法和程序法

实体法和程序法是按法律规定的内容对法的分类。实体法是规定和确认权利与义务或职权与职责为主的法，如宪法、行政法、民法、刑法等，其规定的权利和义务直接来自人们在生产和生活中形成的相互关系的要求，如所有权、债权、政治权利义务；程序法是以保证权利与义务得以实施或职权与职责得以履行的以程序为主的法，如民事诉讼法、刑事诉讼法、行政诉讼法等，其规定的权利和义务是派生的。当然，这种划分并不是绝对的，实体法中往往有少量的程序规定；程序法中往往也规定有关国家机关和诉讼参与人在诉讼活动中的职权职责和权利义务。另外，要把程序法与诉讼法加以区别，程序法不一定涉及诉讼问题。完备而良好的法律程序是制约权力的有效机制，是实现权利平等的基本前提，是法律权威的重要保障。在我国，无论在立法上还是在执法、司法实践中，都曾有过重实体轻程序的问题，这种状况迫切需要改变。

（二）公法和私法

这种划分只在部分国家（主要是西方民法法系或成文法系国家）适用，因此是法的一种特殊的分类。著名的罗马法学家乌尔比安认为："公法是关于罗马国家的法律，私法是关于个人的法律。"这种分类来源于罗马法，但罗马法的内容主要是私法。据此，一般认为宪法、行政法、刑法、诉讼法是公法，民法、商法是私法，无法列入公法和私法的劳动法、保险法、环境与自然资源保护法等，被称为"混合法"或"中间法"。进入20世纪，由于国家对经济的干预日益增多，在一些国家出现了"法律社会化"现象，公私法相互渗透，该传统的划分日益受到挑战。

知识拓展

公法与私法的划分：公法与私法分类的基本意义在于便于法律的适用。区分二者的实益在于，易于确定法律关系的性质，如应适用何种法律规定，应采用何种救济方法或制裁手段，以及案件应由何种性质的法院或审判庭受理，应适用何种诉讼程序。公法与私法的区别是整个法律秩序的基础。如果这一区别被混淆，甚至无视公法与私法的本质差异，作为社会调整器的法律将会失灵，社会关系和社会秩序将会处于混乱之中。具体言之，公法与私法的划分主要有以下不同意义。

（1）从利益保护的重心来看，公法以维护公共利益即"公益"为主要目的，私法则以保护个人或私人利益即"私益"为依归。

（2）从调整的社会关系即对象来看，公法调整的是国家与公民之间、政府与社会之间的各种关系，主要体现为政治关系、行政关系及诉讼关系等。私法调整私人之间的民商事关系即平等主体之间的财产关系和人身关系。

（3）公法以权力为轴心，严守"权力法定"的定律；私法则以权利为核心，适用"权利推定"的逻辑。

（4）公法奉行"国家或政府干预"的理念，私法遵循"意思自治""私法自治"的原则。

（5）公法以政治国家为作用空间，私法以市民社会为功能范围。

（三）根本法和普通法

根本法和普通法是按法的法律地位、内容、程序所做的法的分类。在采用成文宪法的国家，根本法是指宪法，它在国家法律体系中享有最高的法律地位，具有最高的法律效力。宪法的内容和制定、修改的程序都不同于其他的法。普通法是指宪法以外的其他法。普通法的内容一般只涉及社会生活的某一方面，如民法、行政法、刑法等，其法律效力低于宪法。

（四）一般法和特别法

按法的效力范围可将法分为一般法和特别法。一般法是指在效力范围上具有普遍性的法律，即针对一般的人或事，在较长时期内，在全国范围普遍有效的法。特别法是指对特定主体、事项，或在特定地域、特定时间有效的法律。一般而言，特别法的效力优于一般法。例如，同是规范公司的法，《公司法》是一般法，《外商投资企业法》是特别法。

二、国际法与国内法的关系

国际法无论在理论上还是实践上，都有一个与国内法的关系问题。我国要全面融入国际社会，认清国际法与国内法的关系尤为重要。概括地说，国际法与国内法关系的理论主要是"两派三论"。所谓两派，即一派认为国际法与国内法是一个法律体系，这就是"一元论"；另一派则认为国际法与国内法是两个不同的法律体系，这就是"二元论"。在"一元论"中又有两种不同的论点：一种是国际法优于国内法，另一种是国内法优于国际法，形成了"两派三论"。

我国宪法对国际法与国内法的关系没有一般性的规定。以国际条约为例，宪法只对缔结条约的程序作了规定。这就是：①国务院缔结条约；②全国人大常委会决定条约的批准和废除；③中华人民共和国主席根据全国人大常委会的决定批准和废除条约。从这个程序看，缔结条约的程序与制定国内法的程序基本相同，因而可以认为只要是我国批准的条约，在国内都具有与法律同等的效力。条约是否可以直接适用于国内，在宪法上没有规定，但从一些法律的规定看，是可以直接适用的。如《民事诉讼法》第二百三十八条规定，"中华人民共和国缔结或者参加的国际条约同本法有不同规定的，适用该国际条约的规定，但中华人民共和国声明保留的条款除外。"这就意味着，在国内法与国际条约相冲突时，国际法优于国内法。1958年纽约公约的"更优权利条款"（第七条）允许国内法优于国际法，这是一种特例。

三、法系

所谓法系，是根据法的外部特征以及法律实践的特点等因素对法进行的划分。当代世界主要法系有三个：大陆法系、英美法系、以苏联和东欧国家的法律为代表的社会主义法系。其他的法系还有伊斯兰法系、印度法系、中华法系、犹太法系、非洲法系等。对资本主义法影响最大的是大陆法系和英美法系。

（一）大陆法系

大陆法系，又称民法法系、罗马法系、法典法系、罗马－德意志法系，是以罗马法为基础发展起来的法律的总称。大陆法系最先产生于欧洲大陆，以罗马法为历史渊源，以民法为典型，以法典化的成文法为主要形式。

大陆法系中，反映了自由资本主义时期社会经济的特点的法国法系，是以1804年《法国民法典》为蓝本建立起来的；作为垄断资本主义时期法的典型的德国法系，则是以1896年《德国民法典》为基础而建立起来。欧洲大陆上的法国、德国、意大利、荷兰、西班牙、葡萄牙等国和拉丁美洲、亚洲的许多国家的法律都属于大陆法系。国民党统治时期的旧中国也属于这一法系。大陆法系的特点如下：

（1）全面继承罗马法。吸收了许多罗马私法的原则、制度，接受了罗马法学家的整套技术方法，如赋予某些人的集合体以特定的权利能力和行为能力；所有权的绝对性；侵权行为与契约制度；遗嘱继承与法定继承相结合制度等。

（2）实行法典化，法律规范的抽象化、概括化。

（3）明确立法与司法的分工，强调制定法的权威，一般不承认法官的造法功能。

（二）英美法系

英美法系，又称普通法法系、判例法法系，是以英国中世纪以来的法律，特别是以普通法为基础而发展起来的法律的总称。英美法系的范围，除英国、美国外，主要还有印度、巴基斯坦、新加坡、缅甸、加拿大、澳大利亚、新西兰、马来西亚等。中国香港特别行政区也属于英美法系。

需要注意的是，英国的英格兰、美国的路易斯安那州和加拿大的魁北克省，出于各自的历史原因，大陆法系和英美法系两个传统的特征交织存在。英美法系的特点如下：①以英国为中心，英国普通法为基础。②以判例法为主要表现形式，遵循先例，法官具有通过判决造法的权限。③变革相对缓慢，具有保守性，有"向后看"的思维习惯。④体系庞杂，缺乏系统性。⑤注重程序的"诉讼中心主义"。

（三）大陆法系与英美法系的区别

两者的主要区别包括以下几个方面：

1. 法律渊源不同

大陆法系是成文法系，其法律以成文法即制定法的方式存在。英美法系的法律渊源既包括各种制定法，又包括判例法。

2. 适用法律不同

大陆法系的法官审理案件的过程是将成文法规定的一般准则适用到具体事件和行为中，而且法官只能适用法律，不能创制法律；英美法系的法官审理案件时，除依据成文法以外，也要适用判例法，法官往往有权创制法律。

3. 判例地位不同

判例在大陆法系不是法的正式渊源，而在英美法系则是。

4. 法律分类不同

大陆法系一般将法分为公法和私法，英美法系则分为普通法和衡平法。

5. 诉讼程序不同

大陆法系的诉讼程序以法官为重心，具有纠问式的特点。英美法系的诉讼程序以原告、被告及其辩护人和代理人为重心，具有抗辩式的特点，同时还存在陪审团制度。

法系有助于促进人们对法律文化的了解与交流，但它不能揭示法的本质。大陆法系和英美法系在历史上差异显著，但自20世纪以来呈现出两大法系互相交融的局面。

第四节 法律关系

一、法律关系的概念

法律关系是法律规范在调整社会关系的过程中所形成的人们之间的权利和义务关系。从这一定义可以看出，法律关系具有如下特征：

（1）法律关系是根据法律规范建立的一种社会关系，具有合法性。
（2）法律关系体现为意志关系，属上层建筑范畴。
（3）法律关系是特定法律关系主体之间的权利义务关系，权利义务是其内容。
（4）法律关系是由国家强制力保证实施的社会关系。法律关系可分为纵向（隶属）法律关系和横向（平权）法律关系、单向法律关系和双向法律关系、第一性法律关系（主法律关系）和第二性法律关系（从法律关系）等。

法律关系主体、内容和客体是法律关系的构成要素。

二、法律关系的主体

法律关系主体是指法律关系的参加者，即在法律关系中一定权利的享有者和一定义务的承担者。在我国，根据各种法律的规定，能够参与法律关系的主体包括以下几类：自然人、法人、非法人组织、国家。其中，法人是指具有民事权利能力和民事行为能力，能够独立享有民事权利和承担民事义务的组织。

知识拓展

《民法典》将法人分为营利法人、非营利法人和特别法人。

（1）营利法人。营利法人是指以取得利润并分配给股东等出资人为目的成立的法人。营利法人包括有限责任公司、股份有限公司和其他企业法人等。

（2）非营利法人。非营利法人是为公益目的或者其他非营利目的而成立，不向出资人、设立人或会员分配所取得利润的法人。非营利法人包括事业单位、社会团体、基金会、社会服务机构等。

（3）特别法人。本节规定的机关法人、农村集体经济组织法人、城镇农村的合作经济组织法人、基层群众性自治组织法人，为特别法人。

法律关系主体的资格分为两个方面：

（1）权利能力。权利能力是指法律关系主体能够参与一定法律关系，依法享有一定权利和承担一定义务的法律资格。它是法律关系主体实际取得权利、承担义务的前提条件。自然人的权利能力可以分为一般权利能力和特殊权利能力。法人的权利能力没有上述的区别，所以与自然人的权利能力不同。

（2）行为能力。行为能力是指法律关系主体能够通过自己的行为实际取得权利和履行义务的能力。世界各国一般根据年龄、精神状况等，把自然人划分为完全行为能力人、限制行为能力人和无行为能力人。法人也有行为能力，但在存续时间、行为实施者上，与自然人的不同。

法条链接

《民法典》第十七条至第二十条：

第十七条 十八周岁以上的自然人为成年人。不满十八周岁的自然人为未成年人。

第十八条 成年人为完全民事行为能力人，可以独立实施民事法律行为。

十六周岁以上的未成年人，以自己的劳动收入为主要生活来源的，视为完全民事行为能力人。

第十九条 八周岁以上的未成年人为限制民事行为能力人，实施民事法律行为由其法定代理人代理或者经其法定代理人同意、追认；但是，可以独立实施纯获利益的民事法律行为或者与其年龄、智力相适应的民事法律行为。

第二十条 不满八周岁的未成年人为无民事行为能力人，由其法定代理人代理实施民事法律行为。

三、法律关系的内容

法律关系的内容是指法律关系主体之间的法律权利和法律义务。所谓法律权利，就是国家通过法律规定，对法律关系主体可以自主决定作出某种行为的许可和保障手段。法律义务是国家通过法律规定，对法律主体的行为的一种约束手段，是法律规定人们应当作出和不得作出某种行为的界限。法律关系主体的权利和义务源于法律规定，受制于一定法律事实，得到国家的确认和保护。法律关系主体的权利和义务与作为法律规范内容的权利和义务（法律上规定的权利和义务）虽然都具有法律属性，但它们所属的领域、针对的法律主体以及它们的法律效力还是存在一定的差别。

（一）关于权利与义务的理论

1. 利益说

认为法律权利是法律所确认和保护的利益。一项权利之所以能成立，是为了保护某种利益，即利在其中。相对来说，义务是负担，义务人要付出一定的利益。

2. 主张说

认为法律权利是正当而具有法律效力的主张。一种利益若无人提出对它的主张，就不可能成为法律权利。提出主张是主动的。

3. 资格说

认为法律权利是法律赋予权利主体作为或不作为的资格。提出主张要有资格，有了这种资格，就意味着他"可以"做某事；没有这种资格，就意味着他"不可以"做某事。

4. 力量说

认为法律权利是法律赋予权利主体实现其利益的一种力量（权能），包括权威和能力。由法律赋予的利益或资格，是有权威的法律权利，有了这种权利的同时，主体还要具备享有和实现其利益的实际能力。这样就构成权利这种法律上的力量，这种力量能够保证主体为实现某种利益而活动，或者改变法律关系。

5. 自由说

认为法律权利是法律所允许的权利主体不受干预的自由,包括意志自由和选择自由。权利主体可以按个人意志去行使或放弃某项权利,不受外来的干预或胁迫。例如,婚姻自由。

(二) 权利和义务的相互联系

1. 法律关系中的对应关系

这种对应关系是指任何一项法律权利都有相对应的法律义务,二者是相互关联、对立统一、不可分割的。正如马克思指出的:"没有无义务的权利,也没有无权利的义务。"如劳动和受教育既是权利,又是义务。

2. 社会生活中的对等关系

这主要表现在权利与义务的总量是大体相等的。如果权利的总量大于义务的总量,有的权利就是虚设的;如果义务总量大于权利总量,就有特权。在具体的法律关系中,二者的总量也是相等的,如债权与债务是对等、等量的。

3. 功能上的互补关系

法律权利的享有和行使有助于法律义务的积极履行。

4. 价值选择中的主从关系

在任何类型的法律体系中,都是既有权利又有义务的。但是由于国家本质和社会性质的不同,决定了人们的价值选择不同。例如,奴隶制法以义务为本位。

在我国社会主义条件下,由于坚持法律面前人人平等,在基本权利义务分配上一视同仁。也就是说权利义务统一,任何人都既是权利主体,又是义务主体。

(三) 法律关系主体的权利和义务的实现

权利和义务的实现最重要的是通过国家来保障。国家除要不断创造和改善物质条件、政治条件和文化条件以外,还必须建立和健全法制,通过法律手段的完善来保证两者在社会生活和社会关系中的落实。

四、法律关系的客体

法律关系客体又称权利客体,是指法律关系主体之间权利和义务所指向的对象。

法律关系客体的种类很多,包括物、行为、人格利益、精神产品(智力成果)。人身不仅是人作为法律关系主体的承载者,而且在一定范围内成为法律关系的客体。

据此分析,本章"导入案例"中的甲乙之间法律关系的主体为甲公司和乙公司;法律关系的内容表现为甲公司有收到设备的权利和承担支付价款的义务,乙公司有收到货款的权利和交付设备的义务,甲乙公司各自的权利义务构成法律关系的内容;法律关系的客体指法律关系主体之间权利和义务所指向的对象,在本案中具体表现为乙公司依约向甲公司交付设备的行为。

五、法律事实

法律关系处在不断产生、变更和消灭的运动过程中。它的产生、变更和消灭,需要具备一定的条件。其中最主要的条件有二:一是法律规范;二是法律事实。所谓法律事实,就是法律规范所规定的、能够引起法律关系产生、变更和消灭的客观情况或现象。法律事实必须具有客观性和法定性。一般来说,法律事实可分为以下两类:

1. 法律事件

法律事件是法律规范规定的、不以当事人的意志为转移而引起法律关系产生、变更或消灭的客观事实。比如,灾害发生了,就可以引起保险公司的赔偿责任。法律事件又分成社会事件和自然事

2. 法律行为

法律行为是以当事人的意志为转移，能引起法律关系产生、变更和消灭的法律事实。如合同的签订，即在当事人之间发生相应的权利义务关系。因人们的意志有善意与恶意、合法与违法之分，故其行为也可分为善意行为、合法行为与恶意行为、违法行为。

综上所述，法律关系的三要素（主体、客体、内容）和法律关系的产生、变更、消灭，分别是法律关系的静态和动态，也是人们全面正确认识法律关系必须要把握的两个方面。

第五节 法律责任

一、法律责任的概念和种类

违法者应承担法律责任，这是世界各国的法在规定权利和义务时，一项不可或缺的内容。法律责任指的是行为人由于违法行为、违约行为或者由于法律规定而应承受的某种不利的法律后果。对此概念，可作如下理解：一是法律责任的发生原因主要是违法行为、违约行为。二是法律责任的主体是实施违法行为、违约行为的行为人。三是法律责任的性质是违法（约）行为人承担基于原生义务的派生义务，即法律责任是国家对违反原义务者所强行追加的一种新义务。四是法律责任的内容是违法（约）行为人向违法（约）行为相对人或国家给付一定财物和其他利益，或接受一定约束、警戒和谴责。

（1）法律责任的特点：①承担法律责任的最终依据是法律。②它与违法（约）有不可分的联系，违法（约）是承担法律责任的前提和根据。③它体现了国家对违法（约）行为的否定性评价。④法律责任具有国家强制性。

（2）法律责任的种类根据违法的性质，与违法行为相对应，法律责任分为刑事责任、民事责任、行政责任、违宪责任。这是对法律责任的基本分类。

另外，根据责任人主观上有无过错，可以分为过错责任、无过错责任；根据责任承担内容不同，可以分为财产责任、非财产责任。

知识拓展

法律责任主要有民事责任、行政责任和刑事责任三类。

（1）民事责任形式主要有：停止侵害；排除妨碍；消除危险；返还财产；恢复原状；修理、重作、更换；继续履行；赔偿损失；支付违约金；消除影响、恢复名誉；赔礼道歉。承担民事责任的方式可以单独适用，也可以合并适用。

（2）行政责任包括行政处罚和行政处分。行政处罚是行政主体对行政相对人违反行政法律规范尚未构成犯罪的行为所给予的法律制裁。行政处罚的种类有：警告、罚款；没收违法所得、没收非法财物；责令停产停业；暂扣或者吊销许可证、暂扣或者吊销执照；行政拘留；法律、行政法规规定的其他行政处罚。行政处分是对违反法律规定的国家机关工作人员或被授权、委托的执法人员所实施的内部制裁措施。行政处分的种类有：警告、记过、记大过、降级、撤职、开除。

（3）刑事责任，即刑罚，分为主刑和附加刑两类。主刑包括：管制、拘役、有期徒刑、无期徒刑、死刑。附加刑包括：罚金、剥夺政治权利、没收财产、驱逐出境。

二、归责原则

所谓归责,是指确定责任的归属。确定责任的归属需要依据一定的法律准则,该准则就是归责原则。换言之,归责原则是指确定行为人对其行为所造成的损害是否承担责任的标准。归责原则分为主观归责和客观归责。

主观归责,是根据行为人的主观意志状态确定责任的归属,即行为人主观上有过错是确定行为人承担责任的必要条件,有过错才能有责任,无过错则无责任。因而,过错责任是指以行为人主观上存在过错为必要条件的法律责任。

客观归责,是以人的意志以外的某种客观事件(如特定损害或损失的结果)作为确定责任归属的依据,主要有无过错责任和严格责任。无过错责任是指不以行为人主观上存在过错为必要条件的法律责任。严格责任是一种不考虑行为人主观上有无过错的责任形式,其目的是便捷地处理当事人之间的争议,它表明,只要有损害,行为人就要承担责任。

三、法律制裁

法律制裁是被动承担法律责任的一种主要方式,是指由特定国家机关对违法者依其法律责任而实施的强制性惩罚措施。法律制裁的目的在于,制裁和教育违法者,排除不法侵害,主持正义和公德,恢复和维护被破坏的法律,保护国家利益、公共利益和公民的合法利益。法律制裁的主要特点是:它是由国家专门机关依法实施的;它是一种惩罚性的强制措施;它必须以违法行为和法律责任为前提;它是一种"要式"的法律行为,即实施惩罚的国家机关必须遵守严格的程序,并制作相应的法律文书。一般地,法律制裁可分为刑事制裁、民事制裁、行政制裁和违宪制裁四种。

第六节 法的运行

一、立法

立法是有权的国家机关在职权范围内依照法定程序制定、修改和废止规范性法律文件以及认可法律规范的活动,也叫立法法的创制。它是法的实施的前提。认识、分配和协调利益是法的创制的重要内容。立法活动主要涉及立法体制、立法程序和立法技术。其中,立法体制是指一个国家在立法过程中建立起来的一系列有关如何立法的操作规程,包括立法权限的划分、立法机关的设置和立法权的行使等各方面的制度。我国的立法体制是一元性的,全国只有一个立法体系,同时又是多层次的。

法条链接

《立法法》第十条 全国人民代表大会和全国人民代表大会常务委员会根据宪法规定行使国家立法权。

全国人民代表大会制定和修改刑事、民事、国家机构的和其他的基本法律。

全国人民代表大会常务委员会制定和修改除应当由全国人民代表大会制定的法律以外的其他法律;在全国人民代表大会闭会期间,对全国人民代表大会制定的法律进行部分补充和修改,但是不得同该法律的基本原则相抵触。

全国人民代表大会可以授权全国人民代表大会常务委员会制定相关法律。

立法的基本过程包括立法准备阶段和从法案到法阶段。立法准备是从宏观到微观的准备活动，比如从立法规划到确定立法目标、组织协调相关工作，再到形成法案草稿、征求意见阶段。立法准备工作是否充分，内容思想是否科学，对所立之法能否具备实效性有重要影响。从法案到法这一阶段的活动是指从法案被提出到法案成为法的这段时间内的立法活动，通常包括提出法案、审议法案、表决法案、公布法这四个阶段。一般在从法案到法这一阶段之后还有立法完善阶段。在整个立法活动中，程序法对于立法结果的好坏会起到至关重要的作用，其不仅有保障实体法实施的作用，更有保障程序公正的独立价值。

2023年3月13日，第十四届全国人民代表大会第一次会议对《立法法》进行了第二次修正。

知识拓展

《立法法》修改：为加强新时代立法工作提供制度保障

2023年3月13日，十四届全国人大一次会议通过了《全国人民代表大会关于修改〈中华人民共和国立法法〉的决定》，这是2000年制定《立法法》以来的第二次修改。此次修改贯彻落实了党的二十大精神、中央人大工作会议精神和党中央决策部署，总结了新时代立法工作的新成果新经验，完善了立法的指导思想和原则，健全了宪法实施监督制度，完善了立法权限、立法程序和备案审查制度。此次修订，突出党对立法工作的全面领导，与时俱进完善立法的指导思想和原则；加强宪法实施和监督，明确合宪性审查要求，完善备案审查制度；坚持重大改革于法有据，完善立法决策与改革决策相衔接、相统一的制度机制；总结实践经验，完善立法体制机制。

《立法法》的修改和贯彻实施，对于加强党对新时代立法工作的全面领导，坚持和发展全过程人民民主，推进全面依法治国、依宪治国，不断完善以宪法为核心的中国特色社会主义法律体系，保障在法治轨道上全面建设社会主义现代化国家、以中国式现代化全面推进中华民族伟大复兴，具有重大意义。

二、守法

守法也称法的遵守，指公民、社会组织和国家机关以法律为自己的行为准则，依照法律行使权利、切实履行义务的活动。守法的对立面是违法。广义的守法包括法的实施。认真遵守法律是公民、社会组织和国家机关实现自己的根本利益的必然要求。只有严格遵守法律，才能使体现在法律中的人民的根本利益得到实现。遵守法律也是建设社会主义法治国家的必要条件。

三、执法

执法是指国家行政机关，法律授权、法律委托的组织以及其公职人员依照法定职权和程序，贯彻实施法律的活动。执法活动的主体特定，内容广泛，多数执法活动具有单方性。执法的主体为行政机关与行政相对人，两者处于对立面，通过二者的对抗与妥协，形成相对正确的结果。

（一）执法的原则

（1）合法性原则。合法性原则首先是指执法主体应在法律规定的权限范围之内进行执法活动，其次执法活动的内容和程序要遵守现行有效的法律，不得做出与法律相抵触的执法行为，且执法主体要积极行使法律规定的职责。

（2）合理性原则。合理性原则是指执法主体在执法活动中须合乎理性，尤其是涉及行使自由裁量权时，更应注重合理性原则。

（3）正当程序原则。正当程序原则，又称"正当法律程序原则"，是指在公权力主体对公民作出任何不利处分和裁决时，必须严格遵循程序正义理念，充分保障相对方和参与者的各种程序权利，防止公权滥用，促进形式公正，维护人格尊严。该原则为世界各国所普遍认同，是现代国家治理的一项法治原则。

（二）执法的分类

执法活动根据执法主体不同可以分为行政机关的执法、法律授权组织的执法以及行政委托组织的执法。

四、司法

司法是指国家司法机关依据法定程序行使法定职权，运用法律处理案件的专门活动。其具有专属性、程序性、专业性以及权威性。人民法院系统和人民检察院系统共同构成了当代中国的司法体系。

（一）人民法院

人民法院是我国的审判机关，依照法律规定独立行使审判权。具体来说，人民法院承担着刑事审判、民事审判、行政审判、国家赔偿审判、强制执行、法治教育等任务。

我国的最高审判机关是最高人民法院，它监督地方各级人民法院和专门法院的审判工作，上下级人民法院之间是监督与被监督的关系。因此，上级法院不能针对下级法院正在审理的案件发出指令。地方各级人民法院包括高级人民法院、中级人民法院、基层人民法院。此外，还有军事法院、海事法院、铁路运输法院、森林法院、农垦法院、石油法院、知识产权法院、互联网法院等专门法院。

知识拓展

新时代新法院：互联网法院

2017年8月18日，全国首家互联网法院——杭州互联网法院正式挂牌成立，集中管辖互联网特定类型案件。杭州互联网法院的设立，被评为改革开放40年40个"第一"之一，写入《党的十八大以来大事记》，入选首届数字中国建设年度最佳实践成果。

2018年9月9日，北京互联网法院挂牌成立，截至2022年，该院在线立案申请率达到100%，在线庭审率99.9%，共审结案件16.6万件，审理了全国首例"暗刷流量"案、全球首例"人工智能"著作权案、"AI陪伴"软件侵害人格权案等一批标杆性案件，创造了互联网审判的"北京经验"。

广州互联网法院于2018年9月28日成立，是粤港澳大湾区唯一一家互联网法院。该院不断推动前沿技术与司法深度融合，打造"24小时不打烊"的一站式诉讼服务平台，连通"5G智审卡片"以短消息为入口，成立全国首个涉数据纠纷专业合议庭，打造出一批具有广泛社会影响力的典型案例。

我国的最高人民法院在深圳、沈阳、重庆、西安、南京、郑州共设立6个巡回法庭。审理跨行政区域的重大行政案件、民商案件。巡回法庭制度的建立有利于案件纠纷的就地解决，也有助于避免地方保护主义干扰审判活动，维护审判的公正性。

我国的主要审判制度包括两审终审制度、公开审判制度、人民陪审员制度、审判监督制度。

（二）人民检察院

人民检察院是我国的法律监督机关，人民检察院依照法律规定独立行使检察权。人民检察院履行批捕起诉、诉讼监督等职能。

我国的最高检察机关是最高人民检察院，它领导地方各级检察院和专门检察院的工作，上下级检察院之间是领导与被领导的关系。检察官在独立行使检察权时受"检察一体"原则的限制，上级检察院有权针对下级检察院的具体案件发出指令。

我国的主要检察制度包括刑事审判监督制度、立案监督制度、侦查监督制度、刑罚执行与监所监督制度、民事行政检察制度、检务公开制度等。

（三）司法的原则

（1）司法公正。包括实体法的公正和程序法的公正。司法活动的性质和法的内在精神要求司法公正。

（2）公民在法律面前一律平等。其中包括：法律对全体公民平等；公民依照法律享有平等的权利，承担平等的义务；任何公民的合法权益都受法律保护，任何公民的违法行为都要受法律的追究。

（3）以事实为依据，以法律为准绳。以事实为依据即以客观事实为依据，排除主观想象、分析和判断的依据。要以法律的标准和尺度审理案件，严格依照法律程序办事。

（4）司法机关依法独立行使职权。其中包括：国家的审判权和检察权分别由人民法院和人民检察院依法统一行使。司法机关依照法律独立行使职权，不受行政机关、社会团体和个人的干涉。司法机关在司法中必须依照法律规定正确地适用法律。这是由司法权的三个性质即专属性、行使职权独立性和合法性决定的。

（四）司法的特征

（1）司法的被动性：行政在运行时具有主动性，而司法具有被动性。

（2）司法的中立性：行政权有倾向性，司法权则要求绝对的中立性。司法中立指法院以及法官态度不受任何因素影响。

（3）司法的形式性：行政权更注重权力结果的实质性，而司法权更注重权力过程的形式性，即程序性。

（4）司法的专属性：行政权具有可转授性，司法权则具有专属性。

（5）司法的终极性：行政权效力非终极性，司法权效力有终极性。司法权是最终、最权威的判断权。这是司法权的典型特征。

五、法律监督

"法律监督"一词，通常有广义和狭义两种理解。从狭义上说，是指由有关国家机关依照法定权限和法定程序对法律实施进行监督；从广义上说，则是由所有国家机关、社会组织或公民依法对法律的实施所进行的监督，它包括国家机关和社会力量以及政党的监督，这三方面监督的有机结合，构成了法律实施的监督体系。法律监督的基本构成要素一般包括三个方面，谁监督、监督谁和监督什么，即法律监督的主体、法律监督的客体和法律监督的内容。法律监督有着重要的意义。它是维护法律的统一和尊严的重要措施，是保障法律实施的重要条件。作为保证法律实施的基本条件和重要手段，法律监督能有效防止和纠正滥用权力。法律解释、法律推理、法制宣传和教育也是法的运行的环节。

　　法是由国家制定或认可的，以权利义务为主要内容的，体现国家意志，并以国家强制力保障实施的人们行为规范的总称。法律规范可分为法律规则和法律原则，法律规则是采取一定的结构形式具体规定人们的权利、义务以及相应的法律后果的行为规范；法律原则是指一定法律体系中作为法律规则的指导思想、基础或本源的、综合的、稳定的法律原理的准则。法律渊源是法律的形式，我国正式法渊源分为宪法、法律、法规、规章、司法解释以及国际条约和约定。法律关系是法律规范在调整社会关系的过程中所形成的人们之间的权利和义务关系，其构成要素包括主体、内容、客体；能够引起法律关系产生、变更或消灭的客观情况或现象称为法律事实，具体包括法律行为和法律事件。法律责任是行为人由于违法行为、违约行为或者由于法律规定而应承受的某种不利的法律后果，主要包括民事责任、行政责任和刑事责任三类。

一、名词解释

1. 法
2. 法律规范
3. 法律渊源
4. 法律关系
5. 法律责任

二、不定项选择

1. 根据我国正式法渊源，下列说法正确的是（　　）。
A.《中华人民共和国民法典》是基本法
B.《关于适用〈中华人民共和国反不正当竞争法〉若干问题的解释》是司法解释
C.《上海市消费者权益保护条例》的效力要低于《消费者权益保护法》
D. 政策是我国的正式法渊源

2. 下列法的形式中，由全国人民代表大会及其常务委员会经一定立法程序制定颁布，调整国家、社会和公民生活中基本社会关系的是（　　）。
A. 宪法　　　　　　　　　　　　B. 法律
C. 行政法规　　　　　　　　　　D. 行政规章

3. 下列法的形式中，在我国具有最高法律效力的是（　　）。
A. 国际条约　　　　　　　　　　B. 立法法
C. 宪法　　　　　　　　　　　　D. 特别行政区基本法

4. 下列各项中，属于法律事实中的行为的是（　　）。
A. 经济管理行为　　　　　　　　B. 签订合同
C. 战争　　　　　　　　　　　　D. 自然灾害

5. 关于法的本质与特征的下列表述中，正确的是（　　）。
A. 法由统治阶级的物质生活条件所决定

B. 法体现的是全体国民的整体意志和根本利益
C. 法是由国家制定或认可的行为规范
D. 法由国家强制力保障实施

6. 下列各项中，可以成为法律关系主体的有（   ）。
   A. 国有企业			B. 国家
   C. 合伙企业			D. 无国籍人
7. 下列各项中，可以成为法律关系客体的有（   ）。
   A. 自然人			B. 发明专利
   C. 劳务			D. 物
8. 下列关于自然人民事行为能力的表述中，正确的有（   ）。
   A. 十六周岁以上不满十八周岁的自然人，有劳动收入的，视为完全民事行为能力人
   B. 八周岁以上的未成年人是限制民事行为能力人
   C. 八周岁以下的未成年人是无民事行为能力人
   D. 完全不能辨认自己行为的精神病人是无民事行为能力人
9. 小明今年5岁，智力正常，但先天腿部残疾。下列关于小明的权利能力和行为能力的表述中，正确的是（   ）。
   A. 小明有权利能力，但无行为能力
   B. 小明有权利能力，但属于限制行为能力人
   C. 小明无权利能力，且属于限制行为能力人
   D. 小明既无权利能力，也无行为能力
10. 下列关于法律关系主体的表述中，正确的是（   ）。
    A. 法律关系主体必须同时具备权利能力和行为能力
    B. 作为法律关系主体的自然人不包括外国人
    C. 分公司具有法人地位
    D. 法律关系主体既包括权利人，也包括义务人

三、简答题

1. 如何认识法的概念与特征？
2. 试述法律责任的概念及类型。
3. 如何理解法律规范、法律原则与法律规则的关系？
4. 简述我国法的正式渊源。

四、案例分析

原告与被告系亲兄弟，父母退休后与被告共同居住并由其赡养。父亲去世时被告独自料理后事，未通知原告参加。原告以被告侵犯其悼念权为由诉至法院。法院认为，按照我国民间习惯，原告有权对死者进行悼念，但现行法律对此没有规定，该诉讼请求于法无据，判决原告败诉。

根据上述案例分析：
1. 悼念权是否为《民法典》人格权编规定的法定权利？
2. 运用法律渊源的知识分析原告败诉的原因。

课后思考

泸州二奶遗赠案——违背公序良俗的民事法律行为无效

四川省泸州市某公司职工黄某和蒋某1963年结婚,但是妻子蒋某一直没有生育,后来只得抱养了一个儿子。由此给家庭笼罩上了一层阴影。1994年,黄某认识了一位张姓的女子,并且在与张认识后的第二年同居。黄某的妻子蒋某发现这一事实以后,进行劝告但无效。1996年底,黄某和张姓女子租房公开同居,以"夫妻"名义生活,依靠黄某的工资(退休金)及奖金生活,并曾经共同经营。

2001年2月,黄某到医院检查,确认自己已经是肝癌晚期。在黄某即将离开人世的这段日子里,张姓女子面对旁人的嘲讽,以妻子的身份守候在黄某的病床边。黄某在2001年4月18日立下遗嘱:"我决定,将依法所得的住房补贴金、公积金、抚恤金和卖泸州市江阳区一套住房售价的一半(即4万元),以及手机一部遗留给我的朋友张某一人所有。我去世后骨灰盒由张某负责安葬。"4月20日黄某的这份遗嘱在泸州市纳溪区公证处得到公证。4月22日,黄某去世,张姓女子根据遗嘱向蒋某索要财产和骨灰盒,但遭到蒋某的拒绝。张姓女子遂向纳溪区人民法院起诉,请求依据继承法的有关规定,判令被告蒋某按遗嘱履行,同时对遗产申请诉前保全。

从5月17日起,纳溪区人民法院经过4次开庭审理之后(其间曾一度中止,2001年7月13日,纳溪区司法局对该公证遗嘱的"遗赠抚恤金"部分予以撤销,依然维持了住房补贴和公积金中属于黄某部分的公证。此后审理恢复),于10月11日公开宣判认为:尽管继承法中有明确的法律条文,而且本案中的遗赠也是真实的,但是黄某将遗产赠送给"第三者"的这种民事行为违反了《民法通则》第七条"民事活动应当尊重社会公德,不得损害社会公共利益,破坏国家经济计划,扰乱社会经济秩序",因此法院驳回原告张某的诉讼请求。

本案判决是法官在法律出现明显的漏洞时,运用其自由裁量权,适用《民法通则》原则,依据公序良俗和法律的整体精神,解释法律、适用法律的结果。通过这一判决,合理地协调了社会公德、法律原则与具体法律规则的关系。判决并未超越法官的权限,符合法律推理和解释的基本原则和逻辑;在解决纠纷的同时维护了法律的统一性和合理性,并取得了良好的社会效果。尽管对于本案的处理可能存在其他合理选择,然而,本案判决不失为一种通过法官的伦理解释填补法律漏洞的积极努力,也是适用法律原则衡平利益的一种努力。

第二章 基本民事法律制度

Chapter Two

学习目标

○ 掌握民事法律行为的概念、类型；
○ 理解民事法律行为的成立与生效要件及欠缺生效要件的后果；
○ 了解附期限的民事法律行为和附条件的民事法律行为；
○ 理解代理的含义，明确代理的适用范围、分类与终止情形；
○ 能够区分代理权滥用的情形，掌握无权代理与表见代理的法律后果；
○ 了解诉讼时效的基本法律规定。

导入案例

○ 2020年9月，陕西西安市一名未成年人使用其父亲手机在盒马超市下单买了100瓶茅台酒，支付总额近430万元。直到店员联系配送时，家长才发现手机被孩子冒用。随后盒马超市为该用户办理了退货。
○ **分析**：该案中法律行为的效力。

第一节 民事法律行为

一、法律行为的概念与分类

（一）法律行为的概念

法律行为是指民事主体通过意思表示设立、变更、终止民事法律关系的行为。

1. 法律行为的内涵

（1）法律行为是一种法律事实。法律行为作为法律事实的一类，就其本质来看是法律关系变动的原因，因而其与权利义务的设立、变更和消灭相关。

（2）法律行为以意思表示为要素。意思表示是法律行为不可缺少的核心要素，当事人作出意思表示后，法律行为能够产生主体预期的后果，能够依法在当事人之间产生约束力。

（3）法律行为是私法上的行为。从意思表示的内涵来看，法律行为所产生的效果是行为人希望发生的。如此看来，法律行为只有适用于民事法律关系才是合理的，本章的内容也是针对民事法律行为来阐述的。

法条链接

《民法典》第一百三十三条　民事法律行为是民事主体通过意思表示设立、变更、终止民事法律关系的行为。

2. 法律行为的分类

（1）单方法律行为与双方法律行为。以法律行为中意思表示的人数为标准可分为单方法律行为与多方法律行为。

单方法律行为：仅由一方的意思表示就能成立的法律行为，如债务的免除、立遗嘱捐赠身体器官等；

多方法律行为：需要两个或者两个以上的行为人的意思表示一致才能成立的法律行为，如订立合同、赠与等。

区分的意义：法律对两者成立的要求不同。单方法律行为如立遗嘱只需要一方当事人作出意思表示即可成立，而多方法律行为如签订合同一般需要多个当事人的意思表示一致法律行为才能成立。

（2）有偿法律行为与无偿法律行为。以法律行为有无对价为标准可分为有偿法律行为与无偿法律行为。

有偿法律行为：双方须互为给付代价的法律行为，如买卖合同。

无偿法律行为：一方当事人承担给付代价，而他方当事人不承担相应给付代价的行为，如赠与、无偿保管、无偿消费借贷等。

区分的意义：无偿法律行为对于行为人的责任要求较低。无偿法律行为如赠与合同中赠与人一般不承担瑕疵担保责任，但有偿法律行为如买卖合同中的出卖方须承担标的物的瑕疵担保责任。《民法典》第六百一十五条规定：出卖人应当按照约定的质量要求交付标的物。出卖人提供有关标的物质量说明的，交付的标的物应当符合该说明的质量要求。《民法典》第六百一十二条规定：出卖人就交付的标的物，负有保证第三人对该标的物不享有任何权利的义务，但是法律另有规定的除外。《民法典》第六百六十二条第一款规定：赠与的财产有瑕疵的，赠与人不承担责任。此外，只有有偿法律行为才会因为显失公平而被撤销，而这在无偿法律行为中不存在。无民事行为能力人、限制民事行为能力人一般不能独立订立有偿合同或者实施其他与其能力不相适应的法律行为，但在无偿民事行为中可以作为纯获利益的一方。

（3）要式法律行为与不要式法律行为。以法律行为是否须采用一定的方式为标准可分为要式法律行为与不要式法律行为。

要式法律行为：法律规定必须采用某种特定形式才能成立的法律行为。

不要式法律行为：法律对其形式无要求的法律行为。

区分的意义：法律行为成立的条件不同。要式法律行为一般需要严格依照法律规定的方式才可成立，如房屋买卖合同应当采用书面形式；不要式法律行为如自然人之间的借贷，既可以用口头方式也可以用书面方式订立合同。

（4）主法律行为与从法律行为。以法律行为相互关系为标准可分为主法律行为与从法律行为。

主法律行为：不需要有其他法律行为的存在就可以独立成立的法律行为。

从法律行为：从属于其他法律行为而存在的法律行为。

区分的意义：主法律行为的存废与效力由其自身决定，从法律行为的存废与效力不影响主法律行为，如债权行为是主行为，不以担保行为为存在前提；从法律行为的存废与效力一般取决于主法律行为，如担保行为不能独立存在，需要以债权契约为存在条件，若债权行为无效或者被撤销，则担保行为随之无效。

（二）意思表示

意思表示是指行为人将意欲达到某种预期法律后果的内在意思表现于外部的行为。意思表示包括内在意思与外在表示两个方面。

1. 内在意思

内在意思是指当事人内心意思欲达到的法律效果。内在意思包括行为意思、表示意思与效力意思。

（1）行为意思。行为意思是指表意人自觉地从事某种行为。比如甲在醉酒后神志不清的情况下与乙签订了合同，可认为甲这种行为缺乏必要的行为意思。

（2）表示意思。表示意思是指行为人认识其行为具有某种法律行为上的意义。比如甲将正式的合同误以为是会议的请柬，而在上面签字确认，此时甲的行为仅具有行为意思，但是缺乏表示意思。

（3）效力意思。效力意思是指行为人欲表示发生一定的法律效果。比如在某场拍卖会上，主持人最后一次询问：珠宝10万元是否有人要买，想买的请举手示意。此时甲看见好友从门外走来，便举手示意与其坐在一起，而主持人认为甲同意购买珠宝。实际上，甲的举手并非表现购买意愿，此行为并不具备效力意思。

知识拓展

特里尔葡萄酒拍卖会案：特里尔是德国一个著名的生产葡萄酒的地方，对当地并不熟悉的甲有一天偶然走到了一个地下室酒馆，他并不知道那里当时正在举办一场葡萄酒拍卖大会，在场者举手则视为应价，甲在并不知晓的情况下向熟人招手，拍卖师随即将甲的行为视为应价，由于在场的并没有其他人应价，拍卖师认为甲应当拍下这瓶葡萄酒。

2. 外在表示

外在表示是指当事人将内心意思表现于外部。行为人可以明示或者默示作出意思表示（《民法典》第一百四十条）。外在表示的形式主要包括以下几类：

（1）书面形式。书面形式是指用书面文字形式所进行的意思表示，如书面合同等。书面形式又分为一般书面形式（包括信函、电报、电传、传真等）与特殊书面形式（包括公证、鉴证、审批等）。

（2）口头形式。口头形式是指以口头语言方式进行的意思表示，如双方当事人通过当面协商或者电话洽谈而订立的口头合同。

（3）推定形式。推定形式是指当事人通过有目的、有意义的积极行为将其内在意思表现于外部，使他人可以根据交易习惯等，推知当事人已作出某种意思表示。需要注意的是，这种推定必须是符合法律要求的。如租赁期限届满，承租人继续使用租赁物，出租人没有提出异议的，原租赁合同继续有效，但租赁期限为不定期，此处可认为是推定形式。

（4）沉默形式。沉默形式是指行为人以不作为方式进行的意思表示，或者他人根据行为人的沉默推定其具有某种意思。但需要注意的是，沉默只有在有法律规定、当事人约定或者符合当事人之间的交易习惯时，才可以被视为意思表示（《民法典》第一百四十条）。

3. 意思表示的分类

（1）依据是否有相对人，意思表示可分为有相对人的意思表示和无相对人的意思表示。有相对人的意思表示是指行为人向相对人作出意思表示，相对人受领其意思表示。有相对人的意思表示又可分为对特定人的意思表示和对不特定人的意思表示。对特定人的意思表示：行为人向特定人作出的意思表示，如甲向乙发出要约，乙则为特定相对人。对不特定人的意思表示：行为人向不特定人作出的意思表示，如悬赏广告。无相对人的意思表示是指行为人不向相对人作出的意思表示，也无须相对人受领意思表示，如抛弃动产所有权的意思表示。

这两种意思表示真实含义的确定方式不同。《民法典》第一百四十二条规定：有相对人的意思表示的解释，应当按照所使用的词句，结合相关条款、行为的性质和目的、习惯以及诚信原则，确定意思表示的含义。无相对人的意思表示的解释，不能完全拘泥于所使用的词句，而应当结合相关条款、行为的性质和目的、习惯以及诚信原则，确定行为人的真实意思。

这两种意思表示的效力有所差别。《民法典》第一百三十八条规定：无相对人的意思表示，表示完成时生效。法律另有规定的，依照其规定。《民法典》第一百三十九条规定：以公告方式作出的意思表示，公告发布时生效。《民法典》第一百四十一条规定：行为人可以撤回意思表示。撤回意思表示的通知应当在意思表示到达相对人前或者与意思表示同时到达相对人。

（2）依据是否有对话，意思表示可分为对话的意思表示和非对话的意思表示。

对话的意思表示。对话的意思表示是指行为人与相对人直接以口头交谈或者电话通话方式进行的意思表示。

非对话的意思表示。非对话的意思表示是指行为人采用信函、电报或通过传话人传达等方式进行的意思表示。

对话与非对话的意思表示生效时间有所区别。《民法典》第一百三十七条规定：以对话方式作出的意思表示，相对人知道其内容时生效。以非对话方式作出的意思表示，到达相对人时生效。以非对话方式作出的采用数据电文形式的意思表示，相对人指定特定系统接收数据电文的，该数据电文进入该特定系统时生效；未指定特定系统的，相对人知道或者应当知道该数据电文进入其系统时生效。当事人对采用数据电文形式的意思表示的生效时间另有约定的，按照其约定。

二、法律行为的成立与生效

法律行为的成立与生效既有联系也有区别。法律行为的成立是法律行为生效的逻辑前提，法律行为的生效是民事法律行为成立的归宿。法律行为只有成立后，才有进一步衡量其是否有效的问题。法律行为的成立，仅是对法律行为是否存在这一事实的认定，是一种事实判断；法律行为的生效是一种法律评价，是一种价值判断。

（一）法律行为的成立要件

（1）一般成立要件。一般成立要件包括当事人、标的与意思表示。其中，单方法律行为仅需一方的意思表示，多方法律行为需要意思表示一致。

（2）特别成立要件。特别成立要件是指根据法律规定或者依据当事人的约定，某些法律行为的成立还应具备的事实要素。①实践法律行为除意思表示外还须交付标的物。如定金合同、保管合同是实践合同，自标的物交付时成立。②要式法律行为须具备法定形式。

（二）法律行为的生效要件

法律行为的生效要件包括一般生效要件与特别生效要件。

1. 一般生效要件

《民法典》第一百四十三条规定：具备下列条件的民事法律行为有效：①行为人具有相应的民事行为能力；②意思表示真实；③不违反法律、行政法规的强制性规定，不违背公序良俗。

（1）行为人具有相应的民事行为能力。这里的行为人具有相应的民事行为能力主要是对自然人提出的要求。民事法律行为是以意思表示为核心的，因此要求自然人具有相应的行为能力是为了确保行为人能作出合乎法律规范的意思表示。就自然人而言：完全民事行为能力人可以以自己的行为独立实施民事活动；限制民事行为能力人只能从事与其年龄和智力发育程度、精神健康状况相适应的法律行为，其他行为由其法定代理人代理，或者征得其法定代理人的同意；无民事行为能力人不能独立从事法律行为，其民事法律行为必须由其法定代理人代理。就法人而言，一般都具备相应的民事行为能力，其民事行为能力是由法人核准登记的经营范围决定的。为了维护相对人的利益，如当事人超越经营范围订立合同，人民法院并不因此认定合同无效。但是，违反国家限制经营、法规禁止经营规定的除外。

（2）意思表示真实。法律行为生效后产生的法律后果是当事人所追求的，因此意思表示必须是在其意志自由下作出的；行为人在内心意思与其外在表示相符的基础上反映真实的意愿。

（3）不违反法律、行政法规的强制性规定，不违背公序良俗。这里需要注意，不能违反的是法律与行政法规中的效力性强制规定，而效力性强制规定不同于管理性强制规定。另外，不得违背公序良俗主要指不损害社会公共利益，广泛来看，其含义包括不违反公共秩序与不得损害国家、集体或者第三人利益。

2. 特别生效要件

通常情况下，法律行为具备上述一般生效要件即生效。但在特殊情形下，法律行为须满足法律的特殊规定或者当事人的约定条件，才能产生法律效力，如依法成立的合同，自成立时生效。法律、行政法规规定应当办理批准、登记等手续生效的，依照其规定。此处的批准、登记手续为特别生效要件。

三、无效法律行为

无效法律行为是指因欠缺民事法律行为的有效条件，不发生当事人预期法律后果的民事行为。此处的无效是指无效民事行为自始无效、当然无效、绝对无效。需要注意的是，民事法律行为部分无效，不影响其他部分效力的，其他部分仍然有效（《民法典》第一百五十六条）。无效法律行为有以下几种情形。

（一）无民事行为能力人实施的法律行为

这一情形缺乏"行为人具有相应的民事行为能力"这一生效要件。无民事行为能力人实施的民事法律行为无效（《民法典》第一百四十四条）。本章"导入案例"中的未成年人如果未满八周岁，那么其独立实施的民事行为无效；如果该未成年人为年满八周岁未满十八周岁，其行为效力待定，法律效力需要其法定代理人进行追认方可有效。

（二）以虚假的意思表示实施的法律行为

行为人与相对人以虚假的意思表示实施的民事法律行为无效。以虚假的意思表示隐藏的民事法律行为的效力，依照有关法律规定处理（《民法典》第一百四十六条）。此种法律行为中，行为人一般以虚假的合法形式来隐藏内心真实的意思表示，由于其内心真实的意思表示非法，因此此种民事法律行为无效。现实中最常见的表现形式为阴阳合同。

典型案例

虚假买卖合同案例：房屋买卖中，买卖双方在签订第一份合同（"阴合同"）后，办理过户手续时，为了少缴税，就同一套房屋双方又签订了一份约定房价较低的合同（"阳合同"），由于第二份合同是双方当事人为办理房屋产权变动登记的目的而签订的，第二份房屋买卖合同约定的房价并非双方当事人的真实意思表示，且该行为损害了国家利益，应当认定第二份合同无效。

（三）违反法律、行政法规的强制性规定的法律行为

这一情形缺乏"不违反法律、行政法规的强制性规定，不违背公序良俗"这一生效要件。《民法典》第一百五十三条第一款规定：违反法律、行政法规的强制性规定的民事法律行为无效。但是，该强制性规定不导致该民事法律行为无效的除外。

（四）违背公序良俗的法律行为

《民法典》第八条规定："民事主体从事民事活动，不得违反法律，不得违背公序良俗。"第一百五十三条第二款规定：违背公序良俗的民事法律行为无效。

所谓的公序良俗原则，实际上是以一般的道德为核心，民事主体在进行非交易性质的民事法律行为时，应当尊重公共秩序和善良风俗，并将这一原则作为民法的基本准则，是民事主体对社会和道德予以尊重的起码要求，针对的主要是非交易性质的民事法律行为。其基本作用是，在非交易的民事法律行为和民事活动中，把公序良俗作为衡量利益冲突的一般标准，平衡民事主体之间的利益冲突，确保正常的社会公共秩序，强调善良风俗的道德标准也是衡量民事法律行为效力的准则，以此保护弱者，维护社会正义。

（五）恶意串通，损害他人合法权益的法律行为

这一情形同样缺乏"不违反法律、行政法规的强制性规定，不违背公序良俗"这一生效要件。《民法典》第一百五十四条规定，行为人与相对人恶意串通，损害他人合法权益的民事法律行为无效。恶意串通是指行为人与相对人双方合谋进行的不当行为。而此处的"他人合法权益"包括国家、集体或者第三人的利益。

典型案例

彭某甲与彭某乙等确认合同无效纠纷案。行为人彭某甲与相对人彭某乙作为家庭成员及法定继承人，在明知房屋遗产属于与其他法定继承人共同共有的情况下私自签订赠与合同，属于恶意串通，损害了其他法定继承人的合法权益；同时，因房屋遗产属于共同共有而非按份共有，且行为人与相对人在赠与合同中处分的是整套房屋遗产，因此赠与合同应属全部无效。

四、可撤销的法律行为

可撤销的法律行为是指已经成立并生效，但因意思表示不真实，行为人具有撤销权的法律行为。可撤销的法律行为有以下特点：第一，撤销权人行使撤销权之前该行为是已经生效的法律行为；第二，撤销权人有选择权，其可以保留或者撤销该行为；第三，撤销权人行使撤销权不能超过法定期限。

（一）撤销权

可撤销法律行为的撤销权是权利人以其单方的意思表示撤销已经成立的法律行为的权利。但是，在可撤销的法律行为中，并非所有的当事人均享有撤销权。《民法典》中明确规定只有"受欺诈方"或是"受胁迫方"才可以行使撤销权，因此，享有撤销权的主体是受害者。撤销权人撤销的意思表示须向人民法院或者仲裁机构作出，而非向相对人作出。撤销权的行使有法定期限的限制，《民法典》第一百五十二条规定：有下列情形之一的，撤销权消灭：①当事人自知道或者应当知道撤销事由之日起一年内、重大误解的当事人自知道或者应当知道撤销事由之日起九十日内没有行使撤销权；②当事人受胁迫，自胁迫行为终止之日起一年内没有行使撤销权；③当事人知道撤销事由后明确表示或者以自己的行为表明放弃撤销权。当事人自民事法律行为发生之日起五年内没有行使撤销权的，撤销权消灭。需要注意的是，撤销权的行使期限属于除斥期间，即属于不变期间，不得

适用诉讼时效的中止、中断和延长。

（二）撤销权行使的后果

可撤销的民事行为被撤销变为无效之前，具有法律上的效果，对当事人有约束力。一旦权利人行使撤销权，原实施的行为归于无效，但仍存在法律后果，且合同被撤销后不影响有关争议处理的条款。

> **法条链接**
>
> 《民法典》第一百五十五条　无效的或者被撤销的民事法律行为自始没有法律约束力。
>
> 《民法典》第一百五十七条　民事法律行为无效、被撤销或者确定不发生效力后，行为人因该行为取得的财产，应当予以返还；不能返还或者没有必要返还的，应当折价补偿。有过错的一方应当赔偿对方由此所受到的损失；各方都有过错的，应当各自承担相应的责任。法律另有规定的，依照其规定。
>
> 《民法典》第五百零七条　合同不生效、无效、被撤销或者终止的，不影响合同中有关解决争议方法的条款的效力。

（三）可撤销的民事法律行为种类

根据《民法典》规定，可撤销的民事法律行为有以下四种类型：重大误解、显失公平、欺诈情形以及胁迫情形下实施的民事法律行为。

1. 基于重大误解实施的可撤销法律行为

《民法典》第一百四十七条规定：基于重大误解实施的民事法律行为，行为人有权请求人民法院或者仲裁机构予以撤销。行为人因为对行为的性质，对方当事人，标的物的品种、质量、规格和数量等的错误认识，使行为的后果与自己的意思相悖，并造成较大损失的，可以认定为重大误解。

重大误解应当具备以下条件：第一，必须对民事法律行为的内容发生了重大误解；第二，误解人因误解作出非真实的意思表示，误解人的误解与其意思表示之间具有因果关系；第三，误解是由误解人自己的过错造成的，误解是误解人的非故意行为，误解的发生是由于误解人自身的不谨慎；第四，这种行为造成了表意人较大的损失。

> **典型案例**
>
> 小张将家中祖传的瓷器花瓶卖给小王。小王请朋友来观摩，有懂行的朋友说这个花瓶看着不太像真品。于是小王将瓷器花瓶送到权威机构进行鉴定，果然是赝品。小王找到小张要求退货并返还货款。小张表示，因家中祖传，一直没有去鉴定也从未怀疑过瓷器的真实性。
>
> 小王对瓷器花瓶买卖过程中的标的物花瓶产生了错误认识，这种错误认识并非小张欺诈造成的，而是买卖合同双方当事人都对花瓶产生了错误认识。所以小王可以根据法律规定请求法院和仲裁机构撤销这一买卖合同。当然，如果小张主张不知情，双方可以协商解除合同，各自返还，这样能更加方便快捷地解决问题，节约社会成本。

2. 以欺诈手段使对方违背真实意思实施的法律行为

一方当事人故意告知对方虚假情况，或者故意隐瞒真实情况，诱使对方当事人作出错误意思表示的，可以认定为欺诈行为。欺诈的构成要件有四个：第一，须有欺诈人的欺诈行为，主要包括捏造虚拟事实、隐藏真实事实与歪曲真实事实；第二，欺诈人须有欺诈的故意；第三，表意人因相对人的欺诈而陷入错误；第四，对方因陷入错误而为意思表示，即错误与意思表示之间有因果关系。

一方以欺诈手段，使对方在违背真实意思的情况下实施的民事法律行为，受欺诈方有权请求人民法院或者仲裁机构予以撤销（《民法典》第一百四十八条）。第三人实施欺诈行为，使一方在违背真实意思的情况下实施的民事法律行为，对方知道或者应当知道该欺诈行为的，受欺诈方有权请求人民法院或者仲裁机构予以撤销（《民法典》第一百四十九条）。

典型案例

张某于2021年9月在淮安某汽车销售公司花费40余万元购买奥迪A6一辆，后发现该车开过发票、出过保险、上过临时牌照。张某感觉自己上当受骗，便要求汽车销售公司给予赔偿，因赔偿价格协商未果，张某向淮安市清江浦区人民法院起诉，要求退还买车款，并按照《消费者权益保护法》第五十五条规定，赔偿三倍价款。

3. 以胁迫手段使对方违背真实意思实施的法律行为

以给公民及其亲友的生命健康、荣誉、名誉、财产等造成损害或者以给法人的荣誉、名誉、财产等造成损害为要挟，迫使对方违背真实意思表示的，可以认定为胁迫行为。胁迫的构成要件有三个：第一，行为人有胁迫行为；第二，行为人有胁迫的故意，即有使表意人陷入恐惧的意思；第三，相对人因受胁迫而为意思表示。

《民法典》第一百五十条规定，一方或者第三人以胁迫手段，使对方在违背真实意思的情况下实施的民事法律行为，受胁迫方有权请求人民法院或者仲裁机构予以撤销。

4. 显失公平的法律行为

《民法典》第一百五十一条规定，一方利用对方处于危困状态、缺乏判断能力等情形，致使民事法律行为成立时显失公平的，受损害方有权请求人民法院或者仲裁机构予以撤销。显失公平的民事法律行为包括两方面的要件：第一，对方有处于危困状态、缺乏判断能力的客观情况；第二，行为人有利用对方危困、缺乏判断能力的故意，这种利用他人的主观状态已表明此种行为背离了公平、诚信原则的要求。

典型案例

周某的儿子突遇意外需住院治疗，情急之下，周某向邻居张某提出借款5万元，承诺半年内归还。张某同意出借，但提出要按本金年息40%计付利息。为让孩子得到及时诊疗，周某无奈只能违心出具了借据。还款期满后，双方为利息事宜引发争执形成诉讼。法院审理认为，原告虽持有被告的借据，但此行为系乘人之危高利放贷，属显失公平的可撤销民事行为。最后法院判决周某偿还张某本金，利息按法律规定的标准计付。

五、附条件和附期限的民事法律行为

民事法律行为可以附条件与期限。此处所附的条件与期限是法律行为成立与生效之间因时间差产生的原因之一。《民法典》对民事法律行为可以附条件、附期限的规定是为了防止民事法律行为的效果意思确定后，行为人的预期目的没有出现而违背行为人的初衷的情况。通过附条件、附期限可以方便人们在民事法律行为中灵活地控制行为效力暂不发生，或使已经发生的效力及时终止。

（一）附条件的法律行为

附条件的法律行为是以一定的条件成就与否作为效力发生或者消灭的法律行为。民事法律行为可以附条件，但是根据其性质不得附条件的除外（《民法典》第一百五十八条）。根据相关法律规定，下列民事法律行为不得附条件：第一，行使形成权的民事行为通常不得附条件。例如，抵销不得附条件或者附期限。第二，不符合社会公共利益或社会公德的民事行为不得附条件，如结婚、收养等行为。第三，登记等法律程序行为不得附条件。

并非任何事件或者行为都可以作为所附的条件，它应当具备下列特征：第一，必须是将来发生的事实。第二，必须是将来不确定的事实。如果该事实是将来必然发生的，则该事实应当作为法律行为的期限而非条件。第三，条件应当是双方当事人约定的。民事行为所附条件，必须是双方当事人约定，不能是法律规定的与民事行为效力有关的条件。第四，条件必须合法。违反法律、社会公德或损害社会公共利益，以及以侵害他人权利为目的的事实，不能作为条件。所附的条件根据不同的分类标准可以进行不同分类。

1. 根据所附条件对民事法律行为产生的效力不同，可以将所附的条件分为生效条件和解除条件

（1）生效条件。生效条件，又称延缓条件、停止条件，是只有当约定的事实出现时，法律行为才发生效力的条件。生效条件的作用在于使法律行为暂时不生效，如果所附条件最终未出现，该法律行为不生效。附生效条件的法律行为，在条件成就时生效，双方形成权利义务关系。

（2）解除条件。解除条件，又称消灭条件，是使已发生效力的民事法律行为在条件成就时终止的条件。解除条件的作用在于使所附条件的已生效的法律行为的效力归于消灭。附解除条件的法律行为，条件成就时失效，双方解除权利义务关系。

2. 根据某种客观事实的发生或不发生为标准，可分为积极条件和消极条件

（1）积极条件。积极条件是以所设事实发生为内容的条件。

（2）消极条件。消极条件是以所设事实不发生为内容的条件。需要注意的是，当事人负有顺应条件自然发展而不加以不正当干预的义务，即条件不能受到任何一方的不当影响。在条件成就与否未得到确定之前，行为人一方不得损害另一方将来条件成就时可能得到的利益，行为人也不得为了自己的利益，以不正当行为促成或阻止条件成就。

附条件的民事法律行为，当事人为自己的利益不正当地阻止条件成就的，视为条件已成就；不正当地促成条件成就的，视为条件不成就（《民法典》第一百五十九条）。

典型案例

附条件的民事法律行为：甲打算卖房，问乙是否愿买，乙一向迷信，就跟甲说："如果明天早上7点你家屋顶上来了喜鹊，我就出10万元买你房子。"甲同意。乙回家后非常后悔。第二天早上7点差几分时，恰有一群喜鹊停在甲家的屋顶上，乙正要将喜鹊赶走，甲不知情的儿子拿起弹弓把喜鹊打跑了，至7点再无喜鹊飞来。请问甲、乙之间买卖合同的效力如何？

（二）附期限的法律行为

附期限的法律行为是以一定期限的到来作为效力发生或消灭的法律行为。民事法律行为可以附期限，但是根据其性质不得附期限的除外（《民法典》第一百六十条）。与所附条件类似，所附期限也须具备法律要件：第一，必须是将来发生的事实，已经发生的事实不能被设定为期限。第二，必须是必然发生的事实，不可能发生的事实不能被设定为期限。

根据期限对法律行为效力所起作用的不同，可以将期限分为生效期限和终止期限。第一，生效期限。生效期限又称始期，是使法律行为效力发生的期限。附生效期限的民事法律行为，在始期到来前不生效，自期限届至时生效。第二，终止期限又称终期，是使法律行为效力终止的期限。附终止期限的民事法律行为，在终期到来前效力不终止，自期限届满时失效。

第二节 代理制度

一、代理理论

(一) 代理的概念

代理是指代理人在代理权限内，以被代理人（本人）的名义与第三人实施民事法律行为，被代理人对代理人的该行为承担民事责任的一种法律制度。

《民法典》第一百六十二条规定：代理人在代理权限内，以被代理人名义实施的民事法律行为，对被代理人发生效力。在代理关系中存在三个主体，代理人、被代理人和第三人。由此，在他们之间也存在三种关系：①代理人与被代理人之间代理与被代理的关系；②代理人与第三人之间直接进行法律行为的关系；③被代理人与第三人之间的权利义务关系。

(二) 代理的特征

代理行为作为一种事关三个法律主体和三种法律关系的民事法律行为，与行纪、委托、中介等概念有所区别，具有以下几个特征。

1. 代理人以被代理人的名义实施民事法律行为

代理人必须以被代理人的名义实施民事法律行为。非以被代理人的名义而以自己的名义代替他人实施民事法律行为的不属于代理行为，对被代理人不发生约束，这也是代理与行纪的区别。行纪是指经纪人受委托人的委托，以自己的名义与第三方进行交易，并承担规定的法律责任的行为。《民法典》第九百二十五条规定：受托人以自己的名义，在委托人的授权范围内与第三人订立的合同，第三人在订立合同时知道受托人与委托人之间的代理关系的，该合同直接约束委托人和第三人；但是，有确切证据证明该合同只约束受托人和第三人的除外。

2. 代理人直接向第三人进行意思表示

代理行为的目的在于与第三人设立、变更或终止权利义务关系。因此，只有代理人直接向第三人为意思表示，才能实现代理行为的目的。这一点也正是代理行为与委托的区别，委托只涉及两方当事人，即委托人与受托人，而不存在第三人。但是，委托与代理之间也存在联系。例如，在委托代理中，代理人（受托人）与被代理人（委托人）之间就是委托关系，而代理人、被代理人与第三人三者之间就是代理关系。

3. 代理人在代理权限内独立地为意思表示

代理人在代理权限内，有权根据情况，独立地进行判断，并作出意思表示或者接受意思表示。非独立进行意思表示的行为，不属于代理行为，如传达、中介等。传达就是我们平常所说的传递信息。传递信息的人（传达者）仅仅起到传递信息的作用，而不能进行独立的意思表示，因此不是代理行为。中介是指中介人向委托人报告商业机会，提供订立合约的媒介服务并收取报酬的行为。在中介行为中，中介者只是起到了订立合同的桥梁作用，既不向第三人作出意思表示，也不接受意思表示，因此也不是代理行为。

4. 代理行为的法律效果直接归属于被代理人

尽管是由代理人与第三人进行直接的民事法律行为，但是在代理活动中，代理人只是履行了代理的责任，并不从此民事法律行为中获得任何的个人利益或者承担任何的责任。当然，在一些代理行为中，代理人是可以获得一定的报酬的。代理所产生的法律后果归属于被代理人，设立、变更或者终止的权利义务关系都是被代理人与第三人之间的。这个特征使得代理与代表区别开来。法人组织有自己的法定代表人，法定代表人本身就是法人组织的组成部分，因此代表人所为的行为就视为法人组织本身的行为，而不存在法律效果归属的问题。

（三）代理的适用范围

代理一般适用于民事主体之间设立、变更或终止权利义务关系的法律行为，同时也适用于民事法律行为之外的一些其他行为，如申请行为、申报行为、诉讼行为等。代理行为大致可以分为三类：第一，民事法律行为；第二，民事诉讼行为；第三，申请、申报等行政、财政行为。另外，有一些民事法律行为并不适用于代理制度，如具有严格人身性质的订立遗嘱、婚姻登记、收养子女等行为。《民法典》第一百六十一条第二款规定：依照法律规定、当事人约定或者民事法律行为的性质，应当由本人亲自实施的民事法律行为，不得代理。

（四）代理的分类

依据不同的分类标准，可以对代理进行分类。

1. 根据代理权产生的方式不同，代理可分为委托代理和法定代理

委托代理，又称意定代理，指基于被代理人的委托授权而发生的代理。授权行为是一种单方法律行为，即仅凭被代理人一方的意思表示，就可以发生授权的效果。

法定代理指基于法律直接规定而当然发生的代理，通常适用于被代理人是无民事行为能力人或者限制民事行为能力人的情况。关于监护人的确定，我国法律有具体的规定：①配偶；②父母、子女；③其他近亲属；④其他愿意担任监护人的个人或者组织，但是须经被监护人住所地的居民委员会、村民委员会或者民政部门同意。

2. 根据代理权来源的不同，代理可分为本代理和复代理

本代理指直接基于被代理人的授权或者法律规定而产生的代理。复代理指代理人为被代理人的利益而将代理权转托给他人而产生的代理，又称再代理。需要注意的是，复代理的代理权来源是代理人的转托，因此再代理人的代理权限必然不能超过本代理的代理权限。同时需要明确，再代理人是被代理人的代理人，而不是本代理人的代理人，因此其为的民事法律行为的法律效果也直接归属于被代理人。《民法典》第一百六十九条规定：代理人需要转委托第三人代理的，应当取得被代理人的同意或者追认。转委托代理经被代理人同意或者追认的，被代理人可以就代理事务直接指示转委托的第三人，代理人仅就第三人的选任以及对第三人的指示承担责任。转委托代理未经被代理人同意或者追认的，代理人应当对转委托的第三人的行为承担责任；但是，在紧急情况下代理人为了维护被代理人的利益需要转委托第三人代理的除外。

3. 根据代理人为民事法律行为时所依的名义，可将代理分为直接代理和间接代理

直接代理指代理人以被代理人的名义实施民事法律行为的代理制度。间接代理指代理人以自己的名义实施民事法律行为，但法律效果仍归属于被代理人的代理制度。

4. 根据代理权行使时所需的代理人数，可将代理分为单独代理和共同代理

单独代理是指代理人可以单独行使代理权的代理制度。共同代理是指数个代理人必须共同行使代理权。数人为同一代理事项的代理人的，应当共同行使代理权，但是当事人另有约定的除外（《民法典》第一百六十六条）。在共同代理中，一个代理人单独行使代理权并不能使代理行为生效，而必须经过本人或者其他代理人的共同承认才能生效。

（五）代理的终止

代理的终止指代理人与被代理人之间的代理关系消灭，代理人不再拥有代理权，不能继续以被代理人的名义实施民事法律行为。基于代理权产生方式不同的委托代理与法定代理，其终止的原因

也不相同。

> **法条链接**
>
> 《民法典》第一百七十三条 有下列情形之一的，委托代理终止：（一）代理期限届满或者代理事务完成；（二）被代理人取消委托或者代理人辞去委托；（三）代理人丧失民事行为能力；（四）代理人或者被代理人死亡；（五）作为代理人或者被代理人的法人、非法人组织终止。
>
> 《民法典》第一百七十五条 有下列情形之一的，法定代理终止：（一）被代理人取得或者恢复完全民事行为能力；（二）代理人丧失民事行为能力；（三）代理人或者被代理人死亡；（四）法律规定的其他情形。

值得注意的是，由于法定代理主要针对限制民事行为能力人和无民事行为能力人，若被代理人死亡，自然不再需要代理人，因此在法定代理中，被代理人死亡必然导致代理终止。而在委托代理中，在一些情况下委托代理人在被代理人死亡后所为的代理行为依然有效。

二、代理权

代理权是代理关系的基础，是指代理人以被代理人名义独立为意思表示，并使其效果直接归属于被代理人的一种法律资格。

（一）代理权的产生

代理权的产生方式有两种，包括委托代理中的委托行为、法定代理中的法律规定。

（1）委托代理的代理权的产生。委托代理是基于被代理人的委托授权而发生的，并且被代理人的委托授权行为是单方民事行为，无须代理人的同意即可使得委托授权行为生效。委托代理授权采用书面形式的，授权委托书应当载明代理人的姓名或者名称、代理事项、权限和期限，并由被代理人签名或者盖章（《民法典》第一百六十五条）。

（2）法定代理的代理权的发生。法定代理人代理权的发生是由于法律的直接规定。无民事行为能力人和限制民事行为能力人与其代理人之间的代理关系的基础是监护关系。

（二）代理权行使的一般要求

代理人行使代理权必须符合被代理人的利益，不得利用代理权为自己谋取私利，必须做到勤勉尽责、审慎周到，以实现和保护被代理人的利益。代理人不得因故意或者过失损害被代理人的利益，也不得怠于行使代理权。同时，代理人必须及时向被代理人报告代理事项的进展情况，以便被代理人及时知道自己的利益的得失。另外，在整个代理过程中，代理人不得滥用代理权，有关代理权滥用的内容将在下一部分详细阐述。代理人不履行或者不完全履行职责，造成被代理人损害的，应当承担民事责任（《民法典》第一百六十四条第一款）。

（三）代理权的滥用

代理人能够以被代理人的名义实施民事法律行为，就在于他拥有代理权。然而，若其实施的行为损害了被代理人的利益，即可被认为滥用代理权。滥用代理权的行为主要包括以下三种情形：

（1）自己代理，即代理人以被代理人的名义与自己实施民事法律行为。

（2）双方代理，即代理人以被代理人的名义与其同时代理的其他人实施民事法律行为。

（3）代理人和第三人恶意串通，损害被代理人的合法权益的民事法律行为。

📖 法条链接

《民法典》第一百六十八条 代理人不得以被代理人的名义与自己实施民事法律行为，但是被代理人同意或者追认的除外。

代理人不得以被代理人的名义与自己同时代理的其他人实施民事法律行为，但是被代理的双方同意或者追认的除外。

《民法典》第一百六十四条第二款 代理人和相对人恶意串通，损害被代理人合法权益的，代理人和相对人应承担连带责任。

自己代理和双方代理属于效力待定的代理行为，即被代理人若追认，该代理行为生效。第三种滥用代理权的行为，即代理人和第三人恶意串通，视为无效代理。代理人滥用代理权给被代理人和他人带来损失的，应当承担相应的民事责任。

🔍 典型案例

潘某有一套市价约 500 万元的红木家具，委托钟某代为出售。刘某向钟某提出以 600 万元购买，辛某向钟某提出以 350 万元购买，但承诺暗中给钟某 50 万元回扣。钟某于是对潘某谎称红木市场价格暴跌，隐瞒刘某的报价，以潘某的名义将该套红木家具以 350 万元出卖给辛某。

三、无权代理

（一）无权代理的概念与情形

无权代理指没有代理权而以他人的名义与第三人进行民事行为的代理。具体包括：①没有代理权的代理行为；②超越代理权的代理行为；③代理权终止后的代理行为。《民法典》第一百七十一条第一款规定，行为人没有代理权、超越代理权或者代理权终止后，仍然实施代理行为，未经被代理人追认的，对被代理人不发生效力。

（二）无权代理的法律效果

虽然代理人在进行无权代理的行为时并不具备代理权，但是无权代理并非必然无效，而是属于一种效力待定的法律行为。无权代理行为是否无效需要根据实际情况进行具体的分析判断。

1. 本人（被代理人）的追认权与拒绝权

在无权代理的情况下，若本人在代理行为发生后追认的，无权代理人所为的代理行为的法律效果归属于被代理人，视为有权代理，即代理行为有效。追认权性质上属于形成权，即仅凭被代理人的单方面的意思表示即可决定无权代理行为是否有效。追认权的行使必须在第三人行使撤销权之前才能发生效力。当然，被代理人也享有拒绝权，可以拒绝对该代理行为进行追认，使该代理行为归于无效。对于拒绝追认的行为，无权代理人应当对无权代理行为给被代理人和善意相对人造成的损失进行赔偿。被代理人在相对人的催告期内未作出追认的表示或者消极的不作为，视为拒绝追认。

2. 相对人的催告权和撤销权

相对人享有催告权。相对人可以催告被代理人自收到通知之日起三十日内予以追认（《民法典》第一百七十一条第二款）。但是，催告权仅是意思通知行为，不能决定无权代理行为是否有效。被代理人是否要追认，无权代理行为是否有效都由被代理人本人决定。

相对人的撤销权是指在无权代理的情况下，在合同被追认之前，善意相对人有权撤销其对无权代理人已经作出的意思表示。撤销权在性质上属于形成权，即仅凭善意相对人的单方面的意思表示即可决定无权代理行为是否有效。一旦被撤销，无权代理行为即变为无效代理，即在被代理人与第三人之间不产生权利义务关系。但是，撤销权的行使需要两个条件，一是相对人必须是善意相对人。若相对人知道或应当知道无权代理人是无权代理仍与其进行代理行为，则不具有撤销权。二是撤销权的行使必须在被代理人进行追认之前。若被代理人已经追认，则认为代理行为有效，此时，善意相对人不再拥有撤销权。《民法典》第一百七十一条第二款规定：相对人可以催告被代理人自收到通知之日起三十日内予以追认。被代理人未作表示的，视为拒绝追认。行为人实施的行为被追认前，善意相对人有撤销的权利。撤销应当以通知的方式作出。相对人知道或者应当知道行为人无权代理的，相对人和行为人按照各自的过错承担责任（《民法典》第一百七十一条第四款）。

3. 表见代理

善意相对人客观上有理由相信无权代理人拥有代理权时，可以向被代理人主张代理的效力。这是为了保护善意相对人的法律规定。在学术界，这种无权代理被称为"表见代理"。我们将在下一部分对其进行具体分析。

四、表见代理

表见代理属于广义的无权代理，是指被代理人的行为足以使第三人相信无权代理人具有代理权，并给予这种信赖而与无权代理人实施法律行为的代理。法律上关于表见代理的规定主要是为了维护人们对代理制度的信赖，保护善意相对人的利益。

（一）表见代理的构成要件

除了满足代理的一般形式，只有满足以下条件的代理才能被认为是表见代理：

（1）行为人没有代理权、超越代理权或者代理权已经终止。既然表见代理属于广义的无权代理，那么该行为必然属于无权代理中的情形之一。

（2）相对人主观上为善意且无过失。相对人应当不知道行为人所实施的行为是无权代理，并且相对人在主观判断上并没有错误。

（3）有使相对人相信行为人具有代理权的情形。存在客观事由，使得相对人相信行为人是拥有代理权的。

（4）交易相对人因相信行为人拥有代理权与行为人确实进行了民事行为。只有民事行为确实进行了，才说得上构成了代理。

（二）表见代理的一般情形

根据相对人相信无权代理人拥有代理权的客观事由，可以将表见代理概括为以下几种情形：

（1）被代理人对第三人表示已将代理权授予某人，但实际未授予或就特定民事行为未授予，而相对人相信该人拥有代理权。

（2）被代理人将某种有代理权的证明文件（如带有公章或者被代理人签名的空白介绍信或空白合同文本、合同专用章等）交给他人，他人以此使第三人相信其有代理权。

（3）代理关系终止或者撤销后，被代理人未采取必要的措施（如公示代理关系的终止、收回代理证书）而使第三人仍然相信无权代理人有代理权。

（4）代理授权不明或者代理人违反被代理人的意思、超越代理权，第三人无过失地相信其有代理权并与之进行法律行为。

只有发生以上四种情形，表见代理才成立。除此之外的无权代理，均不是表见代理，按照普通的无权代理对待。

（三）表见代理的法律效果

（1）对于被代理人而言。表见代理对被代理人来说产生与有效代理一样的法律效果。表见代理下的民事行为的法律效果归属于被代理人，被代理人受无权代理人与第三人所为的民事行为的约束，不得以无权代理作为抗辩理由。

（2）对于第三人而言。表见代理对于第三人来说，既可主张其为狭义的无权代理，行使其作为善意相对人的撤销权使代理行为无效，向行为人主张权利、追究责任，又可以主张其为表见代理，向被代理人主张代理行为的效力使代理行为有效。

典型案例

李某经营一家花店，某日，李某因急事需要离开，遂叫来店里聊天的邻居万某代为看店。恰好吴某到花店选购鲜花，万某将店里放着的一盆兰花卖给了吴某。不料，该兰花系名贵兰花，价值逾万元，是李某的岳父以高价购买回来自己观赏的，暂时寄放在李某的店里。李某赶紧找到吴某，要求退花还款，吴某不同意，李某为此将吴某起诉至法院。本案属典型的表见代理，应当产生与有权代理相同的法律效果。

第三节　诉讼时效制度

一、诉讼时效概述

（一）诉讼时效的概念

所谓诉讼时效，是指权利人在法定期间内不行使权利即导致义务人有权提出拒绝履行的抗辩权的法律制度。

（二）诉讼时效的适用范围

《民法典》第一百八十八条第一款规定："向人民法院请求保护民事权利的诉讼时效期间为三年。法律另有规定的，依照其规定。"该条对诉讼时效作出了规定，但只是使用了"民事权利"这一表述，而没有对诉讼时效的适用范围作出明确界定。由此可见，诉讼时效应当主要适用于债权请求权。

（三）不适用诉讼时效的请求权

（1）请求停止侵害、排除妨碍、消除危险。
（2）不动产物权和登记的动产物权的权利人请求返还财产。
（3）请求支付抚养费、赡养费或者扶养费。
（4）支付存款本金及利息请求权。
（5）兑付国债、金融债券以及向不特定对象发行的企业债券本息请求权。
（6）基于投资关系产生的缴付出资请求权。
（7）依法不适用诉讼时效的其他请求权。

二、诉讼时效期间的分类

（一）普通诉讼时效期间

普通诉讼时效期间是指由民事基本法规定的普遍适用于应当适用时效的各种法律关系的时效期间。《民法典》第一百八十八条第一款规定："向人民法院请求保护民事权利的诉讼时效期间为三年。

法律另有规定的，依照其规定。"

(二)特别诉讼时效期间

特别诉讼时效期间是指由民事基本法或特别法针对某些民事法律关系规定的时效期间。

（1）《民法典》第五百九十四条规定，因国际货物买卖合同和技术进出口合同争议提起诉讼或者申请仲裁的时效期间为四年。

（2）《产品质量法》第四十五条规定，因产品存在缺陷造成损害要求赔偿的诉讼时效期间为二年，自当事人知道或者应当知道其权益受到损害时起计算。《国家赔偿法》第三十九条规定，赔偿请求人请求国家赔偿的时效为两年，自其知道或者应当知道国家机关及其工作人员行使职权时的行为侵犯其人身权、财产权之日起计算，但被羁押等限制人身自由期间不计算在内。

(三)最长诉讼时效期间

《民法典》第一百八十八条第二款规定："诉讼时效期间自权利人知道或者应当知道权利受到损害以及义务人之日起计算。法律另有规定的，依照其规定。但是，自权利受到损害之日起超过二十年的，人民法院不予保护，有特殊情况的，人民法院可以根据权利人的申请决定延长。"

三、诉讼时效期间的起算

(一)诉讼时效期间起算的一般规则

诉讼时效期间的起算，是指诉讼时效期间开始计算的时点，换言之，是从何时开始计算诉讼时效期间。

《民法典》第一百八十八条第二款规定："诉讼时效期间自权利人知道或者应当知道权利受到损害以及义务人之日起计算。法律另有规定的，依照其规定。但是，自权利受到损害之日起超过二十年的，人民法院不予保护，有特殊情况的，人民法院可以根据权利人的申请决定延长。"

(二)诉讼时效起算的各种特殊情形

（1）分期履行债务中的诉讼时效的起算：当事人约定同一债务分期履行的，诉讼时效期间自最后一期履行期限届满之日起计算。

（2）无民事行为能力人或者限制民事行为能力人对其法定代理人的请求权，自该法定代理终止之日起计算。

（3）未成年人遭受性侵害的损害赔偿请求权，自受害人年满十八周岁之日起计算。

四、诉讼时效的中断、中止

(一)诉讼时效的中断

1. 诉讼时效中断的概念和事由

所谓诉讼时效的中断，是指诉讼时效进行中因法定事由的发生，推翻了诉讼时效存在的基础，因此使已进行的期间全部归于无效，诉讼时效重新起算。根据《民法典》第一百九十五条规定，中断的事由主要有如下几种：

（1）权利人向义务人提出履行请求。

（2）义务人同意履行义务。

（3）权利人提起诉讼或者申请仲裁。

（4）与提起诉讼或者申请仲裁具有同等效力的其他情形。

2. 诉讼时效中断的法律效果

诉讼时效一旦中断，将发生如下效果：

（1）原有的已经经过的时效统归无效，已经计算的时效只要尚未届满都可以因为中断事由的出现而失去效力。

（2）中断事由消除以后，时效期间重新计算。

（3）在时效中断以后，可能会发生时效再次中断的效果。

（二）诉讼时效的中止

1. 诉讼时效中止的概念

诉讼时效的中止，是指在诉讼时效进行期间，因发生一定的法定事由使权利人不能行使请求权，从而暂时停止计算诉讼时效期间。诉讼时效中止的事由应当发生在诉讼时效期间的最后六个月。

2. 诉讼时效中止的事由

根据《民法典》第一百九十四条规定，诉讼时效的中止事由包括以下几种：

（1）不可抗力。

（2）无民事行为能力人或者限制民事行为能力人没有法定代理人，或者法定代理人死亡、丧失民事行为能力、丧失代理权。

（3）继承开始后未确定继承人或者遗产管理人。

（4）权利人被义务人或者其他人控制。

（5）其他导致权利人不能行使请求权的障碍。

3. 诉讼时效中止的法律效果

（1）诉讼时效期间停止计算。

（2）中止事由发生前的时效期间仍然有效。

（3）中止事由消除后诉讼时效期间再计算六个月。

五、诉讼时效期间届满的后果

（一）关于诉讼时效期间届满的后果的立法主义

诉讼时效期间届满的后果，是指在诉讼时效经过以后，在法律上发生何种后果。我国《民法典》采用抗辩权发生主义。

（二）诉讼时效期间届满的后果

（1）义务人产生抗辩权。

（2）义务人已自愿履行的不得请求返还。

（3）法院不得主动适用诉讼时效的规定。

知识拓展

人民法院对于诉讼时效的一般裁判规则

在司法实务中，人民法院对于诉讼时效形成了诸多可供参考的裁判规则。第一，房产租赁合同中，人民法院以合同约定的租赁期限届满之日作为最后一期债务履行期限届满之日起算诉讼时效。第二，债权转让前已超诉讼时效的，不因转让时发布催收公告而重新起算诉讼时效。第三，案涉主债权未超过诉讼时效期间，当事人主张其保证责任已过保证期间的，人民法院不予支持。第四，诉讼虽未经法院实体处理，但足以表明一方当事人曾向对方主张过合同权利，构成诉讼时效中断。第五，当事人主张的债权没有足够证据予以证明的，人民法院不再审查该债权是否超过诉讼时效。

六、除斥期间

（一）除斥期间的概念和特征

除斥期间是指法院规定某种权利预定存续的期间，债权人在此期间不行使权利，预定期间届满，便可发生该权利消灭的法律后果。除斥期间具有以下特征：

（1）除斥期间一般是不变期间。不因任何事由而中止、中断或者延长。

（2）除斥期间消灭的是权利人享有的实体民事权利本身，如追认权、撤销权、解除权等形成权。

（3）除斥期间规定的是权利人行使某项权利的期限，以权利人不行使该实体民事权利作为适用依据。

（4）除斥期间自相应的实体权利成立之时起计算。

（二）除斥期间与诉讼时效的区别

（1）适用对象不同。诉讼时效适用于债权请求权；除斥期间一般适用于形成权，如追认权、解除权、撤销权等。

（2）适用的主体不同。诉讼时效须由当事人主张后人民法院才能审查，人民法院不能主动适用诉讼时效。除斥期间无论当事人是否主张，人民法院均可以主动审查。

（3）法律效力不同。诉讼时效届满只是导致胜诉权的消灭，实体权利不消灭；除斥期间届满，实体权利也消灭。

（4）期间性质不同。诉讼时效是可变期间，可以因主客观原因中断、中止或延长；除斥期间是不变期间，不适用时效中断、中止和延长的规定。

本章小结

　　法律行为是民事主体通过意思表示设立、变更、终止民事法律关系的行为。根据不同的分类标准，法律行为可以分为单方法律行为与多方法律行为，有偿法律行为与无偿法律行为，要式法律行为与不要式法律行为，主法律行为与从法律行为。法律行为的生效要件包括一般生效要件和特别生效要件。直接生效的法律行为之外，还存在无效法律行为、可撤销的法律行为、附条件和附期限的法律行为。对于附条件和附期限的法律行为，应关注其生效条件与解除条件、生效期限与终止期限。

　　代理是指代理人在代理权限内，以被代理人（本人）的名义与第三人实施民事法律行为，被代理人对代理人的该行为承担民事责任的一种法律制度。代理人能够以被代理人的名义实施民事法律行为，就在于他拥有代理权。代理人实施的行为损害了被代理人的利益，即可被认为滥用代理权，具体包括自己代理、双方代理和恶意串通三种类型。无权代理指代理人没有代理权而以他人的名义与第三人进行民事行为的代理，具体包括没有代理权的代理、超越代理权的代理以及代理权终止后的代理，无权代理并不必然导致代理行为无效。表见代理是代理人的代理行为属无权代理，但是善意相对人客观上有理由相信无权代理人拥有代理权时，可以向被代理人主张代理的效力，这是为了保护善意相对人的法律规定。

　　诉讼时效是指权利人在法定期间内不行使权利即导致义务人有权提出拒绝履行的抗辩权的法律制度。诉讼时效的中断，是指诉讼时效进行中因法定事由的发生，推翻了诉讼时效存在的基础，因此使已进行的期间全部归于无效，诉讼时效重新起算。诉讼时效的中止，是指在诉讼时效进行期间，因发生一定的法定事由使权利人不能行使请求权，从而暂时停止计算诉讼时效期间。诉讼时效中止的事由应当发生在诉讼时效期间的最后六个月。

复习与训练

一、名词解释
1. 民事法律行为
2. 代理
3. 无权代理
4. 表见代理
5. 诉讼时效

二、不定项选择
1. 下列法律行为中，须经双方当事人意思表示一致才能成立的是（　　）。
   A. 甲免除乙对自己所负的债务
   B. 甲将一枚钻石戒指赠与乙
   C. 甲授权乙以甲的名义购买一套住房
   D. 甲立下遗嘱，将个人所有财产遗赠给乙

2. 甲向乙兜售毒品时，虽然提供了真实的毒品作为样品，实际交付的却是面粉。下列关于该民事行为效力的表述中，正确的是（　　）。
   A. 有效　　　　B. 无效　　　　C. 可撤销　　　　D. 效力待定

3. 小凡年满10周岁，精神健康，智力正常。他在学校门口的文具店看中一块橡皮，定价2元，于是用自己的零用钱将其买下。下列关于小凡购买橡皮行为效力的表述中，正确的是（　　）。
   A. 小凡是无民事行为能力人，其购买橡皮的行为无效
   B. 小凡是无民事行为能力人，其购买橡皮的行为须经法定代理人追认方为有效
   C. 小凡是限制民事行为能力人，其购买橡皮的行为有效
   D. 小凡是限制民事行为能力人，其购买橡皮的行为须经法定代理人追认方为有效

4. 根据《民法典》的规定，下列各项中属于可撤销合同的是（　　）。
   A. 一方以欺诈的手段订立合同
   B. 限制民事行为能力人与他人订立的纯获利益的合同
   C. 违反法律强制性规定的合同
   D. 因重大误解订立的合同

5. 甲公司向乙公司订购奶粉一批，乙公司在订立合同时，将国产奶粉谎称为进口奶粉。甲公司事后得知实情，适逢国产奶粉畅销。甲公司有意履行合同，乙公司则希望将这批货物以更高价格售予他人。此时，当事人的下列行为，对合同效力将产生的影响是（　　）。
   A. 甲公司向乙公司催告交货，则合同有效
   B. 甲公司向乙公司预付货款，则合同有效
   C. 甲公司向乙公司送交确认合同有效的通知，则合同有效
   D. 乙公司以合同订立存在欺诈事由主张撤销，则合同失去约束

6. 下列各项中，属于附条件的法律行为的是（　　）。
   A. 甲、乙签订房屋买卖合同，双方约定2个月后合同生效
   B. 如果明天下雨，我就送你一把雨伞

C. 甲、乙约定如果甲明天盗窃成功，乙将自己的房子以5万元卖予甲
D. 张三与自己的儿子小张约定：等到放暑假时，给小张买一台电脑

7. 下列行为中，不构成代理的是（ ）。
A. 甲受公司委托，代为处理公司的民事诉讼纠纷
B. 乙受公司委托，以该公司名义与他人签订买卖合同
C. 丙受公司委托，代为申请专利
D. 丁受公司委托，代表公司在宴会上致辞

8. 甲授权乙以甲的名义将甲的一台笔记本电脑出售，价格不得低于8 000元。乙的好友丙欲以6 000元的价格购买。乙遂对丙说："大家都是好朋友，甲说最低要8 000元，但我想6 000元卖给你，他肯定也会同意的。"乙遂以甲的名义以6 000元将笔记本电脑卖给丙。下列说法中，正确的是（ ）。
A. 该买卖行为无效　　　　　　　　B. 乙是无权代理行为
C. 丙可以撤销该行为　　　　　　　D. 甲可以追认该行为

9. 甲为乙公司业务员，负责某小区的订奶业务多年，每月月底在小区摆摊，更新订奶户并收取下月订奶款。5月29日，甲从乙公司辞职。5月30日，甲仍照常前往小区摆摊收取订奶款。订奶户不知内情，照例交款，甲亦如常开出盖有乙公司公章的订奶款收据。之后甲携款离开，下落不明。根据民事法律制度的规定，下列表述中，正确的是（ ）。
A. 甲的行为与乙公司无关，应由甲向订奶户承担合同履行义务
B. 甲的行为构成无权处分，应由乙公司向订奶户承担损害赔偿责任后，再向甲追偿
C. 甲的行为构成狭义无权代理，应由甲向订奶户承担损害赔偿责任
D. 甲的行为构成表见代理，应由乙公司向订奶户承担合同履行义务

10. 甲向乙借款1万元，借款到期后甲分文未还。在诉讼时效期间内发生的下列情形中，能够产生时效中断效果的有（ ）。
A. 乙在大街上碰到甲，甲主动向乙表示将在3日内先支付约定的利息
B. 乙以特快专递发送催款函件给甲，甲签收后未拆封
C. 甲遇到车祸，变成了植物人，且没有法定代理人
D. 乙向人民法院申请支付令

三、简答题
1. 简述民事法律行为的概念与分类。
2. 无效民事法律行为的具体情形有哪些？
3. 如何理解代理权滥用与无权代理？
4. 简述表见代理的构成要件。
5. 如何区分诉讼时效的中断与诉讼时效的中止？

四、案例分析
张某委托朋友赵某帮助出售某处的房产一套，并将房产证等文件交由赵某保管，以便办理出售，但是没有签署委托书；一个月后，赵某以张某名义与王某签订居间合同与房屋买卖合同，张某收到定金后询问赵某，方知房屋已被出售，遂表示不同意卖房并将定金退还给王某，王某认为张某违约应当双倍返还定金，遂诉至法院。

根据上述案例分析：
1. 赵某的行为是否构成表见代理？
2. 本案应该如何解决？

冒名顶替与无权代理、表见代理

2013年11月15日，李小天和"王五"签订了一份房屋租赁合同。事实上，与李小天签订合同的人并非真正的"王五"，而是杜某。杜某与王五系同学，王五出国后，将房屋钥匙交与杜某，请杜某帮忙有时间看看房屋是否漏水。而杜某却假冒"王五"的身份将该房屋出租，并将租金占为己有。王五因急事回国发现该房屋被李小天占用居住，于是对李小天发出"逐客令"。

冒名顶替既不是无权代理也不是表见代理。

第一，从概念上界分，冒名顶替是指冒用他人身份并以他人的名义处分财产或者从事其他民事活动的行为。无权代理是指代理人不具备代理权而实施代理行为。表见代理是广义的无权代理，是指被代理人的行为足以使善意第三人相信无权代理人具有代理权，基于此项信赖与无权代理人进行交易，由此造成的法律效果强加于被代理人的代理。

第二，从结构上来看，冒名顶替所从事的活动自始至终仅存在双方结构，本案中表现为"王五"与李小天的双方关系。而无权代理与表见代理存在的是三方结构，即被代理人、代理人、相对人三方结构。

第三，具体到冒名顶替与无权代理。首先，无权代理的代理人一定程度上是为了被代理人的利益，体现被代理人的意愿，而冒名顶替则完全是违背了被冒名者的意愿。本案中杜某将房屋出租的行为并不是为了王五的利益，而是利用王五获取不当得利。其次，无权代理以代理人的身份进行民事活动，而冒名顶替则是自称本人，表现为本案中的杜某自称为"王五"。最后，无权代理一般不会表现为侵权行为，而冒名顶替的行为是侵权行为，本案的杜某不仅侵犯了王五的姓名权，同时侵犯了王五的财产权。

第四，具体到冒名顶替与表见代理。《中华人民共和国民法典》第一百七十二条规定："行为人没有代理权、超越代理权或者代理权终止后，仍然实施代理行为，相对人有理由相信行为人有代理权的，代理行为有效。"虽然表见代理与冒名顶替在一定程度上违背了被代理人的意愿，可能都会对权利人产生一定的法律效果或财产损失，但是在表见代理情况下，相对人有理由相信无权处分人具备代理权。本案中，李小天并不是信赖杜某具有代理权，而是相信了杜某就是"王五"本人。虽然相对人都产生了信赖，但是，在表见代理中，相对人信赖的是代理人具备代理权。而冒名顶替行为中的相对人信赖的是直接交易的相对人是真正的权利人，即本案中李小天相信杜某就是房屋所有权人"王五"。

第三章 物权法律制度

Chapter Three

学习目标

○ 掌握物权法律制度的相关概念、特征；
○ 厘清物权变动的四种情况；
○ 掌握几种常见物权的相关制度；
○ 用所学知识合理、正确地解决生活中存在的相关问题。

导入案例

○ 2022年3月，甲入住由乙开发商净投资建设的小区商品房，原本楼盘规划的间距比较开阔，但是等收楼时才发现楼盘间距实际过于狭窄。甲购买的是第2层房屋，尽管卧室朝南，但是一天之中，很难有较长时间能够射进阳光，通风情况也不太好，居住感觉相当压抑。

分析：1. 根据我国《民法典》规定，开发商乙该不该承担责任？承担何种责任？
2. 甲应该如何维权？

第一节 物权法律制度概述

一、《中华人民共和国民法典》物权编概述

《中华人民共和国民法典》是新中国成立以来第一部以法典命名的法律，其中物权编具有重要意义和诸多亮点。

知识拓展

2020年5月28日，十三届全国人大三次会议表决通过《中华人民共和国民法典》（以下简称《民法典》），该法自2021年1月1日起施行。婚姻法、继承法、民法通则、收养法、担保法、合同法、物权法、侵权责任法、民法总则同时废止。

《民法典》（物权编）第二百零五条　本编调整因物的归属和利用产生的民事关系。

（一）物权编更加符合中国国情

物权制度作为产权保护的基石，在平等保护民事主体财产权利方面，具有非凡的意义。从体例上来看，将物权编置于总则之后、其他编之前，足以见证其在整部法典中的重要地位，而《民法典》作为一部民事主体的权利法典，不言而喻，是为了更好地保障私权。此次物权编的修订正是以权利为基本的逻辑起点，一方面明文增加了一些新类型权利，在立法层面进一步凸显对民事主体民事财产权利的关注；另一方面，有效整合了现有实定法涉及民事财产权利的内容，并根据国情民意进行了修改，使民事权利的体系更加丰满。

（二）物权编注重民事财产权利的新增和完善

就新增权利而言，物权编新增了集体成员查阅和复制相关资料的权利，倒逼集体经济组织规范运行，进而保障集体成员的权益，进一步完善了集体经济组织的相关制度，也为正在立法的《集体经济组织法》奠定了基础。明确规定共有部分的收益归全体业主共有，让业主在未来，可以享受到诸如电梯等场所的广告收益。物权编还将农地"三权分置"改革的政策和实践成果予以落实，确认土地承包经营权人可以自主决定采用出租、入股或其他的方式，使之入市和自由流转，并且对于流转期限在5年以上的，当事人还可以申请用登记的方式，对抗善意第三人，进一步加强了对各方的保护，对农民而言，将有助于收益的增加；就国家而言，将进一步盘活农地资产，为后续的改革和乡村振兴战略的进一步实施奠定基础，实乃利国利民的重要举措。专章新设的居住权认可和保护了民事主体对住房保障的灵活安排，用物权的形式强化了民事主体的居住权利，体现出立法层面致力于民事主体"住有所居"的实践诉求，更为老年人的"以房养老"等提供了强有力的法律保障，对于缓解房价上涨和我国的养老压力亦具有重要意义，而且规定中要求设立居住权必须采取书面合同形式，并对合同内容进行了详细规定，以及就后续的转让、继承、权利届满和权利人死亡等都进行了相应规定，让居住权的规定更为体系化、完善化，有利于居住权这一新增物权更为明确、规范地运用在实际生活中。

就权利的完善而言，对于征收集体所有土地要足额补偿等，物权编新增"及时"的要求，通过规范征收行为，进一步保障农民权益。对于业主的建筑物区分所有权，物权编也进一步进行了完善，如降低业主做出决议的门槛，强化对于共有部分的共同管理权利，完善公共维修资金使用等特殊事项的表决程序等，有利于帮助业主在科学的框架下，更为高效地进行意思自治。尤其是新增规定，要求当地地方政府的有关部门、居民委员会对设立业主大会和选举业主委员会给予指导和协助，将进一步提高业主大会和业主委员会成立的规范性，并充分发挥上述组织的作用，进而完善对于业主权利的保护，这也是对于现实中业主大会等组织运行的现存问题进行的立法回应。物权编还明确了住宅建设用地使用权限届满自动续期，减少了自然人对于自己住房年限的忧虑，更体现出立法层面对财产权的平等保护。在担保物权领域，抵押权中，增设海域使用权作为可抵押的财产，权利质权中，增加"应收账款"为可出质的客体，进一步扩大应收账款在权利出质中的范围，增加应收账款在权利出质中的作用，这些都将极大地激发市场活力，在完善民事主体权利的同时，助力经济发展。对于抵押人转让抵押财产的问题，物权编将此前的"应当经抵押人同意"修改为"应当通知抵押人"，进一步放宽了抵押物转让的限制，更加有利于抵押物所有权的行使。对于同一财产上同时存在抵押权和质权的情形，明确规定了清偿顺序，厘清了实务中的争议，有利于抵押制度的完善，让权利人的权利行使更加明确，更加有章可循。

（三）物权编对民事权利救济的规定保障了民事权利的实现

无救济则无权利。《民法典》在增加和完善民事主体民事权利的同时，对于民事主体权利的救济规定也更加周延，更加适应经济社会的发展和时代需求。我国《民法典》的历史贡献是将侵权责任从传统民法的债法中分离出来，单独设立侵权责任编，彰显民法对于民事权利救济的价值，使对民事权利的保护得以落实。具体就物权编而言，在完善对占有人的物权保护层面，物权编新增停止侵害的规定，增加了占有人权利救济措施。对任意弃置垃圾等行为，也增加了业主大会或业主委员会要求恢复原状的权利，并且规定，相关当事人有权就行为人拒不履行相关义务的情况向相应行政主管部门投诉，这其实也是借此方式，增加其他业主救济措施的表现，更好地保护业主权利。增加了加工、附合、混合而产生的物的所有权的确定规则以及赔偿或补偿规定。此次新增和完善的涉及权利救济的规定，将进一步为民事主体权利的行使保驾护航，让民事权利真正落实，让人民享受到法治进步带来的成果。

二、物权的概念和法律特征

（一）概念

物权，是指权利人依法对特定的物享有直接支配和排他的权利，包括所有权、用益物权和担保物权。物权的效力及于所有人，权利人以外的任何人均属于义务人。物权具有追及效力、优先效力和排他效力。

知识拓展

按照《民法典》第一百一十四条规定，民事主体依法享有物权。第一百一十五条规定，物包括不动产和动产。需要注意的是，《民法典》第一百一十六条规定了物权法定原则，即物权的种类和内容，由法律规定。同时，《民法典》第二百零五条指出物权编调整因物的归属和利用产生的民事关系。

（二）物权的内容

包括自物权、他物权、准物权。

（1）自物权（所有权）包括国家所有权、集体所有权、私人所有权。

（2）他物权（用益物权）包括土地承包经营权、建设基地使用权、宅基地使用权、地役权、担保物权（抵押权、质权、留置权）。

（3）准物权包括海域使用权、探矿权、采矿权、取水权、养殖权、捕捞权。

知识拓展

按照《民法典》第二百零五条、第二百四十条、第三百二十三条、第三百八十六条的规定，物权是权利人依法对特定的物享有直接支配和排他的权利，包括所有权、用益物权和担保物权。其中所有权属于自物权，对自己的物享有占有、使用、收益和处分的权利。用益物权和担保物权属于他物权，用益物权是用益物权人对他人的物依法享有的占有、使用和收益的权利。担保物权是担保物权人在债务人不履行到期债务或者发生当事人约定的实现担保物权的情形，依法享有就担保财产优先受偿的权利，法律另有规定的除外。

（三）物权的法律特征

（1）在物权关系中，权利人是特定的，而义务人是不特定的。

（2）物权的客体主要是有体物。物权是权利人对特定物所享有的财产权利。

（3）物权关系是一种人与人之间的社会关系，并且是以一定的权利义务为内容的社会关系。

（4）物权主要是一种对有体物的直接支配权。所谓支配，是指法律上或事实上的管理或控制。

（5）物权是排他的权利，即一物不容二主。权利人之外的任何人都负有不得侵害和妨碍物权的义务。

物权的排他性与支配性存在区别，物权的支配性强调的是权利人对物的直接管领和利用；而物权的排他性强调的则是人与人之间的关系，即任何人不得非法干预他人行使物权。

（6）物权的优先性。包括两个方面：一是对外的优先性，是指在同一标的物之上同时存在物权和债权时，物权优先。二是对内的优先性。在同一物上有多项其他物权并存时，应当根据法律规定和物权设立的时间先后确立优先的效力。

（四）物权的法律保护

物权受到侵害的，权利人可以通过和解、调解等途径解决，也可以依法向人民法院提起诉讼。物权的保护应当采取下列方式：

（1）物权的归属和内容发生争议，利害关系人可以请求确认权利。

（2）不动产或者动产被无权占有人占有时，权利人可以请求返还原物；不能返还原物或者返还原物后仍有损失的，可以请求损害赔偿。

（3）造成不动产或者动产损毁的，权利人可以请求恢复原状；不能恢复原状或恢复原状仍有损失的，可以请求损害赔偿。

（4）妨碍权利人行使物权的，权利人可以请求排除妨害。

（5）权利人的物权有可能被危及行使权利的，权利人可以请求消除危险。

（6）侵害权利人的物权造成权利人损害的，权利人有权请求损害赔偿。

上述物权的保护方式，可以单独适用，也可以根据不同情形合并适用。

知识拓展

《民法典》中对于物权的一般规定：

1.《民法典》第二百零六条规定，国家坚持和完善公有制为主体、多种所有制经济共同发展，按劳分配为主体、多种分配方式并存，社会主义市场经济体制等社会主义基本经济制度。国家巩固和发展公有制经济，鼓励、支持和引导非公有制经济的发展。国家实行社会主义市场经济，保障一切市场主体的平等法律地位和发展权利。

2.《民法典》第二百零七条规定，国家、集体、私人的物权和其他权利人的物权受法律平等保护，任何组织或者个人不得侵犯。

第二节 物权变动

一、物权变动的概述

（一）概念

物权变动是指物权的发生、转移、变更和消灭。物权变动是物权法上的一种民事法律效果，和其他民事法律效果一样，物权的变动也是由一定民事法律事实引起的。

法条链接

《民法典》第二百零八条 不动产物权的设立、变更、转让和消灭，应当依照法律规定登记。动产物权的设立和转让，应当依照法律规定交付。

(二)物权变动的四种情况

1. 物权的发生

物权的发生分为：物权的原始取得和物权的继受取得两种情况。

2. 物权的转移

物权的转移分为：不动产物权的转移方式为登记，而动产物权的转移方式为交付。

3. 物权的变更

物权的变更广义上包括物权主体的变更、物权内容的变更和物权客体的变更。物权变更狭义上仅指物权内容的变更和物权客体的变更，不包括物权主体的变更。因为物权主体的变更会引起原物权人物权的丧失和新物权人物权的取得，因此通常不作为物权变更看待。

4. 物权的消灭

物权消灭指因某种法律事实，致使物权与其主体分离，即权利人的物权丧失。物权的消灭与物权的转让不同，前者系物权的绝对丧失，后者系物权的相对丧失，比如权利人自愿将自己的财产通过合同方式出卖或赠与他人，此时一方当事人的物权消灭，而他方当事人的物权却相对发生了。

二、物权变动模式

物权变动在不同的学说体系和法制背景下，具有不同的内涵。在英美法系、法国法系，物权变动就是物权运动的现象，因此没有物权行为存在的余地。德国法系认为，物权变动的动因为物权行为。我国《民法典》第二百一十五条没有采纳物权行为理论，因此只能把物权变动定性为一种物权运动的客观现象。

(一)物权变动的多元模式及我国《民法典》的选择

基于非法律行为的物权变动（依法建造建筑物、征收、继承、添附等），不以公示为生效要件。基于法律行为的物权变动是否以公示为生效要件，不同的立法例采取了不同的模式，学说认为主要有债权意思主义、债权形式主义、物权形式主义和多元混合模式四种。

（1）债权意思主义，是指仅凭依当事人的意思而成立的合同或单独行为生效，即可发生物权变动的效力。英国法采纳了这种模式。

（2）债权形式主义，是指物权变动效力的发生，不仅需要依当事人的意思而成立的合同或单独行为生效，而且需要登记（不动产物权场合）或交付（动产物权场合），但无须另外作成物权行为。奥地利民法采纳了这种模式。

（3）物权形式主义，是指物权变动效力的发生，需要物权合意，并践行法定方式。德国民法采纳了这种模式。

（4）多元混合模式。《中华人民共和国民法典》在物权变动上采取了多元混合模式，即区分不同情况而分别采取相应的物权变动模式。

(二)我国《民法典》中的多元混合模式

（1）公示为生效要件主义：在基于法律行为的物权变动中，包括船舶等特殊动产在内的动产物权变动以交付为生效要件，不动产物权变动则以登记为生效要件，物权变动发生效力的时间为记载于不动产登记簿之时。

（2）登记为对抗要件主义：在基于法律行为的物权变动中，船舶等特殊动产物权、土地承包经营权、地役权和动产抵押权的变动以登记为对抗要件。

三、物权变动原因

（一）民事法律行为

如基于买卖、互易、赠与、遗赠等原因而完成的物权让与行为，抛弃物权及设定或者变更、终止他物权的各种民事法律行为。

（二）民事法律行为之外的法律事实

如房屋建造、先占、添附、继承、无主物的法定取得、天然孳息收取、标的物消费、标的物灭失及混同等。

（三）公法上的原因

如公用征收、没收、罚款等。

四、我国不动产物权变动相关规定

不动产物权变动，是指不动产权利的设立、变更、转让和消灭；所称物权变动生效的三种情形，指不动产权利的登记生效情形、登记对抗情形、不登记生效情形。

（一）登记生效情形

登记生效，是指不动产物权的设立、变更、转让和消灭，经依法登记，发生效力的主张和据此主张制定的法律制度。

法条链接

《民法典》第二百零九条　不动产物权的设立、变更、转让和消灭，经依法登记，发生效力；未经登记，不发生效力，但是法律另有规定的除外。

依法属于国家所有的自然资源，所有权可以不登记。

《民法典》第二百一十四条至第二百一十五条：

第二百一十四条　不动产物权的设立、变更、转让和消灭，依照法律规定应当登记的，自记载于不动产登记簿时发生效力。

第二百一十五条　当事人之间订立有关设立、变更、转让和消灭不动产物权的合同，除法律另有规定或者当事人另有约定外，自合同成立时生效；未办理物权登记的，不影响合同效力。

依据《民法典》规定，登记生效有五类情形：一是依照法律规定应当登记的情形；二是物权变动自记载于不动产登记簿时发生效力；三是建设用地使用权自登记时设立；四是抵押权自登记时设立；五是赠与不动产应当办理登记手续。

知识拓展

《民法典》对于登记机构及不动产登记簿的相关要求

1. 不动产登记，由不动产所在地的登记机构办理。国家对不动产实行统一登记制度。统一登记的范围、登记机构和登记办法，由法律、行政法规规定。

2. 当事人申请登记，应当根据不同登记事项提供权属证明和不动产界址、面积等必要材料。

3. 登记机构应当履行下列职责：

（1）查验申请人提供的权属证明和其他必要材料；

（2）就有关登记事项询问申请人；

（3）如实、及时登记有关事项；

（4）法律、行政法规规定的其他职责。

申请登记的不动产的有关情况需要进一步证明的，登记机构可以要求申请人补充材料，必要时可以实地查看。

4. 登记机构不得有下列行为：

（1）要求对不动产进行评估；

（2）以年检等名义进行重复登记；

（3）超出登记职责范围的其他行为。

5. 不动产登记簿是物权归属和内容的根据。不动产登记簿由登记机构管理。

6. 不动产权属证书是权利人享有该不动产物权的证明。不动产权属证书记载的事项，应当与不动产登记簿一致；记载不一致的，除有证据证明不动产登记簿确有错误外，以不动产登记簿为准。

7. 权利人、利害关系人认为不动产登记簿记载的事项错误的，可以申请更正登记。不动产登记簿记载的权利人书面同意更正或者有证据证明登记确有错误的，登记机构应当予以更正。

不动产登记簿记载的权利人不同意更正的，利害关系人可以申请异议登记。登记机构予以异议登记，申请人自异议登记之日起十五日内不提起诉讼的，异议登记失效。异议登记不当，造成权利人损害的，权利人可以向申请人请求损害赔偿。

（二）登记对抗情形

登记对抗，是指不动产物权的设立、变更、转让和消灭，以当事人的法律行为为生效的充分必要条件，是否登记不决定物权变动的效力；未经登记的，不得对抗善意第三人的主张和据此主张制定的法律制度。

1. 生效条件

从形式逻辑视角看物权变动的生效条件。

（1）充分不必要条件。简称充分条件。充分条件是事物的形成条件，是指如果有条件A，就必然有结论B；如果没有条件A，未必没有结论B，那么A就是B的充分不必要条件。比如，在启动不动产登记的三大因素，依申请C登记、依嘱托A登记、依职权D登记中，依嘱托A是不动产登记B的充分条件。这是因为，只要有有关国家机关的嘱托A，就一定会有依嘱托引发的不动产登记B；如果没有有关国家机关的嘱托A，未必没有不动产登记B，这是因为，依申请、依职权也可能启动不动产登记。简言之，充分条件是指，有此则必有彼，无此是否有彼不确定。

（2）必要不充分条件。简称必要条件。必要条件是事物的存在条件，是指如果有结论B，必然有条件A；如果有条件A，不一定有结论B，那么A就是B的必要不充分条件。比如，《不动产登记暂行条例实施细则》第九条第一款规定，申请不动产登记的，申请人应当填写登记申请书A，并提交身份证明C以及相关申请材料D。其中的登记申请书A，就是不动产登记B的必要不充分条件。这是因为，不提交登记申请书A，肯定不能办理不动产登记B，提交了登记申请书A，能否办理不动产登记B不确定，这是因为，还须提交身份证明C以及相关申请材料D。简言之，必要条件，是指无此则必无彼，有此是否有彼不确定。

（3）充分必要条件。简称充要条件。充要条件，是指如果有条件A，就必然有结论B；如果有结论B，就必然有条件A，那么条件A就是结论B的充分必要条件。

2. 我国《民法典》物权编中有关不动产登记对抗的相关规定

（1）当事人签订买卖房屋或其他不动产协议进行预告登记后，未经预告登记权利人同意，处分该不动产，不发生效力。《民法典》规定，当事人签订买卖房屋的协议或者签订其他不动产物权的协议，为保障将来实现物权，按照约定可以向登记机构申请预告登记。预告登记后，未经预告登的权利人同意，处分该不动产的，不发生物权效力。

（2）五年以上流转合同未经登记不得对抗善意第三人。《民法典》明确规定，流转期限为五年以上的土地经营权，自流转合同生效时设立。当事人可以向登记机构申请土地经营权登记；未经登记，不得对抗善意第三人。

（3）互换、转让土地承包经营权未经登记不得对抗善意第三人。《民法典》规定，未经登记，互换、转让土地承包经营权的，不得对抗善意第三人。

（4）地役权未经登记不得对抗善意第三人。《民法典》规定，地役权合同，未经登记，不得对抗善意第三人。

（5）保留所有权未经登记不得对抗善意第三人。《民法典》规定，出卖人对标的物保留的所有权，未经登记，不得对抗善意第三人。

（6）租赁物所有权未经登记不得对抗善意第三人。《民法典》规定，出租人对租赁物享有的所有权，未经登记，不得对抗善意第三人。

知识拓展

民法上的担保，以其是否为《民法典》所明文规定为标准，可以划分为典型担保与非典型担保。近现代各国民法所规定的抵押权、质权和留置权，属于典型担保。非典型担保，则是指由社会交易自发产生，而后逐渐被承认、利用的担保。主要包括所有权保留和让与担保。

《民法典》第六百四十一条规定的所有权保留制度中，出卖人在将出卖标的物交付给买受人后，该标的物的所有权仍然保留在出卖人手中，待买受人全部偿付了价款或履行了其他约定义务后，标的物的所有权才转移至买受人。因为所有权保留未经登记不得对抗善意第三人，从这个意义上说，《民法典》为不动产登记又新增了一个登记类型。

（三）不登记生效情形

不登记生效情形，是指不动产物权的设立、变更、转让和消灭，不经登记，直接依据法律条文的规定，或者生效法律文书、征收决定，或者已经成就的事实行为生效。不登记生效情形包括以下七种法定事由。

1. 国家所有的自然资源所有权不经登记生效

《民法典》规定，依法属于国家所有的自然资源，所有权可以不登记生效。物权变动自法律文书或者征收决定等生效时发生效力。《民法典》规定，因人民法院、仲裁机构的法律文书或者人民政府的征收决定等，导致物权设立、变更、转让或者消灭的，自法律文书或者征收决定等生效时发生效力。

法条链接

> 《民法典》第二百二十九条　因人民法院、仲裁机构的法律文书或者人民政府的征收决定等，导致物权设立、变更、转让或者消灭的，自法律文书或者征收决定等生效时发生效力。

知识拓展

《民法典》将《物权法》所称"仲裁委员会"修改为"仲裁机构"，将"自法律文书或者人民政府的征收决定等生效时发生效力"修改为"自法律文书或者征收决定等生效时发生效力"。

2. 因继承取得物权自继承开始时发生效力

《民法典》第二百三十条规定:"因继承取得物权的,自继承开始时发生效力。"《民法典》这条规定删除了原来《物权法》第二十九条规定的"或者受遗赠"。继承属于法律事实,受遗赠属于法律行为,两者生效始期不同,不能混为一谈。

> **法条链接**
>
> 《民法典》第二百三十条　因继承取得物权的,自继承开始时发生效力。

3. 建造或者拆除房屋自事实行为成就时发生效力

《民法典》规定,因合法建造、拆除房屋等事实行为设立或者消灭物权的,自事实行为成就时发生效力,不经登记生效。

> **法条链接**
>
> 《民法典》第二百三十一条　因合法建造、拆除房屋等事实行为设立或者消灭物权的,自事实行为成就时发生效力。

4. 夫妻法定共有的不动产不经登记生效

《民法典》规定,夫妻在婚姻关系存续期间所得的工资、奖金、劳务报酬,生产、经营、投资的收益,知识产权的收益,非遗嘱或者赠与合同中确定只归一方的财产,其他应当归共同所有的财产,归夫妻共同所有,不经登记生效。

5. 夫妻法定一方所有的不动产不经登记生效

《民法典》规定,一方的婚前财产,一方因受到人身损害获得的赔偿或者补偿,遗嘱或者赠与合同中确定只归一方的财产,一方专用的生活用品,其他应当归一方的财产,为夫妻一方的个人财产,不经登记生效。

6. 夫妻约定所有的不动产不经登记生效

《民法典》规定,男女双方可以不经登记,直接约定婚姻关系存续期间所得的财产以及婚前财产归各自所有、共同所有或者部分各自所有、部分共同所有。约定应当采用书面形式。没有约定或者约定不明确的,适用《民法典》第一千零六十二条、第一千零六十三条的规定。

> **法条链接**
>
> 《民法典》第一千零六十二条　夫妻在婚姻关系存续期间所得的下列财产,为夫妻的共同财产,归夫妻共同所有:
> (一)工资、奖金、劳务报酬;
> (二)生产、经营、投资的收益;
> (三)知识产权的收益;
> (四)继承或者受赠的财产,但是本法第一千零六十三条第三项规定的除外;
> (五)其他应当归共同所有的财产。
> 夫妻对共同财产,有平等的处理权。
>
> 《民法典》第一千零六十三条　下列财产为夫妻一方的个人财产:
> (一)一方的婚前财产;
> (二)一方因受到人身损害获得的赔偿或者补偿;

> （三）遗嘱或者赠与合同中确定只归一方的财产；
> （四）一方专用的生活用品；
> （五）其他应当归一方的财产。

婚前财产是指夫妻在结婚之前各自所有的财产，包括婚前个人劳动所得财产、继承或受赠的财产以及其他合法财产。婚前财产归各自所有，不属于夫妻共同财产。

在不动产登记后的任何时点，夫妻双方均可以再行书面约定，改变不动产登记簿记载的不动产权利归属。不动产登记机构受理当事人申请时，对前述情形应当尽到注意义务。也就是说，原来登记在夫妻一方所有的不动产，可能已经被夫妻双方重新书面约定归另一方所有，或者归夫妻共有。换句话说，对于涉婚不动产而言，不动产登记簿记载的权利归属，不一定与夫妻双方书面约定的不动产权利归属相一致。

知识拓展

《民法典》第一千零六十五条将《婚姻法》第十九条第一款规定的"夫妻可以约定"修改为"男女双方可以约定"，意在强调，《民法典》所称婚姻，是指异性婚姻，非同性婚姻。

7. 债权人转让债权的，受让人取得的从权利不因未办理转移登记无效

依据《民法典》规定，债权人转让债权的，受让人取得与债权有关的从权利，但是该从权利专属于债权人自身的除外。受让人取得从权利不因该从权利未办理转移登记手续或者未转移占有而受到影响。即主债权发生转移时，其从权利原则上应随之一同转移，但该从权利专属于债权人自身的除外。随同债权转移而一并转移的从权利包括担保权和其他从权利。所谓担保权包括担保物权、保证债权、定金债权、押金债权、保证金债权等。所谓其他从权利包括利息债权、违约金债权和损害赔偿请求权等。

法条链接

> 《民法典》第五百四十七条　债权人转让债权的，受让人取得与债权有关的从权利，但是该从权利专属于债权人自身的除外。受让人取得从权利不因该从权利未办理转移登记手续或者未转移占有而受到影响。

知识拓展

对不动产物权不登记生效情形的限制

1. 对普通不动产的限制措施

《民法典》第二百三十二条体现了不动产登记的"连续登记原则"。"连续登记原则"包括两层含义：第一，未办理不动产首次登记的，不得办理不动产的其他登记；第二，因处分不动产而登记的，被处分的不动产权利应已登记。

《民法典》第二百三十二条规定的"登记"，首先包括"宣示登记"，其次包括"处分登记"。不动产权属的"宣示登记"，是指将效力已经成立、非基于法律行为的物权变动，记载于不动产登记簿，昭示于人的登记。不动产权属的"处分登记"，又称"设权登记"，是指基于法律行为，导致创设物权效力的登记。非基于法律行为，仅凭法律事实取得不动产权利的当事人，处分该不动产时，应当先由让渡不动产权利的一方申请"宣示登记"，再由让渡不动产权利的一方和取得不动产权利

的一方共同申请"处分登记"。

2. 对涉婚不动产的限制措施

夫妻在婚姻关系存续期间"约定取得"或者"法定取得"的不动产不经登记，自书面约定成立并且生效或者自法律规定的事实成就时发生物权效力。但是，取得该不动产定着物所有权和土地使用权的一方在登记前，不得对抗善意第三人；取得该不动产定着物所有权和土地使用权的一方处分该物权时，未经登记的，不发生物权效力。

五、我国动产物权变动相关规定

动产是指能够移动而不损害其经济用途和经济价值的物。与不动产相对。一般指金钱、有价值的物品等。得失变更上，不动产需登记，而动产是交付主义。

（一）动产物权的变更方法

动产交付即动产物权的变更，动产交付的方式主要是直接交付和间接交付。

1. 直接交付

直接交付，也即现实交付，是指出卖人将标的物直接置于买受人的实际控制之下，是一种将对动产的直接管领力现实地移转于买受人的物权变动。现实交付与简易交付、占有改定、指示交付和拟制交付相对应，是所有交付中的最常态。

2. 间接交付

间接交付，是指出卖人并未将动产实际交付于受让人，而是通过其他方式间接交付动产。间接交付包括以下四种类型：

（1）简易交付。又称"无形交付"，即受让人已经占有动产，如受让人已经通过寄托、租赁等方式实际占有了动产，则物权变动的合意成立时，视为交付。

（2）占有改定。即动产物权的让与人与受让人之间特别约定，标的物仍然由出让人继续占有。这样，在物权让与的合意成立时，视为交付，受让人取得间接占有。

（3）指示交付。即动产由第三人占有时，出让人将其对于第三人的返还请求权让与受让人，以代替交付。例如，甲将其出租的家具卖给乙，但是由于租赁期限未满，暂时无法收回，甲可以把其家具的返还请求权让与乙，以代替现实交付。

（4）拟制交付。即出让人将标的物的权利凭证（如仓单、提单）交给受让人，以代替物的现实交付。这时如果标的物仍由出让人或第三人占有，受让人则取得对物的间接占有。

（二）动产物权交付的法律效力

（1）一般动产。动产物权的设立和转让，自交付时发生效力。

> **法条链接**
>
> 《民法典》第二百二十四条　动产物权的设立和转让，自交付时发生效力，但是法律另有规定的除外。

（2）特殊动产。动产包括的内容很多，通常动产物权的设立和转让，自交付时发生效力，但是也有例外，在适用法律的时候要注意是哪一类动产，才能够明确其设立和转让的生效时间。

> **法条链接**
>
> 《民法典》第二百二十五条至第二百二十八条：
> 第二百二十五条　船舶、航空器和机动车等的物权的设立、变更、转让和消灭，未经登记，

不得对抗善意第三人。

第二百二十六条　动产物权设立和转让前，权利人已经占有该动产的，物权自民事法律行为生效时发生效力。

第二百二十七条　动产物权设立和转让前，第三人占有该动产的，负有交付义务的人可以通过转让请求第三人返还原物的权利代替交付。

第二百二十八条　动产物权转让时，当事人又约定由出让人继续占有该动产的，物权自该约定生效时发生效力。

六、物权的保护方式

物权受到侵害时，权利人可以通过和解、调解等途径解决，也可以依法向人民法院提起诉讼，以进行物权纠纷的解决。物权的保护方式分为物权确认请求权、返还原物请求权、排除妨害请求权、物权复原请求权及物权损害赔偿请求权。

（一）物权确认请求权

物权请求权的实现，权利人无须证明行为人主观上有过错。因为，权利人仅仅要求将受到妨害的物权恢复到其完满状态。而受害人欲请求行为人损害赔偿，则应证明其实施侵权行为时主观有过错。即因物权的归属和内容发生争议的，利害关系人可以请求确认权利。

（二）返还原物请求权

即被无权占有人占有不动产或者动产的，权利人可以请求返还原物；不能返还原物或者返还原物后仍有损失的，可以请求损害赔偿。

（三）排除妨害请求权

即妨碍行使物权的，权利人可以请求排除妨害。有可能危及行使物权的，权利人可以请求消除危险。

（四）物权复原请求权

造成不动产或者动产损毁的，权利人可以请求恢复原状；不能恢复原状或恢复原状仍有损失的，可以请求损害赔偿。

（五）物权损害赔偿请求权

侵害物权，造成权利人损害的，权利人可以请求损害赔偿。

（六）物权保护方式的单用与并用

上述物权保护方式，可以单独适用，也可以根据权利被侵害的情形合并适用。

法条链接

《民法典》第二百三十三条至第二百三十八条：

第二百三十三条　物权受到侵害的，权利人可以通过和解、调解、仲裁、诉讼等途径解决。

第二百三十四条　因物权的归属、内容发生争议的，利害关系人可以请求确认权利。

第二百三十五条　无权占有不动产或者动产的，权利人可以请求返还原物。

第二百三十六条　妨害物权或者可能妨害物权的，权利人可以请求排除妨害或者消除危险。

第二百三十七条　造成不动产或者动产毁损的，权利人可以依法请求修理、重作、更换或者恢复原状。

第二百三十八条　侵害物权，造成权利人损害的，权利人可以依法请求损害赔偿，也可以依法请求承担其他民事责任。

第三节 所有权

一、所有权概述

（一）所有权概念

所有权是所有人依法对自己财产所享有的占有、使用、收益和处分的权利。是对生产劳动的目的、对象、手段、方法和结果的支配力量，它是一种财产权，所以又称财产所有权。

> **法条链接**
>
> 《民法典》第二百四十条 所有权人对自己的不动产或者动产，依法享有占有、使用、收益和处分的权利。

（二）所有权法律特征

1. **所有权是绝对权**

所有权不需要他人的积极行为，只要他人不加干预，所有人自己便能实现其权利。所有权关系的义务主体是所有权人以外的一切人，其所负的义务是不得非法干预所有权人行使其权利，是一种特定的不作为义务。

2. **所有权具有排他性**

所有权属于物权，具有排他的性质。所有权人有权排除他人对于其行使权利的干涉，并且同一物上只能存在一个所有权，而不能并存两个以上的所有权。当然，所有权的排他性并不是绝对的，现代各国法律的所有权有不同程度的限制。

3. **所有权是最完全的物权**

所有权是所有人对于其所有物进行一般的、全面的支配，是内容最全面、最充分的物权，它不仅包括对于物的占有、使用、收益，还包括了对于物的最终处分权。所有权作为最完全的物权，是他物权的源泉。与之相比较，建设用地使用权、地役权、抵押权、质权、留置权等他物权，仅仅是就占有、使用、收益某一方面的对于物的直接支配的权利，只是享有所有权的部分权能。

4. **所有权具有弹力性**

所有人在其所有物上为他人设定地役权、抵押权等权利，虽然占有、使用、收益甚至处分权都能与所有人发生全部或者部分的分离，但只要没有发生使所有权消灭的法律事实（如转让、所有物灭失），所有人仍然保持着对于其财产的支配权，所有权并不消灭。当所有物上设定的其他权利消灭，所有权的负担除去的时候，所有权仍然恢复其圆满的状态，即分离出去的权能仍然复归于所有权人，这称为所有权的弹力性。

5. **所有权具有永久性**

这是指所有权的存在不能预定其存续期间。例如，当事人不能约定所有权只有5年期限，过此期限则所有权消灭。当事人对所有权存续期间的约定是无效的。

6. **所有权具有观念性**

观念性，是指近代以来，所有权的存在已具观念化，即所有人不以对所有物的现实支配为必要，发生了重要的从所有到占有"所有人支配观念"的转化——把所有权行使带来的利益看得比所有物的控制更为重要的观念，比过去任何时候都要强烈，属于"所有人实现利益观念"的范畴。

7. 所有权具有平等性

所有权作为私权，其法律地位应当无差别给予保护的物权属性。

（三）所有权的取得

1. 原始取得和继受取得

所有权的取得方式，按照是否以他人所有权为前提，分为原始取得和继受取得。

（1）原始取得是指非依他人既存的权利而是基于法律规定直接取得所有权，包括先占、生产、收益利息、添附、无主物和罚没物的法定归属、动产的善意取得、没收等方式。

（2）继受取得是指基于他人既存的权利而取得所有权，其方式主要是法律行为。

2. 不动产所有权的取得

（1）双方法律行为，依法律行为而取得（如基于买卖合同、赠与合同、互易合同而为的变更"登记"）。

（2）单方法律行为（如受遗赠），依法律行为以外的事实而取得，如继承、建造（如房屋的建造、围海造田）、法院判决、强制执行以及公用征收、没收等行政行为。

3. 动产所有权的取得

（1）双方法律行为，依法律行为而取得（如基于买卖合同、赠与合同、互易合同而为的"交付"）。

（2）单方法律行为（如受遗赠），依法律行为以外的事实而取得。

1）继承，包括遗嘱继承和法定继承。

2）法院判决、强制执行。

3）公用征收、没收、罚款。

4）收取孳息，除法律另有规定或当事人另有约定外，利息所有权一般由原物所有权人取得；但所有权与用益物权分离的应由用益物权人取得。

5）所有权人不明的埋藏物、隐藏物。所有权人不明的埋藏物、隐藏物，自发布招领公告之日起6个月内无人认领的，归国家所有。

6）无人认领的遗失物、漂流物、失散的饲养动物。无人认领的遗失物、漂流物、失散的饲养动物，自发布招领公告之日起6个月内无人认领的，归国家所有。

7）无人继承的遗产，无人继承又无人受遗赠的财产归国家所有；死者生前是集体所有制组织成员的，归集体组织所有。

8）先占，先占是指以所有的意思，占有"无主动产"而取得其所有权的法律事实。

9）添附。如附合；混合（混合而成的新物，由原物价值较大的一方取得所有权。若原物价值相当，则发生共有）；加工（加工物所有权的归属，按照加工所生成的新价值是否大于原物价值而定：大于者，由加工人取得；否则，由原物所有人取得）；善意取得（受让人受让该不动产或者动产时是善意的。以合理的价格受让；转让的不动产或者动产依照法律规定应当登记的已经登记，不需要登记的已经交付给受让人）。

（四）所有权的权能

1. 积极权能

所有权的积极权能是指所有人为利用所有物以实现其对所有物的独占利益，而于法律规定的范围内可以采取的各种措施与手段。所有权的积极权能包括占有、使用、收益和处分。

（1）占有权能。对所有物加以实际管领或控制的权利。占有权与所有人发生分离。占有权与占有是两个不同的概念。民法上的占有是指主体对物的实际控制。占有本身只是一种事实而不是权利。

（2）使用权能。在不损毁所有物或改变其性质的前提下，依照物的性能和用途加以利用的权利。使用权能也可以转移给非所有人行使，并且使用权能仅适用于非消耗物。

（3）收益权能。收取所有物所生利息（孳息）的权利。收益权是与使用权有密切联系的所有权权能，因为通常收益是使用的结果，但使用权不包括受益权。

（4）处分权能。对所有物依法予以处置的权利。处分包括事实上的处分和法律上的处分。处分权能是所有权内容的核心和拥有所有权的根本标志。其通常只能由所有人自己行使。

2. 消极权能

所有权的消极权能是指所有人依法排除他人干涉，以实现对物支配意志的法律可能性，又称为所有权的请求权能，包括物的返还请求权、排除妨害请求权、防止妨害请求权等多种。

（1）返还请求权。返还请求权是权利人的物被他人侵占，权利人有权请求返还原物，使物复归于权利人事实上的支配的权利。

（2）排除妨害请求权。排除妨害请求权指的是排除他人对权利人行使权利的障碍，使物权恢复到一种圆满状态的权利，排除妨害请求权是比较常见的一种请求权。

（3）防止妨害请求权。防止妨害请求权，又称妨害防止请求权，是指物权人在其对物支配权有极大可能受到不法妨害时，依法要求导致危险的相对人采取防止措施，以避免妨害发生的权利。

（五）所有权的限制

所有权限制是指禁止或限制作为所有权积极权能或消极权能的一面或数面，从而使所有人因此受一定的拘束，并负一定的义务。所有权的内容受限制与所有人义务的承担，是互为表里的关系。原则上，所有权限制既适用于个人财产也适用于公有或公用财产。所有权限制的分类：

1. 一般限制与具体限制

所有权限制是对一切所有权或抽象意义上的所有权的限制。

2. 禁止性限制、容忍性限制和义务性限制

根据不同的限制性规范，所有权的限制可分为三类：基于禁止性规范的禁止性限制；基于容忍性规范的容忍性限制；基于义务性规范的义务性限制。

3. 自愿性限制与非自愿性限制

所有权的限制包括所有权人自愿对自己权利的限制和非依所有权人的意愿对所有权的某种约束或减损。

4. 私法限制与公法限制

根据不同的法律依据，所有权的限制可分为所有权的私法限制和所有权的公法限制。

5. 所有权的义务性

所有权是所有权权能的集合体，而所有权权能既表现了所有人权利的一面，也体现了所有人义务的一面。所有权义务其实也包括所有人的义务。

（六）所有权限制的特点

1. 限制原因的复杂性

所有权限制可能是为划定所有权边界、避免所有权冲突，以协调所有人与非所有人之间的关系而进行的。

2. 表现形式的多样性

所有权限制既包括对所有权积极权能的限制，即对所有权的占有、使用、收益和处分等权能的限制，也包括对所有权消极权能的限制，即对排除他人干涉的限制。

3. 限制程度的差异性

一般而言，所有权的客体不同，法律对其限制的程度也不一样。

4. 法律规制的全面性

一方面，所有权是物权体系中最为重要的组成部分，也是物权法规制之重点。另一方面，所有权又与一国的经济体制和人民的福祉息息相关。

5. 所有权的义务性

所有权是所有权权能的集合体，而所有权权能既表现了所有人权利的一面，也应体现所有人义务的一面。

> **法条链接**
>
> 《民法典》第二百四十二条至第二百四十五条：
>
> 第二百四十二条　法律规定专属于国家所有的不动产和动产，任何组织或者个人不能取得所有权。
>
> 第二百四十三条　为了公共利益的需要，依照法律规定的权限和程序可以征收集体所有的土地和组织、个人的房屋以及其他不动产。
>
> 征收集体所有的土地，应当依法及时足额支付土地补偿费、安置补助费以及农村村民住宅、其他地上附着物和青苗等的补偿费用，并安排被征地农民的社会保障费用，保障被征地农民的生活，维护被征地农民的合法权益。
>
> 征收组织、个人的房屋以及其他不动产，应当依法给予征收补偿，维护被征收人的合法权益；征收个人住宅的，还应当保障被征收人的居住条件。
>
> 任何组织或者个人不得贪污、挪用、私分、截留、拖欠征收补偿费等费用。
>
> 第二百四十四条　国家对耕地实行特殊保护，严格限制农用地转为建设用地，控制建设用地总量。不得违反法律规定的权限和程序征收集体所有的土地。
>
> 第二百四十五条　因抢险救灾、疫情防控等紧急需要，依照法律规定的权限和程序可以征用组织、个人的不动产或者动产。被征用的不动产或者动产使用后，应当返还被征用人。组织、个人的不动产或者动产被征用或者征用后毁损、灭失的，应当给予补偿。

二、几种主要的所有权制度

（一）共有关系

共有所有权是指两个以上的民事主体对同一项财产共同享有所有权。其内容不仅包括所有权对外的排他关系，而且包括共有人之间的内部关系。

> **法条链接**
>
> 《民法典》第二百九十七条至第三百条：
>
> 第二百九十七条　不动产或者动产可以由两个以上组织、个人共有。共有包括按份共有和共同共有。
>
> 第二百九十八条　按份共有人对共有的不动产或者动产按照其份额享有所有权。
>
> 第二百九十九条　共同共有人对共有的不动产或者动产共同享有所有权。
>
> 第三百条　共有人按照约定管理共有的不动产或者动产；没有约定或者约定不明确的，各共有人都有管理的权利和义务。

共有关系具有以下属性：

1. 不可分割性

根据区分所有建筑物的使用目的，共有部分具有不可分割性。否则，不称其为共有。

2. 从属性

鉴于区分所有建筑物的专有部分与共有部分在物理上具有不可分的统一结构体关系，区分所有人取得专有部分所有权，必须附带取得共有部分所有权，以获得使用上的方便。

3．共有所有权的特征

（1）主体身份的复合性。共有所有权主体是区分所有权人，既是共有权人又是专有权人，还是区分所有权人会议的成员，是成员权人。

（2）客体范围的广泛性。共有权不但有法定共有部分、约定共有部分，还有推定共有部分；不但有全体区分所有权人共有部分，还有部分区分所有权人共有部分。

（3）内容上具有权利和义务的复杂性。共有所有权不但有共有权人对共有部分的权利义务，还有共有权人之间的相互的权利义务。

（4）处分上的附随性。某一共有权人对共有权的处分是不可以单独进行的，只可以对自己专有部分作出处分的同时附随性地导致对共有部分上的共有权的处分。

（5）权利存在上的不可分割性。共有所有权存在时不可请求分割为各区分所有权人单独享有或行使，否则共用部分将不复存在，从而导致对其他区分所有权人行使专有权的不利，这是由区分所有建筑物的物理构造决定的。

典型案例

甲、乙两夫妻将自己的一处房产租给丙做生意，双方签订了租赁合同，并办理了相应的登记手续。其后，甲由于做生意亏损，于是向丁借款，把该房产作为担保抵押给了丁，甲与丁办理了抵押登记手续，同时约定："如果甲到期不还欠款，则丁自动拥有该房产。"这件事乙知道，但是不表态。那么事后，乙可否以自己不同意为由，主张撤销甲与丁之间的抵押合同？

解析：不可以。根据《民法典》的规定，夫妻双方财产属于双方共同共有，虽然甲将该房屋设定抵押权没有经过乙的同意，但是乙在得知该情况后并未表示反对，而且丁取得抵押权是善意、有偿的，因此应当认定甲与丁之间的抵押合同有效，乙不能撤销甲与丁之间的抵押合同。

（二）建筑物区分所有权

建筑物区分所有权是指业主对建筑物内的住宅、经营性用房等专有部分享有所有权，对专有部分以外的共有部分享有共有和共同管理的权利，其特征表现为：

1．须具有构造上的独立性

即被区分的部分在建筑物的构造上，可以加以区分并与建筑物的其他部分隔离。

2．须具有使用上的独立性

即被区分的各部分，可以为居住、工作或其他目的而使用。其主要界定标准，应为该区分的部分有无独立的出入门户。

3．只能够登记成为特定业主所有权的客体。

规划上专属于特定房屋，且建设单位销售时已经根据规划列入该特定房屋买卖合同中的露台等，应当为专有部分的组成部分。

建筑物区分所有权的特征：

（1）建筑物区分所有权的客体具有整体性。建筑物区分所有权是建筑在整体的建筑物上区域所有的所有权形式。

（2）建筑物区分所有权的内容具有多样性。建筑物区分所有权是由专有权、共有权和管理权（成员权）三个部分组成。

（3）建筑物区分所有权的本身具有统一性。建筑物区分所有权不是权力的组合，而是一个独立、统一、整体的权利。

（4）建筑物区分所有权中的专有权具有主导性。建筑物区分所有权的权利人拥有了专有权就必然拥有共有权、管理权。

关于建筑物区分所有权的种类，依各国实务和立法，计有以下三种：

（1）纵割式建筑物区分所有权，是指在纵割式区分所有建筑物上所成立的区分所有权。

（2）横割式建筑物区分所有权，是指在横割式区分所有建筑物上所成立的区分所有权。

（3）混合式建筑物区分所有权，它是指在纵横分割式区分所有建筑物上所成立的区分所有权。

法条链接

> 《民法典》第三百零一条至第三百零二条：
> 第三百零一条　处分共有的不动产或者动产以及对共有的不动产或者动产作重大修缮、变更性质或者用途的，应当经占份额三分之二以上的按份共有人或者全体共同共有人同意，但是共有人之间另有约定的除外。
> 第三百零二条　共有人对共有物的管理费用以及其他负担，有约定的，按照其约定；没有约定或者约定不明确的，按份共有人按照其份额负担，共同共有人共同负担。

（三）相邻关系

相邻关系，是两个或两个以上相互毗邻的不动产的所有人或使用人，在行使不动产的所有权或使用权时，因相邻各方应当给予便利或接受限制而发生的权利和义务关系。

1. 相邻关系的内容

（1）关于生活、工业、农业用水，特别是高低地、上下游、左右岸之间的需水与排水、水利与水害。如造成对方损失，应予赔偿；如分享水利，费用应分担。

（2）关于防止危险和危害。如环境污染，存放及使用易爆、易燃物，近房施工，危险建筑等。相邻双方应避免由于自己方面的原因对邻方造成危险及危害。也有权要求排除来自对方的危险和危害。一旦造成损失，责任者应依法承担责任。

（3）关于邻地的通行和使用。包括穿越邻地至公共通道的通行权，通过邻地设置管道和线路，以及因建筑施工而使用邻地等。如因此造成邻方的损失，也应赔偿。相邻关系举证应该由实施方承担，被实施方举证要困难得多，类似于环境案件。

2. 相邻关系常见的纠纷

（1）相邻土地使用关系。

（2）相邻防险、排污关系。

（3）相邻用水、流水、截水、排水关系。

（4）相邻管线安设关系。

（5）相邻光照、通风、音响、震动关系。

（6）相邻竹木归属关系。

（7）相邻安全关系。

3. 相邻关系的处理原则

（1）兼顾利益。兼顾各方的利益，互谅互让、互助团结。相邻各方在行使所有权或使用权时，要互相协作，兼顾相邻人的利益。以邻为壑，损人利己，妨害社会公共利益的行为，是与相邻关系所应遵循的原则相悖的。互利互惠，有利生产、方便生活。

（2）公平合理。公平合理是民法所追求的价值目标，也是处理相邻关系的基本原则。

> **法条链接**
>
> 《民法典》第二百八十八条　不动产的相邻权利人应当按照有利生产、方便生活、团结互助、公平合理的原则，正确处理相邻关系。
>
> 《民法典》第二百九十六条　不动产权利人因用水、排水、通行、铺设管线等利用相邻不动产的，应当尽量避免对相邻的不动产权利人造成损害。

三、所有权善意取得的成立条件

善意取得，又称即时取得或即时时效，指无权处分人将动产或不动产处分给他人，善意受让人依法取得该动产或不动产的所有权和其他物权。善意取得的成立条件包括主体、客体、主观方面、客观方面以及动产和不动产几个要点。

1. 主体

在主体方面，转让人须为无权处分人，受让人为有民事行为能力人。只有当转让人无权处分该物时，原物所有人的利益才会受到侵害，才会存在牺牲原物权人的利益而保护第三人利益的情形，才有适用善意取得的必要。并且，受让人应当具有民事行为能力，这样才能保证第三人的行为是有效的，一个被撤销或无效的行为就不存在对其利益的保护问题。

2. 客体

在客体方面，《民法典》第三百一十一条规定，无处分权人将不动产或者动产转让给受让人的，所有权人有权追回；除法律另有规定外，符合下列情形的，受让人取得该不动产或者动产的所有权：①受让人受让该不动产或者动产时是善意；②以合理的价格转让；③转让的不动产或者动产依照法律规定应当登记的已经登记，不需要登记的已经交付给受让人。受让人依据前款规定取得不动产或者动产的所有权的，原所有权人有权向无处分权人请求损害赔偿。同时，当事人善意取得其他物权的，参照适用前两款规定。

我国规定善意取得的客体包括动产和不动产，动产以交付为其公示原则，不动产以登记为其公示原则。

> **法条链接**
>
> 《民法典》第三百一十一条　无处分权人将不动产或者动产转让给受让人的，所有权人有权追回；除法律另有规定外，符合下列情形的，受让人取得该不动产或者动产的所有权：
>
> （一）受让人受让该不动产或者动产时是善意；
>
> （二）以合理的价格转让；
>
> （三）转让的不动产或者动产依照法律规定应当登记的已经登记，不需要登记的已经交付给受让人。
>
> 受让人依据前款规定取得不动产或者动产的所有权的，原所有权人有权向无处分权人请求损害赔偿。
>
> 当事人善意取得其他物权的，参照适用前两款规定。

3. 主观方面

就主观方面来说，受让人应当是善意的。所谓"善意"，主要指不知情，指行为人在为某种民事行为时不知存在某种足以影响该行为法律效力的因素的一种心理状态。对于认定这种"心理状态"，应当考虑以下几个因素：首先，受让人是否有"知情"的义务，通过他的专业知识水平以及对转让人的了解程度，受让人是否能够判断他的取得是善意的；其次，受让人是否支付了合理的对价，如果受让人明知其取得该物的价格与实际价值相差极大，则可以认定为其行为出于"非善意"；最后，应当考虑交易的场所是否符合常理。需要强调的是，善意取得为即时取得，因此善意的准据时点原则上应以法律行为发生时即受让财产时为准，至于事后知情与否，并不影响善意取得的构成。

4．客观方面

在客观方面，善意取得必须依一定的法律行为而存在，这是善意取得的前提。受让人通过交易从转让人处取得财产，而受让人的这种行为是一种"支付合理对价"的法律行为。我国《民法典》中规定"以合理的价格转让"就充分说明了这种行为的性质必须是有偿的，受赠、继承等无偿方式取得的物不能发生善意取得的效力。

5．动产和不动产

善意取得既可以适用于动产，也可以适用于不动产，但法律规定禁止流通的动产或者不动产，如贵重金属、毒品、麻醉品、国家专有财产、盗窃物、赃物等不适用善意取得。

知识拓展

善意取得制度的适用范围

1. 动产、不动产均可适用善意取得制度。
2. 赃物、遗失物不适用善意取得制度。
3. 善意取得制度不仅适用于所有权，建设用地使用权、抵押权、质权、留置权等他物权也可以善意取得。

第四节　用益物权

一、用益物权概述

（一）用益物权概念

用益物权，是物权的一种，是指非所有人对他人之物所享有的占有、使用、收益的排他性的权利。比如土地承包经营权、建设用地使用权、宅基地使用权、地役权、自然资源使用权（海域使用权、探矿权、采矿权、取水权和使用水域、滩涂从事养殖、捕捞的权利）。

法条链接

> 《民法典》第三百二十三条至第三百二十五条：
> 第三百二十三条　用益物权人对他人所有的不动产或者动产，依法享有占有、使用和收益的权利。
> 第三百二十四条　国家所有或者国家所有由集体使用以及法律规定属于集体所有的自然资源，组织、个人依法可以占有、使用和收益。
> 第三百二十五条　国家实行自然资源有偿使用制度，但是法律另有规定的除外。

（二）用益物权法律特征

用益物权作为物权之一种，着眼于财产的使用价值。在现代民法上，各国物权法贯彻效益原则，已经逐渐放弃了传统民法注重对物的实际支配、财产归属的做法，转而注重财产价值形态的支配和利用。用益物权具有以下特征：

1. 目的的用益性

用益物权是他物权，是对所有物的利用。从物权的分类来看，他物权包括用益物权和担保物权，与担保物权相对应，设立用益物权的目的就是对他人所有的财产进行使用、收益，即为了追求物的使用价值而对他人的物在一定范围内进行支配。与此相应，用益物权的内容也主要是行使使用、收益的权能。

2. 地位的独立性

用益物权为独立物权，是对所有权的限制。用益物权是非所有人对所有人的物在法律规定的限度内独立支配的排他性权利，是一种独立的权利。用益物权人在法律规定或合同约定的某种权利的具体支配范围内，可以对抗一切人，包括所有权人，从而形成对所有权的限制。

3. 客体的限制性

用益物权客体的限制性有三个方面：一是用益物权的客体必须具有使用价值，客体的存在形态或使用形态发生变化，会对用益物权人的利益产生直接影响，甚至丧失；二是用益物权的客体以不动产作为主导，在法制史上，用益物权的范围一般较为广泛，可以扩及一切法律上的物；三是用益物权的享有和行使必须以对客体的实际占有为前提，否则使用和收益无从谈起。

📋 知识拓展

用益物权与所有权、担保物权相比具有以下特征：

1. 用益物权以对标的物的使用、收益为主要内容，即注重对物的使用价值，并以对物的占有为前提。这区别于担保物权注重物的交换价值的特点。

2. 用益物权除地役权外，均为主物权；担保物权为从物权。

3. 用益物权虽然也可以在动产上设立，但是从用益物权的具体类型来看，用益物权主要以不动产为客体，这主要是便于通过登记公示。

4. 用益物权是直接支配他人的物的权利。用益物权人可以直接支配标的物，不需要他人行为的介入。

（三）用益物权体系

1. 地上权

地上权是指为建造房屋、隧道、沟渠等工作物及培植竹木、树木，使用他人土地之权。

2. 地役权

地役权是为实现自己土地的利益而利用他人土地的权利，可分为积极地役权和消极地役权、继续地役权和不继续地役权、表现地役权和不表现地役权。

📋 知识拓展

地上权与地役权的区别

如果是在土地之上的权利，叫作地上权。如果是因为相邻关系，当事人通过有偿的方式约定的权利，叫作地役权，这两种权利都受到《民法典》保护。那么，地上权与地役权的区别是怎样的呢？

概念不同：地上权是因建筑物或其他工作物而使用国家或集体土地的权利；地役权是以他人土地供自己土地便利而使用的权利。

产生的原因不同：前者因土地划拨、乡村建设用地、土地使用权出让、土地使用权转让而产生；后者则是基于供役地的存在，一般是设定地役权的合同，也有根据遗嘱为单独行为的。

消灭事由不同：前者是基于年限的规定；后者则是由于土地灭失，目的事实不能，抛弃、存续期间届满或其他预定事项的发生。

权利不同：前者可以进行转让、抵押、出租等权利处分；后者则仅具有使用和为附属行为的权利。

义务不同：地役权人在供役地上建设的设施可供供役地人使用。地上权人则无此义务。

3. 典权

典权是中国传统的特有物权制度，是指支付典价，占有他人之不动产，而进行使用、收益的权利。

4. 用益权

用益权是指对物或权利不加变更地使用和收益的权利。

（四）用益物权的法律属性

用益物权可以划分为如下种类：法定用益物权与意定用益物权、登记用益物权与非登记用益物权、单一主体用益物权与共同主体用益物权、个人用益物权与法人或其他组织用益物权、土地等自然资源用益物权与地上建筑物用益物权、有偿用益物权与无偿用益物权、有确定期间的用益物权与无确定期间的用益物权、自由流通型用益物权与限制流通型用益物权、制定法上的用益物权与习惯法上的用益物权、普通法上的用益物权与特别法上的用益物权。

知识拓展

用益物权《民法典》的一般规定

1. 用益物权人行使权利，应当遵守法律有关保护和合理开发利用资源、保护生态环境的规定。所有权人不得干涉用益物权人行使权利。
2. 因不动产或者动产被征收、征用致使用益物权消灭或者影响用益物权行使的，用益物权人有权依据本法第二百四十三条、第二百四十五条的规定获得相应补偿。
3. 依法取得的海域使用权受法律保护。
4. 依法取得的探矿权、采矿权、取水权和使用水域、滩涂从事养殖、捕捞的权利受法律保护。

二、几种主要的用益物权

（一）土地承包经营权

土地承包经营权是反映我国经济体制改革中农村承包经营关系的新型物权。民法总则规定了公民、集体的承包经营权受法律保护。土地承包经营权是农民一项非常重要的权利，包含着诸多权利内容。根据相关法律的规定，承包经营权应包括以下内容：

1. 经营自主权，也称经营决策权

它是指在生产经营过程中，承包人自行决定干什么、干多少、怎样干的权利。给予承包方经营自主权，就可使他们成为独立的商品生产者，关心生产、销售情况，收益与经营效果挂钩。

2. 收益权

它是指通过自主在承包地上进行经营活动后，占有经营所得利益的权利。如村民在承包地上种植了果树或者农作物，产生的收益就应该归承包人拥有。

3. 收益的处分权

指承包方可以对自己经营的收益自行予以处理，可以留给自己或者送给别人，也可以当作商品将其出售。

4. 流转权

指承包方可以将承包的土地自行采取转让、转包、互换、出租等方式使其拥有的土地承包经营权流转给第三人，由第三人行使部分土地承包经营权。

5. 优先承包权

指在土地承包经营权流转过程中或者在将土地发包给本集体经济组织以外的单位或者个人过程中，本集体经济组织的成员在同等条件下有优先于本集体经济组织以外的单位或者个人获得土地承包经营权的权利。

6. 继承权

指承包人在承包期内死亡的，该承包人的继承人继续享有原承包合同法定及约定的权利。

> **法条链接**
>
> 《民法典》第三百三十条　农村集体经济组织实行家庭承包经营为基础、统分结合的双层经营体制。
>
> 农民集体所有和国家所有由农民集体使用的耕地、林地、草地以及其他用于农业的土地，依法实行土地承包经营制度。
>
> 《民法典》第三百三十一条　土地承包经营权人依法对其承包经营的耕地、林地、草地等享有占有、使用和收益的权利，有权从事种植业、林业、畜牧业等农业生产。
>
> 《民法典》第三百三十四条　土地承包经营权人依照法律规定，有权将土地承包经营权互换、转让。未经依法批准，不得将承包地用于非农建设。
>
> 《民法典》第三百三十九条　土地承包经营权人可以自主决定依法采取出租、入股或者其他方式向他人流转土地经营权。
>
> 《民法典》第三百四十条　土地经营权人有权在合同约定的期限内占有农村土地，自主开展农业生产经营并取得收益。
>
> 《民法典》第三百四十一条　流转期限为五年以上的土地经营权，自流转合同生效时设立。当事人可以向登记机构申请土地经营权登记；未经登记，不得对抗善意第三人。

> **知识拓展**
>
> 新修订的《农村土地承包法》，其中一项重要内容就是将农村集体土地"两权"变为"三权"，即"三权分置"，是指在原有的农村集体土地所有权和农村土地承包权基础上，增加了一项"农村土地经营权"。需要注意的是，农村集体承包土地的流转，不是流转土地承包权，而是流转土地经营权。

（二）建设用地使用权

建设用地使用权人依法对国家所有的土地享有占有、使用和收益的权利，有权利用该土地建造建筑物、构筑物及其附属设施。

1. 占有和使用土地

建设用地使用权就是为保存建筑物或其他工作物而使用土地的权利，因此使用土地是土地使用权人最主要的权利。建设用地使用权人对土地的使用权，应当在设定建设用地使用权的行为所限定的范围内进行。

2. 权利处分

建设用地使用权人可以处分其权利。这主要有以下几种情形：

（1）建设用地使用权人有权将建设用地使用权转让、互换、出资、赠与或者抵押，但法律另有规定的除外。

（2）抵押。建设用地使用权可以为抵押权的标的物，此时，其地上的建筑或其他工作物也随之抵押。

（3）出租。建设用地使用权人可以作为出租人将建设用地使用权连同地上的建筑物或其他工作物租赁给他人使用并收取租金。在建设用地使用权出租后，建设用地使用权人（出租人）仍须向土地所有人履行义务。

3. 附属行为

建设用地使用权人可以在其地基范围内进行非保存建筑物或其他工作物的附属行为，如修筑围墙、种植花木、养殖等。

> **法条链接**
>
> 《民法典》第三百四十四条　建设用地使用权人依法对国家所有的土地享有占有、使用和收益的权利，有权利用该土地建造建筑物、构筑物及其附属设施。
>
> 《民法典》第三百四十八条　通过招标、拍卖、协议等出让方式设立建设用地使用权的，当事人应当采用书面形式订立建设用地使用权出让合同。
>
> 建设用地使用权出让合同一般包括下列条款：
>
> （一）当事人的名称和住所；
>
> （二）土地界址、面积等；
>
> （三）建筑物、构筑物及其附属设施占用的空间；
>
> （四）土地用途、规划条件；
>
> （五）建设用地使用权期限；
>
> （六）出让金等费用及其支付方式；
>
> （七）解决争议的方法。
>
> 《民法典》第三百五十三条　建设用地使用权人有权将建设用地使用权转让、互换、出资、赠与或者抵押，但是法律另有规定的除外。
>
> 《民法典》第三百五十四条　建设用地使用权转让、互换、出资、赠与或者抵押的，当事人应当采用书面形式订立相应的合同。使用期限由当事人约定，但是不得超过建设用地使用权的剩余期限。
>
> 《民法典》第三百五十五条　建设用地使用权转让、互换、出资或者赠与的，应当向登记机构申请变更登记。
>
> 《民法典》第三百五十六条　建设用地使用权转让、互换、出资或者赠与的，附着于该土地上的建筑物、构筑物及其附属设施一并处分。
>
> 《民法典》第三百五十七条　建筑物、构筑物及其附属设施转让、互换、出资或者赠与的，该建筑物、构筑物及其附属设施占用范围内的建设用地使用权一并处分。

（三）宅基地使用权

（1）占有权。宅基地使用权人经依法申请批准取得宅基地使用权后，便享有对宅基地的独占权，任何组织或个人不得非法侵占、擅自使用或剥夺其宅基地的使用权。

（2）在宅基地空闲处修建其他建筑物、设施的权利。宅基地使用权人在主要住宅建筑外，可自行在宅基地范围内建筑其他生产或生活需要的建筑和设施。

（3）宅基地使用权人有在宅基地内种植林木、花草、蔬菜的权利。该种植的林木、花草、蔬菜归使用权人所有。

（4）依法附随房屋出让宅基地使用权的权利。国家保护私有房屋合法买卖、继承、赠与等权利。因房屋和宅基地连为一体，不可分离，所以，宅基地使用权必须连同房屋一并转移。

典型案例

村民李某已有宅基地，后又取得一块宅基地。李某便与同村王某签订了宅基地使用权转让合同，李某将这块宅基地以20万元的价格转让给王某，王某将款项支付给李某。当王某开始建房时，被邻居张某阻止，致使王某无法建房。王某以侵权为由，将邻居张某诉至法院，请求停止侵权，排除妨碍。邻居张某以王某无权取得宅基地使用权为由，请求驳回王某的诉讼请求。

解析：

（1）《土地管理法》第六十二条规定：农村村民一户只能拥有一处宅基地，其宅基地的面积不得超过省、自治区、直辖市规定的标准。农村村民建住宅，应当符合乡（镇）土地利用总体规划，并尽量使用原有的宅基地和村内空闲地。农村村民住宅用地，经乡（镇）人民政府审核，由县级人民政府批准；其中，涉及占用农用地的，依照本法第四十四条的规定办理审批手续。农村村民出卖、出租住房后，再申请宅基地的，不予批准。根据上述法律规定，李某在已拥有宅基地的情况下，显然不能取得这份宅基地的使用权。

（2）李某与王某的宅基地使用权转让合同的效力。根据《民法典》第一百五十三条，关于"违反法律、行政法规的强制性规定的民事法律行为无效"的规定，违反法律、行政法规的强制性规定的合同视为无效合同。从本案来看，该宅基地使用权转让合同因违反《土地管理法》规定为无效合同。

（3）王某的诉讼请求能否被支持。因李某与王某的宅基地使用权转让合同为无效合同，王某不能取得宅基地的使用权，则王某建房的权益就不受法律保护。显然，邻居张某就不能构成对王某的侵权。因此，人民法院应当予以驳回王某的诉讼请求。同时，还应当向土地管理部门发出司法建议书，对该案所反映的情况予以调查处理。

法条链接

《民法典》第三百六十二条至第三百六十五条：

第三百六十二条 宅基地使用权人依法对集体所有的土地享有占有和使用的权利，有权依法利用该土地建造住宅及其附属设施。

第三百六十三条 宅基地使用权的取得、行使和转让，适用土地管理的法律和国家有关规定。

第三百六十四条 宅基地因自然灾害等原因灭失的，宅基地使用权消灭。对失去宅基地的村民，应当依法重新分配宅基地。

第三百六十五条 已经登记的宅基地使用权转让或者消灭的，应当及时办理变更登记或者注销登记。

（四）居住权

（1）居住权人有权按照合同约定，对他人的住宅享有占有、使用的用益物权，以满足生活居住的需要。居住物权是他物权，有用益性、人身性、独立性、不可转让性。

（2）居住权合同设立的形式与条款。设立居住权，当事人应当采用书面形式订立居住权合同。居住权合同是要式合同。居住权合同一般包括下列条款：当事人的姓名或者名称和住所；住宅的位置；居住的条件和要求；居住权期限；解决争议的方法。

（3）居住权的设立。居住权无偿是常态，有偿也可以。居住权无偿时，一般住房及其附属设施的日常维护费用和物业管理费用由居住人承担，但房屋的重大修缮或改建，如无特殊约定，应由所有权人承担。居住权是用益物权，适用登记发生主义。

如果双方订立了居住权合同，居住人实际使用了房屋，但未经登记，居住人仅仅取得了居住的债权，而非用益物权。

法条链接

《民法典》第三百六十六条至第三百七十一条：

第三百六十六条　居住权人有权按照合同约定，对他人的住宅享有占有、使用的用益物权，以满足生活居住的需要。

第三百六十七条　设立居住权，当事人应当采用书面形式订立居住权合同。

居住权合同一般包括下列条款：

（一）当事人的姓名或者名称和住所；

（二）住宅的位置；

（三）居住的条件和要求；

（四）居住权期限；

（五）解决争议的方法。

第三百六十八条　居住权无偿设立，但是当事人另有约定的除外。设立居住权的，应当向登记机构申请居住权登记。居住权自登记时设立。

第三百六十九条　居住权不得转让、继承。设立居住权的住宅不得出租，但是当事人另有约定的除外。

第三百七十条　居住权期限届满或者居住权人死亡的，居住权消灭。居住权消灭的，应当及时办理注销登记。

第三百七十一条　以遗嘱方式设立居住权的，参照适用本章的有关规定。

（五）地役权

地役权是指为使用自己不动产的便利或提高其效益而按照合同约定利用他人不动产的权利。地役权的分类：

（1）积极地役权与消极地役权。以地役权的实现方式为标准，可将其划分为积极地役权和消极地役权。

（2）地役权的继续地役权与非继续地役权。以地役权的行使方式或权利实现的时间是否继续为标准，可以将其划分为继续地役权和非继续地役权。

（3）表见地役权与非表见地役权。以地役权的存在是否表现于外部为标准，可将其划分为表见地役权和非表见地役权。

（4）以地役权的内容为标准的分类。

法条链接

《民法典》第三百七十二条　地役权人有权按照合同约定，利用他人的不动产，以提高自己的不动产的效益。

前款所称他人的不动产为供役地，自己的不动产为需役地。

《民法典》第三百七十三条　设立地役权，当事人应当采用书面形式订立地役权合同。

地役权合同一般包括下列条款：

（一）当事人的姓名或者名称和住所；

（二）供役地和需役地的位置；

（三）利用目的和方法；
（四）地役权期限；
（五）费用及其支付方式；
（六）解决争议的方法。

《民法典》第三百七十八条　土地所有权人享有地役权或者负担地役权的，设立土地承包经营权、宅基地使用权等用益物权时，该用益物权人继续享有或者负担已经设立的地役权。

《民法典》第三百七十九条　土地上已经设立土地承包经营权、建设用地使用权、宅基地使用权等用益物权的，未经用益物权人同意，土地所有权人不得设立地役权。

《民法典》第三百八十条　地役权不得单独转让。土地承包经营权、建设用地使用权等转让的，地役权一并转让，但是合同另有约定的除外。

《民法典》第三百八十一条　地役权不得单独抵押。土地经营权、建设用地使用权等抵押的，在实现抵押权时，地役权一并转让。

《民法典》第三百八十四条　地役权人有下列情形之一的，供役地权利人有权解除地役权合同，地役权消灭：
（一）违反法律规定或者合同约定，滥用地役权；
（二）有偿利用供役地，约定的付款期限届满后在合理期限内经两次催告未支付费用。

第五节　担保物权

一、担保物权概述

（一）担保物权的概念

担保物权是以确保债务履行为目的，在债务人或第三人的特定财产上所设定的一种他物权。《中华人民共和国民法典》中物权编规定的担保物权包括抵押权、留置权、质权等。担保物权是指因债务人没有履行其到期债务，担保物权人享有的对担保物进行优先受偿的权利。

法条链接

《民法典》第三百八十六条至第三百八十八条：

第三百八十六条　担保物权人在债务人不履行到期债务或者发生当事人约定的实现担保物权的情形，依法享有就担保财产优先受偿的权利，但是法律另有规定的除外。

第三百八十七条　债权人在借贷、买卖等民事活动中，为保障实现其债权，需要担保的，可以依照本法和其他法律的规定设立担保物权。

第三人为债务人员提供担保的，可以要求债务人提供反担保。反担保适用本法和其他法律的规定。

第三百八十八条　设立担保物权，应当依照本法和其他法律的规定订立担保合同。担保合同包括抵押合同、质押合同和其他具有担保功能的合同。担保合同是主债权债务合同的从合同。主债权债务合同无效的，担保合同无效，但是法律另有规定的除外。

担保合同被确认无效后，债务人、担保人、债权人有过错的，应当根据其过错各自承担相应的民事责任。

《民法典》第四百四十七条　债务人不履行到期债务,债权人可以留置已经合法占有的债务人的动产,并有权就该动产优先受偿。前款规定的债权人为留置权人,占有的动产为留置财产。

(二) 担保物权特征

担保物权作为物保区别于人保的特征:

(1) 物上代位性。是指担保物权的效力不仅及于担保物本身,而且及于担保物的变异物、赔偿金、补偿金以及保险金等代位物。

(2) 物上请求权。是指抵押权等担保权设定后,若担保人或等三人的行为致抵押物价值贬损的,担保权人可对担保人、第三人行使物上请求权,请求其停止侵害、恢复原状、消除危险或排除妨害等。

(3) 价值性。担保物权人享有物上请求权;担保物权具有物上代位性;其法理依据在于担保物权乃价值权,即担保物权以标的物的价值确保债权的清偿为目的,以就标物取得一定价值为内容,此与用益物权以标的物的使用价值为内容形成鲜明对比。

(4) 不可分性。指担保物权所担保的债权之债权人可就担保物的全部行使其权利。

(5) 优先受偿权。

法条链接

《民法典》第三百八十九条至第三百九十三条:

第三百八十九条　担保物权的担保范围包括主债权及其利息、违约金、损害赔偿金、保管担保财产和实现担保物权的费用。当事人另有约定的,按照其约定。

第三百九十条　担保期间,担保财产毁损、灭失或者被征收等,担保物权人可以就获得的保险金、赔偿金或者补偿金等优先受偿。被担保债权的履行期限未届满的,也可以提存该保险金、赔偿金或者补偿金等。

第三百九十一条　第三人提供担保,未经其书面同意,债权人允许债务人转移全部或者部分债务的,担保人不再承担相应的担保责任。

第三百九十二条　被担保的债权既有物的担保又有人的担保的,债务人不履行到期债务或者发生当事人约定的实现担保物权的情形,债权人应当按照约定实现债权;没有约定或者约定不明确,债务人自己提供物的担保的,债权人应当先就该物的担保实现债权;第三人提供物的担保的,债权人可以就物的担保实现债权,也可以请求保证人承担保证责任。提供担保的第三人承担担保责任后,有权向债务人追偿。

第三百九十三条　有下列情形之一的,担保物权消灭:

(一) 主债权消灭;

(二) 担保物权实现;

(三) 债权人放弃担保物权;

(四) 法律规定担保物权消灭的其他情形。

二、几种主要的担保物权

(一) 抵押权

1. 抵押权概念

抵押权是一种法律协议,当资金借出人不能支付债券或票据所要求支付的款项时,它能够保护资金借出人。根据《民法典》第三百九十四条规定，为担保债务的履行，债务人或者第三人不转移财产的占有，将该财产抵押给债权人的，债务人不履行到期债务或者发生当事人约定的实现抵押权的情形，债权人有权就该财产优先受偿。前款规定的债务人或者第三人为抵押人，债权人为抵押权人，提供担保的财产为抵押财产。

2. 抵押权的特征

（1）抵押权属于担保物权。抵押权是针对财产的交换价值而设定的一种物权，它本质上是价值权，其目的在于以担保财产的交换价值确保债权得以清偿。故从抵押权的性质和目的的角度来看，抵押权是担保物权。

（2）抵押权是在债务人或第三人的特定财产上设定的担保物权。债权人无须为了自己债权的清偿而在自己的财产上设定抵押权，抵押权是为担保债权的清偿而设定的，它只能存在于债权人以外的债务人或者愿意提供财产为债务人履行债务作担保的第三人。

（3）抵押权属约定担保物权而非法定担保物权。当事人可以自由地就抵押财产、抵押期限、抵押担保范围以及当事人认为需要约定的其他事项进行约定，并在抵押合同或者主债权合同中的抵押条款中予以明确。

（4）抵押权是不转移标的物占有的物权，抵押权的公示主要是登记，抵押权的成立与存续，只需登记即可，不必转移标的物的占有。

（5）抵押权的内容是变价处分权和优先受偿权。抵押权的内容有两项：一是抵押财产的变价处分权；二是就抵押财产卖得价金的优先受偿权。对抵押财产的变价处分权是指当债务人届期不履行债务时，抵押权人有权以合法方式拍卖、变卖抵押财产或者与抵押人协议以抵押财产折价抵充债务。

> **法条链接**
>
> 《民法典》第三百九十四条 为担保债务的履行，债务人或者第三人不转移财产的占有，将该财产抵押给债权人的，债务人不履行到期债务或者发生当事人约定的实现抵押权的情形，债权人有权就该财产优先受偿。
>
> 前款规定的债务人或者第三人为抵押人，债权人为抵押权人，提供担保的财产为抵押财产。
>
> 《民法典》第三百九十五条 债务人或者第三人有权处分的下列财产可以抵押：
>
> （一）建筑物和其他土地附着物；
>
> （二）建设用地使用权；
>
> （三）海域使用权；
>
> （四）生产设备、原材料、半成品、产品；
>
> （五）正在建造的建筑物、船舶、航空器；
>
> （六）交通运输工具；
>
> （七）法律、行政法规未禁止抵押的其他财产。
>
> 抵押人可以将前款所列财产一并抵押。
>
> 《民法典》第三百九十九条 下列财产不得抵押：
>
> （一）土地所有权；
>
> （二）宅基地、自留地、自留山等集体所有土地的使用权，但是法律规定可以抵押的除外；
>
> （三）学校、幼儿园、医疗机构等为公益目的成立的非营利法人的教育设施、医疗卫生设施和其他公益设施；
>
> （四）所有权、使用权不明或者有争议的财产；

(五)依法被查封、扣押、监管的财产;
(六)法律、行政法规规定不得抵押的其他财产。
《民法典》第四百条 设立抵押权,当事人应当采用书面形式订立抵押合同。
抵押合同一般包括下列条款:
(一)被担保债权的种类和数额;
(二)债务人履行债务的期限;
(三)抵押财产的名称、数量等情况;
(四)担保的范围。
《民法典》第四百零三条 以动产抵押的,抵押权自抵押合同生效时设立;未经登记,不得对抗善意第三人。
《民法典》第四百零四条 以动产抵押的,不得对抗正常经营活动中已经支付合理价款并取得抵押财产的买受人。
《民法典》第四百一十四条 同一财产向两个以上债权人抵押的,拍卖、变卖抵押财产所得的价款依照下列规定清偿:
(一)抵押权已经登记的,按照登记的时间先后确定清偿顺序;
(二)抵押权已经登记的先于未登记的受偿;
(三)抵押权未登记的,按照债权比例清偿。
其他可以登记的担保物权,清偿顺序参照适用前款规定。

3.抵押权分类

(1)不动产抵押。不动产抵押,是指以不动产为抵押标的物而设定的抵押。不动产抵押是最普遍的抵押形式,由于不动产的特殊性,抵押人不转移对其的占有即可达到担保之目的,因此在实践中受到社会的普遍欢迎。

(2)动产抵押。动产抵押,是指以动产为抵押标的物而设立的抵押。动产抵押并不意味着所有的动产都可以称为抵押的标的物,有一些动产是不适合成为抵押标的物的。动产抵押的特征仍是抵押人不转移对财产的占有,否则将与质押无异。

(3)权利抵押。权利抵押,是指以特定的财产权利作为抵押标的物的抵押。对于何种权利可以成为抵押的标的物,一般法律都会做出明确的规定,我国可供抵押的权利一般是指土地使用权。

(4)最高额抵押。最高额抵押,是指抵押人与抵押权人协议,在最高债权额度内,以抵押物对一定时间内连续发生的债权作担保的抵押形式。

(5)财团抵押。财团抵押,又被称为企业抵押,是指抵押人以其全部的财产,包括动产、不动产和权利为一体共同作为标的物来进行抵押的行为。采用此种抵押方式的抵押人一般是企业,可以使企业的担保能力集中。

(6)共同抵押。共同抵押,又称为总括抵押,是指为了同一债权的担保,在数个不同的财产上设置的抵押。共同抵押的突出特点是在数个抵押物上设定数个抵押权,共同担保同一债权。

4.抵押权的作用

抵押权作为一种担保物权,是实践中最理想、被广泛使用的担保形式,因为它的担保效力最可靠,而且能充分发挥担保财产的作用。既然抵押物不转移其占有,那么既可以发挥它的使用价值,也可以由所有人继续使用并发挥它的使用价值,取得的收益亦可以清偿债务,这样就使债权人的权益得到了最充分的保障。

5. 抵押权的实现

依据我国法律规定，抵押权的实现必须具备以下四个条件：

（1）抵押权必须有效存在。抵押权设定如果无效或者已被撤销，则不能实现。

（2）必须是债务人履行期限届满。债务人履行债务的期限是否届满是决定债务人是否履行债务的时间标准。

（3）债权人未受清偿。债务履行期限届满债权人未受清偿，表明债务人未按期履行义务，无论债务是迟延履行，还是拒绝履行，债权人都可以行使抵押权，使债权得到清偿。

（4）债务未受清偿不是由于债权人造成的。只有在由债务人方面的原因未能清偿债务而使债权人未受清偿时，抵押权人才可以行使抵押权。如果债权人未受清偿是由于其自己的原因造成的，则抵押权人不能行使抵押权。

（二）质权

1. 质权概念

质权是担保的一种方式，指债权人与债务人或债务人提供的第三人以协商订立书面合同的方式，移转债务人或者债务人提供的第三人的动产或权利的占有，在债务人不履行债务时，债权人有权以该财产价款优先受偿的权利。也叫"质押"。

质权分为动产质权和权利质权。动产质权指债务人或者第三人将其动产移交债权人占有，以该动产作为债权的担保，债务人未履行债务时，债权人依照法律规定的程序就该动产优先受偿的权利。债务人或者第三人为出质人，债权人为质权人，移交的动产为质押财产。出质人也可以将法律规定的可以转让的股权、仓单、提单等财产权利出质，这时质权称为权利质权。作为担保物权的一种，质权也具有不可分性、物上代位性和物上请求权。

法条链接

《民法典》第四百二十五条　为担保债务的履行，债务人或者第三人将其动产出质给债权人占有的，债务人不履行到期债务或者发生当事人约定的实现质权的情形，债权人有权就该动产优先受偿。

前款规定的债务人或者第三人为出质人，债权人为质权人，交付的动产为质押财产。

《民法典》第四百四十条至第四百四十一条：

第四百四十条　债务人或者第三人有权处分的下列权利可以出质：

（一）汇票、本票、支票；

（二）债券、存款单；

（三）仓单、提单；

（四）可以转让的基金份额、股权；

（五）可以转让的注册商标专用权、专利权、著作权等知识产权中的财产权；

（六）现有的以及将有的应收账款；

（七）法律、行政法规规定可以出质的其他财产权利。

第四百四十一条　以汇票、本票、支票、债券、存款单、仓单、提单出质的，质权自权利凭证交付质权人时设立；没有权利凭证的，质权自办理出质登记时设立。法律另有规定的，依照其规定。

2. 质权的特征

（1）质权的标的物只能是动产和权利，而不能是不动产。

（2）质权是以债权人占有质物为要件的担保物权。质押以出质人移交质押的财产占有为成立要件，也以债权人占有质押财产为存续要件，质权人将质物返还于出质人后，以其质权对抗第三人，人民法院不予支持。质押是指为了担保债权的履行，债务人或第三人将其动产移交债权人占有，当债务人不履行债务时，债权人有就其所占有的动产或权利优先受偿的权利。

3. 质权人的权利

质权人享有的权利为：

（1）当债务人没有按时偿还债务的时候，对质押财产优先受偿的权利。

（2）收取质押财产孳息的权利等。

在质押期间，质权人负有妥善保管质押财产的义务。

> **法条链接**
>
> 《民法典》第四百三十二条至第四百三十三条：
>
> 第四百三十二条 质权人负有妥善保管质押财产的义务；因保管不善致使质押财产毁损、灭失的，应当承担赔偿责任。
>
> 质权人的行为可能使质押财产毁损、灭失的，出质人可以请求质权人将质押财产提存，或者请求提前清偿债务并返还质押财产。
>
> 第四百三十三条 因不可归责于质权人的事由可能使质押财产毁损或者价值明显减少，足以危害质权人权利的，质权人有权请求出质人提供相应的担保；出质人不提供的，质权人可以拍卖、变卖质押财产，并与出质人协议将拍卖、变卖所得的价款提前清偿债务或者提存。

（三）留置权

1. 留置权的概念

留置权，是指债权人在债务人不履行债务时，通过留置先前合法占有对方动产的行为，来维护自己的正当权益。留置权不同于抵押权和质押权，它是一种法定的担保物权，主要目的是保护当事人的劳动成果，且在所有的担保物权中，一般具有优先效力。根据《民法典》第四百四十七条规定，债务人不履行到期债务，债权人可以留置已经合法占有的债务人的动产，并有权就该动产优先受偿。前款规定的债权人为留置权人，占有的动产为留置财产。留置权的效力主要体现为留置权人的占有权和优先受偿权。留置权人的占有权须受一定限制，即除了保管上的必要或经债务人同意外不得使用留置物，未经债务人同意不得将留置物出租或抵押。

债权人就留置物优先受偿后，如留置物的价值超过应受偿范围，应将剩余部分的价款返还给债务人，留置物的价值不足以清偿时，债权人应请求补足。留置权人只能从留置财产中优先受偿根据本合同应得的款项，对于其他债务，不得利用本合同的财物行使留置权。除此之外，还包括商事留置权，《民法典》第四百四十八条规定，债权人留置的动产，应当与债权属于同一法律关系，但是企业之间留置的除外。

2. 留置权的特征

（1）物权性。留置权发生两次效力，即留置标的物和变价并优先受偿。首先，留置权是一种物权。留置权系以留置物为标的的权利，其效力直接及于留置物。当具备法定条件时，留置权人就可以排他地占有、支配留置物，不仅得对抗债务人的返还请求，且得对抗一般第三人对留置物的权利主张。其次，留置权是一种担保物权。留置权是以担保债权受偿为目的的物权，不同于用益物权，系以取得留置物的交换价值为主要内容的权利。故留置权体现为一种价值权。当债务人不履行给付义务超过约定期限时，留置权人可以就留置物的交换价值优先受偿。

（2）不可分性。即债权得到全部清偿之前，留置权人有权留置全部标的物。不可分性是物权，特别是担保物权的共性。留置权作为一种担保物权，当然具有不可分性。所谓留置权的不可分性，是指留置权的效力就债权的全部及于留置物的全部。

（3）从属性。留置权实现时，留置权人必须确定债务人履行债务的宽限期。留置权为担保债权而设立，故留置权从属于其所担保的债权，它们之间形成主从关系：债权为主权利，留置权为从权利。这种从权利为从物权，而非债权。留置权的从属性表现有三点：第一，留置权的成立以主债权的成立为前提；第二，留置权随主债权的消灭而消灭；第三，留置权优先受偿的范围决定于债权的范围。这是留置权在优先受偿上的从属性。

（4）债权人动产。债权人占有债务人的财产，是留置权成立及存续的前提条件。因此，债权人没有占有债务人的财产，则无留置权可言，债权人丧失对债务人财产的占有，则留置权归于消灭。但如果债权人因侵权行为丧失占有的，经诉请恢复占有而重新占有，则留置权受影响。债权人对债务人财产的占有，可以是直接占有，也可以是间接占有；可以是单独占有，也可以是共同占有。至于占有的原因，多数国家民法要求只要非因侵权行为占有即可。

3. 留置权的行使条件

（1）留置权是一种法定的担保物权，是指债权人在债务人不履行债务时，留置合法占有对方动产的一种制度，适用条件为：

1）债权和占有动产是基于同一法律关系；
2）债务已至清偿期；
3）债权人合法占有债务人动产。

（2）依物权法律制度的规定，留置权的成立，需具备以下要件：

1）债权人占有债务人的动产。债权人须合法占有债务人动产。
2）债权已过清偿期。债权人的债权未过清偿期，其交付或返回所占有标的物的义务已届履行期的，不能行使留置权。但是，债权人能够证明债务人无支付能力的除外。
3）动产占有与债权属同一法律关系。另依我国物权法律制度规定，企业之间留置不受同一法律关系的限制。

（3）留置权成立的消极条件。留置权的成立还需受到消极要件的限制，留置权取得的消极要件是指阻止留置权发生的情形或因素，也称留置权成立的限制。其要件有以下几项：

1）须留置财产与对方交付财产前或交付财产时所为指示不相抵触。留置权系法定担保物权，当事人不得随意设立，但可依当事人合意排除留置权的适用。
2）须留置债务人财产不违反公共秩序或善良风俗。此条系民事活动应遵循的一般原则，我国民法通则和担保法虽未明文规定但亦应遵守之。
3）须留置财产与债权人所承担义务不相抵触。如果。权人在合同中的义务即是交付标的物，则债权人不得以债务人不履行义务为由行使留置权，否则与其所承担义务的本旨相违背。

4. 留置权适用范围

（1）留置权可适用于加工承揽合同。按照加工承揽合同，承揽人应当用自己的设备、技术和劳动力，为定作人加工、定作、修理、修缮或完成其他工作；定作方应当接受承揽人制作的物品或完成的工作成果，并给付报酬。如果定作方超过领取期限六个月不领取定作物，给付报酬的，承揽方有权将定作物折价或变卖，应得价款或所得价款在扣除报酬、保管费用后，剩余的返还给定作方。当然，有的承揽合同采取留置定作物方式仍不能弥补承揽人损失时，还可以适用违约责任，追索定作人的违约金和赔偿金。

（2）留置权可适用于基本建设合同中的建筑安装承包合同。按照建筑安装承包合同，建筑安装单位应按时、按质、按量完成与建设单位约定的建设项目；建设单位应按时提供必要的技术文件资料和其他工作条件，验收已完成的项目并给付报酬。如果建筑安装单位履行了自己的义务后，建设单位不给付报酬达一定期限，建筑安装单位可对建设项目实行留置，行使其留置权。当然，由于建筑安装承包合同具有极强的计划性，建筑安装单位在行使其留置权时，注意不能与国家计划相冲突，否则不能行使。

（3）留置权可适用于保管合同。根据保管合同，保管人为存货人保管财产，保管合同终止时，存货人应按合同规定支付报酬。如果存货人拒绝支付报酬达一定期限，保管人即可对其保管物行使留置权，将保管物折价或变卖，以应得价款或所得价款清偿其保管费。

（4）留置权可适用于运输合同中的货运合同。按照货物运输合同，承运人应将托运的货物运送到指定地点，并交给收货人，托运人应当给付规定的运输费用。如果承运人将托运的货物运到指定地点后，托运人在一定期限内始终不给付运输费用，那么承运人可将托运的货物留置，折价或变卖求偿。

（5）留置权可适用于财产租赁合同。按照租赁合同，出租人将租赁物交给承租人使用（收益），承租人给付报酬并于使用（收益）完毕后返还原物。如果承租人不按时交纳租赁费用，出租人可在解除租赁合同的同时留置承租人的相应财产。

（6）留置权可适用于委托合同和信托合同。按照委托合同和信托合同，受托人以委托人的名义或自己的名义为委托人办理一定的委托事务，委托人应补偿受托人因完成委托事务所支出的费用，并给付一定报酬。如果受托人完成委托事务后，委托人不履行其义务达一定期限，受托人可将其占有的委托人的物品或有价证券留置，从中求偿。

法条链接

《民法典》第四百四十七条至第四百五十七条：

第四百四十七条　债务人不履行到期债务，债权人可以留置已经合法占有的债务人的动产，并有权就该动产优先受偿。

前款规定的债权人为留置权人，占有的动产为留置财产。

第四百四十八条　债权人留置的动产，应当与债权属于同一法律关系，但是企业之间留置的除外。

第四百四十九条　法律规定或者当事人约定不得留置的动产，不得留置。

第四百五十条　留置财产为可分物的，留置财产的价值应当相当于债务的金额。

第四百五十一条　留置权人负有妥善保管留置财产的义务；因保管不善致使留置财产毁损、灭失的，应当承担赔偿责任。

第四百五十二条　留置权人有权收取留置财产的孳息。

前款规定的孳息应当先充抵收取孳息的费用。

第四百五十三条　留置权人与债务人应当约定留置财产后的债务履行期间；没有约定或者约定不明确的，留置权人应当给债务人六十日以上履行债务的期限，但是鲜活易腐等不易保管的动产除外。债务人逾期未履行的，留置权人可以与债务人协议以留置财产折价，也可以就拍卖、变卖留置财产所得的价款优先受偿。

留置财产折价或者变卖的，应当参照市场价格。

第四百五十四条　债务人可以请求留置权人在债务履行期限届满后行使留置权；留置权人不行使的，债务人可以请求人民法院拍卖、变卖留置财产。

第四百五十五条　留置财产折价或者拍卖、变卖后，其价款超过债权数额的部分归债务人所有，不足部分由债务人清偿。

第四百五十六条　同一动产上已设立抵押权或者质权，该动产又被留置的，留置权人优先受偿。

第四百五十七条 留置权人对留置财产丧失占有或者留置权人接受债务人另行提供担保的，留置权消灭。

第六节 占有

一、占有的概念与法律特征

（一）占有的概念

占有指占有人对不动产或者动产的实际控制。占有人可以依法有权占有不动产或者动产，如根据租赁合同在租期内占有对方交付的租赁物。

（二）占有的法律特征

1. 占有是一种法律保护的事实状态

占有不是一种权利，只是一种事实状态。这种事实状态就是一种对物的实际控制。物权法对其规定，并对这种事实状态予以法律保护，使其具有准物权的性质。

2. 占有的对象仅限于物

按照《物权法》的规定，占有的对象仅限于物，包括动产和不动产，但须注意的是这里的物并非必须是独立的物，对某一独立物的某一部分亦可成立占有。

3. 占有是对物具有事实上的管领力

这种管领力，就是对物具有实际的控制和支配能力。空间、时间和法律上的结合是判断事实上管领力的标准。空间上的结合表明特定物在特定人的控制下，时间上的结合要求这种控制有一定的连续性，法律上的结合强调控制的效力而非直接控制。

二、占有的分类

（一）有权占有与无权占有

1. 有权占有

指有本权的占有。换言之，凡是具有占有的物权、债权、亲权等权利，均为有权占有。所有权人、建设用地使用权人、留置权人、质权人的占有为有权占有（本权为物权）；借用人、承租人、保管人、运输人、买受人的占有亦属有权占有（本权为债权）；替孩子保管财产的父母对财产的占有属于有权占有（本权为亲权）。

2. 无权占有

指欠缺本权的占有。遗失物拾得人的占有（构成无因管理的除外）、小偷对赃物的占有、无效买卖合同中买受人的占有、租赁期届满后承租人对租赁物的占有均为无权占有。

（二）善意占有与恶意占有

这是对"无权占有"的再分类，有权占有不能进行善意与恶意区分。

1. 善意占有

指占有人不知道也不应当知道缺乏占有的本权而占有，即无权占有人的主观状态为不知情且无怀疑。例如：小偷甲将偷来的手表出卖给"不知情"的乙，乙的占有为善意占有；买卖合同无效，不知无效事由的买受人的占有为善意占有。

2. 恶意占有

指占有人明知无占有的权利，或者虽非明知但仍有所怀疑所形成的占有。例如：小偷甲将偷来的手表出卖给"知情"的乙，乙对手表的占有即为恶意占有；拾得人对遗失物的占有亦为恶意占有（但拾得人发出招领公告或者通知失主后，构成无因管理，拾得人的占有则为有权占有）。

（三）直接占有与间接占有

1. 直接占有

指直接对物进行事实上的管领和控制。例如，质权人、承租人、保管人、借用人的占有为直接占有。

2. 间接占有

指虽未直接占有某物，但依据一定的法律关系而对于直接占有人享有返还占有请求权，从而对该物间接管领和控制。间接占有的构成要件有三：①具有出租、借用、保管、质押等占有媒介关系（需要注意的是：占有媒介关系无效、不成立，不影响媒介关系的成立）；②对直接占有人享有返还请求权；③直接占有人为他主占有。例如：出质人、出租人、寄托人为间接占有人。

（四）自主占有与他主占有

1. 自主占有

指以据为己有的意思而占有。自主占有不以享有所有权为前提。所有人的占有通常为自主占有，小偷的占有、侵占遗失物的拾得人的占有、不知买卖合同无效的买受人的占有均为自主占有。

需要注意的是，自主占有与所有权人的占有不能等同，原因有二：①所有人以外的人，只要以"据为己有的意思"而占有均为自主占有。②所有人的占有亦可为他主占有。

2. 他主占有

指不以据为己有的意思而占有。不具有据为己有的意思而对物进行的占有，为他主占有。①凡是基于占有媒介关系占有"他人"之物者，如承租人、保管人、质权人、留置权人的占有均为他主占有。②若他主占有人"变了心"，以外界可得而知的方式将他主占有的意思变更为自主占有的意思，则他主占有变更为自主占有。

（五）自己占有与辅助占有

1. 自己占有

指占有人自己对物进行事实上的管领和控制。辅助占有之外的占有均为自己占有。

2. 辅助占有

指基于雇用、学徒等类似关系，受雇主的"指示"而事实上控制某物。辅助占有不是占有，以雇主为占有人。例如，甲雇用乙操作某台机器，乙为占有辅助人，甲为占有人。

（六）单独占有与共同占有

1. 单独占有

指一人对物为占有。

2. 共同占有

指数人对同一物为占有。共同占有分两种：①重复共同占有。指各共同占有人在不妨害其他共同占有人的情形下，可以各自单独管领其物。例如：数人共租一屋，可各自单独使用共用的浴室、厨房。二人共用一辆汽车，都有车库和汽车的钥匙。②统一共同占有。指全体共同占有人对占有物有一个管领力，仅得结合全体占有人，为共同的管领。例如：二人共用一辆汽车，一人仅有车库钥匙，另一人仅有汽车钥匙。

三、占有的法律效力

（一）有权占有的法律适用

基于合同关系等产生的占有，有关不动产或者动产的使用、收益、违约责任等，按照合同约定；合同没有约定或者约定不明确的，依照有关法律规定。

（二）无权占有造成占有物损害的赔偿责任

占有人因使用占有的不动产或者动产，致使该不动产或者动产受到损害的，恶意占有人应当承担赔偿责任。

（三）权利人的返还请求权和占有人的费用求偿权

不动产或者动产被占有人占有的，权利人可以请求返还原物及其孳息；但是，应当支付善意占有人因维护该不动产或者动产支出的必要费用。

（四）权利人的损害赔偿请求权

占有的不动产或者动产毁损、灭失，该不动产或者动产的权利人请求赔偿的，占有人应当将因毁损、灭失取得的保险金、赔偿金或者补偿金等返还给权利人；权利人的损害未得到足够弥补的，恶意占有人还应当赔偿损失。

（五）占有保护请求权

占有的不动产或者动产被侵占的，占有人有权请求返还原物；对妨害占有的行为，占有人有权请求排除妨害或者消除危险；因侵占或者妨害造成损害的，占有人有权依法请求损害赔偿。占有人返还原物的请求权，自侵占发生之日起一年内未行使的，该请求权消灭。

> **法条链接**
>
> 《民法典》第四百五十八条至第四百六十二条：
>
> 第四百五十八条　基于合同关系等产生的占有，有关不动产或者动产的使用、收益、违约责任等，按照合同约定；合同没有约定或者约定不明确的，依照有关法律规定。
>
> 第四百五十九条　占有人因使用占有的不动产或者动产，致使该不动产或者动产受到损害的，恶意占有人应当承担赔偿责任。
>
> 第四百六十条　不动产或者动产被占有人占有的，权利人可以请求返还原物及其孳息；但是，应当支付善意占有人因维护该不动产或者动产支出的必要费用。
>
> 第四百六十一条　占有的不动产或者动产毁损、灭失，该不动产或者动产的权利人请求赔偿的，占有人应当将因毁损、灭失取得的保险金、赔偿金或者补偿金等返还给权利人；权利人的损害未得到足够弥补的，恶意占有人还应当赔偿损失。
>
> 第四百六十二条　占有的不动产或者动产被侵占的，占有人有权请求返还原物；对妨害占有的行为，占有人有权请求排除妨害或者消除危险；因侵占或者妨害造成损害的，占有人有权依法请求损害赔偿。
>
> 占有人返还原物的请求权，自侵占发生之日起一年内未行使的，该请求权消灭。

本章小结

物权，是指权利人依法对特定的物享有直接支配和排他的权利，包括所有权、用益物权和担保物权。物权的效力及于所有人，权利人以外的任何人均属于义务人。物权具有追及效力、优先效力和排他效力。《中华人民共和国民法典》物权编是为了维护国家基本经济制度，维护社会主义市场经济秩序，明确物的归属，发挥物的效用，保护权利人的物权，根据《宪法》，制定的法规。物权法律制度调整因物的归属和利用产生的民事关系。其所调整的基本内容仍是民事主体之间发生的民事法律关系。

物权变动是指物权的发生、转移、变更和消灭。物权变动是物权法上的一种民事法律效果，和其他民事法律效果一样，物权的变动也是由一定民事法律事实引起的。物权受到侵害的，权利人可以通过和解、调解等途径解决，也可以依法向人民法院提起诉讼。

复习与训练

一、名词解释

1. 物权
2. 物权排他效力
3. 所有权
4. 抵押权
5. 留置权

二、不定项选择

1. 物权是（　　）。

    A. 请求权　　　　　B. 抗辩权　　　　　C. 支配权　　　　　D. 对人权

2. 下列权利中，属于用益物权范围的是（　　）。

    A. 典权　　　　　　B. 抵押权　　　　　C. 留置权　　　　　D. 质权

3. 下列权利中，属于主物权的是（　　）。

    A. 地上权　　　　　B. 抵押权　　　　　C. 质权　　　　　　D. 留置权

4. 下列权利中，不属于物权的是（　　）。

    A. 抵押权　　　　　　　　　　　　　　　B. 地役权
    C. 所有权　　　　　　　　　　　　　　　D. 商标权

5. （　　）是物权中最完整、最充分的权利。

    A. 所有权　　　　　　　　　　　　　　　B. 用益物权
    C. 担保物权　　　　　　　　　　　　　　D. 准物权

6. 下列对物权的表述中正确的是（　　）。

    A. 物权是绝对权　　　　　　　　　　　　B. 物权是对世权
    C. 物权是对人权　　　　　　　　　　　　D. 物权是支配权

7. 根据《物权法》的规定，下列情形中，善意第三人能依据善意取得制度取得相应物权的是（　　）。

    A. 保留所有权的动产买卖中，尚未付清全部价款的买方将其占有的标的物卖给不知

情的第三人

  B. 电脑的承租人将其租赁的电脑向不知情的债权人设定质权
  C. 动产质权人擅自将质物转质于不知情的第三人
  D. 受托代为转交某一物品的人将该物品赠与不知情的第三人
8. 自物权即所有权，包括（　　）。
  A. 国家所有权　　　　　　　　　B. 集体所有权
  C. 私人所有权　　　　　　　　　D. 宅基地使用权

三、简答题

1. 物权变动的原因有哪些？
2. 物权的法律特征有哪些？
3. 所有权的权能有哪些？
4. 用益物权的法律特征有哪些？
5. 担保物权的法律特征有哪些？

四、案例分析

2018年4月2日，王某与丁某签订了房屋买卖合同，双方约定：王某将一栋房屋出售给丁某，房价80万元。丁某支付房屋价款后，王某交付了房屋，但没有办理产权转移登记。丁某接收房屋进行了装修，于2018年5月20日出租给叶某，租期为2年。2018年5月29日，王某因病去世，全部遗产由其子小王继承，小王于2018年6月8日办理了产权登记。2018年6月10日小王将该房屋卖给杜某，并办理了产权转移登记。

根据《民法典》物权编的规定，分别回答以下问题：

1. 王某与丁某的房屋买卖合同是否已经生效？并说明理由。
2. 小王从何时开始取得房屋的所有权？并说明理由。
3. 小王是否有权请求丁某返还房屋？并说明理由。
4. 杜某是否有权请求丁某返还房屋？并说明理由。
5. 杜某是否有权请求叶某返还房屋？并说明理由。

课后思考

《民法典》中的居住权

在《物权法》制定过程中，关于居住权是否入法存在很大争议，最终《物权法》没有规定居住权。在《民法典》编纂过程中，是否规定居住权再次成为争议的焦点。最终《民法典》物权编规定了居住权，并用6个条文规定了居住权的含义、设立、效力、终止等内容。设立居住权的目的在于满足特定人对他人住宅的生活居住需求，因此居住权人只能是自然人，不能是法人或非法人组织。居住权的实质是为特定人的利益而利用他人所有之物的权利，即以他人的物供自己使用和收益的权利。居住权可以通过合同的方式设立，也可以通过遗嘱的方式设立。通过合同设立的居住权，应当向登记机构办理登记手续，居住权自登记时设立。应当说，在我国现实情况下，《民法典》承认居住权具有特殊的意义，有助于完善住房保障体系，为"以房养老"提供制度支持，也可以保障征收搬迁安置中的居住权益以及家庭成员对公房享有的居住权。特别需要说明的是，为了保证交易安全，居住权登记应当纳入不动产登记，由自然资源主管部门进行统一管理。

第四章 合同法律制度

Chapter Four

学习目标

○ 了解合同的概念、分类,《民法典》合同编的适用范围和基本原则;
○ 正确理解合同的订立、内容、形式及履行规则,并能够识别合同的效力类型;
○ 熟悉合同的变更、转让和终止等有关法律规定;
○ 理解合同保全中的代位权和撤销权的法律规定;
○ 掌握违约责任的构成要件,正确理解承担违约责任的方式。

导入案例

○ 许某通过微信向常某某寻求"暗刷的流量资源",双方协商后确认常某某为许某提供网络暗刷服务,许某共向常某某支付三次服务费共计一万余元。常某某认为,根据许某指定的第三方 CNZZ 后台数据统计,许某还应向常某某支付流量服务费 30 743 元。许某以流量掺假、常某某提供的网络暗刷服务本身违反法律禁止性规定为由,主张常某某无权要求支付对价,不同意支付上述款项。常某某将许某诉至北京互联网法院,请求判令许某支付服务费 30 743 元及利息。
○ 分析:该案中服务合同的效力。

第一节 合同与合同法概述

一、合同概述

(一) 合同的概念和特征

根据《民法典》第四百六十四条规定,合同是民事主体之间设立、变更、终止民事法律关系的协议。合同的法律特征:

(1) 合同是平等主体之间的民事法律行为;
(2) 合同是双方或多方当事人意思表示一致的民事法律行为;
(3) 合同以设立、变更或终止民事权利义务关系为目的;
(4) 合同具有三性:合法性、确定性、可履行性。

（二）合同的分类

1. 典型合同与非典型合同

分类标准：《民法典》合同编或者其他法律是否对合同规定有确定的名称与调整规则。典型合同是立法上规定了确定名称与规则的合同，如《民法典》合同编在分则中规定的买卖合同、赠与合同、借款合同、租赁合同等。

非典型合同是立法上尚未规定确定名称与规则的合同。区分两者的法律意义在于法律适用的不同，典型合同可直接适用《民法典》合同编分则中关于该种合同的具体规定。非典型合同则只能在适用《民法典》合同编总则中一般规则的同时，参照该法分则或者其他法律中最相类似的规定执行。

知识拓展

《民法典》合同编规定的19种典型合同：买卖合同，供用电、水、气、热力合同，赠与合同，借款合同，保证合同，租赁合同，融资租赁合同，保理合同，承揽合同，建设工程合同，运输合同，技术合同，保管合同，仓储合同，委托合同，物业服务合同，行纪合同，中介合同，合伙合同等。

2. 诺成合同与实践合同

分类标准：根据合同成立除当事人的意思表示以外，是否还要其他现实给付，合同分为诺成合同和实践合同。诺成合同是指当事人意思表示一致即可认定合同成立的合同。实践合同是指除当事人意思表示一致以外，尚须有实际交付标的物或者有其他现实给付行为才能成立的合同。

区分两者的法律意义在于：除了两种合同的成立要件不同以外，实践合同中作为合同成立要件的给付义务的违反不产生违约责任，而只是一种缔约过失责任。合同还可以分为有偿合同与无偿合同、要式合同与不要式合同、主合同与从合同等类型。

3. 要式合同和不要式合同

分类标准：根据法律、法规是否要求具备特定形式为标准，合同分为要式合同和不要式合同。

（1）要式合同，是指法律、法规要求合同具备一定的形式才成立的合同。

（2）不要式合同，是指法律未特别要求必须具备一定的形式就成立的合同。

4. 单务合同和双务合同

分类标准：合同当事人是否相互负有对价义务。对价义务要求双方的给付具有相互依存、相互牵连的关系。

（1）单务合同是指仅有一方当事人承担义务的合同，如赠与合同、无偿的保管合同、借用合同等。

（2）双务合同是指双方当事人互负对价义务的合同，如买卖合同、承揽合同、租赁合同等。

5. 有偿合同和无偿合同

分类标准：根据当事人权利的获得是否支付代价为标准，合同分为有偿合同与无偿合同。

（1）有偿合同，是指当事人取得权利需向对方支付相应代价的合同，如买卖合同、租赁合同。

（2）无偿合同，是指当事人取得权利不需向对方支付相应代价的合同，如赠与合同。

二、《民法典》合同编的适用范围

《民法典》合同编的内容是我国调整民事合同关系的基本法律规范，包括所有的民事主体之间有关民事权利义务关系设立、变更、终止的协议。但是，婚姻、收养、监护等有关身份关系的协议，一般不适用该编调整。《民法典》第四百六十四条规定：合同是民事主体之间设立、变更、终止民事法律关系的协议。婚姻、收养、监护等有关身份关系的协议，适用有关该身份关系的法律规定；有规定的，可以根据其性质参照适用本编规定。在涉外合同中，能否适用合同编的规定要根据具体情况分析。原则上，涉外合同的当事人可以选择处理合同争议所适用的法律，但法律另有规定的除外。涉外合同的当事人对此没有选择的，适用与合同有最密切联系的国家的法律。

三、合同法的基本原则

1. 平等原则

指合同当事人的法律地位一律平等、合同中的权利义务对等。在合同法律关系中，当事人之间在合同的订立、履行和承担违约责任等方面都处于平等的法律地位，彼此的权利和义务对等。

2. 自愿原则

指合同当事人通过协商，自愿决定相互权利义务关系，依法享有决定是否订立合同、与谁订立合同、订立什么样的合同、选择合同形式的权利，任何单位和个人不得非法干预。

3. 公平原则

指当事人之间的权利义务应对等，保障公正交易，双方在对待给付、责任和风险分担上应当合理分配。

4. 诚实信用原则

指当事人行使权利、履行义务应当遵循诚实信用原则，不能滥用权利、规避义务。当事人在订立合同、履行合同以及合同终止后都要遵循诚实信用原则。

5. 遵守法律，不违背公序良俗原则

指当事人订立、履行合同，应当遵守法律、行政法规，尊重社会公德，不得扰乱社会经济秩序，损害社会公共利益。

四、合同的相对性

合同法律关系是特定当事人之间的法律关系，与物权法律关系中物权的绝对性不同，合同法律关系具有相对性。合同的相对性是指合同主要在特定的合同当事人之间发生权利义务关系，当事人只能基于合同向另一方当事人提出请求或提起诉讼，不能向无合同关系的第三人提出合同上的请求，也不能擅自为第三人设定合同上的义务。合同的相对性也可以拓展为"债的相对性"。

（一）合同的相对性

1. 主体的相对性

合同关系只能发生在特定的主体之间，只有合同当事人一方能够向合同的另一方当事人基于合同提出请求或提起诉讼。

2. 内容的相对性

除法律、合同另有规定以外，只有合同当事人才能享有某个合同所规定的权利，并承担该合同规定的义务，任何第三人不能主张合同上的权利。

3. 责任的相对性

合同责任只能在特定的当事人之间即合同关系的当事人之间发生，合同关系以外的人不负违约责任。

（二）合同相对性的例外

虽然合同具有相对性，但可能因为"物权化"或者保障债权实现，这种相对性在一定条件下也会被打破。从《民法典》合同编的规定来看，下列情形属于合同相对性原则的例外：

（1）合同保全的法律规定。突破了合同的相对性，使得债权人可以向合同关系以外的第三人提起诉讼，主张权利。

（2）"买卖不破租赁"的规定，使得租赁合同的承租人可以以自己的租赁权对抗新的所有权人，突破了合同关系的相对性。《民法典》第七百二十五条规定：租赁物在承租人按照租赁合同占有期限内发生所有权变动的，不影响租赁合同的效力。

（3）关于分包人与承包人共同对发包人承担连带责任、单式联运合同中某一区段的承运人与总的承运人共同向托运人承担连带责任的规定也都突破了合同的相对性。

第二节 合同的订立

一、合同订立的一般程序

（一）要约

1. 要约的概念与构成要件

要约是指希望与他人订立合同的意思表示。具体来说是一方当事人（要约人）以订立合同为目的，向对方当事人（受要约人）提出合同条件，希望对方当事人接受的意思表示。要约可以向特定人发出，也可以向不特定人发出。

要约的构成要件如下：

（1）内容具体确定。"内容具体确定"要求该意思表示必须具备未来订立合同的必要内容，但并不强制要求必须具备《民法典》第四百七十条规定的全部内容。

（2）须表明经受要约人承诺，要约人即受该意思表示约束。

2. 要约邀请

要约邀请是希望他人向自己发出要约的意思表示。要约邀请的目的不是订立合同，是邀请相对人向自己发出要约，然后由自己决定是否作出承诺的意思表示。《民法典》第四百七十三条规定：要约邀请是希望他人向自己发出要约的表示。拍卖公告、招标公告、招股说明书、债券募集办法、基金招募说明书、商业广告和宣传、寄送的价目表等为要约邀请。商业广告和宣传的内容符合要约条件的，构成要约。悬赏人以公开方式声明对完成一定行为的人支付报酬，完成特定行为的人请求悬赏人支付报酬的，人民法院依法予以支持。要约与要约邀请的区别主要如下：

（1）当事人的目的。要约的目的是订立合同。要约邀请的目的是邀请相对人向自己发出要约，然后由自己决定是否作出承诺。

（2）是否具有法律效力。要约具有法律效力，而要约邀请则不具有法律效力。因为要约邀请不具有订立合同的目的，其目的是邀请相对人向自己发出要约，所以要约邀请不是订立合同必备的行为，可以视为订立合同前的预备行为，因此没有法律约束力。

3. 要约的生效

以对话方式作出的意思表示，相对人知道其内容时生效。以非对话方式作出的意思表示，到达相对人时生效。以非对话方式作出的采用数据电文形式的意思表示，相对人指定特定系统接收数据电文的，该数据电文进入该特定系统时生效；未指定特定系统的，相对人知道或者应当知道该数据电文进入其系统时生效。当事人对采用数据电文形式的意思表示的生效时间另有约定的，按照其约定。

法条链接

《民法典》第四百七十四条 要约生效的时间适用本法第一百三十七条的规定。

《民法典》第一百三十七条 以对话方式作出的意思表示,相对人知道其内容时生效。

以非对话方式作出的意思表示,到达相对人时生效。以非对话方式作出的采用数据电文形式的意思表示,相对人指定特定系统接收数据电文的,该数据电文进入该特定系统时生效;未指定特定系统的,相对人知道或者应当知道该数据电文进入其系统时生效。当事人对采用数据电文形式的意思表示的生效时间另有约定的,按照其约定。

4. 要约的撤回与撤销

(1)要约的撤回。要约撤回的通知应该在要约到达受要约人之前或者与要约同时到达受要约人(要约生效之前)。如果要约生效,那么就是要约的撤销了。

《民法典》第四百七十五条规定:要约可以撤回。要约的撤回适用本法第一百四十一条的规定。《民法典》第一百四十一条规定:行为人可以撤回意思表示。撤回意思表示的通知应当在意思表示到达相对人前或者与意思表示同时到达相对人。

(2)要约的撤销。撤销要约的通知应当在受要约人发出承诺通知之前到达受要约人。要约不得撤销的情形:第一,要约人确定了承诺期限;第二,以其他形式明示要约不可撤销;第三,受要约人有理由认为要约是不可撤销的,并已经为履行合同做了合理准备工作。

《民法典》第四百七十六条规定:"要约可以撤销,但是有下列情形之一的除外:(一)要约人以确定承诺期限或者其他形式明示要约不可撤销;(二)受要约人有理由认为要约是不可撤销的,并已经为履行合同做了合理准备工作。"

5. 要约的失效

有下列情形之一的,要约失效:

(1)要约被拒绝;

(2)要约被依法撤销;

(3)承诺期限届满,受要约人未作出承诺;

(4)受要约人对要约的内容作出实质性变更。

(二)承诺

承诺是受要约人同意要约的意思表示。

1. 承诺的期限

承诺应当在要约确定的期限内到达要约人。要约以信件或者电报作出的,承诺期限自信件载明的日期或者电报交发之日开始计算。信件未载明日期的,自投寄该信件的邮戳日期开始计算。要约以电话、传真等快速通讯方式作出的,承诺期限自要约到达受要约人时开始计算。

要约没有确定承诺期限的,承诺应当依照下列规定到达:①要约以对话方式作出的,应当即时作出承诺,但当事人另有约定的除外;②要约以非对话方式作出的,承诺应当在合理期限内到达。

法条链接

《民法典》第四百八十一条 承诺应当在要约确定的期限内到达要约人。

要约没有确定承诺期限的,承诺应当依照下列规定到达:

(一)要约以对话方式作出的,应当即时作出承诺;

（二）要约以非对话方式作出的，承诺应当在合理期限内到达。

《民法典》第四百八十二条 要约以信件或者电报作出的，承诺期限自信件载明的日期或者电报交发之日开始计算。信件未载明日期的，自投寄该信件的邮戳日期开始计算。要约以电话、传真、电子邮件等快速通讯方式作出的，承诺期限自要约到达受要约人时开始计算。

2. 承诺的生效时间

承诺自通知到达要约人时生效。承诺不需要通知的，根据交易习惯或者要约的要求作出承诺的行为时生效。采用数据电文形式订立合同的，收件人指定特定系统接收数据电文的，该数据电文进入该特定系统的时间，视为承诺到达的时间；未指定特定系统的，该数据电文进入收件人的任何系统的首次时间，视为承诺到达的时间。承诺生效时合同成立。

《民法典》第四百八十三条规定：承诺生效时合同成立，但是法律另有规定或者当事人另有约定的除外。《民法典》第四百八十四条规定：以通知方式作出的承诺，生效的时间适用本法第一百三十七条的规定。承诺不需要通知的，根据交易习惯或者要约的要求作出承诺的行为时生效。《民法典》第一百三十七条规定：以对话方式作出的意思表示，相对人知道其内容时生效。以非对话方式作出的意思表示，到达相对人时生效。以非对话方式作出的采用数据电文形式的意思表示，相对人指定特定系统接收数据电文的，该数据电文进入该特定系统时生效；未指定特定系统的，相对人知道或者应当知道该数据电文进入其系统时生效。当事人对采用数据电文形式的意思表示的生效时间另有约定的，按照其约定。

3. 承诺的撤回

承诺可以撤回。承诺的撤回需要通知，撤回承诺的通知应当在承诺通知到达要约人之前或者与承诺通知同时到达要约人，即承诺生效前到达要约人。在此需要注意的是，承诺不像要约可以撤销，因为承诺一旦生效，合同就成立，承诺没有撤销一说。

4. 承诺的迟延与迟到

（1）承诺的迟延。受要约人超过承诺期限发出承诺的，除要约人及时通知受要约人该承诺有效的以外，为新要约。《民法典》第四百八十六条规定：受要约人超过承诺期限发出承诺，或者在承诺期限内发出承诺，按照通常情形不能及时到达要约人的，为新要约；但是，要约人及时通知受要约人该承诺有效的除外。

（2）承诺的迟到。受要约人在承诺期限内发出承诺，按照通常情形能够及时到达要约人，但因其他原因承诺到达要约人时超过承诺期限的，除要约人及时通知受要约人因承诺超过期限不接受该承诺的以外，该承诺有效。《民法典》第四百八十七条规定：受要约人在承诺期限内发出承诺，按照通常情形能够及时到达要约人，但是因其他原因致使承诺到达要约人时超过承诺期限的，除要约人及时通知受要约人因承诺超过期限不接受该承诺外，该承诺有效。

典型案例

甲公司向乙公司发出要约，要约明确指出乙公司如欲接受应在2022年8月1日前回复；乙公司于7月20日通过丙快递公司发出承诺，但由于丙公司快递员投递失误，承诺于8月10日方送达甲公司；此时，甲公司已将要约所述货物全部出售给丁公司，无货可供应乙公司，但甲公司未采取任何措施；乙公司久等无货，于9月15日派人催货，甲公司以乙公司的承诺迟到为由予以拒绝，乙公司不服。本案即是承诺迟到的情形，合同已经生效，甲公司应向乙公司承担违约责任。

5. 承诺的内容

承诺的内容应当与要约的内容一致。受要约人对要约的内容作出实质性变更的，为新要约。

《民法典》第四百八十八条规定：承诺的内容应当与要约的内容一致。受要约人对要约的内容作出实质性变更的，为新要约。有关合同标的、数量、质量、价款或者报酬、履行期限、履行地点和方式、违约责任和解决争议方法等的变更，是对要约内容的实质性变更。

《民法典》第四百八十九条规定：承诺对要约的内容作出非实质性变更的，除要约人及时表示反对或者要约表明承诺不得对要约的内容作出任何变更外，该承诺有效，合同的内容以承诺的内容为准。

有关合同标的、数量、质量、价款或者报酬、履行期限、履行地点和方式、违约责任和解决争议方法等的变更，是对要约内容的实质性变更。承诺对要约的内容作出非实质性变更的，除要约人及时表示反对或者要约表明承诺不得对要约的内容作出任何变更的以外，该承诺有效，合同的内容以承诺的内容为准。

二、格式条款

（一）概念

根据《民法典》第四百九十六条规定，格式条款是当事人为了重复使用而预先拟定，并在订立合同时未与对方协商的条款。

（二）法律规定

（1）提供格式条款的一方应当遵循公平原则确定当事人之间的权利和义务，并采取合理的方式提请对方注意免除或限制其责任的条款，按照对方的要求，对该条款予以说明。提供格式条款的一方对已尽合理提示及说明义务承担举证责任。

（2）格式条款具有合同无效（违反法律的强制性规定、违背公序良俗、恶意串通）和免责条款无效的情形（造成对方人身伤害的、因故意或者重大过失造成对方财产损失的）时，该条款无效。

（3）提供格式条款的一方免除其责任、加重对方责任、排除对方主要权利的，该格式条款无效。

（4）对格式条款有两种以上解释的，应当作出不利于提供格式条款一方的解释；格式条款与非格式条款不一致的，应当采用"非格式条款"。

典型案例

2020年10月，付某在某保险公司投保某款医疗保险，附加住院医疗保险，在保险期间内，付某因为眼睛突发模糊症状，在长春市某医院住院治疗7天，花费医疗费1.7万余元，经城乡居民大病保险核销后剩余医疗费为7 000余元，付某到该保险公司理赔，结果按照保险合同规定只理赔400余元，付某对理赔金额不满意，起诉至法院，要求保险公司赔付剩余医疗费用7 000.50元。

法院经审理，认为保险公司据以理赔的条款系格式条款，且对赔付比例部分使用加黑字体，对赔付范围则使用正常字号，虽保险公司辩称该保险利益条款已送至付某，付某签字予以确认，但并未提供证据证明对该格式条款尽到了提示或说明义务，故上述条款对付某不产生效力，承办法官依法判决该保险公司给付付某保险金7 000.50元。

三、免责条款

（1）基于合同自由原则，对于双方当事人自愿订立的免责条款，尤其是事后订立的免责条款，法律原则上不加干涉。但是，如果事先约定的免责条款明显违反诚实信用原则及社会公共利益的，则法律规定其为无效。

（2）根据《民法典》第五百零六条的规定，合同中的下列免责条款无效：

1）造成对方人身伤害的；

2）因故意或者重大过失造成对方财产损失的。

四、缔约过失责任

缔约过失责任，是指在订立合同过程中，一方或双方当事人违反诚实信用原则而负有的先合同义务，导致合同不成立，或合同虽然成立，但因不符合法定的生效条件而被确认无效或被撤销，给对方当事人造成信赖利益的损失时所应当承担的民事赔偿责任。根据《民法典》第五百条规定，缔约过失责任的情形主要包括：①假借订立合同，恶意进行磋商；②故意隐瞒与订立合同有关的重要事实或者提供虚假情况；③有其他违背诚信原则的行为。

五、合同的主要内容

根据《民法典》第四百七十条的规定，合同的主要条款包括：

①当事人的姓名或者名称和住所；

②标的；

③数量；

④质量；

⑤价款或者报酬；

⑥履行期限、地点和方式；

⑦违约责任；

⑧解决争议的方法。

第三节 合同的效力

合同根据其效力层次可以分为有效合同、效力待定的合同、可撤销合同、无效合同和成立但未生效的合同。由于无效合同和可撤销合同已经在第二章第一节民事法律行为部分做过详细分析，在此不再赘述，本节主要讲述合同生效和合同效力待定。

一、合同生效

（一）合同生效的要件

（1）行为人有相应的行为能力。

（2）意思表示真实。意思表示真实是指缔约人的表示行为应真实地反映其内心的效果意思，其效果意思要与表示行为相一致。

（3）不违反法律、行政法规的强制性规定，不违背公序良俗。当事人订立、履行合同，应当遵守法律、行政法规，尊重社会公德，不得扰乱社会经济秩序、损害社会公共利益。

（二）合同生效的时间

《民法典》第五百零二条、第一百五十八条、第一百六十条分别规定了不同类型下合同生效的时间。

（1）依法成立的合同，自成立时生效。

（2）法律、行政法规规定应当办理批准、登记等手续生效的，依照其规定办理批准、登记等手续后生效。依照法律、行政法规的规定经批准或登记才能生效的合同成立后，义务人未办理申请批准或者未申请登记的，法院可以根据案件的具体情况和相对人的请求，判决相对人自己办理有关手续；对方当事人对由此产生的费用和对相对人造成的实际损失，应当承担损害赔偿责任。

（3）法律、行政法规规定合同应当办理登记手续，但未规定登记后生效的，当事人未办理登记手续不影响合同的效力，但合同标的所有权及其他物权不能转移。

（4）当事人对合同的效力可以约定附条件。附生效条件的合同，自条件成就时生效。附解除条件的合同，自条件成就时失效。当事人为自己的利益不正当地阻止条件成就的，视为条件已成就；不正当地促成条件成就的，视为条件不成就。

（5）当事人对合同的效力可以约定附期限。附生效期限的合同，自期限届至时生效。附终止期限的合同，自期限届满时失效。

法条链接

《民法典》第五百零二条　依法成立的合同，自成立时生效，但是法律另有规定或者当事人另有约定的除外。

依照法律、行政法规的规定，合同应当办理批准等手续的，依照其规定。未办理批准等手续影响合同生效的，不影响合同中履行报批等义务条款以及相关条款的效力。应当办理申请批准等手续的当事人未履行义务的，对方可以请求其承担违反该义务的责任。

依照法律、行政法规的规定，合同的变更、转让、解除等情形应当办理批准等手续的，适用前款规定。

二、效力待定合同

效力待定的合同是指在合同订立后生效前，必须经过权利人追认才能生效的合同，追认的意思表示自到达相对人时生效。根据《民法典》第一百四十五条、第一百七十一条，效力待定的合同主要有以下分类。

（一）限制民事行为能力人独立订立的与其年龄、智力、精神健康状况不相适应的合同

限制民事行为能力人实施的纯获利益的民事法律行为或者与其年龄、智力、精神健康状况相适应的民事法律行为有效，实施的其他民事法律行为经法定代理人同意或者追认后有效。相对人可以催告法定代理人自收到通知之日起三十日内予以追认。法定代理人未作表示的，视为拒绝追认。民事法律行为被追认前，善意相对人有撤销的权利。撤销应当以通知的方式作出。

典型案例

原告经医学鉴定为间歇精神病患者，常年在广济医院治疗。2020年8月，原告家人收到数条原告信用卡大额还款通知。在家人的追问下，原告才说出其从2020年6月起，连续接到被告向其推销剑桥新能源专业翻译培训课程的销售电话，原告陆续向被告支付培训费50 000元。后原告家人多次与被告沟通，要求被告返还相应款项，均未果。原告起诉至法院，要求被告返还培训费50 000元。

(二) 无权代理人订立的合同

行为人没有代理权、超越代理权或者代理权终止后以被代理人名义订立的合同，未经被代理人追认，对被代理人不发生效力，由行为人承担责任。相对人可以催告被代理人在一个月内予以追认。被代理人未作表示的，视为拒绝追认。被代理人已经开始履行合同义务的，视为对合同已经追认。合同被追认之前，善意相对人有撤销的权利。撤销应当以通知的方式作出。

《民法典》第一百七十一条规定：行为人没有代理权、超越代理权或者代理权终止后，仍然实施代理行为，未经被代理人追认的，对被代理人不发生效力。

相对人可以催告被代理人自收到通知之日起三十日内予以追认。被代理人未作表示的，视为拒绝追认。行为人实施的行为被追认前，善意相对人有撤销的权利。撤销应当以通知的方式作出。

行为人实施的行为未被追认的，善意相对人有权请求行为人履行债务或者就其受到的损害请求行为人赔偿。但是，赔偿的范围不得超过被代理人追认时相对人所能获得的利益。

相对人知道或者应当知道行为人无权代理的，相对人和行为人按照各自的过错承担责任。

典型案例

2019 年 8 月，王先生通过某中介公司看中了郑女士位于珠海市金湾区的房产，但在签订合同当天由于郑女士身处外地，无法到场签订合同。中介公司告知王先生，上述房产的出售事宜一直是由郑女士的哥哥郑先生负责处理，而郑先生才是房产的实际产权人，郑先生是为了规避限购政策而使用了其妹妹的名义购买该房产，所以郑先生有权处分房产。王先生在郑先生未提供授权的情况下与其签订了《二手房买卖合同》。签订合同后，郑先生告知中介和王先生不想继续出售房产，也不愿承担任何违约责任。经协商无果后，王先生委托律师将郑先生诉至珠海市金湾区人民法院，要求郑先生按照《二手房买卖合同》约定承担违约责任。

法院认为：涉案房屋产权登记人为郑女士，《二手房买卖合同》上亦注明房屋出卖人为郑女士，郑女士并未在合同上签名，仅由郑先生作为卖方代理人在合同上签名确认，郑先生也并未取得郑女士的授权，郑女士在事后亦未对《二手房买卖合同》进行追认，因此郑先生对涉案房屋无处分权。但是鉴于本案系因产权人拒绝追认涉案合同而导致合同无法继续履行，王先生及郑先生均有过错。法院结合案件实际情况，酌定王先生与郑先生的过错比例为 3：7，最终判决郑先生应当按照《二手房买卖合同》约定违约金标准的 70% 向王先生支付违约金。

第四节　合同的履行

一、合同履行的概念

合同的履行，是指合同成立并生效后，债务人全面适当地完成其合同义务，债权人的合同权利得到满足，双方当事人的合同目的得以实现的行为。合同的履行是合同义务的执行过程。

二、合同的履行原则

合同的履行原则，是指当事人在履行合同债务时所应当遵循的基本准则。

（一）全面履行原则

全面履行合同义务原则又称适当履行原则，是指当事人双方必须严格按照合同约定的主体、标的、数量、质量、价款或者报酬、履行期限、履行地点、履行方式等所有条款全面完整地完成各自承担的合同义务的原则。

（二）协作履行原则

协作履行原则是指合同双方当事人不仅应履行自己的义务，而且应按照诚实信用原则协助对方履行义务的原则。在合同履行过程中，当事人不仅应当按照合同约定全面履行自己的义务，而且应当遵循诚实信用的原则，根据合同的性质、目的和交易习惯履行通知、协助、保密、防止损失扩大等义务。

（三）经济合理原则

经济合理原则是指当事人在履行合同时，应当追求经济效益，取得最佳履行效果，维护对方的利益。

三、合同的履行规则

（一）约定不明时合同内容的确定规则

根据《民法典》第五百一十条、第五百一十一条可知：合同生效后，当事人就质量、价款或者报酬、履行地点等内容没有约定或者约定不明确的，可以协议补充；不能达成补充协议的，按照合同相关条款或者交易习惯确定。当事人就有关合同内容约定不明确，依据前条规定仍不能确定的，适用下列规定：

（1）质量要求不明确的，按照强制性国家标准履行；没有强制性国家标准的，按照推荐性国家标准履行；没有推荐性国家标准的，按照行业标准履行；没有国家标准、行业标准的，按照通常标准或者符合合同目的的特定标准履行。

（2）价款或者报酬不明确的，按照订立合同时履行地的市场价格履行；依法应当执行政府定价或者政府指导价的，依照规定履行。

（3）履行地点不明确，给付货币的，在接受货币一方所在地履行；交付不动产的，在不动产所在地履行；其他标的，在履行义务一方所在地履行。

（4）履行期限不明确的，债务人可以随时履行，债权人也可以随时请求履行，但是应当给对方必要的准备时间。

（5）履行方式不明确的，按照有利于实现合同目的的方式履行。

（6）履行费用的负担不明确的，由履行义务一方负担；因债权人原因增加的履行费用，由债权人负担。

（二）向第三人履行和由第三人履行

合同虽然是特定主体间的法律行为，具有相对性，但是合同作为一种交易习惯，往往会涉及第三人，如当事人约定向第三人履行和由第三人履行债务。当合同履行涉及第三人时，为保障各方利益，《民法典》第五百二十二条、第五百二十三条、第五百二十四条规定了向第三人履行和由第三人履行的情况。

（1）当事人约定由债务人向第三人履行债务，债务人未向第三人履行债务或者履行债务不符合约定的，应当向债权人承担违约责任。法律规定或者当事人约定第三人可以直接请求债务人向其履行债务，第三人未在合理期限内明确拒绝，债务人未向第三人履行债务或者履行债务不符合约定的，第三人可以请求债务人承担违约责任；债务人对债权人的抗辩，可以向第三人主张。

（2）当事人约定由第三人向债权人履行债务，第三人不履行债务或者履行债务不符合约定的，债务人应当向债权人承担违约责任。

（3）债务人不履行债务，第三人对履行该债务具有合法利益的，第三人有权向债权人代为履行；但是，根据债务性质、按照当事人约定或者依照法律规定只能由债务人履行的除外。债权人接受第三人履行后，其对债务人的债权转让给第三人，但是债务人和第三人另有约定的除外。

四、中止履行、提前履行与部分履行

（一）中止履行

当事人中止履行的，应当及时通知对方。对方提供适当担保时，应当恢复履行。中止履行后，对方在合理期限内未恢复履行能力并且未提供适当担保的，中止履行的一方可以解除合同。债权人分立、合并或者变更住所没有通知债务人，致使履行债务发生困难的，债务人可以中止履行或者将标的物提存。《民法典》第五百二十八条规定：当事人依据前条规定中止履行的，应当及时通知对方。对方提供适当担保的，应当恢复履行。中止履行后，对方在合理期限内未恢复履行能力且未提供适当担保的，视为以自己的行为表明不履行主要债务，中止履行的一方可以解除合同并可以请求对方承担违约责任。《民法典》第五百二十九条规定：债权人分立，合并或者变更住所没有通知债务人，致使履行债务发生困难的，债务人可以中止履行或者将标的物提存。

（二）提前履行

债权人可以拒绝债务人提前履行债务，但提前履行不损害债权人利益的除外。债务人提前履行债务给债权人增加的费用，由债务人负担。《民法典》第五百三十条规定：债权人可以拒绝债务人提前履行债务，但是提前履行不损害债权人利益的除外。债务人提前履行债务给债权人增加的费用，由债务人负担。

（三）部分履行

债权人可以拒绝债务人部分履行债务，但部分履行不损害债权人利益的除外。债务人部分履行债务给债权人增加的费用，由债务人负担。《民法典》第五百三十一条规定：债权人可以拒绝债务人部分履行债务，但是部分履行不损害债权人利益的除外。债务人部分履行债务给债权人增加的费用，由债务人负担。

五、双务合同履行中的抗辩权

双务合同中双方当事人互负债务，互为债权人和债务人，为了体现双方权利义务的对等及保护交易安全，《民法典》规定了双务合同中同时履行抗辩权、先履行抗辩权和不安抗辩权这三种履行抗辩权，从而保护债务人的合法权益。

（一）同时履行抗辩权

同时履行抗辩权是指双务合同的当事人应同时履行义务，一方在对方未履行义务前，有权拒绝对方的履行请求。《民法典》第五百二十五条规定：当事人互负债务，没有先后履行顺序的，应当同时履行。一方在对方履行之前有权拒绝其履行请求。一方在对方履行债务不符合约定时，有权拒绝其相应的履行请求。

（二）先履行抗辩权

先履行抗辩权，是指在双务合同中一方当事人应当先履行合同，若应当先履行合同的一方当事人没有先履行，对方当事人有拒绝其履行请求的权利。《民法典》第五百二十六条规定：当事人互负债务，有先后履行顺序，应当先履行债务一方未履行的，后履行一方有权拒绝其履行请求。先履行一方履行债务不符合约定的，后履行一方有权拒绝其相应的履行请求。

（三）不安抗辩权

不安抗辩权，是指双务合同中应先履行义务的一方当事人，有确切证据证明对方当事人财产明显减少或缺少信用，不能保证给付时，有暂时中止履行合同的权利。《民法典》第五百二十七条规定："应当先履行债务的当事人，有确切证据证明对方有下列情形之一的，可以中止履行：（一）经营状况严重恶化；（二）转移财产、抽逃资金，以逃避债务；（三）丧失商业信誉；（四）有丧失或者可能丧失履行债务能力的其他情形。当事人没有确切证据中止履行的，应当承担违约责任。"

> **典型案例**
>
> 甲为著名相声表演艺术家，乙为一家演出公司。甲、乙之间签订了一份演出合同，约定甲在乙主办的一场演出中出演一个节目，由乙预先支付给甲演出劳务费五万元。后来，在合同约定支付劳务费的期限到来之前，甲因一场车祸而受伤住院。乙通过向医生询问甲的伤情得知，在演出日之前，甲的身体有康复的可能，但也不排除甲的伤情会恶化，以至于不能参加原定的演出。基于上述情况，乙向甲发出通知，主张暂不予支付合同中所约定的五万元劳务费。
>
> 本案中，乙方的行为属于行使不安抗辩权的行为。

第五节　合同的保全

代位权与撤销权共同构成合同的保全制度。合同的保全，是指为了保护债权人不因债务人的财产不当减少而受有损害，允许债权人干预债务人处分自己债权行为的法律制度。其中，代位权是针对债务人的消极不作为（消极不行使自己的债权），撤销权是针对债务人积极作为侵害债权人债权实现的行为。

一、代位权

（一）代位权的概念

代位权，是指因债务人怠于行使其到期债权，对债权人造成损害的，债权人可以向人民法院请求以自己的名义代位行使债务人的债权，但该债权专属于债务人自身的除外。代位权的行使范围以债权人的债权为限。债权人行使代位权的必要费用，由债务人负担。相对人对债务人的抗辩，可以向债权人主张。债权人的债权到期前，债务人的债权或者与该债权有关的从权利存在诉讼时效期间即将届满或者未及时申报破产债权等情形，影响债权人的债权实现的，债权人可以代位向债务人的相对人请求其向债务人履行、向破产管理人申报或者作出其他必要的行为。

（二）代位权行使的条件

债权人提起代位权诉讼，应当符合下列条件：①债权人对债务人的债权合法且到期；②债务人怠于行使其到期债权，对债权人造成损害；③债务人对次债务人的债权合法且到期；④债务人的债权不是专属于债务人自身的债权。

《民法典》第五百三十五条规定：因债务人怠于行使其债权或者与该债权有关的从权利，影响债权人的到期债权实现的，债权人可以向人民法院请求以自己的名义代位行使债务人对相对人的权利，但是该权利专属于债务人自身的除外。

代位权的行使范围以债权人的到期债权为限。债权人行使代位权的必要费用，由债务人负担。

相对人对债务人的抗辩，可以向债权人主张。

（三）代位权诉讼中的管辖及主体

债权人提起代位权诉讼的，由被告住所地人民法院管辖。债权人向人民法院起诉债务人以后，又向同一人民法院对次债务人提起代位权诉讼，符合条件的，应当立案受理。受理代位权诉讼的人民法院在债权人起诉债务人的诉讼裁决发生法律效力以前，应当依照《民事诉讼法》第一百五十三条第（五）项的规定中止代位权诉讼。

在代位权诉讼中，债权人是原告，次债务人是被告，债务人为第三人。在代位权诉讼中，债权人胜诉的，诉讼费由次债务人负担，从实现的债权中优先支付。

（四）代位权行使的法律效果

债权人向次债务人提起的代位权诉讼经人民法院审理后认定代位权成立的，由次债务人向债权人履行清偿义务，债权人与债务人、债务人与次债务人之间相应的债权债务关系消灭。《民法典》第五百三十七条规定：人民法院认定代位权成立的，由债务人的相对人向债权人履行义务，债权人接受履行后，债权人与债务人、债务人与相对人之间相应的权利义务终止。债务人对相对人的债权或者与该债权有关的从权利被采取保全、执行措施，或者债务人破产的，依照相关法律的规定处理。

典型案例

2018年2月，小赵为经营需要向小李借款20万元，约定借期6个月，月息为2分，到期本息一起付清，小赵为小李出具了欠条。后小赵因经营不善出现亏损，至还款期限届满，已无支付能力。经小李多次催要，小赵一直未能清偿。小李通过其他途径了解到，小赵数年前曾借给小张15万元作为经营资金，现本息已达20多万元。小赵认为如果收回该笔债权，必然要向小李偿还借款，不如将该笔欠款作为入股资金，与小张共同经营，还能分得利润，故迟迟未向小张主张权利。小李提起诉讼请求判决小张偿还债务。在以上案例中，小赵怠于行使对小张享有债权损害了小李的债权，小李作为债权人可以行使代位权，其诉讼请求应当予以支持。

二、撤销权

（一）撤销权的概念

撤销权，是指债权人对于债务人实施减少财产、危害债权的行为，可请求法院予以撤销的权利。撤销权具有请求权和形成权的特点。撤销权的行使必须依照法定程序，债权人行使撤销权，可以请求受益人返还财产，恢复债务人责任财产的原状。

（二）撤销权的成立要件

（1）债权人必须以自己的名义实施。
（2）债权人对债务人存在有效的债权。债权人对债务人的债权可以已到期，也可以未到期。
（3）债务人实施了以财产为标的的危害债权的行为。
（4）债务人的处分行为有害于债权人债权的实现。撤销权的行使范围以债权人的债权为限。债权人行使撤销权的必要费用，由债务人负担。

根据《民法典》第五百三十八条及第五百三十九条具体为：①放弃其未到期的债权；②放弃到期债权；③放弃债权担保；④恶意延长到期债权的履行期；⑤无偿转让财产；⑥以明显不合理的低价转让财产，且受让人知道；⑦以明显不合理的高价收购他人财产。对于什么是"明显不合理的低价"，法院应当以交易当地一般经营者的判断，并参考交易当时交易地的物价部门指导价或者市场交易价，结合其他相关因素综合考虑予以确认。

（三）撤销权行使的期限

撤销权自债权人知道或者应当知道撤销事由之日起一年内行使。自债务人的行为发生之日起五年内没有行使撤销权的，该撤销权消灭。此处的"五年"期间为除斥期间，不适用诉讼时效中止、中断或者延长的规定。

《民法典》第五百四十一条规定：撤销权自债权人知道或者应当知道撤销事由之日起一年内行使。自债务人的行为发生之日起五年内没有行使撤销权的，该撤销权消灭。

（四）撤销权行使的法律效果

债务人影响债权人的债权实现的行为被撤销的，自始没有法律约束力。

（五）撤销权行使的主体与管辖

（1）主体撤销权的行使必须经过法定程序。在诉讼中，债权人为原告，债务人为被告，受益人或者受让人为第三人。

（2）管辖。债权人依法提起撤销权诉讼的，由被告住所地人民法院管辖。债权人行使撤销权所支付的律师代理费、差旅费等必要费用，由债务人负担；第三人有过错的，应当适当分担。

典型案例

2020年6月、2020年7月，杨某分别向王某、李某借款48万元、50万元，借款期限均为一个月。事后，杨某并没有如约偿还借款本金及利息。2020年12月，王某向法院起诉杨某、第三人周某，要求偿还借款本金及利息。2021年1月，李某也诉至法院，要求杨某偿还借款本金及利息。2021年2月，法院判决杨某于判决生效后十日内分别归还王某、李某借款48万元、50万元及利息。判决生效后，杨某并没有履行其还款义务。在申请法院执行过程中，李某得知：杨某与第三人周某原系夫妻关系，双方于2020年11月协议离婚，在《离婚协议书》中对子女抚养、财产分割和债务负担作了如下约定：儿子已成家，双方共有的一套价值约80万元的房产归周某所有，各自债务各自偿还。2021年3月，李某向法院申请撤销该部分内容。法院经审理判决撤销杨某与第三人周某于2020年11月签订的《离婚协议书》中关于房产杨某份额归第三人周某所有的内容，并由杨某承担诉讼费、律师费。

第六节　合同的变更、转让与终止

一、合同的变更

（一）合同变更的概念

合同的变更有广义和狭义之分。广义的合同变更包括合同内容和主体的变更，狭义的合同变更是指合同内容的变更。本章介绍狭义合同变更，即合同内容的变更，包含合同标的物数量、质量、价款或者报酬，履行期限、地点和方式，担保，违约责任，解决争议的方法等内容的变更。

（二）合同变更的条件

（1）要有合法有效的合同存在。
（2）合同的内容发生变化。
（3）法律、行政法规规定变更合同应当办理批准、登记等手续的，依照其规定。

(三)合同变更的效力

完成合同变更后,要按照变更后的合同确定当事人之间的权利义务。

二、合同的转让

(一)合同转让的概念

合同的转让即合同主体的变更,合同当事人将合同的权利义务全部或部分转让给第三人。按照转让内容,合同转让可划分为债权转让、债务承担、债权债务概括移转。

(二)债权转让

债权转让是指债权人把合同的权利全部或部分转让给第三人的法律制度。其中,债权人是转让人,第三人是受让人,债权人与第三人之间存在一个转让合同。

1. 发生条件

(1)合法有效的债权。

(2)债权具有可转让性。债权人可以将债权的全部或者部分转让给第三人,但是有下列情形之一的除外:①根据债权性质不得转让;②按照当事人约定不得转让;③依照法律规定不得转让。《民法典》第五百四十五条第二款规定:当事人约定非金钱债权不得转让的,不得对抗善意第三人。当事人约定金钱债权不得转让的,不得对抗第三人。

(3)转让人与受让人达成合意。转让债权需要当事人协商一致。由于涉及债务人,因此也要考虑到债务人的权利。《民法典》第五百四十六条第一款规定:债权人转让债权,未通知债务人的,该转让对债务人不发生效力。

2. 效力

(1)对内效力。对内效力即对债权人和受让人的效力。就债权人而言,如果是全部转让,则债权人脱离债权债务关系,受让人取代其地位。如果是部分转让,则债权人丧失部分债权。就受让人而言,受让人取得债权人转让的债权,并获得其从权利,如抵押权,但从权利专属于债权人自身的除外。

(2)对外效力。对外效力即对债务人的效力。首先,债务人接到债权人的债权转让通知后,债权转让即对债务人发生效力,债务人向受让人履行全部或部分债务。其次,债务人接到债权转让通知后,债务人对让与人的抗辩,可以向受让人主张。最后,有下列情形之一的,债务人可以向受让人主张抵销:债务人接到债权转让通知时,债务人对让与人享有债权,且债务人的债权先于转让的债权到期或者同时到期;债务人的债权与转让的债权是基于同一合同产生的。

(三)权利义务概括转移

合同权利义务概括转移是指合同一方当事人将自己在合同中的权利义务一并转让的法律制度。根据《民法典》第五百五十五条,当事人一方经对方同意,可以将自己在合同中的权利和义务一并转让给第三人。

1. 意定概括转移

意定概括转移即合同一方当事人将其合同上的权利义务全部转移给第三人,由第三人享受原合同权利、承担原合同义务。

2. 法定概括转移

法定概括转移是依据法律规定,由于某些事实的发生而产生的权利义务概括转移,例如企业合并。在吸收合并中,因合并而解散的公司的财产、债权债务,由合并后存续的公司承担;在新设合并中,由新设的公司承担解散的公司的债权债务。

当事人订立合同后合并的,由合并后的法人或者其他组织行使合同权利,履行合同义务。当事人订立合同后分立的,除债权人和债务人另有约定的以外,由分立的法人或者其他组织对合同的权利和义务享有连带债权,承担连带债务。

3. 成立条件及法律效果

《民法典》第五百五十六条规定:合同的权利和义务一并转让的,适用债权转让、债务转移的有关规定。

三、合同权利义务的终止

《民法典》第五百五十七条规定:"有下列情形之一的,债权债务终止:(一)债务已经履行;(二)债务相互抵销;(三)债务人依法将标的物提存;(四)债权人免除债务;(五)债权债务同归于一人;(六)法律规定或者当事人约定终止的其他情形。"

合同解除的,该合同的权利义务关系终止。《民法典》第五百五十八条规定:债权债务终止后,当事人应当遵循诚信等原则,根据交易习惯履行通知、协助、保密、旧物回收等义务。

(一) 债务已经履行

履行,又称清偿,是指为实现合同目的与债权,合同债务人按照合同约定完成合同义务的行为和终局状态。

债务人直接向债权人清偿债务,当然引起合同权利义务的终止。债务人向下列人员清偿的,合同的权利义务也归于消灭:

(1)债权人的代理人。根据《民法典》第一百六十一条的规定,民事主体可以通过代理人实施民事法律行为。

(2)破产企业的管理人。根据《中华人民共和国企业破产法》(以下简称《企业破产法》)第二十五条的规定,管理人具有接管债务人的财产、印章和账簿、文书等资料的职能,以及管理和处分债务人的财产职能,法律并没有直接规定破产企业的债务人向管理人清偿,但从上述规定可推断,管理人是破产企业的清偿受领人。

(3)收据持有人。收据是债权的象征,收据持有人自然有权受领清偿。

(4)债权人与债务人约定的第三人。根据《民法典》第五百二十二条的规定,债权人与债务人可在合同中约定债务人向第三人履行义务。

(二) 合同解除

1. 合同解除的概念

合同的解除,是指合同有效成立以后,没有履行或没有完全履行之前,通过当事人一方或双方的意思表示,合同关系自始消灭或面向将来消灭的法律制度。

2. 分类

(1)意定解除与法定解除。意定解除是指根据当事人事先约定的情况或经当事人协商一致而解除合同。《民法典》第五百六十五条规定:当事人一方依法主张解除合同的,应当通知对方。合同自通知到达对方时解除;通知载明债务人在一定期限内不履行债务则合同自动解除,债务人在该期限内未履行债务的,合同自通知载明的期限届满时解除。对方对解除合同有异议的,任何一方当事人均可以请求人民法院或者仲裁机构确认解除行为的效力。当事人一方未通知对方,直接以提起诉讼或者申请仲裁的方式依法主张解除合同,人民法院或者仲裁机构确认该主张的,合同自起诉状副本或者仲裁申请书副本送达对方时解除。

法定解除即根据法律规定解除合同。《民法典》第五百六十三条规定:"有下列情形之一的,当事人可以解除合同:(一)因不可抗力致使不能实现合同目的;(二)在履行期限届满前,当事人一方明确表示或者以自己的行为表明不履行主要债务;(三)当事人一方迟延履行主要债务,经催告后在合理期限内仍未履行；（四）当事人一方迟延履行债务或者有其他违约行为致使不能实现合同目的；（五）法律规定的其他情形。以持续履行的债务为内容的不定期合同，当事人可以随时解除合同，但是应当在合理期限之前通知对方。"

（2）全部解除与部分解除。标的物为数物，其中一物不符合约定的，买受人可以就该物解除合同，但该物与他物分离使标的物的价值明显受损害的，当事人可以就数物解除合同。前者为部分解除，后者为全部解除。

3. 解除条件

（1）一般条件：第一，存在有效的合同；第二，有一定的解除原因。

（2）意定解除。当事人协商一致，可以解除合同。当事人可以约定解除合同的条件。解除合同的条件成就时，解除权人可以解除合同。

（3）法定解除的情形：第一，不可抗力。关于这一合同解除原因，需要指出以下几点：其一，不可抗力，是指不能预见、不能避免并不能克服的客观情况；其二，因不可抗力致使不能实现合同目的；其三，双方当事人均可因为这一原因主张解除合同；其四，因不可抗力不能履行合同的，根据不可抗力的影响，部分或者全部免除责任，但法律另有规定的除外。当事人迟延履行后发生不可抗力的，不能免除责任。当事人一方因不可抗力不能履行合同的，应当及时通知对方，以减轻可能给对方造成的损失，并应当在合理期限内提供证明。

第二，预期违约。在履行期限届满之前，当事人一方明确表示或者以自己的行为表明不履行主要债务。当事人一方明确表示或者以自己的行为表明不履行合同义务的，对方可以在履行期限届满之前要求其承担违约责任。

第三，迟延履行。迟延履行指当事人一方迟延履行主要债务，经催告后在合理期限内仍未履行。

第四，根本违约。当事人一方迟延履行债务或者有其他违约行为致使合同目的不能实现。从物的履行延误、履行不能等违约行为能否成为解除合同的原因这一问题，根据《民法典》第六百三十一条规定，因标的物的主物不符合约定而解除合同的，解除合同的效力及于从物。因标的物的从物不符合约定被解除的，解除的效力不及于主物。出卖人没有履行或者不当履行从给付义务，致使买受人不能实现合同目的，买受人可主张解除合同。如果不履行或不适当履行从给付义务达到根本违约的程度，则非违约方可解除合同。

第五，其他情形。比如不安抗辩权中的合同解除权。

典型案例

2000年11月，某百货商场与某电器公司订立空调购销合同，约定由电器公司于2001年5月底交付立式空调500台给百货商场，每台价格4 000元，百货商场向电器公司交付20万元定金。2001年3月，气象部门预测当年夏天将持续高温，某电器公司的立式空调被商家订购一空，且价格上涨至了每台4 800元。2001年3月底，电器公司给百货商场发了信函，声称因供货能力有限，无法履约，要求解除合同。百货商场多次与其协商未果，遂于2001年4月10日诉至法院，要求解除合同，由电器公司双倍返还定金，并赔偿其利润损失。某电器公司辩称，合同未到履行期，拒绝承担违约责任。

4. 合同解除后的法律后果

《民法典》第五百六十六条规定：合同解除后，尚未履行的，终止履行；已经履行的，根据履行情况和合同性质，当事人可以请求恢复原状或者采取其他补救措施，并有权请求赔偿损失。合同因违约解除的，解除权人可以请求违约方承担违约责任，但是当事人另有约定的除外。主合同解除后，担保人对债务人应当承担的民事责任仍应当承担担保责任，但是担保合同另有约定的除外。

5. 解除权消灭

法律规定或者当事人约定解除权行使期限，期限届满当事人不行使的，该权利消灭。法律没有规定或者当事人没有约定解除权行使期限，自解除权人知道或者应当知道解除事由之日起一年内不行使，或者经对方催告后在合理期限内不行使的，该权利消灭。

（三）抵销

抵销是双方当事人互负到期债务，债务的标的物种类、品质相同的，任何一方可以将自己的债务与对方的债务相抵，使得双方的债务在对等额度内消灭；当事人互负债务，标的物种类、品质不相同的，经双方协商一致，也可以抵销。

1. 法定抵销

当事人互负债务，该债务的标的物种类、品质相同的，任何一方可以将自己的债务与对方的到期债务抵销；但是，根据债务性质、按照当事人约定或者依照法律规定不得抵销的除外。当事人主张抵销的，应当通知对方。通知自到达对方时生效。抵销不得附条件或者附期限。

法定抵销行使条件有以下几种：

（1）双方互负债务，互享债权。

（2）债务的标的物种类、品质相同。

（3）债务均届清偿期。原则上，若两债务一前一后到期，其中一个债务已届清偿期，另一债务未届清偿期，则未届清偿期的可以提出抵销。

（4）债务可抵销。不可抵销的债务包括法律规定不得抵销的债务、因合同性质不能抵销的债务、当事人约定不得抵销的债务。

2. 意定抵销

意定抵销是指当事人互负债务，标的物种类、品质不相同的，经协商一致，也可以抵销。

3. 法律效果

抵销的法律效果是双方互负的债务按照抵销的数额消灭。

（四）提存

1. 提存的概念

提存是指由于不可归责于债务人的原因，债务人无法履行债务或难以履行债务，债务人将标的物交由提存机关保存，从而终止合同。

2. 提存的原因

有下列情形之一，难以履行债务的，债务人可以将标的物提存：

（1）债权人无正当理由拒绝受领。

（2）债权人下落不明。

（3）债权人死亡未确定继承人、遗产管理人，或者丧失民事行为能力未确定监护人。

（4）法律规定的其他情形。

3. 提存的法律效果

标的物提存后，毁损、灭失的风险由债权人承担。提存期间，标的物的孳息归债权人所有。提存费用由债权人负担。债权人可以随时领取提存物。但是，债权人对债务人负有到期债务的，在债权人未履行债务或者提供担保之前，提存部门根据债务人的要求应当拒绝其领取提存物。债权人领取提存物的权利，自提存之日起五年内不行使而消灭，提存物扣除提存费用后归国家所有。但是，债权人未履行对债务人的到期债务，或者债权人向提存部门书面表示放弃领取提存物权利的，债务人负担提存费用后有权取回提存物。

对于上述条文理解时要注意以下几点：

（1）债权人与债务人之间的合同关系由于提存行为归于终止。

（2）债权人与提存部门之间存在下列关系：①标的物提存后，毁损、灭失的风险由债权人承担，这是"管理者负担"原则的例外，原因在于管理者为公益机构；②标的物的孳息归债权人；③债权人向提存部门支付提存费用；④保管期间，因保管人保管不善造成保管物毁损、灭失的，保管人应当承担损害赔偿责任；⑤债权人对债务人负有到期债务的，在债权人未履行债务或者提供担保之前，提存部门根据债务人的要求应当拒绝其领取提存物。

（3）除斥期间为五年，不适用诉讼时效中止、中断或延长的规定。

（五）免除

债权人免除债务人部分或者全部债务的，债权债务关系部分或者全部终止，但是债务人在合理期限内拒绝的除外（《民法典》第五百七十五条）。免除作为一种单方行为，无须对方同意即可成立，这一点与赠与不同。此外，债务的免除不得损害第三人利益，例如因债务人放弃其到期债权或者无偿转让财产，对债权人造成损害的，债权人可以请求人民法院撤销债务人的行为。

（六）混同

债权和债务同归于一人的，债权债务终止，但是损害第三人利益的除外。混同多见于公司及企业的合并。

第七节 违约责任

一、违约责任概述

违约责任，是指当事人一方或双方不履行合同义务或者履行合同义务不符合合同约定时，依照法律规定或者合同约定应承担的法律责任。违约责任是违反有效合同约定义务的法律后果，是违约方对另一方承担的民事责任，其本质是一种财产责任。

根据《民法典》第五百九十三条规定，当事人一方因第三人的原因造成违约的，应当依法向对方承担违约责任。当事人一方和第三人之间的纠纷，依照法律规定或者按照约定处理。

二、违约责任的构成要件

根据《民法典》合同编的规定，违约责任的构成要件体现在两方面。

（一）有违约行为

违约行为分为预期违约和实际违约两种。

1. 预期违约

预期违约，是指在履行期限届满之前，当事人一方明确表示或者以自己的行为表明不履行合同。

2. 实际违约

实际违约，是指当事人一方不履行合同义务或者履行合同义务不符合约定。

（1）不履行合同，包括拒绝履行和履行不能。

（2）履行不符合约定，包括迟延履行以及标的物质量、数量、方式等不符合要求的瑕疵履行。

（二）无免责事由

当事人有违约行为，但有免责事由，不承担违约责任。有无免责事由，应由违约人负责举证。

（1）法定的免责事由，是指法律明确规定的当事人可以援用的免责事由，主要包括不可抗力和合同履行抗辩权。

不可抗力，是指不能预见、不能避免并不能克服的客观情况。因不可抗力不能履行合同的，根据不可抗力的影响，部分或者全部免除责任，但法律另有规定的除外。当事人迟延履行后发生不可抗力的，不能免除责任。当事人一方因不可抗力不能履行合同的，应当及时通知对方，以减轻可能给对方造成的损失，并应当在合理期限内提供证明。

（2）约定的免责事由，即免责条款。当事人可以在合同中预先约定免除其违约责任的事由，但下列免责条款无效：造成对方人身伤害的；因故意或者重大过失造成对方财产损失的。

（3）被违约人有过错。例如，债务人违约后，债权人应当采取适当措施防止损失的扩大，没有采取适当措施致使损失扩大的，不得就扩大的损失要求赔偿，债权人因防止损失扩大而支出的合理费用，由违约方承担。又如，承运人应当对运输过程中旅客的伤亡承担损害赔偿责任，但伤亡是旅客自身健康原因造成的或者承运人证明伤亡是旅客故意、重大过失造成的除外。

三、违约责任的承担方式

（一）继续履行

继续履行，是指当事人一方存在违约行为时，债权人为实现订约目的，要求违约方继续按照合同的约定履行义务的一种承担违约责任的方式。继续履行主要适用于债权人想要实现原合同的履行利益，依法或者事实能够继续履行的合同。

当事人一方未支付价款或者报酬的，对方可以请求其支付价款或者报酬。当事人一方不履行非金钱债务或者履行非金钱债务不符合约定的，对方可以请求履行，但有下列情形之一的除外：法律上或者事实上不能履行；债务的标的不适于强制履行或者履行费用过高；债权人在合理期限内未要求履行。

有前款规定的除外情形之一，致使不能实现合同目的的，人民法院或者仲裁机构可以根据当事人的请求终止合同的权利义务关系，但不影响违约责任的承担。

当事人一方不履行债务或者履行债务不符合约定，根据债务的性质不得强制履行的，对方可以请求其负担由第三人替代履行的费用。

（二）采取补救措施

采取补救措施是指修理、更换、重作、退货、减少价款和报酬。《民法典》规定，质量不符合约定的，应当按照当事人的约定承担违约责任，对违约责任没有约定或者约定不明确，依照合同内容约定不明确时的履行规则仍不能确定的，受损害方根据标的的性质以及损失的大小，可以合理选择要求对方承担修理、重作、更换、退货、减少价款或者报酬等违约责任。

（三）赔偿损失

赔偿损失，是指一方不履行或不按合同履行义务时，以金钱、实物弥补对方损失的违约责任形式。当事人一方不履行合同义务或者履行合同义务不符合约定的，在履行义务或者采取补救措施后，对方还有其他损失的，应当赔偿损失。损失赔偿额应当相当于因违约所造成的损失，包括合同履行后可以获得的利益，但不得超过违约一方订立合同时预见到或者应当预见到的因违约可能造成的损失。当事人一方违约后，对方应当采取适当措施防止损失的扩大；没有采取适当措施致使损失扩大的，不得就扩大的损失要求赔偿，当事人因防止损失扩大而支出的合理费用，由违约方承担。

（四）支付违约金

当事人可以约定一方违约时应当根据违约情况向对方支付一定数额的违约金，也可以约定因违约产生的损失赔偿额的计算方法。违约金是带有惩罚性质的经济补偿手段，无论违约方是否已经给对方造成损失，都应支付。

约定的违约金低于造成损失的，人民法院或仲裁机构可以根据当事人的请求予以增加；约定的违约金过分高于造成损失的，人民法院或仲裁机构可以根据当事人的请求予以适当减少。当事人就迟延履行约定违约金的，违约方支付违约金后，还应当履行债务。

（五）定金罚则

合同的当事人可以约定一方向另一方给付定金作为债权的担保。定金合同自实际交付定金时成立。定金的数额由合同当事人约定；但不能超过合同标的额的百分之二十，超过部分不产生定金的效力。实际交付的定金数额多于或者少于约定数额的，视为变更约定的定金数额。

债务人履行债务的，定金应当抵作价款或者收回。给付定金的一方不履行债务或者履行债务不符合约定，致使不能实现合同目的的，无权请求返还定金；收受定金的一方不履行债务或者履行债务不符合约定，致使不能实现合同目的的，应当双倍返还定金。当事人既约定违约金，又约定定金的，一方违约时，对方可以选择适用违约金或者定金条款。定金不足以弥补一方违约造成的损失的，对方可以请求赔偿超过定金数额的损失。

本章小结

合同是作为民事主体之间设立、变更、终止民事权利义务关系的协议。根据不同的分类标准，可将合同分为典型合同与非典型合同，单务合同与双务合同，诺成合同与实践合同。

合同订立的一般程序包括要约和承诺两个阶段。要约，是一方当事人以订立合同为目的，向对方当事人提出合同条件，希望对方当事人接受的意思表示。发出要约的一方称要约人，接受要约的一方称受要约人。承诺是受要约人同意要约的意思表示，承诺应当在要约确定的期限内到达要约人。

合同根据效力层次可分为四大类，即有效合同、无效合同、效力待定合同、可撤销合同。合同履行是指合同债务人按照合同的约定或法律的规定，全面、适当地完成合同义务，使债权人的债权得以实现。双务合同中有三大抗辩权，包括同时履行抗辩权、先履行抗辩权、不安抗辩权。

代位权与撤销权共同构成合同的保全制度，具体包括债权人代位权制度和债权人撤销权制度。合同转让有债权转让、债务承担、权利义务概括移转三种方式。合同债权债务终止，是指因发生法律规定或当事人约定的情况，使当事人之间的权利义务关系消灭。合同的终止包括以下几种方式：债务清偿、合同解除、债务抵销、提存、免除和混同。

违约责任，是指当事人一方或双方不履行合同义务或者履行合同义务不符合合同约定时，依照法律规定或者合同约定应承担的法律责任。违约责任的承担方式包括继续履行、采取补救措施、赔偿损失、支付违约金、适用定金罚则等。

复习与训练

一、名词解释
1. 合同
2. 要约、承诺
3. 代位权
4. 不安抗辩权
5. 违约责任

二、不定项选择

1. 2022年4月30日，甲以手机短信形式向乙发出购买一台笔记本电脑的要约，乙于当日回短信同意要约。但由于"五一"期间短信系统繁忙，甲于5月3日才收到乙的短信，并因个人原因于5月8日才阅读乙的短信，后于9日回复乙"短信收到"。根据合同法律制度的规定，甲乙之间买卖合同的成立时间是（　　）。

   A. 2022年4月30日　　　　　　　　B. 2022年5月3日
   C. 2022年5月8日　　　　　　　　D. 2022年5月9日

2. 甲公司于4月1日向乙公司发出订购一批实木沙发的要约，要求乙公司于4月8日前答复。4月2日乙公司收到该要约。4月3日，甲公司欲改向丙公司订购实木沙发，遂向乙公司发出撤销要约的信件，该信件于4月4日到达乙公司。4月5日，甲公司收到乙公司的回复，乙公司表示暂无实木沙发，问甲公司是否愿意选购布艺沙发。根据合同法律制度的规定，甲公司要约失效的时间是（　　）。

   A. 4月3日　　　B. 4月4日　　　C. 4月5日　　　D. 4月8日

3. 甲公司向乙公司发出要约，要约明确指出乙公司如欲接受应在2022年8月1日前回复；乙公司于2022年7月20日通过丙快递公司发出承诺，但由于丙公司快递员投递失误，承诺于2022年8月10日方送达甲公司；此时，甲公司已将要约所述货物全部出售给丁公司，无货可供应乙公司，但甲公司未采取任何措施；乙公司久等无货，于2022年9月15日派人催货，甲公司以乙公司的承诺迟到为由予以拒绝，乙公司不服。根据合同法律制度的规定，下列表述中，正确的是（　　）。

   A. 合同已经生效，甲公司应向乙公司承担违约责任
   B. 合同已经生效，但甲公司无须向乙公司承担违约责任
   C. 合同尚未生效，甲公司无须向乙公司承担任何责任
   D. 合同尚未生效，但甲公司应赔偿乙公司所受损失

4. 根据《民法典》的规定，下列各项中属于可撤销合同的是（　　）。

   A. 一方以欺诈的手段订立合同
   B. 限制民事行为能力人与他人订立的纯获利益的合同
   C. 违反法律强制性规定的合同
   D. 因重大误解订立的合同

5. 甲是乙公司采购员，已离职。丙公司是乙公司的客户，已被告知甲离职的事实，但当甲持乙公司盖章的空白合同书，以乙公司名义与丙公司洽购100吨白糖时，丙公司仍与其签订了买卖合同。根据合同法律制度的规定，下列表述中，正确的是（　　）。

   A. 甲的行为构成无权代理，合同效力待定
   B. 甲的行为构成无权代理，合同无效

C. 丙公司有权在乙公司追认合同之前，行使撤销权
D. 丙公司可以催告乙公司在30日内追认，乙公司未作表示，合同有效

6. 甲、乙双方签订一份煤炭买卖合同，约定甲向乙购买煤炭1 000吨，甲于4月1日向乙支付全部煤款，乙于收到煤款半个月后装车发煤。3月31日，甲调查发现，乙的煤炭经营许可证将于4月15日到期，目前煤炭库存仅剩700余吨，且正加紧将库存煤炭发往别处。甲遂决定暂不向乙付款，并于4月1日将暂不付款的决定及理由通知了乙。根据合同法律制度的规定，下列表述中，正确的是（　　）。

A. 甲无权暂不付款，因为在乙的履行期届至之前，无法确知乙将来是否会违约
B. 甲无权暂不付款，因为甲若怀疑乙届时不能履行合同义务，应先通知乙提供担保，只有在乙不能提供担保时，甲方可中止履行己方义务
C. 甲有权暂不付款，因为甲享有先履行抗辩权
D. 甲有权暂不付款，因为甲享有不安抗辩权

7. 甲对乙享有50 000元债权，已到清偿期限，但乙一直宣称无能力清偿欠款。甲经调查发现，乙对丁享有3个月后到期的7 000元债权，戊因赌博欠乙8 000元；另外，乙在半年前发生交通事故，因事故中的人身伤害对丙享有10 000元债权，因事故中的财产损失对丙享有5 000元债权。乙无其他可供执行的财产，乙对其享有的债权都怠于行使。根据合同法律制度的规定，下列各项中，甲不可以代位行使的债权有（　　）。

A. 乙对丁的7 000元债权 B. 乙对戊的8 000元债权
C. 乙对丙的10 000债权 D. 乙对丙的5 000元债权

8. 甲商场与生产月饼的乙公司在中秋节前签订了月饼销售合同。合同约定乙公司在中秋节之前应当向甲商场交付100箱月饼，甲商场货到付款。由于市场对月饼的需求量极大，乙公司生产的月饼一直供不应求，所以未对甲商场供货。中秋节过后两天，乙公司向甲商场运送了100箱月饼，并要求甲商场按照合同约定立即付款。甲商场当场表示解除合同，并拒绝签收货物与付款。下列说法正确的是（　　）。

A. 甲商场的行为不合法，因为乙公司只是迟延履行罢了
B. 甲商场的行为合法，因为其行使的是同时履行抗辩权
C. 甲商场的行为合法，因为乙公司履行迟延致使合同目的不能实现
D. 甲商场的行为不合法，因为乙公司虽然迟延履行，但甲商场并未依法进行催告

9. 甲、乙签订一份买卖合同，约定乙将一台设备卖给甲，双方约定了交货时间和地点。当乙依约交货时，发现甲下落不明，于是乙将该设备提存，提存后发生洪水，该设备毁损严重。之后，甲出现，要求乙履行交货义务。根据合同法律制度的规定，下列表述中，不正确的是（　　）。

A. 提存费用由甲负担
B. 设备毁损的风险由甲承担
C. 甲无权再要求乙履行交货义务
D. 甲领取提存物的权利，自提存之日起5年内不行使而消灭

10. 甲公司向乙公司订购一台生产设备，乙公司委托其控股的丙公司生产该设备并交付给甲公司。甲公司在使用该设备时发现存在严重的质量问题。根据合同法律制度的规定，下列关于甲公司权利的表述中，正确的是（　　）。

A. 甲公司有权请求乙公司承担违约责任
B. 甲公司有权请求丙公司承担违约责任

C. 甲公司有权请求乙、丙公司承担连带违约责任
D. 甲公司有权请求乙、丙公司按照责任大小按份承担违约责任

三、简答题

1. 简述合同的订立程序。
2. 试述合同的主要内容。
3. 如何理解格式条款的法律规定？
4. 简述无效合同的具体类型。
5. 试述承担违约责任的具体方式。

四、案例分析

原告张某某的女儿张小某，出生于2011年，为小学五年级学生。张小某于2022年4月19日晚上在原告不知情的情况下使用原告的手机通过某直播平台，在主播诱导下通过原告支付宝账户支付给被告某数码科技有限公司经营的"某点卡专营店"5 949.87元，用于购买游戏充值点卡，共计4笔。该4笔交易记录发生在2022年4月19日21时07分53秒至2022年4月19日21时30分00秒。原告认为，张小某作为限制民事行为能力人使用原告手机在半个小时左右的时间里从被告处购买游戏充值点卡达到5 949.87元，并且在当天相近时间段内向其他游戏点卡网络经营者充值及进行网络直播打赏等消费10余万元，显然已经超出与其年龄、智力相适宜的范围，被告应当予以返还，遂诉至法院请求被告返还充值款5 949.87元。（最高人民法院2022年网络消费典型案例。https：//www.court.gov.cn/zixun-xiangqing-393481.html）

根据案例分析未成年人超出其年龄、智力程度购买游戏点卡行为的法律效力。

课后思考

格式条款与免责条款

格式条款和免责条款都是我们生活中十分常见且重要的条款。格式条款又称为标准条款，是指当事人为了重复使用而预先拟定并在订立合同时未与对方协商的条款。保险合同、拍卖成交确认书等，都包含格式条款。格式条款有两个突出的特点：第一，格式条款总是一方（即提供商品或服务的企业）预先拟定的；第二，不与（或未与）合同对方当事人进行磋商。

免责条款是指当事人约定的用以免除或限制其未来合同责任的条款。免责条款常被合同一方当事人写入合同或格式合同之中，作为明确或隐含的意思表示，以获得另一方当事人的承诺，使其发生法律效力。就其本意讲是指合同双方当事人在订立合同或格式合同提供者提供格式合同时，为免除或限制一方或者双方当事人责任而设立的条款。因此，免责条款以限制或免除当事人未来责任为目的，属于民事法律行为。免责条款具有如下特点：

第一，免责条款是一种合同条款，它是合同的组成部分。因此，许多国家的法律规定，任何企图援引免责条款免责的当事人必须首先证明该条款已经构成合同的一部分，否则其无权援引该免责条款。

第二，免责条款是事先约定的。当事人约定免责条款是为了减轻或免除其未来发生的责任，因此只有在责任发生以前由当事人约定且生效的免责条款，才能导致当事人责任的减轻或免除。若在责任产生以后，当事人之间通过和解协议而减轻责任，则与达成免责条

款是有本质区别的。

第三，免责条款旨在免除或限制当事人未来所应负的责任。基于不同的目的，免责条款可以分为两类。一是限制责任条款，即将当事人的法律责任限制在某种范围内的条款。例如，在合同中约定，卖方的赔偿责任不超过货款的总额。二是免除责任条款，如某些商店在其柜台上标明"货物出门，恕不退换"，就属于免除责任条款。严格地说，限制责任条款和免除责任条款还是有区别的。在一般情况下，法律对免责条款的有效条件比对限责条款的有效条件要求更为严格。但是，由于免责条款和限责条款都是为了排除当事人未来的责任，因此，对这两种条款在理论上并没有作严格区别，一般将其统称为"免责条款"。

第五章 知识产权法律制度

Chapter Five

学习目标

- 了解商标权和专利权的主体和客体；
- 熟悉商标权和专利权的申请程序；
- 掌握商标强制许可制度；
- 了解侵犯商标权和专利权的行为。

导入案例

2022年8月20日至2022年10月27日，张三在《A市晚报》上刊登其创作的《浪漫七夕凤求凰》电影剧本文学作品。2022年10月13日，甲公司作为《浪漫七夕之疯狂搅局》电影的出品单位办理了"电影片（数字）技术合格证"；同年10月18日，办理了《浪漫七夕之疯狂搅局》的"公映许可证"；该电影中标明的编剧为李四。经比对，《浪漫七夕之疯狂搅局》使用了《浪漫七夕凤求凰》剧本。

分析：1. 甲公司是否构成侵权？
2. 张三应该如何维权？

第一节 知识产权法概述

一、知识产权的概念与特征

（一）知识产权的概念

知识产权是指基于创造性智力成果和工商业标记依法产生的权利的统称。根据我国《民法典》的规定，知识产权的范围包括著作权、专利权、商标权、地理标志权、商业秘密权、集成电路布图设计权、植物新品种权和其他科技成果权。根据WTO《与贸易有关的知识产权协定》（TRIPs协定）的规定，知识产权的范围则包括：著作权及其相关权利（即邻接权）、商标权、地理标志权、工业品外观设计权、专利权、集成电路布图设计权、未公开信息的保护权（即商业秘密权）。

（二）知识产权的特征

（1）客体具有无体性。知识产权的客体是智力开发成果或具有财产价值的标记，是一种非物质财富。知识产权客体的非物质性，是知识产权的本质属性，这是知识产权与其他有体财产所有权最根本的区别。

（2）专有性。专有性即排他性。知识产权的专有性主要体现在两个方面：一是知识产权为权利人所独占，权利人垄断这种专有权并受到严格保护，没有法律规定或未经权利人许可，任何人不得使用权利人的知识产品；二是对同一项知识产品，不允许有两个或两个以上的主体同时对同一属性的知识产品享有权利。

（3）地域性。知识产权作为专有权在空间上的效力并不是无限的，而要受到地域的限制，其效力仅限于本国境内。按照一国法律获得承认和保护的知识产权，只能在该国发生法律效力。

（4）时间性。知识产权作为一种民事权利在时间上的效力也不是无限的。即知识产权只有在法律规定的期限内受到保护，一旦超过法律规定的有效期限，这一权利就自行消灭，而其客体就会成为整个社会的共同财富，为全人类所共同使用。

二、知识产权法的概念

知识产权法是指调整在确认、利用、保护、管理创造性智力成果和工商业标记过程中所产生的各种权利义务关系的法律规范的总称。

我国没有专门就知识产权制定统一的法律，而是根据知识产权的不同类型制定了不同的单项法律、法规以及规章，这些法律、法规和规章主要包括《中华人民共和国著作权法》（以下简称《著作权法》）、《中华人民共和国商标法》（以下简称《商标法》）、《中华人民共和国专利法》（以下简称《专利法》）、《中华人民共和国反不正当竞争法》（以下简称《反不正当竞争法》）以及国家有关立法部门根据上述法律分别制定并修改的实施细则，并颁布了相关配套的条例，如《计算机软件保护条例》等。同时，在《民法典》中共有52条知识产权相关规定。

此外，我国还加入了一系列有关保护知识产权方面的国际公约，如《建立世界知识产权组织公约》《保护工业产权巴黎公约》《保护文学和艺术作品伯尔尼公约》《商标国际注册马德里协定》《录音制品公约》《专利合作条约》《国际版权公约》等，我国遵守上述公约、协定的规定。同时，我国已加入WTO，也遵守WTO有关知识产权保护的协议。

本章主要介绍著作权法、商标法和专利法的有关内容。

第二节　著作权法律制度

一、著作权法概述

（一）著作权的概念和特征

著作权，又称版权，是指基于文学、艺术和科学作品而依法享有的权利。著作权包括人身权和财产权两个方面的内容。

著作权属于民事权利，是知识产权的重要组成部分。著作权除了具有知识产权所共有的特征即客体的无体性、专有性、地域性、时间性等特征外，与其他知识产权相比，著作权具有以下特征：

（1）著作权因作品的创作完成而自动产生。专利权、商标权的取得必须经过申请、审批、登记和公告，即必须以行政确认权利的取得和归属；而著作权因作品的创作完成而自动产生，一般不必履行任何形式的登记或注册手续，也不论其是否已经发表。

（2）著作权突出对人身权的保护。著作权与作品的创作者密切相关，因此，在著作权中，保护作者对作品的人身权利是其重要内容。著作权中作者的发表权、署名权、修改权、保护作品完整权等人身权利永远归作者享有，不能转让，也不受著作权保护期限的限制。

（二）著作权法的概念

著作权法是指调整因文学、艺术和科学作品的创作与使用而产生的人身关系和财产关系的法律规范的总称。

著作权法有广义和狭义之分。狭义的著作权法仅指全国人民代表大会常务委员会通过的《著作权法》。广义的著作权法除《著作权法》外，还包括国家的有关法律、行政法规和规章中关于著作权的法律规范，如《著作权法实施条例》《著作权行政处罚实施办法》《计算机软件保护条例》等。我国参加缔结的有关著作权国际保护方面的条约、协定，经批准公布具有国内法效力的，也属于广义的著作权法的范畴。

二、著作权的主体与归属

（一）著作权的主体

著作权的主体又称著作权人，是指依法对文学、艺术和科学作品享有著作权的人。根据我国《著作权法》的规定，著作权人包括作者以及其他依法享有著作权的公民、法人或者其他组织。

作者是指文学、艺术和科学作品的创作人。作者以外其他依法享有著作权的公民、法人或者其他组织，简称其他著作权人。其他著作权人取得著作权主要有以下两种情况：①因合同而取得著作权；②因继受而取得著作权。

（二）著作权的归属

我国《著作权法》规定，著作权属于作者，法律另有规定的除外。创作作品的公民是作者。合作作品符合《著作权法》第十一条第三款规定情形，法人或者其他组织视为作者。如无相反证明，在作品上署名的公民、法人或者其他组织为作者。

两人以上合作创作的作品，著作权由合作作者共同享有。没有参加创作的人，不能成为合作作者。合作作品可以分割使用的，作者对各自创作的部分可以单独享有著作权，但行使著作权时不得侵犯合作作品整体的著作权。

1. 汇编作品

汇编若干作品、作品的片段或者不构成作品的数据或者其他材料，对其内容的选择或者编排体现独创性的作品，为汇编作品，其著作权由汇编人享有，但行使著作权时，不得侵犯原作品的著作权。

2. 委托作品

受委托创作的作品，著作权的归属由委托人和受托人通过合同约定。合同未作明确约定或者没有订立合同的，著作权属于受托人。

3. 视听作品

电影作品和以类似摄制电影的方法创作的作品的著作权由制片者享有，但编剧、导演、摄影、作词、作曲等作者享有署名权，并有权按照与制片者签订的合同获得报酬。

4. 职务作品

一般公民为完成法人或者其他组织工作任务所创作的作品是职务作品，除《著作权法》第十六条第二款的规定以外，著作权由作者享有，但法人或者其他组织有权在其业务范围内优先使用。

5. 美术作品

美术作品原件所有权的转移，不视为作品著作权的转移，但美术作品原件的展览权由原件所有人享有；作者身份不明的作品，由作品原件的合法持有人行使除署名权以外的著作权，作者身份确定后，由作者或者其继承人行使著作权。

6．计算机软件

计算机软件著作权人指依法享有软件著作权的自然人、法人或者其他组织。软件著作权自软件开发完成之日起产生。

三、著作权的客体

著作权的客体，即著作权保护的对象，亦即作品。著作权法所称的作品，是指文学、艺术和科学领域内具有独创性并能以某种有形形式复制的智力创作成果。

根据我国《著作权法》的规定，作品包括以各种形式创作的文学、艺术和自然科学、社会科学、工程技术等作品。根据作品的表现形式不同，我国《著作权法》保护的作品主要有：文字作品；口述作品；音乐、戏剧、曲艺、舞蹈、杂技艺术作品；美术、建筑作品；摄影作品；电影作品和以类似摄制电影的方法创作的作品；工程设计图、产品设计图、地图、示意图等图形作品和模型作品；计算机软件；法律、行政法规规定的其他作品。

四、著作权的内容

著作权的内容是指著作权人享有的权利和承担的义务。根据我国《著作权法》的规定，著作权包括两个方面的内容，即著作人身权和著作财产权。

（一）著作人身权

著作人身权又称精神权利，是指作者基于作品的创作而依法享有的以精神利益为内容的权利。根据我国《著作权法》的规定，著作人身权包括以下内容：

（1）发表权，即决定作品是否公之于众的权利。

（2）署名权，即表明作者身份、在作品上署名的权利。

（3）修改权，即修改或者授权他人修改作品的权利。

（4）保护作品完整权，即保护作品不受歪曲、篡改的权利。

（二）著作财产权

著作财产权，是指著作权人通过各种方式利用其作品以及基于利用作品而依法享有的以获得财产利益为内容的权利。

根据我国《著作权法》的规定，著作财产权包括以下内容：

（1）复制权，即以印刷、复印、拓印、录音、录像、翻录、翻拍等方式将作品制作一份或者多份的权利。

（2）发行权，即以出售或者赠与方式向公众提供作品的原件或者复制件的权利。

（3）出租权，即有偿许可他人临时使用电影作品和以类似摄制电影的方法创作的作品、计算机软件的权利，计算机软件不是出租的主要标的的除外。

（4）展览权，即公开陈列美术作品、摄影作品的原件或者复制件的权利。

（5）表演权，即公开表演作品以及用各种手段公开播送作品的表演的权利。

（6）放映权，即通过放映机、幻灯机等技术设备公开再现美术、摄影、电影和以类似摄制电影的方法创作的作品等的权利。

（7）广播权，即以无线方式公开广播或者传播作品，以有线传播或者转播的方式向公众传播广播作品，以及通过扩音器或者其他传送符号、声音、图像的类似工具向公众传播广播作品的权利。

（8）信息网络传播权，即以有线或者无线方式向公众提供作品而使公众可以在其个人选定的时间和地点获得作品的权利。

（9）摄制权，即以摄制电影或者以类似摄制电影的方法将作品固定在载体上的权利。

（10）改编权，即改编作品，创作出具有独创性的新作品的权利。

（11）翻译权，即将作品从一种语言文字转换成另一种语言文字的权利。

（12）汇编权，即将作品或者作品的片段通过选择或者编排汇集成新作品的权利。

（13）许可他人使用并获得报酬的权利，即著作权人可以许可他人行使上述规定的权利，并依照约定或者著作权法的有关规定获得报酬。

（14）转让权，即著作权人可以全部或部分转让上述规定的权利，并依照约定或者著作权法的有关规定获得报酬。

（15）应当由著作权人享有的其他权利。

五、著作权的保护期和限制

（一）著作权的保护期限

根据我国《著作权法》，著作权的保护期限具体规定如下。

（1）作者的署名权、修改权、保护作品完整权的保护期不受限制。

（2）公民的作品，其发表权、著作权中的财产权的保护期为作者终生及其死亡后50年，截止到作者死亡后第50年的12月31日；如果是合作作品，截止到最后死亡的作者死亡后第50年的12月31日。

（3）法人或者其他组织的作品、著作权（署名权除外）由法人或者其他组织享有的职务作品，其发表权、著作权中的财产权的保护期为50年，截止到作品首次发表后第50年的12月31日，但作品自创作完成后50年内未发表的，不再受著作权法的保护。

（4）电影作品和以类似摄制电影的方法创作的作品、摄影作品，其发表权、著作权中的财产权的保护期为50年，截止到作品首次发表后第50年的12月31日，但作品自创作完成后50年内未发表的，不再受著作权法的保护。

（二）著作权的限制

著作权的限制主要是针对著作权人所享有的财产权利的限制，即对著作权人依法享有的使用作品以及许可他人使用其作品并因此获得报酬的权利的限制。著作权人依法享有的人身权利不受任何限制。

根据我国《著作权法》，著作权的限制主要体现在以下两个方面：

（1）合理使用。指在法律规定的情形下，按照法律规定的条件使用他人作品的，可以不经著作权人许可，不向其支付报酬，但应当指明作者姓名、作品名称，并且不得侵犯著作权人依照著作权法享有的其他权利。

（2）法定许可使用。指在法律规定的范围内使用他人的作品，可以不经著作权人的许可，但须向其支付报酬。

六、著作权的转让和纠纷

（一）著作权的许可使用

著作权许可使用，是指著作权人将其作品许可使用人以一定的方式，在一定的地域和期限内使用的法律行为。根据我国《著作权法》的规定，使用他人作品应当同著作权人订立许可使用合同，法律规定可以不经许可的除外。著作权许可使用合同中著作权人未明确许可的权利，未经著作权人同意，另一方当事人不得行使。其特征是：

（1）不改变著作权的归属，被许可人取得的是使用权，不能成为著作权主体。

（2）被许可人只能自己按照约定方式、地域范围和期限使用作品，不能将所获权利转让给第三人，著作权人同意的除外。

（3）著作权许可使用中，非专有使用权的许可人不能因权利被侵害而以自己的名义起诉。

（二）著作权的转让

著作权的转让是指著作权人将其作品著作权中的财产权全部或者部分转让他人的行为。著作权的转让是著作权人行使著作权的一种方式。其特征是：著作权转让的对象是财产权、著作权的转让导致著作权主体的变更、著作权的转让与作品载体所有权无关。

（三）合同

1. 著作权许可使用合同的主要内容

（1）许可使用的权利种类。

（2）许可使用的权利是专有使用权或者非专有使用权。

（3）许可使用的地域范围、期间。

（4）付酬标准和办法。

（5）违约责任。

（6）双方认为需要约定的其他内容。

2. 著作权转让合同的主要内容

（1）作品的名称。

（2）转让的权利种类、地域范围。

（3）转让价金。

（4）交付转让价金的日期和方式。

（5）违约责任。

（6）双方认为需要约定的其他内容。

（四）权利纠纷

根据《著作权法》第五十四条规定，著作权纠纷可以调解，也可以根据当事人达成的书面仲裁协议或者著作权合同中的仲裁条款，向仲裁机构申请仲裁。当事人没有书面仲裁协议，也没有在著作权合同中订立仲裁条款的，可以直接向人民法院起诉。

1. 仲裁协议

其一是在著作权合同中订立的仲裁条款。仲裁条款是双方当事人在争议发生之前订立的，是当事人在签订著作权合同时，就解决争议的方式在合同中预先约定愿意把将来在履行合同时可能发生的争议提交仲裁解决的一项内容。其二是以其他方式单独订立的仲裁协议。它是当事人在争议发生之前或者发生之后，专门签订的愿意将纠纷提交仲裁解决的协议。

2. 权利诉讼

诉讼时效是指法律规定的提起诉讼的有效期间。超过法律规定的有效诉讼时效期间提起的诉讼，人民法院不予支持。《最高人民法院关于审理著作权民事纠纷案件适用法律若干问题的解释》规定："侵犯著作权的诉讼时效为两年，自著作权人知道或者应当知道侵权行为之日起计算。权利人超过两年起诉的，如果侵权行为在起诉时仍在持续，在该著作权保护期内，人民法院应当判决被告停止侵权行为；侵权损害赔偿数额应当自权利人向人民法院起诉之日起向前推算两年计算。"侵犯著作权的诉讼时效不适用《民法典》规定的3年诉讼时效制度。

3. 诉前财产保全

（1）必须是情况紧急，不立即采取财产保全将会使申请人的合法权益受到难以弥补的损害。

（2）必须由利害关系人向财产所在地人民法院提出申请，法院不依职权主动采取财产保全措施。

（3）申请人必须提供担保，否则，法院驳回申请。

七、侵权和法律保护

（一）侵犯人身权利

1. 侵犯精神权利

著作人身权是作者基于作品依法享有的以人身权益为内容的权利，是一种非财产权，通常将其称为精神权利。主要包括发表权、署名权、修改权与保护作品完整权。

2. 侵犯发表权

未经著作权人的许可发表其作品。具体包括：①未经著作权人许可，发表其作品的行为；②将与他人合作创作的作品当作自己单独创作的作品发表的行为；③法律规定的其他侵犯发表权的行为。

3. 侵犯署名权

第一，没有参加创作，为谋取个人名利，在他人作品上署名的行为。使用他人的作品，应当指明作者姓名，作者不署名的除外。第二，未经合作作者的许可，将与他人合作的作品以自己单独创作的作品发表的行为。第三，制作出售假冒美术作品的行为。这就是在著作权中的"冒名"问题。

4. 侵犯保护作品完整权

即侵犯作者独立构思，并以自己的表现习惯创作出来的作品的行为。

（二）侵犯经济权利

著作财产权又称经济权利，是著作权人自己使用或授权他人以一定方式使用作品而获得物质利益的权利。著作财产权主要包括复制权发行权、展览权、播放权等权利。

1. 侵犯获得报酬权

使用他人作品，未按照规定支付报酬构成对著作权人获得报酬权的侵犯。作品的许可使用者一般应该向著作权人支付报酬，许可使用合同中明确规定，使用者不支付报酬的除外。

2. 侵犯展出权

展出权也称"展览权"，主要是美术作品、摄影作品等享有的经济权利，指公开陈列美术作品、摄影作品的原件或复制体的权利。

3. 侵犯播放权

播放权主要指作品的作者或其他版权人有权许可或禁止将有关作品通过广播等形式进行传播。

（三）法律保护

1. 民事责任

是指侵权行为人因实施侵权行为而应承担的民事法律后果。承担民事责任的侵犯著作权行为表现在以下几方面：

（1）未经著作权人许可，发表其作品的。

（2）未经合作作者许可，将与他人合作创作的作品当作自己单独创作的作品发表的。

（3）没有参加创作，为谋取个人名利，在他人作品上署名的。

（4）歪曲、篡改他人作品的。

（5）剽窃他人作品的。

（6）未经著作权人许可，以展览、摄制电影和以类似摄制电影的方法使用作品，或者以改编、翻译、注释等方式使用作品的，著作权法另有规定的除外。

（7）使用他人作品，应当支付报酬而未支付的。

（8）未经电影作品和以类似摄制电影的方法创作的作品、计算机软件、录音录像制品的著作权人或者与著作权有关的权利人许可，出版其作品或者录音录像制品的，著作权法另有规定的除外。

（9）未经出版者许可，使用其出版的图书、期刊的版式设计的。

（10）未经表演者许可，从现场直播或者公开传送其现场表演，或者录制其表演的。

（11）其他侵犯著作权以及邻接权的行为。

2. 刑事责任

是指犯罪人因其实施犯罪行为所承担的刑事法律后果。分为：侵犯著作权罪、销售侵权复制品罪。

> **法条链接**
>
> 《刑法》第二百一十七条至第二百一十八条：
>
> 第二百一十七条 【侵犯著作权罪】以营利为目的，有下列侵犯著作权或者与著作权有关的权利的情形之一，违法所得数额较大或者有其他严重情节的，处三年以下有期徒刑，并处或者单处罚金；违法所得数额巨大或者有其他特别严重情节的，处三年以上十年以下有期徒刑，并处罚金：
>
> （一）未经著作权人许可，复制发行、通过信息网络向公众传播其文字作品、音乐、美术、视听作品、计算机软件及法律、行政法规规定的其他作品的；
>
> （二）出版他人享有专有出版权的图书的；
>
> （三）未经录音录像制作者许可，复制发行、通过信息网络向公众传播其制作的录音录像的；
>
> （四）未经表演者许可，复制发行录有其表演的录音录像制品，或者通过信息网络向公众传播其表演的；
>
> （五）制作、出售假冒他人署名的美术作品的；
>
> （六）未经著作权人或者与著作权有关的权利人许可，故意避开或者破坏权利人为其作品、录音录像制品等采取的保护著作权或者与著作权有关的权利的技术措施的。
>
> 第二百一十八条 【销售侵权复制品罪】以营利为目的，销售明知是本法第二百一十七条规定的侵权复制品，违法所得数额巨大或者有其他严重情节的，处五年以下有期徒刑，并处或者单处罚金。

3. 行政责任

侵犯著作权行为行政责任的形式是行政处罚。行政处罚是行政机关对违反行政法律以及其他法律中的行政处罚条款但尚不构成犯罪的公民、法人或其他组织实施的制裁。包括：剽窃、抄袭他人作品；未经著作权人许可，以营利为目的，复制发行其作品；出版他人享有专有出版权的图书；未经表演者许可，对其表演制作录音录像出版；制作、出售假冒他人署名的美术作品。

八、邻接权

邻接权，也称为与著作权有关的权利，是指作品的传播者所享有的权利。根据我国《著作权法》的规定，邻接权主要包括：出版者对其出版的图书和报刊享有的权利；表演者对其表演享有的权利；录音录像制作者对其制作的录音录像制品享有的权利；广播电台、电视台对其制作的广播、电视节目享有的权利。

第三节 专利权法律制度

一、专利法概述

(一) 专利的概念

广义的专利一词，通常有三种含义：一是指由国家专利机关授予的专利权；二是指受专利法保护的发明创造，一般包括发明、实用新型和外观设计三种形式；三是指专利文献，主要是记载发明创造内容的专利说明书。狭义的专利仅指专利权。

(二) 专利权的概念

专利权是指专利权人在法定期限内对其发明创造成果享有的专有权利。它是国家专利行政部门授予发明人或申请人生产经营其发明创造并禁止他人生产经营其发明创造的某种特权，是对发明创造的独占的排他权。

(三) 专利法的概念

专利法是指调整因发明创造的开发、实施及其保护等发生的各种社会关系的法律规范的总称。

专利法有广义和狭义之分。狭义的专利法仅指全国人民代表大会常务委员会通过的《专利法》。广义的专利法除《专利法》外，还包括国家有关法律、行政法规和规章中关于专利的法律规范，如《专利法实施细则》《专利代理条例》《专利行政执法办法》等。我国参加缔结的有关专利权国际保护方面的条约、协定，经批准公布具有国内法效力的，也属于广义的专利法的范畴。

知识拓展

《保护工业产权巴黎公约》关于专利权的内容

《保护工业产权巴黎公约》(以下简称《巴黎公约》) 于1883年3月20日在巴黎签订。《巴黎公约》关于专利权的规定有以下内容：

1. 国民待遇原则

其成员的国民在保护工业产权方面享受与本国国民同样的待遇。如果非缔约国国民在一个缔约国领土内有永久性住所或真实有效的工商营业所，也享受与成员国国民同样的待遇。

2. 优先权原则

成员国的国民向一个缔约国提出专利申请或注册商标申请后，在一定期限内（发明、实用新型规定为12个月，外观设计、商标为6个月）享有优先权。即当向其他缔约国又提出同样的申请，则后来的申请视作是在第一申请提出的日期提出的。

3. 独立性原则

各成员国授予的专利权和商标专用权是彼此独立的，各缔约国只保护本国授予的专利权和商标专用权。

4. 强制许可专利原则

《巴黎公约》规定，某一项专利自申请日起的4年期间，或者自批准专利日起3年内（两者以期限较长者为准），专利权人未予实施或未充分实施，有关成员国有权采取立法措施，核准强制许可证，允许第三者实施此项专利。如在第一次核准强制许可特许满2年后，仍不能防止赋予专利权而产生的流弊，可以提出撤销专利的程序。《巴黎公约》还规定强制许可，不得专有，不得转让；但如果连同使用这种许可的那部分企业或牌号一起转让，则是允许的。

5. 在法律限制销售的情况下取得专利的条件

《巴黎公约》规定，成员国不得以一种专利产品或一种专利方法取得的产品出售受到本国法律的管制或者限制为由，而拒绝授予专利权或宣告该项专利权无效。

6. 不视为侵犯专利权的例外

《巴黎公约》规定，公约一成员国的船舶或车辆暂时进入另一成员国时，在船舶的船身、机器、船具、设备及其他附件上，或在飞机或车辆的构造或附件上，使用了后一国家批准的专利发明，不视为专利侵权，只要使用这些发明是专为运输工具所需要。

二、专利权的主体

专利权的主体是指具体参加特定的专利权法律关系并享有专利权的人。根据《专利法》的规定，发明人或者设计人、职务发明创造的单位、外国人和外国企业或者外国其他组织都可以成为专利权的主体。

（一）发明人或者设计人

《专利法》所称发明人或者设计人，是指对发明创造的实质性特点做出创造性贡献的人。在完成发明创造的过程中，只负责组织工作的人、为物质技术条件的利用提供方便的人或者从事其他辅助工作的人，不是发明人或设计人。

发明人或者设计人一般具有以下特征：

（1）发明人或者设计人为自然人。

（2）发明人或者设计人的认定不受其民事行为能力的限制。

（3）发明人或者设计人必须是对发明创造的实质性特点做出创造性贡献的人。

（二）职务发明创造的单位

职务发明创造是指发明人或者设计人执行本单位的任务，或者主要是利用本单位的物质技术条件所完成的发明创造。凡是不能被证明为职务发明创造的，为非职务发明创造。

根据《专利法》及其实施细则的规定，发明人或者设计人做出的发明创造，凡符合下列条件之一的，均属于职务发明创造：

（1）在本职工作中做出的发明创造。

（2）履行本单位交付的本职工作之外的任务所做出的发明创造。

（3）退职、退休或者调动工作后1年内做出的，与其在原单位承担的本职工作或者原单位分配的任务有关的发明创造。

（4）主要利用本单位的物质技术条件完成的发明创造。

对于职务发明创造，申请专利的权利属于该单位，申请被批准后，该单位为专利权人。利用本单位的物质技术条件所完成的发明创造，单位与发明人或者设计人订有合同，对申请专利的权利和专利权的归属做出约定的，从其约定。

（三）外国人、外国企业或者外国其他组织

《专利法》规定，在中国境内没有经常居所或者营业所的外国人、外国企业或者外国其他组织在中国申请专利的，依照其所属国同中国签订的协议或者共同参加的国际条约，或者依照互惠原则，根据《专利法》有关规定办理。

三、专利权的客体

专利权的客体,也称专利法保护的对象,是指可以获得专利法保护的发明创造。我国《专利法》规定的发明创造是指发明、实用新型和外观设计。

发明,是指对产品、方法或者其改进所提出的新的技术方案。发明具有两个特征:

(1)发明是利用自然规律而进行的创造。

(2)发明是具体的技术方案。

发明一般分为产品发明和方法发明两类。

实用新型,是指对产品的形状、构造或者其结合所提出的适于实用的新的技术方案。实用新型具有如下特征:

(1)实用新型是一种新的技术方案。

(2)实用新型仅限于产品,不包括方法。

(3)实用新型要求产品必须是具有固定的形状、构造的产品。气态、液态、凝胶状或颗粒粉末状的物质或者材料,不属于实用新型的产品范围。

外观设计,是指对产品的形状、图案或者其结合以及色彩与形状、图案的结合所做出的富有美感并适于工业应用的新设计。外观设计具有如下特征:

(1)外观设计必须与产品相结合。

(2)外观设计必须能在产业上应用。

(3)外观设计富有美感。这一点与实用新型相区别。

四、授予专利权的条件

(一)授予专利权的发明和实用新型应当符合的条件

《专利法》规定,授予专利权的发明和实用新型,应当具备新颖性、创造性和实用性。

(1)新颖性,是指在申请日以前没有同样的发明或者实用新型在国内外出版物上公开发表过、在国内公开使用过或者以其他方式为公众所知,也没有同样的发明或者实用新型由他人向国务院专利行政部门提出过申请并且记载在申请日以后公布的专利申请文件中。《专利法》规定,申请专利的发明创造在申请日以前6个月内,有下列情形之一的不丧失新颖性:

1)在国家出现紧急状态或者非常情况时,为公共利益目的首次公开的。

2)在中国政府主办或者承认的国际展览会上首次展出的。

3)在规定的学术会议或者技术会议上首次发表的。

4)他人未经申请人同意而泄露其内容的。

(2)创造性,是指同申请日以前已有的技术相比,该发明有突出的实质性特点和显著的进步,该实用新型有实质性特点和进步。

(3)实用性,是指该发明或者实用新型能够制造或者使用,并且能够产生积极效果。

(二)授予专利权的外观设计应当符合的条件

《专利法》规定,授予专利权的外观设计,应当同申请日以前在国内外出版物上公开发表过或者国内公开使用过的外观设计不相同和不相近似,并不得与他人在先取得的合法权利相冲突。

(三)不授予专利权的项目

1. 违反法律、社会公德或者妨害公共利益的发明创造

根据我国的国情并参照各国有关法律规定,《专利法》对专利权客体的范围作了某些限制性的规定,对缺乏有益性的发明创造,如违反国家法律、社会公德或者妨害公共利益的发明创造,不能

授予专利权。

2. 获取或利用遗传资源的发明创造

对违反法律、行政法规的规定获取或者利用遗传资源，并依赖该遗传资源完成的发明创造，不授予专利权。

3. 不具有技术特征的发现和方法

（1）科学发现。

（2）智力活动的规则和方法。

（3）疾病的诊断和治疗方法。

（4）动物和植物品种。

（5）用原子核变换方法获得的物质等，不授予专利权。但对上述动物和植物品种的生产方法，可以授予专利权。

五、专利的申请

（一）专利申请的原则

（1）先申请原则。先申请原则是指在两个以上的申请人分别就同样的发明创造申请专利的情况下，对先提出申请的申请人授予专利权。先申请的判断标准是专利申请日。如果两个以上的申请人在同一日分别就同样的发明创造申请专利，应当在收到专利行政管理部门的通知后自行协商确定申请人。

（2）单一性原则。单一性原则是指一份专利申请文件只能就一项发明创造提出专利申请，即"一申请一发明"原则。

（3）优先权原则。优先权原则是指将专利申请人首次提出专利申请的日期视为后来一定期限内专利申请人就相同主题在他国或本国提出专利申请的日期。专利申请人依法享有的这种权利称为优先权，享有优先权的首次申请日称为优先权日。优先权包括外国优先权和本国优先权。外国优先权是指，申请人自发明或者实用新型在外国第一次提出专利申请之日起12个月内，或者自外观设计在外国第一次提出专利申请之日起6个月内，又在中国就相同主题提出专利申请的，依照该外国同中国签订的协议或者共同参加的国际条约，或者依照相互承认优先权的原则，可以享有优先权。本国优先权是指，申请人自发明或者实用新型在中国第一次提出专利申请之日起12个月内，又向国务院专利行政部门就相同主题提出专利申请的，可以享有优先权。

（二）专利申请的文件

1. 申请发明或者实用新型专利应提交的文件

可向国务院专利行政部门递交四个文件：

（1）请求书，用以表明请求授予专利权的愿望。

（2）说明书，用以说明专利的实质内容。

（3）摘要，用以概括专利的技术内容，便于审查和了解。

（4）权利要求书，用以限定专利的保护范围。

2. 申请外观设计专利应提交的文件

可向国务院专利行政部门递交请求书及外观设计的图片或照片，一般包括主视图、俯视图、仰视图、左视图、右视图、后视图，从不同角度、不同侧面清楚地显示请求保护的对象，同时写明使用该外观设计的产品及其所属类别。

（三）专利申请的提出、修改和撤回

（1）专利申请的提出。专利权不能自动取得，申请人必须履行专利法规定的专利申请手续，向

国务院专利行政部门提交必要的申请文件。国务院专利行政部门收到专利申请文件之日为申请日。如果申请文件是邮寄的，以寄出的邮戳日为申请日。

（2）专利申请的修改。专利申请的修改，可以由申请人自己主动提出修改，也可以根据国务院专利行政部门的要求进行修改。

（3）专利申请的撤回。申请人可以在被授予专利权之前随时撤回其专利申请。专利申请被撤回后，该申请视为自始即不存在。

六、专利的审查批准

（一）发明专利申请的审查批准

发明专利申请的审查批准一般要经过如下程序：

（1）初步审查，也称形式审查，主要审查申请手续是否齐全、格式是否符合要求、证件是否齐备、申请人身份是否符合法律规定、是否属于授予专利的范围等形式要件。

（2）早期公开，是指国务院专利行政部门经初步审查认为符合专利法要求的，自申请日起满18个月，即行公布其申请。早期公开的内容包括申请人的姓名、地址、申请日期、说明书、权利要求书、摘要等，并刊登在国务院专利行政部门的专利公报中。

（3）实质审查，主要是从技术角度对申请专利的发明创造是否具有新颖性、创造性和实用性进行审查。实质审查主要是应申请人的要求而进行的。申请人从申请日起3年内，可以随时请求实质审查；申请人无正当理由逾期不请求实质审查的，该申请即被视为撤回。在3年期限内，国务院专利行政部门认为必要时，可以自行对专利申请进行实质审查。国务院专利行政部门经实质审查后，认为不符合规定的，通知申请人在指定期限内陈述意见或修改申请，无正当理由逾期不答复则视为申请撤回。如经申请人陈述意见或进行修改后仍不符合规定，国务院专利行政部门则对该申请予以驳回。

（4）授予发明专利权，发明专利申请经实质审查没有发现驳回理由的，由国务院专利行政部门作出授予发明专利权的决定，发给发明专利证书，同时予以登记和公告。发明专利权自公告之日起生效。

（二）实用新型和外观设计的审批

实用新型和外观设计专利申请经初步审查没有发现驳回理由的，由国务院专利行政部门作出授予实用新型专利权或者外观设计专利权的决定，发给相应的专利证书，同时予以登记和公告。实用新型专利权和外观设计专利权自公告之日起生效。

（三）专利权的复审

国务院专利行政部门设立专利复审委员会。专利申请人对驳回申请的决定不服的，可以自收到通知之日起3个月内，向专利复审委员会请求复审。专利复审委员会复审后，作出决定，并通知专利申请人。专利申请人对专利复审委员会的复审决定不服的，可以自收到通知之日起3个月内向人民法院起诉。

七、专利权人的权利和义务

（一）专利权人的权利

（1）制造权。制造权是指专利权人享有独占地制造专利产品，禁止他人未经其许可制造相同或相似于专利产品的垄断权。

（2）使用权。使用权是指专利权人享有的使用专利产品或专利方法及依照专利方法直接获得的产品的专有权。

（3）许诺销售权。许诺销售是为了促使销售成立而在实际销售行为成立之前所为旨在实现销售目的的行为。许诺销售权是专利权人有明确表示愿意出售具有权利要求书所述技术特征的专利产品以及禁止他人未经专利权人许可许诺销售专利产品的权利。许诺销售行为可以表现为面向特定和不特定的对象，以口头或书面等形式，以及以产品展示、展览、陈列及各种广告明确表示愿意销售专利产品的愿望的行为。

（4）销售权。销售权是指专利权人享有的独自销售专利产品或依照专利方法直接获得的产品的权利。

（5）进口权。进口权是指除法律另有规定外，专利权人享有自己进口或禁止他人未经许可为制造、许诺销售、销售、使用等生产经营目的进口其专利产品或进口依照其专利方法直接获得的产品的权利。

（6）转让权。转让权是指专利权人享有的将自己的专利所有权依法转让给他人的权利。中国单位或个人向外国人转让专利权的，必须经国务院有关主管部门批准。转让必须采取书面形式，并经国务院专利行政部门予以公告和登记。专利权的转让自登记之日起生效。

（7）许可权。许可权是指专利权人享有的许可他人实施其专利的权利。根据专利实施许可内容的不同，专利实施许可分为普通实施许可、独家实施许可、独占实施许可、交叉实施许可和分售实施许可。

（8）标记权。标记权是指专利权人享有的在其专利产品或该产品包装上标明专利标记和专利号的权利。实践中经常使用"中国专利""专利"或"专利产品"等作为专利产品的专利标记。

（二）专利权人的义务

（1）缴纳专利年费；

（2）不得滥用专利权；

（3）对发明创造人给予奖励。

八、专利权的期限、终止和无效

（一）专利权的期限

专利权的期限，即专利权受法律保护的期限，超过这段期限就失去了法律效力。《专利法》规定，发明专利权的期限为 20 年，实用新型和外观设计专利权的期限为 10 年，均自申请日起计算。

（二）专利权的终止

专利权的终止也称专利权的消灭，是指专利权人丧失对其所拥有的专利的独占权。专利权终止一般有如下原因：

（1）专利期限届满。

（2）没有按照规定缴纳年费。

（3）专利权人以书面声明放弃其专利权。

（4）专利权人死亡而又无继承人。

（5）专利权被专利复审委员会宣告无效。

专利权终止后，由国务院专利行政部门登记并公告。

（三）专利权的无效

（1）专利权无效的概念和情形。专利权无效是指已经取得的专利权因不符合专利法的规定，根据有关单位或个人的请求，经专利复审委员会审核后被宣告无效。宣告专利权无效的情形具体包括：

1）授予专利权的发明创造不符合专利法规定的授予专利权的实质性条件。

2）授予专利权的发明创造不符合专利法规定的关于专利申请文件的撰写要求或专利申请文件修改范围的规定。

3）授予专利权的发明创造不属于专利法规定的发明、实用新型和外观设计。

4）授予专利权的发明创造不符合先申请原则和单一性原则。

5）授予专利权的发明创造属于专利法规定的不授予专利权的项目，或者属于依照专利法关于申请在先取得专利权的规定而不能取得专利权的项目等。

（2）专利权宣告无效的程序。请求宣告专利权无效的单位或个人，应当向专利复审委员会提出请求书，并说明理由。专利复审委员会收到请求宣告专利权无效的请求书后，应当及时审查和做出决定，并通知请求人和专利权人。宣告专利权无效的决定，由国务院专利行政部门登记和公告。对专利复审委员会宣告专利权无效或者维持专利权的决定不服的，可以自收到通知之日起3个月内向人民法院起诉。人民法院应当通知无效宣告请求程序的对方当事人作为第三人参加诉讼。

（3）专利权宣告无效的法律效力。根据《专利法》的规定，专利权宣告无效的法律效力具体体现为：

1）宣告无效的专利权视为自始即不存在。

2）宣告专利权无效的决定，对在宣告专利权无效前人民法院做出并已执行的专利侵权的判决、裁定，已经履行或者强制执行的专利侵权纠纷处理决定，以及已经履行的专利实施许可合同和专利权转让合同，不具有追溯力。但是，因专利权人的恶意给他人造成的损失，应当给予赔偿。

3）如果依照上述规定，专利权人或者专利权转让人不向被许可实施专利人，或者专利权受让人返还专利使用费或者专利权转让费，明显违反公平原则，专利权人或者专利权转让人应当向被许可实施专利人或者专利权受让人返还全部或者部分专利使用费或者专利权转让费。

九、专利实施的强制许可

（一）专利实施强制许可的概念

专利实施强制许可是指一国的专利主管部门，不经专利权人同意，依法直接允许其他单位或个人实施其发明创造的一种许可方式，又称非自愿许可。

（二）专利实施强制许可的类型

具备实施条件的单位以合理的条件请求发明或者实用新型专利权人许可实施其专利，而未能在合理长的时间内获得这种许可时，国务院专利行政部门根据该单位的申请，可以给予实施该发明专利或者实用新型专利的强制许可。

在国家出现紧急状态或者非常情况时，或者为了公共利益的目的，国务院专利行政部门可以给予实施发明专利或者实用新型专利的强制许可。

《专利法》第五十一条，一项取得专利权的发明或者实用新型比前已经取得专利权的发明或者实用新型具有显著经济意义的重大技术进步，其实施又有赖于前一发明或者实用新型的实施的，国务院专利行政部门根据后一专利权人的申请，可以给予实施前一发明或者实用新型的强制许可。

（三）专利实施强制许可的程序

国务院专利行政部门作出的给予实施强制许可的决定，应当及时通知专利权人，并予以登记和公告。给予实施强制许可的决定，应当根据强制许可的理由规定实施的范围和时间。强制许可的理由消除并不再发生时，国务院专利行政部门应当根据专利权人的请求，经审查后作出终止实施强制许可的决定。取得实施强制许可的单位或者个人不享有独占的实施权，并且无权允许他人实施。取得实施强制许可的单位或者个人应当付给专利权人合理的使用费，其数额由双方协商；双方不能达成协议的，由国务院专利行政部门裁决。

十、专利权的保护

（一）侵害专利权的行为

根据《专利法》的规定，侵害专利权的行为主要包括以下方面：

（1）未经专利权人许可实施其专利的行为。包括：第一，未经专利权人许可，为生产经营目的制造、使用、许诺销售、销售、进口其专利产品，或者使用其专利方法以及使用、许诺销售、销售、进口依照该专利方法直接获得的产品；第二，未经专利权人许可，为生产经营目的制造、销售、进口其外观设计专利产品等。

（2）假冒他人专利的行为。包括：未经许可，在其制造或者销售的产品、产品的包装上标注他人的专利号；未经许可，在广告或者其他宣传材料中使用他人的专利号，使人将所涉及的技术误认为是他人的专利技术；未经许可，在合同中使用他人的专利号，使人将合同涉及的技术误认为是他人的专利技术；伪造或者变造他人的专利证书、专利文件或者专利申请文件等。

（3）以非专利产品冒充专利产品、以非专利方法冒充专利方法的行为。包括：制造或者销售标有专利标志的非专利产品；专利权被宣告无效后，继续在制造或者销售的产品上标注专利标记；在广告或者其他宣传材料中将非专利技术称为专利技术；在合同中将非专利技术称为专利技术；伪造或者变造专利证书、专利文件或者专利申请文件；等等。

（4）侵夺发明人或者设计人的非职务发明创造专利申请权以及其他权益的行为。

根据《专利法》的规定，有下列情形之一的不视为侵犯专利权：

（1）专利权人制造、进口或者经专利权人许可而制造、进口的专利产品或者依照专利方法直接获得的产品售出后，使用、许诺销售或者销售该产品的。

（2）在专利申请日前已经制造相同产品、使用相同方法或者已经做好制造、使用的必要准备，并且仅在原有范围内继续制造、使用的。

（3）临时通过中国领陆、领水、领空的外国运输工具，依照其所属国同中国签订的协议或者共同参加的国际条约，或者依照互惠原则，为运输工具自身需要而在其装置和设备中使用有关专利的。

（4）专为科学研究和实验而使用有关专利的。

（二）侵害专利权行为的法律责任

侵害专利权行为的法律责任包括民事责任、行政责任和刑事责任。民事责任主要包括停止侵害、赔偿损失、消除影响、恢复名誉等。行政责任主要包括责令停止侵权行为、责令改正、没收违法所得、罚款、行政处分等。刑事责任主要包括罚金、拘役、有期徒刑。

> **法条链接**
>
> 《刑法》第二百一十六条【假冒专利罪】假冒他人专利，情节严重的，处三年以下有期徒刑或者拘役，并处或者单处罚金。

第四节 商标权法律制度

一、商标、商标权与商标法概述

（一）商标概述

1. 商标的概念和特征

商标是指由文字、图形、字母、数字、三维标志和颜色组合，以及这些要素组合构成的，使用于一定的商品或者服务项目，用以区别商标使用者与同类商品的生产经营者或同类服务业经营者的显著标记。作为商品或者服务的标志，商标能代表一定商品或者服务的质量和信誉。商标知名度越高，其商品的市场竞争力就越强。

商标具有如下特征：

（1）商标主要是由文字、图形或文字与图形结合而组成的标记。

（2）商标是使用于商品或者服务上的显著标记。

（3）商标是代表特定商品生产者、经销者或者服务提供者的专用符号。

（4）商标是附于商品表面或包装或标于与所提供的服务相关的物品上的具有显著特征的简洁符号。

2. 商标的分类

按照不同的标准，可将商标分为不同的种类：

（1）按商标的结构不同，可将商标分为文字商标、图形商标、字母商标、数字商标、颜色组合商标、立体商标和非形象商标（如音响商标、气味商标和电子数据传输标记等）。

（2）按商标的使用者不同，可将商标分为产业商标、服务商标、集体商标和无主商标等。

（3）按商标用途的不同，可将商标分为营业商标、证明商标、等级商标、组合商标、亲族商标、防御商标和联合商标等。

（4）按商标的知名度情况，可将商标分为普通商标、著名商标和驰名商标等。其中，著名商标是指在一定的地域范围较为知名的商标。它不属于国际上的专用名词，只是在我国省市级名誉评选中采用。驰名商标是指在较大地域范围内的市场上享有较高声誉，为相关公众所普遍熟知，有良好质量信誉并受法律特别保护的商标。我国《商标法》对驰名商标的认定和保护作了明确规定。

（二）商标权概述

商标权，是指按《商标法》的规定，由国家商标管理部门授予商标注册申请人在法定期限内对其注册商标享有的专用权。任何单位和个人未经商标权人许可，不得在相同商品或者类似商品上使用与其注册商标相同或近似的商标。

1. 商标权的概念

商标权是指商标所有人对其商标拥有的独占的、排他的权利。由于我国在商标权的取得方面实行的是注册原则，因此，商标权实际上是因商标申请、经政府主管部门确认的专有权利，即因商标注册而产生的权利。从权利的性质上看，商标权与所有权一样，属于绝对权的范围，即权利主体对其注册商标享有完全的使用和排他的权利。从权利的特征上看，商标权与一般知识产权一样，具有无形性、法定性、专有性、地域性和时间性。

2. 商标权的主体

商标权的主体是指通过法定程序在自己生产、制造、加工、拣选、经销的商品或者提供的服务上享有商标专用权的人。根据《商标法》的规定，商标权的主体范围包括自然人、法人或者其他组织。

两个以上的自然人、法人或者其他组织可以共同向商标局申请注册同一商标，共同享有和行使该商标专用权。

3. 商标权的客体

商标权的客体是指经商标局核准注册的商标，即注册商标。

申请注册的商标应当具备以下条件：

（1）商标应当具备显著性。《商标法》规定，申请注册的商标应当有显著特征，便于识别，并不得与他人在先取得的合法权利相冲突。

（2）商标应当符合可视性要求。《商标法》规定，任何能够将自然人、法人或者其他组织的商品与他人的商品区别开的可视性标志，包括文字、图形、字母、数字、三维标志和颜色组合，以及上述要素的组合，均可以作为商标申请注册。由此可见，气味标志、音响标志不能成为注册商标。

根据《商标法》的规定，下列标志不得作为商标使用：

（1）同中华人民共和国的国家名称、国旗、国徽、军旗、勋章相同或者近似的，以及同中央国家机关所在地特定地点的名称或者标志性建筑物的名称、图形相同的。

（2）同外国的国家名称、国旗、国徽、军旗相同或者近似的，但该国政府同意的除外。

（3）同政府间国际组织的名称、旗帜、徽记相同或者近似的，但经该组织同意或者不易误导公众的除外。

（4）与表明实施控制、予以保证的官方标记、检验印记相同或者近似的，但经授权的除外。

（5）同"红十字""红新月"的名称标志相同或者近似的。

（6）带有民族歧视性的。

（7）夸大宣传并带有欺骗性的。

（8）有害于社会主义道德风尚或者有其他不良影响的。

（9）县级以上行政区划的地名或者公众知晓的外国地名。但是，地名具有其他含义或者作为集体商标、证明商标组成部分的除外。已经注册的使用地名的商标继续有效。

下列标志不得作为商标注册：

（1）仅有本商品的通用名称、图形、型号的。

（2）仅仅直接表示商品的质量、主要原料、功能、用途、重量、数量及其他特点的。

（3）缺乏显著特征的。

此外，根据《商标法》的规定，以三维标志申请注册商标的，仅有商品自身的性质产生的形状、为获得技术效果而需有的商品形状或者使商品有实质性价值的形状，不得注册。就相同或者类似商品申请注册的商标是复制、模仿或者是翻译他人未在中国注册的驰名商标，容易导致混淆的，不予注册并禁止使用。就不相同或者不相类似商品申请注册的商标是复制、模仿或者翻译他人已经在中国注册的驰名商标，误导公众，致使该驰名商标注册人的利益可能受到损害的，不予注册并禁止使用。未经授权，代理人或者代表人以自己的名义将被代理人或者被代表人的商标进行注册，被代理人或者被代表人提出异议的，不予注册并禁止使用。

（三）商标法概述

1. 商标法的概念

商标法是指调整商标的组成、注册、使用、管理和商标专用权的保护等的法律规范的总称。

商标法有广义和狭义之分。狭义的商标法仅指全国人民代表大会常务委员会通过的《商标法》。广义的商标法除《商标法》外，还包括国家有关法律、行政法规和规章中关于商标的法律规范，如《商标法实施条例》《驰名商标认定和管理暂行规定》《商标代理管理办法》《商标印制管理办法》等。我国参加缔结的有关商标权国际保护方面的条约、协定，经批准公布具有国内法效力的，也属于广义的商标法的范畴。

2. 商标法的基本原则

（1）保护商标专用权与维护消费者利益相结合的原则。保护商标专用权是商标法的核心和基础，同时商标法也体现了对消费者利益的保护。

（2）注册取得商标专用权原则。《商标法》规定，经商标局核准注册的商标为注册商标，商标注册人享有商标专用权，受法律保护。

（3）自愿注册原则。《商标法》规定，自然人、法人或者其他组织对其生产、制造、加工、拣选、经销的商品，或者对其提供的服务项目，需要取得商标专用权的，应当向商标局申请商标注册。因此，是否取得商标专用权由商标使用人自己决定，自愿注册。

二、商标注册

（一）商标注册的原则

1. 自愿注册原则

《商标法》规定，从事生产、制造、加工、拣选或者经销商品以及提供服务者，需要取得商标专用权的，都可以向商标局提出商标注册。在注册办法上，采用自愿注册原则。但对于人用药品和烟草制品等商品，实行强制注册原则。

2. 申请在先原则

《商标法》规定，两个或者两个以上的申请人，在同一种商品或者类似商品上以相同或者近似的商标申请注册，初步审定并公告申请在先的商标，驳回申请在后的商标。如同一天相同或类似商品上申请的两个或两个以上相同或近似的商标，由国家商标主管机关通知申请人自行协商。协商一致后，30天内将协商结果书面报送商标局，超过30天达不成协议的，在商标局主持下，由申请人抽签决定，或者由商标局裁定。

3. 不得恶意注册原则

《商标法》对恶意商标注册及恶意侵犯商标专用权的行为作出了具体规定。

（1）具体明确了"不以使用为目的的恶意商标注册申请"的后果：①在申请阶段将予以驳回；②在初步审定公告阶段，在先权利人、利害关系人有权据此提出异议；③即使已经注册成功，也将面临被宣告无效。

（2）提高了"恶意侵犯商标专用权"的赔偿限额：在确定数额以后，按照一至五倍确定赔偿数额。

（3）提高了"恶意侵犯商标专用权"无法确定数额时的赔偿限额：在无法确定数额的情况下，由人民法院根据侵权行为的情节判决给予五百万元以下的赔偿。

（4）增加"销毁"条款：①应权利人请求，根据具体情况，法院责令侵权产品以及用于制造侵权产品的材料、工具的销毁、禁入商业渠道。②此外，假冒注册商标的商品不得在仅去除假冒注册商标后进入商业渠道。

（5）进一步对商标代理机构的违法行为加上枷锁。①恶意申请商标注册将得到行政处罚；②恶意商标诉讼，人民法院依法对其予以处罚；③不得申请其代理自身服务申请商标注册之外的商标注册，以及不得进行代理知道或者应当知道委托人系恶意注册商标申请的行为。否则，在初步审定公告阶段，在先权利人、利害关系人有权据此提出异议，此外，即使注册成功，也将面临被宣告无效。

（二）商标注册的程序

1. 商标注册的申请

申请商标注册应当向商标局提出商标注册申请。商标注册申请人应当按规定的商品分类表填报使用商标的商品类别和商品名称，提出注册申请。商标注册申请人可以通过一份申请就多个类别的商品申请注册同一商标。商标注册申请等有关文件，可以以书面方式或者数据电文方式提出。

外国人或者外国企业在中国申请商标注册和办理其他商标事宜的，应当委托国家认可的具有商标代理资格的组织代理。

申请商标注册不得损害他人现有的在先权利，也不得以不正当手段抢先注册他人已经使用并有一定影响的商标。

按照《巴黎公约》的规定，申请商标注册的优先权为6个月。

2. 商标注册的审批

商标注册的审批包括以下几个程序：

（1）初步审定。包括：申请人是否具备合法资格；申请的文件是否齐全，内容是否合格，手续是否齐备；申请注册的商标是否符合法定条件；申请注册的商标是否同已申请在先或者已注册的商标相同或近似等。

（2）核准注册。经过初步审定公告的商标，如在3个月内无人提出异议，或异议不成立，即予以核准注册并著录在《商标注册簿》上，发给商标注册申请人商标注册证并予以公告。至此，申请人便取得注册商标专用权。

知识拓展

商标权的优先使用

商标注册申请人自其商标在外国第一次提出商标注册申请之日起6个月内，又在中国就相同商品以同一商标提出商标注册申请的，依照该外国同中国签订的协议或者共同参加的国际条约，或者按照相互承认优先权的原则，可以享有优先权。要求行使优先权的，应当在提出商标注册申请的时候提出书面声明，并且在3个月内提交第一次提出的商标注册申请文件的副本；未提出书面声明或者逾期未提交商标注册申请文件副本的，视为未要求优先权。

根据《商标法》的规定，商标在中国政府主办的或者承认的国际展览会展出的商品上首次使用的，自该商品展出之日起6个月内，该商标的注册申请人可以享有优先权。要求优先权的，应当在提出商标注册申请的时候提出书面声明，并且在3个月内提交展出其商品的展览会名称、在展出商品上使用该商标的证据、展出日期等证明文件；未提出书面声明或者逾期未提交证明文件的，视为未要求优先权。申请人提交的证明文件应当经国务院工商行政管理部门规定的机构认证；展出其商品的国际展览会是在中国境内举办的除外。

三、注册商标的续展、转让

（一）注册商标的期限

注册商标专用权具有时间性。《商标法》规定，注册商标有效期为10年，从商标核准之日起计算。

（二）注册商标的续展

注册商标的续展是指注册商标所有人在商标注册有效期届满前后的一定时间内依法办理一定手

续延长其注册商标有效期的制度。

根据我国《商标法》的规定，注册商标有效期满，需要继续使用的，应当在期满前6个月内申请续展注册；在此期间未能提出申请的，可以给予6个月的宽展期。宽展期满仍未提出申请的，注销其注册商标。续展注册可以无限制地重复进行，每次续展注册的有效期为10年，自该商标上一次有效期满次日起计算。

（三）注册商标的转让

注册商标的转让是指注册商标所有人依法将因注册商标产生的商标权转让给他人的行为。注册商标转让后，原注册商标所有人不再享有该注册商标的专用权，受让人成为该注册商标的所有人，享有商标专用权。

根据我国《商标法》的规定，转让注册商标的，转让人和受让人应当签订转让协议，并共同向商标局提出申请。受让人应当保证使用该注册商标的商品质量。转让注册商标经商标局核准后，发给受让人相应的证明，并予以公告。受让人自公告之日起享有商标专用权。

四、注册商标的使用许可、争议的裁定

（一）注册商标的使用许可

注册商标的使用许可是指注册商标所有人通过签订商标使用许可合同，许可他人使用其注册商标，同时收取一定的许可使用费。

根据我国《商标法》的规定，商标注册人可以通过签订商标使用许可合同，许可他人使用其注册商标。许可人应当监督被许可人使用其注册商标的商品质量，被许可人应当保证使用该注册商标的商品质量。经许可使用他人注册商标的，必须在使用该注册商标的商品上标明被许可人的名称和商品产地。商标使用许可合同应当报商标局备案。

（二）注册商标争议的裁定

注册商标争议的裁定是指商标评审委员会对已经注册的商标发生的争议进行裁定的活动。

根据我国《商标法》的规定，除以下两种情形外，对已经注册的商标有争议的，可以自该商标经核准注册之日起5年内向商标评审委员会申请裁定：

（1）已经注册的商标，违反《商标法》不得作为商标使用的标志的规定、不得作为商标注册的标志的规定、不得以三维标志申请注册商标情形的规定的，或者是以欺骗手段或其他不正当手段取得注册的，由商标局撤销该注册商标；其他单位或者个人可以请求商标评审委员会裁定撤销该注册商标。

（2）已经注册的商标，违反《商标法》有关不予注册并禁止使用的规定的，或者违反《商标法》有关申请商标注册不得损害他人现有的在先权利、不得以不正当手段抢先注册他人已经使用并有一定影响的商标的规定的，自商标注册之日起5年内，商标所有人或者利害关系人可以请求商标评审委员会裁定撤销该注册商标。对恶意注册的，驰名商标所有人不受5年的时间限制。

商标评审委员会收到裁定申请后，应当通知有关当事人，并限期提出答辩。商标评审委员会做出维持或者撤销注册商标的裁定后，应当书面通知有关当事人。当事人对商标评审委员会的裁定不服的，可以自收到通知之日起30日内向人民法院起诉。人民法院应当通知商标裁定程序的对方当事人作为第三人参加诉讼。

五、商标使用的管理

商标使用的管理是指商标局对注册商标、未注册商标的使用进行监督管理，并对违反商标法规定的侵权行为予以制裁的活动。

（一）对注册商标使用的管理

经商标局核准注册的商标为注册商标，商标注册人依法享有商标专用权，受法律保护。根据《商标法》的规定，商标行政管理部门对注册商标的使用依法实行管理，具体管理工作包括以下内容。

（1）对使用注册商标的管理。使用注册商标，有下列行为之一的，由商标局责令限期改正或者撤销其注册商标：

1）自行改变注册商标的。

2）自行改变注册商标的注册人名义、地址或者其他注册事项的。

3）自行转让注册商标的。

4）连续3年停止使用的。

（2）监督使用注册商标的商品质量。使用注册商标，其商品粗制滥造，以次充好，欺骗消费者的，由各级工商行政管理部门分别不同情况，责令限期改正，并可以予以通报或者处以罚款，或者由商标局撤销其注册商标。

（3）对被撤销或者注销的商标的管理。注册商标被撤销的或者期满不再续展的，自撤销或者注销之日起1年内，商标局对与该商标相同或者近似的商标注册申请，不予核准。

（4）对必须使用注册商标的商品的管理。对按照国家规定必须使用注册商标的商品，未申请注册而在市场上销售的，由地方工商行政管理部门责令限期申请注册，可以并处罚款。

（二）对未注册商标使用的管理

未注册的商标不享有商标专用权，但由于我国对商标注册采取自愿原则，除国家规定必须使用注册商标的商品外，允许商品生产者、经营者或者服务提供者合法使用未注册商标。未注册商标的使用同样涉及商标专用权的保护、商品或者服务质量的保证和消费者利益的保障，因而商标管理工作也包括对未注册商标使用的管理。

根据《商标法》的规定，使用未注册商标，有下列行为之一的，由地方工商行政管理部门予以制止，限期改正，并可以予以通报或者处以罚款：

（1）冒充注册商标的。

（2）违反《商标法》中不得作为商标使用的标志的规定的。

（3）粗制滥造，以次充好，欺骗消费者的。

六、注册商标专用权的保护

（一）注册商标专用权的保护范围

根据《商标法》的规定，注册商标的专用权，以核准注册的商标和核定使用的商品为限。根据这一规定，注册商标专用权的保护范围主要限定在三个方面。

（1）核准注册的商标。商标因注册而取得专用权，从而得到法律保护。未注册的商标一般情况下是不受法律保护的。虽然《商标法》也规定，申请商标注册不得损害他人现有的在先权利，也不得以不正当手段抢先注册他人已经使用并有一定影响的商标，但这一规定并不意味着注册商标与未注册商标在法律地位上的一致。因为，未注册商标的使用人不享有该商标的专用权，无权依照《商标法》的规定禁止他人使用，而只有有限的不受他人不正当干扰的使用权。

（2）核定使用的商品或者服务。在核定使用的商品或者服务上使用注册商标是法律保护的基本条件，他人未经许可不得在相同或类似商品或服务上使用相同或近似的商标。

（3）注册商标在有效期限内。注册商标的有效期限为10年，可无限续展。注册商标超过有效期限没有续展的，不再受到法律的保护。

(二)侵犯注册商标专用权的行为及其法律责任

(1) 侵犯注册商标专用权的行为。根据《商标法》的规定,有下列行为之一的,均属侵犯注册商标专用权:

1) 未经商标注册人的许可,在同一种商品或者类似商品上使用与其注册商标相同或者近似商标的。

2) 销售侵犯注册商标专用权的商品的。

3) 伪造、擅自制造他人注册商标标识或者销售伪造、擅自制造的注册商标标识的。

4) 未经商标注册人同意,更换其注册商标并将该更换商标的商品又投入市场的。

5) 给他人的注册商标专用权造成其他损害的。

(2) 侵犯注册商标专用权的法律责任。侵犯注册商标专用权的法律责任包括民事责任、行政责任和刑事责任。

1) 民事责任。民事责任主要包括停止侵犯、消除影响、赔偿损失等。其中,根据《商标法》的规定,侵犯商标专用权的赔偿数额,为侵权人在侵权期间因侵权所获得的利益,或者被侵权人在被侵权期间因被侵权所受到的损失,包括被侵权人为制止侵权行为所支付的合理的开支。上述所称侵权人因侵权所得利益或者被侵权人因被侵权所受损失难以确定的,由人民法院根据侵权行为的情节判决给予 50 万元以下的赔偿。销售不知道是侵犯注册商标专用权的商品,能证明该商品是自己合法取得并说明提供者的,不承担赔偿责任。

2) 行政责任。行政责任主要包括:责令立即停止侵权行为;没收、销毁侵权商品和专门用于制造侵权商品、伪造注册商标标识的工具;罚款。根据规定,工商行政管理部门可以根据情节处以非法经营额 20% 以下或者非法获利 2 倍以下的罚款;对侵犯注册商标专用权的单位的直接责任人员,可根据情节处以 1 万元以下的罚款。

3) 刑事责任。刑事责任主要包括:

①《刑法》第二百一十三条规定,【假冒注册商标罪】未经注册商标所有人许可,在同一种商品、服务上使用与其注册商标相同的商标,情节严重的,处三年以下有期徒刑,并处或者单处罚金;情节特别严重的,处三年以上十年以下有期徒刑,并处罚金。

②《刑法》第二百一十四条规定,【销售假冒注册商标的商品罪】销售明知是假冒注册商标的商品,违法所得数额较大或者有其他严重情节的,处三年以下有期徒刑,并处或者单处罚金;违法所得数额巨大或者有其他特别严重情节的,处三年以上十年以下有期徒刑,并处罚金。

③《刑法》第二百一十五条规定,【非法制造、销售非法制造的注册商标标识罪】伪造、擅自制造他人注册商标标识或者销售伪造、擅自制造的注册商标标识,情节严重的,处三年以下有期徒刑,并处或者单处罚金;情节特别严重的,处三年以上十年以下有期徒刑,并处罚金。

(三) 侵犯注册商标专用权案件的处理

根据《商标法》的规定,对侵犯注册商标专用权的案件,先由当事人协商解决,当事人不愿协商或者协商不成的,可以有两种处理方式:一是由商标注册人或者利害关系人请求工商行政管理部门处理;二是由商标注册人或者利害关系人向人民法院起诉。

(1) 工商行政管理部门对侵犯注册商标专用权案件的处理。根据《商标法》的规定,商标注册人或者利害关系人对有侵犯注册商标专用权的行为可以请求工商行政管理部门处理。县级以上工商行政管理部门对涉嫌侵犯他人注册商标专用权的行为进行查处时,可以行使下列职权:

1) 询问有关当事人,调查与侵犯他人注册商标专用权有关的情况。

2) 查阅、复制当事人与侵权活动有关的合同、发票、账簿以及其他有关资料。

3) 对当事人涉嫌从事侵犯他人注册商标专用权活动的场所实施现场检查。

4）检查与侵犯活动有关的物品，对有证据证明是侵犯他人注册商标专用权的物品可以查封或者扣押。

工商行政管理部门在处理侵犯注册商标专用权案件时，认定侵权行为成立的，责令立即停止侵权行为，没收、销毁侵权商品和专门用于制造侵权商品、伪造注册商标标识的工具，并可处以罚款。当事人对处理决定不服的，可以自收到处理通知之日起15日内向人民法院起诉。侵权人期满不起诉又不履行的，工商行政管理部门可以申请人民法院强制执行。

（2）人民法院对侵犯注册商标专用权案件的处理。根据《商标法》的规定，商标注册人或者利害关系人对侵犯注册商标专用权的行为可以向人民法院起诉。

商标注册人或者利害关系人有证据证明他人正在实施或者即将实施侵犯其注册商标专用权的行为，如不及时制止将会使其合法权益受到难以弥补的损害的，可以在起诉前向人民法院申请采取责令停止有关行为和财产保全的措施。

为制止侵权行为，在证据可能灭失或者以后难以取得的情况下，商标注册人或者利害关系人可以在起诉前向人民法院申请保全证据。人民法院接受申请后，必须在48小时内做出裁定。裁定采取保全措施的，应当立即开始执行。人民法院可以责令申请人提供担保，申请人不提供担保的，驳回申请。申请人在人民法院采取保全措施后15日内不起诉的，人民法院应当解除保全措施。

（四）驰名商标的法律保护

驰名商标，是指在市场上享有较高声誉并为相关公众所熟知的商标。驰名商标能给国家和企业带来巨大的经济效益，驰名商标的多少在一定程度上体现了一个国家的经济实力和水平。保护驰名商标有利于维护社会经济秩序、保护驰名商标权人的合法权益、保护消费者的利益。

驰名商标由国家工商行政管理总局商标局和人民法院认定，除此以外的任何组织和个人不得认定或者采取其他变相方式认定驰名商标。认定驰名商标，应当考虑下列因素：

（1）相关公众对该商标的知晓程度。

（2）该商标使用的持续时间。

（3）该商标的任何宣传工作的持续时间、程度和地理范围。

（4）该商标作为驰名商标受保护的记录。

（5）该商标驰名的其他因素。

国家工商行政管理总局商标局和人民法院认定驰名商标后，应当将认定结果通知有关部门及申请人，并予以公告。

为了保护驰名商标所有人的合法权益，我国对驰名商标制定了有别于一般商标的特殊保护规定，具体表现在以下四方面。

（1）将与他人驰名商标相同或者近似的商标在非类似商品上申请注册，且可能损害驰名商标注册人的权益的，由国家工商行政管理总局商标局驳回其注册申请；申请人不服的，可以向国家工商行政管理总局商标评审委员会申请复审。已经注册的，自注册之日起5年内，驰名商标注册人可以请求国家工商行政管理总局商标评审委员会予以撤销，但恶意注册的不受时间限制。

（2）将与他人驰名商标相同或者近似的商标使用在非类似的商品上，且会暗示该商品与驰名商标注册人存在某种联系，从而可能使驰名商标注册人的权益受到损害的，驰名商标注册人可以自知道或者应当知道之日起2年内，请求工商行政管理机关予以制止。

（3）自驰名商标认定之日起，他人将与该驰名商标相同或者近似的文字作为企业名称一部分使用，且可能引起公众误认的，工商行政管理机关不予核准登记；已经登记的，驰名商标注册人可以自知道或者应当知道之日起2年内，请求工商行政管理机关予以撤销。

（4）未经国家工商行政管理总局商标局和人民法院认定，伪称商标为驰名商标，欺骗公众的，由行为地工商行政管理机关视其情节予以警告，处以违法所得额3倍以下的罚款，但最高不超过3万元，没有违法所得的，处以1万元以下的罚款。

本章小结

知识产权是指基于创造性智力成果和工商业标记依法产生的权利，其范围包括著作权、专利权、商标权、地理标志权、商业秘密权、集成电路布图设计权、植物新品种权和其他科技成果权。知识产权在现代社会中具有越来越重要的地位和作用。本章主要介绍知识产权的概念与特征，著作权、商标权和专利权的相关概念，著作权、商标权和专利权的取得程序，著作权、商标权和专利权的内容及其法律保护。认识和明确知识产权权利人和相对人的权利义务关系，提高知识产权保护意识。

复习与训练

一、名词解释

1. 知识产权
2. 著作权的法定许可使用
3. 作品
4. 商标权
5. 仿冒行为

二、不定项选择

1. 甲在饼干上以"ABC"为标志向商标局申请商标注册。商标局于2013年3月1日发布初审公告。2013年5月1日，乙向商标局提出异议。商标局调查核实后认为异议不成立，于2014年4月1日作出准予注册的决定。经查，丙于2013年5月1日至2014年4月1日期间一直在自己生产的饼干上使用"ABC"标志。甲的商标专用权保护期为自（　）起10年。

　　A. 2013年5月1日　　　　　　　　B. 2013年6月1日
　　C. 2013年6月2日　　　　　　　　D. 2014年4月1日

2. 根据著作权法规定，中国公民的著作权在下列何种情况下产生？（　）
　　A. 随作品的发表而自动产生
　　B. 随作品的创作完成而自动产生
　　C. 在作品以一定物质形态固定后自动产生
　　D. 在作品上加注版权标记后自动产生

3. 在下列选项中，不属于著作权客体的有（　）。
　　A. 政府公告　　　　　　　　　　B. 计算机软件
　　C. 小说　　　　　　　　　　　　D. 公共讲堂的演说

4. 以知识的功能为标准划分，知识产权分为（　）。
　　A. 著作权　　　　　　　　　　　B. 工业产权
　　C. 创造成果权　　　　　　　　　D. 工商业标记权

5. 以知识产权价值的来源为标准划分，知识产权分为（　　）。
   A. 著作权　　　　　　　　　　　B. 工业产权
   C. 创造成果权　　　　　　　　　D. 工商业标记权
6. 我国著作权法所保护的作品包括（　　）。
   A. 某著名法学家的课堂授课
   B. 某政治家发表的即兴演讲
   C. 某种商品说明书
   D. 未以乐谱形式表现出来的曲调
7. 下列选项中，受著作权法保护的作品是（　　）。
   A. 某大律师在法庭上所做的精彩辩论　　B. 时事新闻
   C. 王某创作的淫秽小说　　　　　　　　D. 豫剧剧本
8. （　　）开创了专利法国际协调的先河。
   A.《伯尔尼公约》　　　　　　　　B.《罗马公约》
   C.《巴黎公约》　　　　　　　　　D.《知识产权协议》
9. 商标注册申请人自其在某外国第一次提出商标注册申请之日起六个月内，又在中国就相同商品以同一商标提出注册申请的，依据（　　）可享有优先权。
   A. 该外国同中国签订的协议
   B. 该外国同中国共同参加的国际条约
   C. 该外国同中国相互承认优先权
   D. 该外国同中国有外交关系
10. 甲公司通过商标使用许可合同，许可乙厂使用其"小铃铛"注册商标。对于乙厂生产销售"小铃铛"饮料的质量事宜，甲公司的做法中正确的是（　　）。
    A. 甲公司不必过问，由乙厂自行负责
    B. 甲公司有义务进行监督
    C. 甲公司有权派人进行抽样检查
    D. 如果不合格，甲公司有权禁止乙厂继续使用该商标

三、简答题
1. 简述专利申请的原则。
2. 简述与知识产权有关的不正当竞争行为有哪些。
3. 简述驰名商标淡化理论。

四、案例分析
甲是A市一中的历史教师，因申报课题需要参考自己历年所写教案，遂向学校要求返还上交的20本教案，但学校最终只返还了1本，称其余的教案或被销毁或被卖给了废品回收站。甲认为学校不尊重教师劳动成果，私自处理行为侵犯了自己的著作权，遂对A市一中提起诉讼。本案的行为侵犯了教师所写教案的著作权。一审判决认为：甲撰写教案的行为是工作行为，且教案不能被认为是作品；二审判决认为：教案属于教师为完成学校工作任务所创作的职务作品，是教师在工作中应该履行的工作职责，是一种工作行为。

根据上述案例分析：
1. 甲撰写的教案是否属于著作权保护范畴？
2. 什么是职务作品？
3. 甲撰写的教案应该归属于谁？

课后思考

额头出汗原则（sweat of one's brow）

在传统英语习语中，sweat of one's brow 的意思是在劳动中所耗费的努力，以及由此产生的价值，额头出汗原则的名称也来自这个习语。

额头出汗原则（或称辛勤原则）是一条知识产权法律原则，尤其关系到著作权法。根据这条法律原则，作者通过创作（如数据库、通讯录）时所付出的劳动就可获得著作权，并不需要真正的创造或"原创性"。在"辛勤原则"的保护下，获得著作权的作者（尽管完全非原创）有权得到其付出及费用的保护，在不授权的情况下，别人无权使用其作品，但却可以通过独立研究或工作对其作品进行再创造。电话簿就是一个典型的例子。在"辛勤原则"的权限内，电话簿可能不允许复制，但是某个竞争对手可以通过独立收集信息来发行一份相当的号码簿。这一原则同样适用于数据库和知识点列表。

第六章 个人独资企业与合伙企业法律制度

Chapter Six

学习目标

○ 了解个人独资企业与合伙企业的概念和特征；
○ 熟悉个人独资企业权利和义务；
○ 掌握个人独资企业的设立条件及事务管理；
○ 掌握普通合伙企业的设立、事务执行、入伙和退伙等内容以及关于有限合伙企业的特殊规定；
○ 识记合伙企业的解散和清算。

导入案例

○ 王某、张某、李某与范某开办的独资企业与甲共同签订了一份合伙协议，拟共同生产经营一种新式取暖设备，王某、甲各出资30万元，张某以其取暖设备专利作价出资50万元，李某则以其劳务作价出资20万元，以上出资的四个合伙人经协商确定，不再委托法定评估机构进行评估。同时向企业登记机关申请设立登记，企业名称定为"光明有限合伙厂"，在申请登记期间，恰有一厂家急需取暖设备，于是四合伙人便以"光明有限合伙厂"名义与该厂家签订了一份购销合同。

○ 分析：上述内容哪些不符合《合伙企业法》的规定？

第一节 个人独资企业法制度

一、个人独资企业的概念和特征

（一）个人独资企业的概念

个人独资企业，是指依照《中华人民共和国个人独资企业法》的规定在中国境内设立，由一个自然人投资，财产为投资人个人所有，投资人以其个人财产对企业债务承担无限责任的经营实体。

（二）个人独资企业的特征

1. 投资人方面

个人独资企业是由一个自然人投资设立的。设立个人独资企业只能是一个自然人投资设立，这里的自然人为具有中国国籍的自然人。国家机关、企事业单位等组织以及法律、行政法规禁止从事营利活动的人，不得作为个人独资企业的投资人。

2. **产权关系和组织管理方面**

个人独资企业的全部财产为投资人个人所有，投资人是企业财产的唯一所有者。在组织管理方面，个人独资企业的内部机构设置简单，经营管理方式灵活。

3. **责任形式方面**

投资人对个人独资企业债务承担无限责任。当个人独资企业的财产不足以清偿债务时，投资人应当以其个人财产进行清偿。

4. **法律地位方面**

个人独资企业不具有法人资格。个人独资企业虽然有资金、名称或商号，并以企业名义从事民事行为和参加诉讼活动，但它不具有独立的法人地位，只是自然人进行商业活动的一种特殊形态。

知识拓展

法人是与自然人并列的传统民法的两大法定民事主体之一。法人是具有民事权利能力和民事行为能力，依法独立享有民事权利和承担民事义务的组织。法人具有三大特征：

1. **独立人格**

法人一经成立即具有独立法律人格，因此组成法人的某一自然人退出或者死亡不影响法人的存续，此点区别于合伙企业、个人独资企业。

2. **独立财产**

法人财产由出资者的出资财产和经营积累的财产两部分构成。企业法人出资者一经出资即丧失了出资财产的所有权，而转归法人所有，这也是法人企业区别于合伙企业、个人独资企业的特征之一。

3. **独立责任**

法人以其独立财产对外承担独立责任。法人是以其全部财产承担债务的清偿责任，除法律有特别规定外，法人的组成人员及其他组织不对法人的债务承担责任，同样，法人也不对除自身债务外的其他债务承担民事责任。

二、个人独资企业法

（一）个人独资企业法的概念

个人独资企业法是调整在国家协调经济运行过程中发生的关于个人独资企业的法律关系的法律规范的总称。为了规范个人独资企业这一市场主体的行为，保护个人独资企业投资人和债权人的合法权益，维护社会经济秩序，1999年8月30日通过了《中华人民共和国个人独资企业法》（以下简称《个人独资企业法》），自2000年1月1日起施行。该法是我国第一部规范个人独资企业的法律。

（二）个人独资企业法的立法宗旨和适用范围

1. **个人独资企业法的立法宗旨**

（1）规范个人独资企业的行为。

（2）保护个人独资企业投资人和债权人的合法权益。

（3）维护社会经济秩序，促进社会主义市场经济的发展。

2. **个人独资企业法的适用范围**

个人独资企业法只适用于一个自然人依法设立的个人独资企业，不适用于具有独资特征的全民所有制企业、国有独资企业和外商独资企业等商业主体。

三、个人独资企业的设立与变更

(一) 个人独资企业设立的条件

1. 投资人为一个自然人

个人独资企业的投资人只能是自然人且只能是一个自然人,该自然人应该理解为"一个中国人",不包括港澳台同胞和外国国籍的自然人。

2. 有合法的企业名称

个人独资企业的名称应当与其责任形式及营业相符合,遵守企业名称登记管理规定。个人独资企业只能使用一个名称,在个人独资企业名称中不得使用"有限""有限责任""公司"等字样。

3. 有投资人申报的出资

投资人可以以个人财产出资,也可以以家庭共有财产出资。以家庭共有财产出资的,投资人应当在设立或者变更申请书中予以说明。投资人可以以货币、实物、知识产权、土地使用权或者其他财产权利出资。个人独资企业没有最低注册资本金要求,仅要求投资人有自己申报的出资即可。

4. 有固定的生产经营场所和必要的生产经营条件

个人独资企业虽然内部机构设置简单,经营管理方式灵活,但是必须要有固定的生产经营场所和必要的生产经营条件,这些是个人独资企业开展经营活动的物质基础。

5. 有必要的从业人员

要求个人独资企业有与其生产经营范围、规模相适应的从业人员;但是,对从业人员的具体数量、从业素质,《个人独资企业法》没有具体规定。

> **法条链接**
>
> 《个人独资企业法》第八条 设立个人独资企业应当具备下列条件:
> (一)投资人为一个自然人;
> (二)有合法的企业名称;
> (三)有投资人申报的出资;
> (四)有固定的生产经营场所和必要的生产经营条件;
> (五)有必要的从业人员。

(二) 个人独资企业设立的程序

个人独资企业设立的程序包括申请、核准登记等程序。

1. 提出申请

申请设立个人独资企业,应当由投资人或者其委托的代理人向个人独资企业所在地的登记机关提交下列文件:

(1)设立申请书。应当载明下列事项:①企业的名称和住所;②投资人的姓名和居所;③投资人的出资额和出资方式;④经营范围。

(2)投资人身份证明。

(3)生产经营场所使用证明等文件。委托代理人申请设立登记时,应当出具投资人的委托书和代理人的合法证明。个人独资企业不得从事法律、行政法规禁止经营的业务;从事法律、行政法规规定须报经有关部门审批的业务,应当在申请设立登记时提交有关部门的批准文件。

2. 核准登记

登记机关应当在收到设立申请文件之日起15日内,对符合《个人独资企业法》规定条件的,予以登记，发给营业执照；对不符合《个人独资企业法》规定条件的，不予登记，并应当给予书面答复，说明理由。个人独资企业的营业执照的签发日期，为个人独资企业成立日期。在领取个人独资企业营业执照前，投资人不得以个人独资企业名义从事经营活动。

个人独资企业设立分支机构，应当由投资人或者其委托的代理人向分支机构所在地的登记机关申请登记，领取营业执照。分支机构经核准登记后，应将登记情况报该分支机构隶属的个人独资企业的登记机关备案。分支机构的民事责任由设立该分支机构的个人独资企业承担。

（三）个人独资企业的变更

个人独资企业变更，是指个人独资企业存续期间登记事项发生的变更，如企业名称、住所、经营范围、经营期限等方面发生的改变。个人独资企业存续期间登记事项发生变更的，应当在作出变更决定之日起的 15 日内依法向登记机关申请办理变更登记。个人独资企业登记事项发生变更时，未按《个人独资企业法》规定办理有关变更登记的，责令限期办理变更登记；逾期不办理的，处以 2 000 元以下的罚款。

知识拓展

个人独资企业与个体工商户存在着诸多相似之处，但也有明显的区别：

1. 出资人不同

个人独资企业的出资人只能是一个自然人；个体工商户既可以由一个自然人出资设立，也可以由家庭共同出资设立。

2. 承担责任的财产范围不同

个人独资企业的出资人在一般情况下仅以其个人财产对企业债务承担无限责任，只是在企业设立登记时明确以家庭共有财产作为个人出资的才会依法以家庭共有财产对企业债务承担无限责任。根据《中华人民共和国民法典》（总则）的规定，个体工商户的债务如属个人经营的，以个人财产承担，家庭经营的，则以家庭财产承担。

3. 适用的法律不同

个人独资企业适用《中华人民共和国个人独资企业法》；个体工商户主要适用《中华人民共和国民法典》（总则）。

4. 法律地位不同

个人独资企业是以企业的形态存在于市场主体之中，而个体工商户不采取企业的形式；区分两者的关键在于是否进行了独资企业登记，并领取独资企业营业执照。

四、个人独资企业的事务管理

（一）个人独资企业事务管理的方式

1. 个人独资企业事务管理的三种方式

（1）自行管理。由个人独资企业投资人本人对个人独资企业的经营事务直接进行管理。

（2）委托管理。由个人独资企业投资人委托其他具有民事行为能力的人负责企业的事务管理。

（3）聘任管理。由个人独资企业投资人聘用其他具有民事行为能力的人负责企业的事务管理。

2. 投资人委托或者聘用他人管理个人独资企业事务，应当与受托人或者被聘用的人签订书面合同，明确委托的具体内容和授予的权利范围

受托人或者被聘用的人员应当履行诚信、勤勉义务，按照与投资人签订的合同负责个人独资企业的事务管理。投资人委托或聘用人员管理个人独资企业事务时违反双方订立的合同，给投资人造成损害的，应承担民事赔偿责任。

3. 投资人对受托人或者被聘用的人员职权的限制，不得对抗善意第三人

个人独资企业的投资人与受托人或者被聘用的人员之间有关权利义务的限制，只对受托人或者被聘用的人员有效，对善意第三人并无约束力，受托人或者被聘用的人员超出投资人的限制与善意第三人进行的有关业务交往，应当对个人独资企业有效。

（二）受托人或者被聘用人员的义务

根据《个人独资企业法》的规定，投资人委托或者聘用的管理个人独资企业事务的人员不得有下列行为：

（1）利用职务上的便利，索取或者收受贿赂。
（2）利用职务或者工作上的便利侵占企业财产。
（3）挪用企业的资金归个人使用或者借贷给他人。
（4）擅自将企业资金以个人名义或者以他人名义开立账户储存。
（5）擅自以企业财产提供担保。
（6）未经投资人同意，从事与本企业相竞争的业务。
（7）未经投资人同意，同本企业订立合同或者进行交易。
（8）未经投资人同意，擅自将企业商标或者其他知识产权转让给他人使用。
（9）泄露本企业的商业秘密。
（10）法律、行政法规禁止的其他行为。

五、个人独资企业的权利、义务

（一）个人独资企业的权利

根据《个人独资企业法》的规定，个人独资企业存续期间享有下列权利：

（1）个人独资企业可以依法申请贷款。
（2）个人独资企业可以依法取得土地使用权。
（3）个人独资企业拒绝摊派权。任何单位和个人不得违反法律、行政法规的规定，以任何方式强制个人独资企业提供财力、物力、人力；对于违法强制提供财力、物力、人力的行为，个人独资企业有权拒绝。
（4）法律、行政法规规定的其他权利。

（二）个人独资企业的义务

根据《个人独资企业法》的规定，个人独资企业的主要义务有：

（1）个人独资企业从事经营活动须遵守法律、行政法规，遵守诚实信用原则，不得损害社会公共利益。
（2）个人独资企业应当依法设置会计账簿，进行会计核算。
（3）个人独资企业招用职工的，应当依法与职工签订劳动合同，保障职工的劳动安全，按时、足额发放职工工资。
（4）个人独资企业应当按照国家规定参加社会保险，为职工缴纳社会保险费。

（三）个人独资企业投资人的权利和责任

根据《个人独资企业法》的规定，个人独资企业投资人的权利主要有：个人独资企业投资人对本企业的财产享有所有权，其有关权利可以依法进行转让或继承。这表明，个人独资企业的财产与投资人个人财产没有明确的界限。

个人独资企业财产不足以清偿债务的，投资人应当以其个人的其他财产予以清偿。个人独资企业投资人在申请企业设立登记时明确以其家庭共有财产作为个人出资的，应当依法以家庭共有财产对企业债务承担无限责任。

六、个人独资企业的解散与清算

（一）个人独资企业的解散

个人独资企业的解散是指个人独资企业终止活动使其民事主体资格消灭的行为。个人独资企业有下列情形之一时，应当解散：

（1）投资人决定解散。
（2）投资人死亡或者被宣告死亡，无继承人或者继承人决定放弃继承。
（3）被依法吊销营业执照。
（4）法律、行政法规规定的其他情形。

（二）个人独资企业的清算

个人独资企业解散时，应当进行清算。《个人独资企业法》对个人独资企业的清算作如下规定：

1. 清算人的产生

个人独资企业解散，由投资人自行清算或者由债权人申请人民法院指定清算人进行清算。原则上，个人独资企业的清算由投资人作为清算人自行清算；但经过债权人申请，人民法院可以指定投资人以外的人为清算人。

2. 通知和公告债权人

投资人自行清算的，应当在清算前15日内书面通知债权人，无法通知的，应当予以公告。债权人应当在接到通知之日起30日内，未接到通知的应当在公告之日起60日内，向投资人申报其债权。

3. 财产清偿顺序

个人独资企业解散的，财产应当按照下列顺序清偿：

（1）所欠职工工资和社会保险费用。
（2）所欠税款。
（3）其他债务。

清算期间，个人独资企业不得开展与清算目的无关的经营活动。在按前条规定清偿债务前，投资人不得转移、隐匿财产。个人独资企业财产不足以清偿债务的，投资人应当以其个人的其他财产予以清偿。

4. 责任消灭制度

个人独资企业解散后，原投资人对个人独资企业存续期间的债务仍应承担偿还责任，但债权人在五年内未向债务人提出偿债请求的，该责任消灭。

5. 注销登记程序

个人独资企业清算结束后，投资人或者人民法院指定的清算人应当编制清算报告，并于15日内到登记机关办理注销登记。注销登记一旦完成，个人独资企业主体资格即消灭。

七、个人独资企业的法律责任

（一）个人独资企业违反《个人独资企业法》的法律责任

违反《个人独资企业法》规定的有：①提交虚假文件或采取其他欺骗手段，取得企业登记的，责令改正，处以5 000元以下的罚款；情节严重的，并处吊销营业执照。②个人独资企业使用的名称与其在登记机关登记的名称不相符合的，责令限期改正，处以2 000元以下的罚款。③涂改、出租、转让营业执照的，责令改正，没收违法所得，处以3 000元以下的罚款；情节严重的，吊销营业执照。伪造营业执照的，责令停业，没收违法所得，处以5 000元以下的罚款。构成犯罪的，依法追究刑事责任。④个人独资企业成立后无正当理由超过6个月未开业的，或者开业后自行停业连续6个月以上的，吊销营业执照。⑤未领取营业执照，以个人独资企业名义从事经营活动的，责令停止经营活动，处以3 000元以下的罚款。个人独资企业登记事项发生变更时，未按本法规定办理有关变更登记的，责令限期办理变更登记；逾期不办理的，处以2 000元以下的罚款。

> **法条链接**
>
> 《个人独资企业法》第三十三条至第三十七条：
> 　　第三十三条　违反本法规定，提交虚假文件或采取其他欺骗手段，取得企业登记的，责令改正，处以五千元以下的罚款；情节严重的，并处吊销营业执照。
> 　　第三十四条　违反本法规定，个人独资企业使用的名称与其在登记机关登记的名称不相符合的，责令限期改正，处以二千元以下的罚款。
> 　　第三十五条　涂改、出租、转让营业执照的，责令改正，没收违法所得，处以三千元以下的罚款；情节严重的，吊销营业执照。
> 　　伪造营业执照的，责令停业，没收违法所得，处以五千元以下的罚款。构成犯罪的，依法追究刑事责任。
> 　　第三十六条　个人独资企业成立后无正当理由超过六个月未开业的，或者开业后自行停业连续六个月以上的，吊销营业执照。
> 　　第三十七条　违反本法规定，未领取营业执照，以个人独资企业名义从事经营活动的，责令停止经营活动，处以三千元以下的罚款。
> 　　个人独资企业登记事项发生变更时，未按本法规定办理有关变更登记的，责令限期办理变更登记；逾期不办理的，处以二千元以下的罚款。

(二) 投资人、委托人或聘用人员违反《个人独资企业法》的法律责任

违反《个人独资企业法》规定的有：①投资人委托或者聘用的人员管理个人独资企业事务时违反双方订立的合同，给投资人造成损害的，承担民事赔偿责任。②侵犯职工合法权益，未保障职工劳动安全，不缴纳社会保险费用的，按照有关法律、行政法规予以处罚，并追究有关责任人员的责任。③侵犯个人独资企业财产权益的，责令退还侵占的财产；给企业造成损失的，依法承担赔偿责任；有违法所得的，没收违法所得；构成犯罪的，依法追究刑事责任。④违反法律、行政法规的规定强制个人独资企业提供财力、物力、人力的，按照有关法律、行政法规予以处罚，并追究有关责任人员的责任。⑤个人独资企业及其投资人在清算前或清算期间隐匿或转移财产，逃避债务的，依法追回其财产，并按照有关规定予以处罚；构成犯罪的，依法追究刑事责任。⑥应当承担民事赔偿责任和缴纳罚款、罚金，其财产不足以支付的，或者被判处没收财产的，应当先承担民事赔偿责任。

> **法条链接**
>
> 《个人独资企业法》第三十八条至第四十三条：
> 　　第三十八条　投资人委托或者聘用的人员管理个人独资企业事务时违反双方订立的合同，给投资人造成损害的，承担民事赔偿责任。
> 　　第三十九条　个人独资企业违反本法规定，侵犯职工合法权益，未保障职工劳动安全，不缴纳社会保险费用的，按照有关法律、行政法规予以处罚，并追究有关责任人员的责任。
> 　　第四十条　投资人委托或者聘用的人员违反本法第二十条规定，侵犯个人独资企业财产权益的，责令退还侵占的财产；给企业造成损失的，依法承担赔偿责任；有违法所得的，没收违

法所得；构成犯罪的，依法追究刑事责任。

第四十一条 违反法律、行政法规的规定强制个人独资企业提供财力、物力、人力的，按照有关法律、行政法规予以处罚，并追究有关责任人员的责任。

第四十二条 个人独资企业及其投资人在清算前或清算期间隐匿或转移财产，逃避债务的，依法追回其财产，并按照有关规定予以处罚；构成犯罪的，依法追究刑事责任。

第四十三条 投资人违反本法规定，应当承担民事赔偿责任和缴纳罚款、罚金，其财产不足以支付的，或者被判处没收财产的，应当先承担民事赔偿责任。

（三）登记机关及直接责任人员违反《个人独资企业法》的法律责任

违反《个人独资企业法》规定的有：①登记机关对不符合规定条件的个人独资企业予以登记，或者对符合规定条件的企业不予登记的，对直接责任人员依法给予行政处分；构成犯罪的，依法追究刑事责任。②登记机关的上级部门的有关主管人员强令登记机关对不符合规定条件的企业予以登记，或者对符合规定条件的企业不予登记的，或者对登记机关的违法登记行为进行包庇的，对直接责任人员依法给予行政处分；构成犯罪的，依法追究刑事责任。③登记机关对符合法定条件的申请不予登记或者超过法定时限不予答复的，当事人可依法申请行政复议或提起行政诉讼。

法条链接

《个人独资企业法》第四十四条至第四十六条：

第四十四条 登记机关对不符合本法规定条件的个人独资企业予以登记，或者对符合本法规定条件的企业不予登记的，对直接责任人员依法给予行政处分；构成犯罪的，依法追究刑事责任。

第四十五条 登记机关的上级部门的有关主管人员强令登记机关对不符合本法规定条件的企业予以登记，或者对符合本法规定条件的企业不予登记的，或者对登记机关的违法登记行为进行包庇的，对直接责任人员依法给予行政处分；构成犯罪的，依法追究刑事责任。

第四十六条 登记机关对符合法定条件的申请不予登记或者超过法定时限不予答复的，当事人可依法申请行政复议或提起行政诉讼。

第二节 合伙企业法律制度

一、合伙企业的概念与特征

（一）概念

合伙企业是指依法设立，由两个或两个以上合伙人订立合伙协议，共同出资、共同经营、共享收益、共担风险的营利性组织。

（二）分类

合伙企业分为普通合伙企业与有限合伙企业。

（1）普通合伙企业，是指自然人、法人和其他组织通过订立合伙协议，依法在中国境内设立的，全体合伙人均为普通合伙人，各合伙人对合伙企业债务承担无限连带责任的营利性经济组织。

（2）有限合伙企业，是指由普通合伙人和有限合伙人组成，其中普通合伙人对合伙企业债务承担无限连带责任，有限合伙人以其认缴的出资额为限对合伙企业债务承担责任的营利性经济组织。

知识拓展

合伙的性质

合伙，是指两个以上的人为着共同的目标，相互约定共同出资、共同经营、共享收益、共担风险的自愿联合。合伙的性质首先是一种合同，即由合伙人订立，约定共同经营某项事业的协议，合伙关系即为合同关系；其次，合伙是一种企业组织形式，即由合伙人联合而成的经济组织，或是由合伙人聚合而成的联合体。

（三）合伙企业的特征

合伙企业作为企业的一种组织形式，具有如下法律特征：

1. 合伙企业是不具备法人资格的营利性经济组织

合伙企业是非法人组织，不具有法人资格，这种法律属性构成了合伙企业与企业法人的根本区别；合伙企业的营利性又使得它与其他具有合伙形式但不以营利为目的的合伙组织相区别。

2. 全体合伙人订立书面合伙协议

合伙企业是由全体合伙人根据共同意志而自愿组成的经济组织。合伙人可以根据他们之间的合意，在合伙协议中规定各自的权利与义务关系。

3. 合伙人共同出资、共同经营、共享收益、共担风险

合伙企业的资本是由全体合伙人共同出资构成。共同出资的特点决定了合伙人原则上均享有平等的参与执行合伙事务的权利，也决定了对于合伙经营的收益和风险，由合伙人共享、共担。

4. 合伙人对合伙企业的债务承担具有特殊性

合伙企业分为普通合伙企业和有限合伙企业，所以二者在债务的承担上也有一定的区别。普通合伙人对合伙企业债务承担无限连带责任，有限合伙人则以其认缴的出资额为限对合伙企业债务承担责任。

（四）合伙企业法

合伙企业法有狭义和广义之分。狭义的合伙企业法，是指由国家最高立法机关依法制定的，规范合伙企业合伙关系的专门法律，即《中华人民共和国合伙企业法》（以下简称《合伙企业法》）。该法于1997年2月23日由第八届全国人民代表大会常务委员会第二十四次会议通过，2006年8月27日第十届全国人民代表大会常务委员会第二十三次会议修订。广义的合伙企业法，是指国家立法机关或者其他有权机关依法制定的，调整合伙企业合伙关系的各种法律规范的总称。因此，除了《合伙企业法》外，国家有关法律、行政法规和规章中关于合伙企业的法律规范，都属于广义合伙企业法的范畴。

二、普通合伙企业的设立

普通合伙企业是指自然人、法人和其他组织通过订立合伙协议，依法在中国境内设立的，全体合伙人均为普通合伙人，各合伙人对合伙企业债务承担无限连带责任的营利性经济组织。

（一）设立条件

根据我国《合伙企业法》的规定，普通合伙企业的设立应具备下列条件：

1. 有两个以上合伙人

合伙人可以是自然人、法人或其他组织。合伙企业合伙人至少为两人以上，对于合伙企业合伙

人数的最高限额，我国《合伙企业法》未作规定，完全由设立人根据所设企业的具体情况决定。合伙人为自然人的，应当具备完全民事行为能力。法律、行政法规规定的禁止从事营利性活动的人，不得成为合伙企业的合伙人，同时《合伙企业法》还规定，国有独资公司、国有企业、上市公司以及公益性的事业单位、社会团体不得成为普通合伙人。

2. 有书面合伙协议

合伙协议是指两个以上合伙人签订的以各自提供资金、实物、技术，共同经营、共同劳动等为内容的合同。合伙协议应载明下列内容：

（1）合伙企业的名称和主要经营场所的地点。
（2）合伙目的和合伙企业的经营范围。
（3）合伙人的姓名及其住所。
（4）合伙人的出资方式、数额和缴付出资的期限。
（5）利润分配和亏损分担的办法。
（6）合伙企业事务的执行。
（7）入伙与退伙。
（8）争议解决办法。
（9）合伙企业。
（10）违约责任。

合伙协议必须采用书面形式。合伙协议经全体合伙人签名、盖章后生效。

3. 有各合伙人认缴或者实际缴付的出资

合伙协议生效后，合伙人应当按照合伙协议的规定缴纳出资。合伙人可以用货币、实物、知识产权、土地使用权或其他财产权利出资，也可以用劳务出资。合伙人以货币、实物、知识产权、土地使用权或者其他财产权利出资，需要评估作价的，可以由全体合伙人协商确定，也可以由全体合伙人委托法定评估机构评估。合伙人以劳务出资的，其评估办法由全体合伙人协商确定，并在合伙协议中载明。合伙人应当按照合伙协议约定的出资方式、数额和缴付期限，履行出资义务。以非货币财产出资的，依照法律、行政法规的规定，需要办理财产转移手续的，应当依法办理。

4. 有合伙企业的名称和生产经营场所

合伙企业作为市场主体，同自然人一样需要有一个自己的称谓，以便于各种经济往来。按照《合伙企业法》的规定，合伙企业的名称中应当标明"普通合伙"字样。企业名称在申请登记时，由企业名称的登记机关核定，经核准登记注册后方可使用，在规定的范围内享有使用权。

作为一个营利性的经济组织，开展经济活动必须有自己的立足之地，即经营场所和其他的经营条件，如办公设备、厂房、一定数量的从业人员等。只有这样，其他市场主体才能同其进行业务往来，才能认可其经营行为，也便于管理机关依法进行监督管理。

5. 法律、行政法规规定的其他条件

法律、行政法规对特定合伙企业设立有特殊规定的，依照其规定。

（二）设立登记

根据《合伙企业法》和国务院发布的《合伙企业登记管理办法》的规定，合伙企业的设立登记，应按如下程序进行：

1. 申请人向企业登记机关提交相关文件

申请人设立合伙企业，应向企业登记机关提交以下文件：全体合伙人签署的设立登记申请书；全体合伙人的身份证明；全体合伙人指定的代表或者共同委托的代理人的委托书；合伙协议；出资权属证明；经营场所证明；国务院工商行政管理部门规定提交的其他文件。

2. 企业登记机关核发营业执照

申请人提交的登记申请材料齐全，符合法定形式，企业登记机关应自受理申请之日起 20 日内，做出是否登记的决定。对符合《合伙企业法》规定条件的，予以登记，发给营业执照；对不符合规定条件的，不予登记，并应当给予书面答复，说明理由。

合伙企业的营业执照签发日期，为合伙企业成立日期。合伙企业领取营业执照前，合伙人不得以合伙企业名义从事合伙事务。

> **法条链接**
>
> 《合伙企业法》第十四条至第十九条：
>
> 第十四条　设立合伙企业，应当具备下列条件：
>
> (一) 有两个以上合伙人。合伙人为自然人的，应当具有完全民事行为能力；
>
> (二) 有书面合伙协议；
>
> (三) 有合伙人认缴或者实际缴付的出资；
>
> (四) 有合伙企业的名称和生产经营场所；
>
> (五) 法律、行政法规规定的其他条件。
>
> 第十五条　合伙企业名称中应当标明"普通合伙"字样。
>
> 第十六条　合伙人可以用货币、实物、知识产权、土地使用权或者其他财产权利出资，也可以用劳务出资。
>
> 合伙人以实物、知识产权、土地使用权或者其他财产权利出资，需要评估作价的，可以由全体合伙人协商确定，也可以由全体合伙人委托法定评估机构评估。
>
> 合伙人以劳务出资的，其评估办法由全体合伙人协商确定，并在合伙协议中载明。
>
> 第十七条　合伙人应当按照合伙协议约定的出资方式、数额和缴付期限，履行出资义务。
>
> 以非货币财产出资的，依照法律、行政法规的规定，需要办理财产权转移手续的，应当依法办理。
>
> 第十八条　合伙协议应当载明下列事项：
>
> (一) 合伙企业的名称和主要经营场所的地点；
>
> (二) 合伙目的和合伙经营范围；
>
> (三) 合伙人的姓名或者名称、住所；
>
> (四) 合伙人的出资方式、数额和缴付期限；
>
> (五) 利润分配、亏损分担方式；
>
> (六) 合伙事务的执行；
>
> (七) 入伙与退伙；
>
> (八) 争议解决办法；
>
> (九) 合伙企业的解散与清算；
>
> (十) 违约责任。
>
> 第十九条　合伙协议经全体合伙人签名、盖章后生效。合伙人按照合伙协议享有权利，履行义务。
>
> 修改或者补充合伙协议，应当经全体合伙人一致同意；但是，合伙协议另有约定的除外。
>
> 合伙协议未约定或者约定不明确的事项，由合伙人协商决定；协商不成的，依照本法和其他有关法律、行政法规的规定处理。

三、合伙企业的财产

(一) 合伙企业财产的构成

根据《合伙企业法》的规定，合伙人的出资、以合伙企业名义取得的收益和依法取得的其他财产，均为合伙企业的财产。

1. 合伙人的出资

这些出资形成合伙企业的原始财产。

2. 以合伙企业名义取得的收益

主要包括合伙企业的公共积累资金、未分配的盈余、合伙企业债权、合伙企业取得的工业产权和非专利技术等财产权利。

3. 依法取得的其他财产

根据法律、行政法规的规定合法取得的其他财产，如合法接受的赠与财产等。

(二) 合伙人财产份额的转让

合伙人财产份额的转让，是合伙企业的合伙人之间或向合伙人以外的人转让其在合伙企业中的全部或者部分财产份额的行为。

（1）除合伙协议另有约定外，合伙人向合伙人以外的人转让其在合伙企业中的全部或者部分财产份额时，必须经其他合伙人一致同意。如果合伙协议有另外的约定，则无须经其他合伙人一致同意，应按照合伙协议的规定。

（2）合伙人之间转让合伙企业中的全部或者部分财产份额时，应当通知其他合伙人。

法条链接

《合伙企业法》第二十条至第二十五条：

第二十条 合伙人的出资、以合伙企业名义取得的收益和依法取得的其他财产，均为合伙企业的财产。

第二十一条 合伙人在合伙企业清算前，不得请求分割合伙企业的财产；但是，本法另有规定的除外。

合伙人在合伙企业清算前私自转移或者处分合伙企业财产的，合伙企业不得以此对抗善意第三人。

第二十二条 除合伙协议另有约定外，合伙人向合伙人以外的人转让其在合伙企业中的全部或者部分财产份额时，须经其他合伙人一致同意。

合伙人之间转让在合伙企业中的全部或者部分财产份额时，应当通知其他合伙人。

第二十三条 合伙人向合伙人以外的人转让其在合伙企业中的财产份额的，在同等条件下，其他合伙人有优先购买权；但是，合伙协议另有约定的除外。

第二十四条 合伙人以外的人依法受让合伙人在合伙企业中的财产份额的，经修改合伙协议即成为合伙企业的合伙人，依照本法和修改后的合伙协议享有权利，履行义务。

第二十五条 合伙人以其在合伙企业中的财产份额出质的，须经其他合伙人一致同意；未经其他合伙人一致同意，其行为无效，由此给善意第三人造成损失的，由行为人依法承担赔偿责任。

四、合伙企业的事务执行

(一)合伙事务执行的形式

合伙人对执行合伙事务享有同等的权利。合伙事务的执行可以采取灵活的方式,只要全体合伙人同意即可。根据《合伙企业法》,合伙人对合伙事务的执行有三种方式:

1. 合伙人共同执行

合伙人对合伙企业事务的执行享有同等的权利,合伙人共同执行合伙企业的事务,是合伙事务执行的基本形式,尤其是涉及合伙企业重大事务时,更应由全体合伙人共同决定。

《合伙企业法》规定,除合伙协议另有约定外,合伙企业的下列事项应当经全体合伙人一致同意:

(1)改变合伙企业名称。
(2)改变合伙企业的经营范围、主要经营场所的地点。
(3)处分合伙企业的不动产。
(4)转让或处分合伙企业的知识产权和其他财产权利。
(5)向企业登记机关申请办理变更登记手续。
(6)以合伙企业名义为他人提供担保。
(7)聘任合伙人以外的人担任合伙企业的经营管理人员。

2. 一个或数个合伙人执行

合伙人可以按照合伙协议的约定或者经全体合伙人决定,委托一个或者数个合伙人对外代表合伙企业,执行合伙事务,其他合伙人不再执行合伙事务。不执行合伙事务的合伙人有权监督执行合伙事务合伙人执行合伙事务的情况。

3. 聘任合伙人以外的人执行

合伙企业可以根据合伙协议或经全体合伙人同意,聘任合伙人以外的人执行合伙企业事务,担任合伙企业的经营管理人员。被聘任的管理人员不具有合伙人资格,其应当在合伙企业授权范围内履行职务,超越合伙企业授权范围履行职务,或者在履行职务过程中因故意或者重大过失给合伙企业造成损失的,依法承担赔偿责任。

法条链接

《合伙企业法》第二十六条至第三十二条:

第二十六条 合伙人对执行合伙事务享有同等的权利。

按照合伙协议的约定或者经全体合伙人决定,可以委托一个或者数个合伙人对外代表合伙企业,执行合伙事务。

作为合伙人的法人、其他组织执行合伙事务的,由其委派的代表执行。

第二十七条 依照本法第二十六条第二款规定委托一个或者数个合伙人执行合伙事务的,其他合伙人不再执行合伙事务。

不执行合伙事务的合伙人有权监督执行事务合伙人执行合伙事务的情况。

第二十八条 由一个或者数个合伙人执行合伙事务的,执行事务合伙人应当定期向其他合伙人报告事务执行情况以及合伙企业的经营和财务状况,其执行合伙事务所产生的收益归合伙企业,所产生的费用和亏损由合伙企业承担。

合伙人为了解合伙企业的经营状况和财务状况,有权查阅合伙企业会计账簿等财务资料。

> 第二十九条 合伙人分别执行合伙事务的，执行事务合伙人可以对其他合伙人执行的事务提出异议。提出异议时，应当暂停该项事务的执行。如果发生争议，依照本法第三十条规定作出决定。
>
> 受委托执行合伙事务的合伙人不按照合伙协议或者全体合伙人的决定执行事务的，其他合伙人可以决定撤销该委托。
>
> 第三十条 合伙人对合伙企业有关事项作出决议，按照合伙协议约定的表决办法办理。合伙协议未约定或者约定不明确的，实行合伙人一人一票并经全体合伙人过半数通过的表决办法。
>
> 本法对合伙企业的表决办法另有规定的，从其规定。
>
> 第三十一条 除合伙协议另有约定外，合伙企业的下列事项应当经全体合伙人一致同意：
>
> （一）改变合伙企业的名称；
> （二）改变合伙企业的经营范围、主要经营场所的地点；
> （三）处分合伙企业的不动产；
> （四）转让或者处分合伙企业的知识产权和其他财产权利；
> （五）以合伙企业名义为他人提供担保；
> （六）聘任合伙人以外的人担任合伙企业的经营管理人员。
>
> 第三十二条 合伙人不得自营或者同他人合作经营与本合伙企业相竞争的业务。
>
> 除合伙协议另有约定或者经全体合伙人一致同意外，合伙人不得同本合伙企业进行交易。
>
> 合伙人不得从事损害本合伙企业利益的活动。

（二）合伙人在执行合伙事务中的权利和义务

1. 合伙人的权利

根据《合伙企业法》，合伙人在执行合伙事务中的权利主要包括以下内容：①合伙人对执行合伙企业事务享有同等的权利，各合伙人无论其出资多少，都有平等的执行合伙企业事务的权利。②执行合伙事务的合伙人对外代表合伙企业。③不执行合伙事务的合伙人有监督的权利。④合伙人有查阅合伙企业会计账簿等财务资料的权利。⑤合伙人有提出异议的权利和撤销委托的权利。《合伙企业法》还规定，合伙人分别执行合伙事务的，执行事务的合伙人可以对其他合伙人执行的事务提出异议。受委托执行合伙事务的合伙人不按照合伙协议或者全体合伙人的决定执行事务的，其他合伙人可以决定撤销该委托。

2. 合伙人的义务

根据《合伙企业法》，合伙人在执行合伙事务中的义务主要包括以下内容：①合伙事务执行人向不参加执行事务的合伙人报告企业经营状况和财务状况。②合伙人不得自营或者同他人合作经营与本合伙企业相竞争的业务。③合伙人不得同本合伙企业进行交易。④合伙人不得从事损害本合伙企业利益的活动。如果合伙人违反上述义务给合伙企业造成损失的，依法承担赔偿责任。

（三）合伙事务执行的办法

（1）由合伙协议对决议办法作出约定。至于在合伙协议中所约定决议办法是采取全体合伙人一致通过，还是采取2/3以上多数通过，或者采取其他办法，由全体合伙人视所决议的事项而作出约定。

（2）实行合伙人一人一票并经全体合伙人过半数通过的表决办法。对各合伙人，无论出资多少和以何物出资，表决权数应以合伙人的人数为准，即每一合伙人对合伙企业有关事项均有同等的表决权，使用经全体合伙人过半数通过的表决办法。

（3）按照《合伙企业法》的规定作出决议。

(四)合伙企业的损益分配

合伙企业的利润分配,按照合伙协议的约定办理;合伙协议未约定的或者约定不明确的,由合伙人协商决定;协商不成的,由合伙人按照实缴出资比例分配;无法确定出资比例的,由合伙人平均分配。合伙协议不得约定将全部利润分配给部分合伙人。合伙企业年度的或者一定时期的利润分配的具体方案,由全体合伙人协商决定或者按合伙协议约定的办法决定。

合伙企业的亏损分担,按照合伙协议的约定办理;合伙协议未约定或约定不明确的,由合伙人协商决定;协商不成的,由合伙人按照实缴出资比例分担;无法确定出资比例的,由合伙人平均分担。合伙协议不得约定由部分合伙人承担全部亏损。

> **法条链接**
>
> 《合伙企业法》第三十三条至第三十六条:
>
> 第三十三条 合伙企业的利润分配、亏损分担,按照合伙协议的约定办理;合伙协议未约定或者约定不明确的,由合伙人协商决定;协商不成的,由合伙人按照实缴出资比例分配、分担;无法确定出资比例的,由合伙人平均分配、分担。
>
> 合伙协议不得约定将全部利润分配给部分合伙人或者由部分合伙人承担全部亏损。
>
> 第三十四条 合伙人按照合伙协议的约定或者经全体合伙人决定,可以增加或者减少对合伙企业的出资。
>
> 第三十五条 被聘任的合伙企业的经营管理人员应当在合伙企业授权范围内履行职务。
>
> 被聘任的合伙企业的经营管理人员,超越合伙企业授权范围履行职务,或者在履行职务过程中因故意或者重大过失给合伙企业造成损失的,依法承担赔偿责任。
>
> 第三十六条 合伙企业应当依照法律、行政法规的规定建立企业财务、会计制度。

五、合伙企业与第三人的关系

(一)合伙人对外行为的效力

合伙企业对合伙人执行合伙企业事务以及对外代表合伙企业权利的限制,不得对抗善意第三人。善意第三人又称善意取得人,是指不知道或不可能知道自己取得的财产是无权让与人所让与,并且是有偿取得的人。《合伙企业法》允许合伙人对外代表合伙企业执行合伙企业事务,但也规定了某一类合伙企业事务必须经全体合伙人一致同意。未经同意,任何一个合伙人不得单独决定并执行此类事务,如处分合伙企业的不动产、改变合伙企业名称、以合伙企业的名义为他人提供担保等。

(二)合伙企业的债务清偿与合伙人的关系

合伙企业清偿到期债务应先以合伙企业的全部财产进行清偿,合伙企业不能清偿到期债务的,合伙人承担无限连带责任。无限责任,指当合伙企业的全部财产不足以清偿到期债务时,各合伙人承担合伙企业债务不以出资额为限。连带责任,指合伙企业的债权人可以向任何一个合伙人主张债权,该合伙人不得拒绝。合伙人由于承担无限连带责任,有权向其他合伙人追偿,其他合伙人对已经履行了合伙企业全部债务的合伙人,承担按份之债。合伙企业的债权人向合伙人主张债权时,合伙人不得以其出资的份额大小、合伙协议的特别规定、合伙企业债务另有保证人或已经清偿其应当承担的数额相对抗。合伙人由于承担连带责任,所清偿数额超过《合伙企业法》规定的其亏损分配比例的,有权向其他合伙人追偿。

(三)合伙人的债务清偿与合伙企业的关系

(1)合伙企业中某一个合伙人的债权人,不得以该债权抵销其对合伙企业的债务,即合伙人个人的债务与合伙企业的债权各自独立，不得相互抵销。

（2）合伙人个人负有债务的，其债权人不得代为行使该合伙人在合伙企业中的权利。因为合伙企业是基于合伙人之间人身信任关系建立的，其权利不是单一的财产权。

（3）合伙人个人财产不足以清偿其个人所负债务的，该合伙人只能以其从合伙企业中分取的收益用于清偿；债权人也可以依法请求人民法院强制执行，将该合伙人在合伙企业中的财产份额用于清偿。对该合伙人的财产份额，其他合伙人有优先购买权。其他合伙人未购买，并不同意将该财产份额转让给他人的，依照《合伙企业法》的规定为该合伙人办理退伙结算，或者办理削减该合伙人相应财产份额的结算。

六、入伙与退伙

（一）入伙

入伙，是指在合伙企业存续期间，合伙人以外的第三人加入合伙，从而取得合伙人资格。

1. 入伙的条件和程序

《合伙企业法》规定，新合伙人入伙，除合伙协议另有约定外，应当经全体合伙人一致同意，并依法订立书面入伙协议。订立入伙协议时，原合伙人应当向新合伙人如实告知原合伙企业的经营状况和财务状况。

2. 新合伙人的权利和责任

一般来讲，入伙的新合伙人与原合伙人享有同等权利，承担同等责任。但是，如果原合伙人愿意以更优越的条件吸引新合伙人入伙，或者新合伙人愿意以较为不利的条件入伙，也可以在入伙协议中另行约定。关于新合伙人对入伙前合伙企业的债务承担问题，《合伙企业法》规定，新合伙人对入伙前的债务承担无限连带责任。

（二）退伙

退伙，是指合伙人退出合伙企业，从而丧失合伙人资格。

1. 退伙形式

合伙人退伙，可以分为声明退伙和法定退伙两种情况。

（1）声明退伙又称自愿退伙，是指基于合伙人的自愿而退伙。声明退伙包括协议退伙和通知退伙。

关于协议退伙，《合伙企业法》规定，合伙协议约定合伙企业的经营期限的，有下列情形之一时，合伙人可以退伙：①合伙协议约定的退伙事由出现。②经全体合伙人同意退伙。③发生合伙人难以继续参加合伙企业的事由。④其他合伙人严重违反合伙协议约定的义务。

关于通知退伙，《合伙企业法》规定，合伙协议未约定合伙企业经营期限的，合伙人可以退伙，但必须在不给合伙企业的事务执行造成不利影响的情况下，并应当提前30天通知其他合伙人。合伙企业设立后应当保持相对稳定性，合伙人不得擅自退伙。否则，应当赔偿由此给其他合伙人造成的损失。

（2）法定退伙，是指并非基于合伙人的自愿而是由于法律明确规定的事由而退伙。法定退伙分为当然退伙和除名退伙。

关于当然退伙，合伙人有下列情形之一的，可以退伙：①作为合伙人的自然人死亡或者被依法宣告死亡。②个人丧失偿债能力。③作为合伙人的法人或者其他组织被依法吊销营业执照、责令关闭、撤销或者被宣告破产。④法律规定或者合伙协议约定合伙人必须具有相关资格而丧失该资格。⑤合伙人在合伙企业中的全部财产份额被人民法院强制执行。当然退伙以退伙事由实际发生之日为退伙生效日。

关于除名退伙，合伙人有下列情形之一的，经其他合伙人一致同意，可以决议将其除名：①未履行出资义务。②因故意或重大过失给合伙企业造成损失。③执行合伙企业事务时有不正当行为。④合伙协议约定的其他事由。对合伙人的除名决议应当书面通知被除名人。被除名人自接到除名通知之日起，除名生效，被除名人退伙。被除名人对除名决议有异议的，可以在接到除名通知之日起30日内，向人民法院起诉。

2. 退伙的法律效力

（1）财产继承。合伙人死亡或者被宣告死亡的，对该合伙人在合伙企业中的财产份额享有合法继承权的继承人，按照合伙协议的约定或者经全体合伙人一致同意，从继承开始之日起，取得该合伙企业的合伙人资格。

有下列情形之一的，合伙企业应当向合伙人的继承人退还被继承合伙人的财产份额：①继承人不愿意成为合伙人。②法律规定或者合伙协议约定合伙人必须具备相关资格，而该继承人未取得该资格。③合伙协议约定不能成为合伙人的其他情形。

合伙人的继承人为无民事行为能力人或限制民事行为能力人的，经全体合伙人一致同意，可以依法成为有限合伙人，普通合伙企业依法转为有限合伙企业。全体合伙人未能一致同意的，合伙企业应当将被继承合伙人的财产份额退还该继承人。

（2）退伙结算。合伙人退伙，其他合伙人应当与该合伙人按照退伙时合伙企业的财产状况进行结算，退还退伙人的财产份额。退伙人对给合伙企业造成的损失负有赔偿责任的，相应扣减其应当赔偿的数额。退伙时有未了结的合伙企业事务的，待了结后进行结算。退还的具体办法，由合伙人协议约定或者由全体合伙人决定，可以退还货币，也可以退还实物。

退伙人对基于其退伙前的原因发生的合伙企业债务，承担无限连带责任。合伙人退伙时，合伙企业的财产少于合伙企业债务的，退伙人应当依法分担亏损。

七、特殊的普通合伙企业

（一）特殊的普通合伙企业的概念

特殊的普通合伙企业，是以专业知识和专门技能为客户提供有偿服务的专业服务机构。特殊的普通合伙企业名称中应当标明"特殊普通合伙"字样。

（二）特殊的普通合伙企业的责任形式

1. 责任承担

一个合伙人或者数个合伙人在执业活动中因故意或者重大过失造成合伙企业债务的，应当承担无限责任或者无限连带责任，其他合伙人以其在合伙企业中的财产份额为限承担责任。合伙人在执业活动中非因故意或者重大过失造成的合伙企业债务以及合伙企业的其他债务，由全体合伙人承担无限连带责任。

2. 责任追偿

合伙人执业活动中因故意或者重大过失造成合伙企业债务，以合伙企业财产对外承担责任后，该合伙人应当按照合伙协议的约定对给合伙企业造成的损失承担赔偿责任。

八、有限合伙企业

（一）有限合伙企业概念

有限合伙企业是指由有限合伙人和普通合伙人共同组成，普通合伙人对合伙企业债务承担无限连带责任，有限合伙人以其认缴的出资额为限对合伙企业债务承担责任的合伙组织。

（二）有限合伙企业特征

有限合伙企业与普通合伙企业相比较，具有以下显著特征：

（1）在经营管理上，有限合伙企业中，有限合伙人不执行合伙事务，而由普通合伙人从事具体的经营管理。

（2）在风险承担上，有限合伙企业中，不同类型的合伙人所承担的责任存在差异，其中有限合伙人以其各自的出资额为限承担有限责任，普通合伙人之间承担无限连带责任。

（三）有限合伙企业的设立

1. 有限合伙企业的人数

有限合伙企业由2个以上50个以下合伙人设立，但是法律另有规定的除外，有限合伙企业至少应当有1个普通合伙人。

2. 有限合伙企业协议

合伙协议除符合普通合伙企业合伙协议的规定外，还应当载明下列事项：

(1) 普通合伙人和有限合伙人的姓名或者名称、住所。

(2) 执行事务合伙人应具备的条件和选择程序。

(3) 执行事务合伙人权限与违约处理办法。

(4) 执行事务合伙人的除名条件和更换程序。

(5) 有限合伙人入伙、退伙的条件、程序以及相关责任。

(6) 有限合伙人和普通合伙人相互转变程序。

3. 有限合伙企业合伙人的出资

有限合伙人可以用货币、实物、知识产权、土地使用权或者其他财产权利作价出资。有限合伙人不得以劳务出资。有限合伙人应当按照合伙协议的约定按期足额缴纳出资；未按期足额缴纳的，应当承担补缴义务，并对其他合伙人承担违约责任。

4. 有限合伙企业名称

有限合伙企业的名称中应当标明"有限合伙"字样，而不能标明"普通合伙""特殊普通合伙""有限公司""有限责任公司"等字样。

5. 有限合伙企业的设立登记

有限合伙企业登记事项中应当载明有限合伙人的姓名或者名称及认缴的出资数额。

法条链接

《合伙企业法》第六十一条至第六十六条：

第六十一条 有限合伙企业由二个以上五十个以下合伙人设立；但是，法律另有规定的除外。

有限合伙企业至少应当有一个普通合伙人。

第六十二条 有限合伙企业名称中应当标明"有限合伙"字样。

第六十三条 合伙协议除符合本法第十八条的规定外，还应当载明下列事项：

（一）普通合伙人和有限合伙人的姓名或者名称、住所；

（二）执行事务合伙人应具备的条件和选择程序；

（三）执行事务合伙人权限与违约处理办法；

（四）执行事务合伙人的除名条件和更换程序；

（五）有限合伙人入伙、退伙的条件、程序以及相关责任；

（六）有限合伙人和普通合伙人相互转变程序。

第六十四条 有限合伙人可以用货币、实物、知识产权、土地使用权或者其他财产权利作价出资。

有限合伙人不得以劳务出资。

第六十五条 有限合伙人应当按照合伙协议的约定按期足额缴纳出资；未按期足额缴纳的，应当承担补缴义务，并对其他合伙人承担违约责任。

第六十六条 有限合伙企业登记事项中应当载明有限合伙人的姓名或者名称及认缴的出资数额。

（四）有限合伙企业的事务执行

1. 有限合伙企业事务执行

有限合伙企业由普通合伙人执行合伙企业事务，执行事务合伙人可以要求在合伙协议中确定执行事务的报酬及报酬提取方式。有限合伙人不执行合伙企业事务，不得对外代表有限合伙企业。有限合伙人的下列行为，不视为执行合伙企业事务：

（1）参与决定普通合伙人入伙、退伙。

（2）对企业的经营管理提出建议。

（3）参与选择承办有限合伙企业审计业务的会计师事务所。

（4）获取经审计的有限合伙企业财务会计报告。

（5）对涉及自身利益的情况时，查阅有限合伙企业财务会计账簿等财务资料。

（6）在有限合伙企业中的利益受到侵害时，向有责任的合伙人主张权利或者提起诉讼。

（7）执行事务合伙人怠于行使权利时，督促其行使权利或者为了本企业的利益以自己的名义提起诉讼。

（8）依法为本企业提供担保。

法条链接

《合伙企业法》第六十七条至第六十八条：

第六十七条 有限合伙企业由普通合伙人执行合伙事务。执行事务合伙人可以要求在合伙协议中确定执行事务的报酬及报酬提取方式。

第六十八条 有限合伙人不执行合伙事务，不得对外代表有限合伙企业。

有限合伙人的下列行为，不视为执行合伙事务：

（一）参与决定普通合伙人入伙、退伙；

（二）对企业的经营管理提出建议；

（三）参与选择承办有限合伙企业审计业务的会计师事务所；

（四）获取经审计的有限合伙企业财务会计报告；

（五）对涉及自身利益的情况，查阅有限合伙企业财务会计账簿等财务资料；

（六）在有限合伙企业中的利益受到侵害时，向有责任的合伙人主张权利或者提起诉讼；

（七）执行事务合伙人怠于行使权利时，督促其行使权利或者为了本企业的利益以自己的名义提起诉讼；

（八）依法为本企业提供担保。

2. 有限合伙人的权利

与普通合伙人不同，有限合伙人可以同本有限合伙企业进行交易；可以自营或者同他人合作经营与本有限合伙企业相竞争的业务。但是，合伙协议可以约定禁止有限合伙人的上述行为。

法条链接

《合伙企业法》第六十九条至第七十一条：

第六十九条　有限合伙企业不得将全部利润分配给部分合伙人；但是，合伙协议另有约定的除外。

第七十条　有限合伙人可以同本有限合伙企业进行交易；但是，合伙协议另有约定的除外。

第七十一条　有限合伙人可以自营或者同他人合作经营与本有限合伙企业相竞争的业务；但是，合伙协议另有约定的除外。

（五）有限合伙企业的财产转让

有限合伙人可以按照合伙协议的约定向合伙人以外的人转让其在有限合伙企业中的财产份额，但应当提前30日通知其他合伙人。有限合伙人对外转让其在有限合伙企业的财产份额时，有限合伙企业的其他合伙人有优先购买权。

有限合伙人可以将其在有限合伙企业中的财产份额出质，但是合伙协议另有约定的除外。

在利润分配方面，有限合伙企业不得将全部利润分配给部分合伙人，但是合伙协议另有约定的除外。

法条链接

《合伙企业法》第七十二条至第七十四条：

第七十二条　有限合伙人可以将其在有限合伙企业中的财产份额出质；但是，合伙协议另有约定的除外。

第七十三条　有限合伙人可以按照合伙协议的约定向合伙人以外的人转让其在有限合伙企业中的财产份额，但应当提前三十日通知其他合伙人。

第七十四条　有限合伙人的自有财产不足清偿其与合伙企业无关的债务的，该合伙人可以以其从有限合伙企业中分取的收益用于清偿；债权人也可以依法请求人民法院强制执行该合伙人在有限合伙企业中的财产份额用于清偿。

人民法院强制执行有限合伙人的财产份额时，应当通知全体合伙人。在同等条件下，其他合伙人有优先购买权。

（六）有限合伙企业的入伙与退伙

1．入伙

有限合伙企业成立后，合伙人以外的人可以作为有限合伙人加入合伙企业。新入伙的有限合伙人入伙应当符合两个条件：一是全体合伙人的同意；二是新入伙的有限合伙人与原合伙人订立书面合伙协议。

《合伙企业法》规定，新入伙的有限合伙人对入伙前有限合伙企业的债务，以其认缴的出资额为限承担责任。

2．退伙

（1）有限合伙人的当然退伙。《合伙企业法》规定，有限合伙人出现下列情形时当然退伙：①作为合伙人的自然人死亡或者被依法宣告死亡；②作为合伙人的法人或者其他组织被依法吊销营业执照、责令关闭、撤销或者被宣告破产；③法律规定或者合伙协议约定合伙人必须具有相关资格而丧失该资格；④合伙人在合伙企业中的全部财产份额被人民法院强制执行。

（2）有限合伙人丧失民事行为能力的处理。作为有限合伙人的自然人在有限合伙企业存续期间丧失民事行为能力的，其他合伙人不得因此要求其退伙。

（3）有限合伙人继承人的权利。作为有限合伙人的自然人死亡、被依法宣告死亡或者作为有限合伙人的法人及其他组织终止时，其继承人或者权利承受人可以依法取得该有限合伙人在有限合伙企业中的资格。

（4）有限合伙人退伙后的责任承担。有限合伙人退伙后，对基于其退伙前的原因发生的有限合伙企业债务，以其退伙时从有限合伙企业中取回的财产承担责任。

> **法条链接**
>
> 《合伙企业法》第七十五条至第八十一条：
>
> 第七十五条　有限合伙企业仅剩有限合伙人的，应当解散；有限合伙企业仅剩普通合伙人的，转为普通合伙企业。
>
> 第七十六条　第三人有理由相信有限合伙人为普通合伙人并与其交易的，该有限合伙人对该笔交易承担与普通合伙人同样的责任。
>
> 有限合伙人未经授权以有限合伙企业名义与他人进行交易，给有限合伙企业或者其他合伙人造成损失的，该有限合伙人应当承担赔偿责任。
>
> 第七十七条　新入伙的有限合伙人对入伙前有限合伙企业的债务，以其认缴的出资额为限承担责任。
>
> 第七十八条　有限合伙人有本法第四十八条第一款第一项、第三项至第五项所列情形之一的，当然退伙。
>
> 第七十九条　作为有限合伙人的自然人在有限合伙企业存续期间丧失民事行为能力的，其他合伙人不得因此要求其退伙。
>
> 第八十条　作为有限合伙人的自然人死亡、被依法宣告死亡或者作为有限合伙人的法人及其他组织终止时，其继承人或者权利承受人可以依法取得该有限合伙人在有限合伙企业中的资格。
>
> 第八十一条　有限合伙人退伙后，对基于其退伙前的原因发生的有限合伙企业债务，以其退伙时从有限合伙企业中取回的财产承担责任。

（七）有限合伙人与普通合伙人的转变

《合伙企业法》规定，有限合伙人与普通合伙人的转变可以在下列情形中发生：①除合伙协议另有约定外，普通合伙人转变为有限合伙人，或者有限合伙人转变为普通合伙人，应当经全体合伙人一致同意；②有限合伙人转变为普通合伙人的，对其作为有限合伙人期间有限合伙企业发生的债务承担无限连带责任；③普通合伙人转变为有限合伙人的，对其作为普通合伙人期间有限合伙企业发生的债务承担无限连带责任。

> **法条链接**
>
> 《合伙企业法》第八十二条至第八十四条：
>
> 第八十二条　除合伙协议另有约定外，普通合伙人转变为有限合伙人，或者有限合伙人转变为普通合伙人，应当经全体合伙人一致同意。

> 第八十三条 有限合伙人转变为普通合伙人的，对其作为有限合伙人期间有限合伙企业发生的债务承担无限连带责任。
>
> 第八十四条 普通合伙人转变为有限合伙人的，对其作为普通合伙人期间合伙企业发生的债务承担无限连带责任。

九、合伙企业的解散与清算

（一）合伙企业的解散

合伙企业的解散是指合伙企业因某些法律事实的发生而使其民事主体资格归于消灭的行为。根据《合伙企业法》的规定，合伙企业有下列情形之一时，应当解散：

（1）合伙期限届满，合伙人决定不再继续经营。

（2）合伙协议约定的解散事由出现。

（3）全体合伙人决定解散。

（4）合伙人已不具备法定人数满30天。

（5）合伙协议约定的合伙目的已经实现或者无法实现。

（6）依法被吊销营业执照、责令关闭或者被撤销。

（7）法律、行政法规规定的其他原因。

（二）合伙企业的清算

合伙企业的清算是指合伙企业宣告解散后，为了终结合伙企业现存的各种法律关系，依法清理合伙企业债权债务的行为。

1. 清算人的确定

清算人是在合伙企业解散过程中依法产生的专门负责清理合伙企业债权债务的人员。合伙企业解散，应当由清算人进行清算。清算人由全体合伙人担任，经全体合伙人过半数同意，可以自合伙企业解散事由出现后15日内指定一个或数个合伙人，或者委托第三人担任清算人；自合伙企业解散事由出现之日起15日内未确定清算人的，合伙人或者其他利害关系人可以申请人民法院指定清算人。

知识拓展

清算人未依照《合伙企业法》规定向企业登记机关报送清算报告，或者报送清算报告隐瞒重要事实，或者有重大遗漏的，由企业登记机关责令改正。由此产生的费用和损失，由清算人承担和赔偿。

清算人执行清算事务，牟取非法收入或者侵占合伙企业财产的，应当将该收入和侵占的财产退还给合伙企业；给合伙企业或者其他合伙人造成损失的，依法承担赔偿责任。清算人违反《合伙企业法》规定，隐匿、转移合伙企业财产，对资产负债表或者财产清单做虚假记载，或者在未清偿债务前分配财产，损害债权人利益的，依法承担赔偿责任。

2. 通知和公告债权人

清算人自被确定之日起10日内，将合伙企业解散事项通知债权人，并于60日内在报纸上公告。债权人应当自接到通知书之日起30日内，未接到通知书的自公告之日起45日内，向清算人申报债权。债权人申报债权，应当说明债权的有关事项，并提供证明材料，清算人应当对债权进行登记。

3. 清算人职责

清算人在清算期间执行下列事务：清理合伙企业财产，分别编制资产负债表和财产清单；处理与清算有关的合伙企业未了结的事务；清缴所欠税款；清理债权债务；处理合伙企业清偿债务后的剩余财产；代表合伙企业参与民事诉讼活动。

4. 财产清偿顺序

清算人在明确合伙企业财产后，应当清偿债务。合伙企业财产按下列顺序清偿：①支付清算费用。②所欠职工工资、社会保险费用、法定补偿金。③所欠税款。④合伙企业的债务。清偿债务后的剩余财产，按照《合伙企业法》关于利润分配和亏损分担的规定进行分配。

5. 合伙企业注销登记

清算结束，清算人应当编制清算报告，经全体合伙人签名、盖章后，在15日内向企业登记机关报送清算报告，办理合伙企业注销登记。

本章小结

　　个人独资企业与合伙企业都是社会主义市场经济中重要的主体。个人独资企业必须是在中国境内设立，由一个具有中国国籍的自然人投资，国家机关、企事业单位等组织以及法律、行政法规禁止从事营利活动的人，不得作为个人独资企业的投资人。个人独资企业的全部财产为投资人个人所有，投资人是企业财产的唯一所有者。投资人对个人独资企业债务承担无限责任，当个人独资企业的财产不足以清偿债务时，投资人应当以其个人财产进行清偿。个人独资企业不具有法人资格。

　　合伙企业是指依法设立，由两个或两个以上合伙人订立合伙协议，共同出资、合伙经营、共享收益、共担风险的营利性组织。合伙企业分为普通合伙企业与有限合伙企业。普通合伙企业是指自然人、法人和其他组织通过订立合伙协议，依法在中国境内设立的，全体合伙人均为普通合伙人，各合伙人对合伙企业债务承担无限连带责任的营利性经济组织。有限合伙企业是指由普通合伙人和有限合伙人组成，其中普通合伙人对合伙企业债务承担无限连带责任，有限合伙人以其认缴的出资额为限对合伙企业债务承担责任的营利性经济组织。

复习与训练

一、名词解释

1. 个人独资企业
2. 普通合伙企业
3. 有限合伙企业
4. 入伙
5. 退伙

二、不定项选择

1. 下列关于个人独资企业法律特征的表述中，正确的是（　　）。

A. 个人独资企业是相对独立的民事主体

B. 个人独资企业具有法人资格

C. 个人独资企业的投资人对企业债务承担有限责任

D. 个人独资企业的投资人可以是中国公民，也可以是外国公民

2. 根据《个人独资企业法》的规定，下列各项中，属于个人独资企业应当解散的情形有（　　）。

A. 投资人死亡，继承人决定继承　　　B. 投资人决定解散

C. 投资人被宣告死亡，无继承人　　　D. 被依法吊销营业执照

3. 下列各项中，可以作为个人独资企业投资人出资的有（　　）。

A. 投资人的劳务　　　　　　　　　　B. 投资人的专利技术

C. 投资人的家庭共有房屋　　　　　　D. 投资人的土地使用权

4. 林某以个人财产出资设立个人独资企业，聘请陈某管理该企业事务。林某病故后，因企业负债较多，林某的妻子作为唯一继承人明确表示不愿意继承该企业，该企业只能解散。根据《个人独资企业法》的规定，关于该企业清算人的表述，不正确的是（　　）。

A. 由陈某进行清算

B. 由林某的妻子进行清算

C. 由债权人进行清算

D. 由债权人申请法院指定清算人进行清算

5. 个人独资企业解散后，按照《个人独资企业法》的规定，原投资人对企业存续期间的债务（　　）。

A. 仍应承担责任

B. 不再承担责任

C. 仍应承担责任，但债权人在5年内未向债务人提出偿债请求的，该责任消灭

D. 仍应承担责任，但债权人在2年内未向债务人提出偿债请求的，该责任消灭

6. 甲、乙、丙三位合伙人设立合伙企业，企业经营一段时间后，丙合伙人决定将自己持有合伙企业的财产份额转让给丁。经查，该转让行为在合伙协议中没有约定，根据《合伙企业法》的规定，则丙在（　　）。

A. 转让财产份额后通知其他合伙人

B. 转让财产份额后通知合伙企业的事务执行人

C. 转让前须经全体合伙人一致同意

D. 转让前须经半数以上的合伙人同意

7. 甲、乙、丙、丁拟设立一普通合伙企业，4人签订的合伙协议的下列条款中，不符合合伙企业法律制度规定的是（　　）。

A. 甲、乙、丙、丁的出资比例为4∶3∶2∶1

B. 合伙企业事务委托甲、乙两人执行

C. 乙、丙只以其各自的出资额为限对企业债务承担责任

D. 对合伙企业事项作出决议实行全体合伙人一致通过的表决办法

8. 有限合伙人的下列（　　）的行为，不视为执行合伙事务。

A. 参与决定普通合伙人入伙、退伙

B. 对企业的经营管理提出建议

C. 参与选择承办有限合伙企业审计业务的会计师事务所

D. 获取经审计的有限合伙企业财务会计报告

三、简答题

1. 个人独资企业设立的条件是什么？
2. 个人独资企业的权利与义务有哪些？
3. 有限合伙人与普通合伙人的转变情形是什么？
4. 有限合伙人与普通合伙人的权利的区别有哪些？

四、案例分析

1. 2019年4月，张某投资50万元成立星光个人独资企业，2022年6月，张某因经营管理不善，出现负债经营，张某决定解散星光企业。经清算，星光企业现有财产20万元，但欠职工工资10万元，欠社会保险费用5万元，欠国家税款2万元，欠甲公司债务3万元，欠乙公司债务2万元。

   问：对星光企业的财产应如何分配？对各债权人的债权应如何处理？

2. 2019年1月15日，甲出资30万元设立A个人独资企业（本题下称"A企业"）。甲聘请乙执行企业事务，但对对外签订标的额超过5万元以上的合同，须经甲同意。2月10日，乙未经甲同意，以A企业的名义向善意第三人丙购买价值10万元的货物。2021年7月4日，A企业亏损，不能支付到期的丁的债务，甲决定解散该企业，并请求人民法院指定清算人。7月10日，人民法院指定戊作为清算人对A企业进行清算。经查，A企业和甲的资产及债权债务情况如下：

   （1）A企业欠缴税款2万元，欠乙工资3万元，欠社会保险费用2万元，欠丁20万元；

   （2）A企业的银行存款5万元，实物折价15万元；

   （3）甲在B合伙企业出资10万元，占50%的出资额，B合伙企业每年可向合伙人分配利润；

   （4）甲个人其他可执行的财产价值2万元。

   请回答以下问题：

   （1）乙2019年2月10日的行为是否有效？说明理由。

   （2）试述A企业的财产清偿顺序。

   （3）如何满足丁的债权？

课后思考

《民法典》背景下的合伙企业财产制度

《民法典》于2021年1月1日正式生效，其确立了包括合伙企业在内的非法人组织的独立民事主体地位，《民法典》合同编增设"合伙合同"强化了契约型与组织型合伙财产性质的差异，但由于《合伙企业法》规定普通合伙人承担无限连带责任，所以有必要对合伙企业财产制度进行重新解释。普通合伙人对合伙企业承担的债务，既非有限责任，也非连带责任，而是无限责任。无限责任应该定性为法定担保责任。合伙企业对外承担责任的担保财产，第一序位是合伙企业的全部财产，第二序位是全体普通合伙人的财产总和，两者通过外观表见彼此区隔，为交易第三人和司法裁判机关识别。不同于契约型合伙财产共有，合伙企业的财产性质，既非合伙人共有，也非相对独立，而是独立所有。现代合伙企业组织的独特价值，就在于强制性规范确立的独立财产制度与契约自由建立的治理机制之间的完美结合。

Chapter Seven

第七章 公司法律制度

学习目标

○ 了解公司的概念与特征，公司设立条件，违反公司法的法律责任；
○ 熟悉公司组织机构，公司的董事、监事、高级管理人员的资格与义务等；
○ 理解公司章程效力、公司法人人格否认制度；
○ 能够运用公司法相关知识，分析公司设立、运行过程中的相关问题。

导入案例

○ 2020年，林某、张某与实业公司另两位股东吴某、李某签订代持协议，约定为简化注册手续，拟设立的投资公司中，林某、张某股份由李某代持。2022年，林某、张某以李某把持公司、损害其利益为由，诉请确认其股东身份并办理相应工商变更登记手续。吴某出具不同意林某、张某成为投资公司股东的声明。
○ 分析：根据本案分析股权代持的性质以及隐名股东显名化的法律规定。

第一节 公司与公司法概述

一、公司的概念和特征

（一）公司的概念

依据通说，公司一般是指依法设立的，以营利为目的的企业法人。《中华人民共和国公司法》（以下简称《公司法》）第二条规定，本法所称公司是指依照本法在中国境内设立的有限责任公司和股份有限公司。

（二）公司的特征

公司是在企业发展过程中，为了适应社会化大生产和市场经济的发展需要而形成的一种企业组织形式，是以资本的联合为基本设立条件。公司是企业法人，有独立的法人财产，享有法人财产权。公司具有以下法律特征：

1. 依法设立

依法设立，是指公司必须依法定条件、法定程序设立。一方面要求公司的章程、资本、组织机构、活动原则等必须合法；另一方面要求公司设立必须经过法定程序，进行工商登记。公司通常依《公司法》设立，但还须依公司登记管理法定程序设立，特殊公司的设立还必须符合其他法律的规定。

2. 以营利为目的

以营利为目的，是指公司设立以经营并获取利润为目的，且股东出资设立公司的目的也是盈利，即从公司经营中取得利润。因此，营利目的不仅要求公司本身为营利而活动，而且要求公司有利润时应当分配给股东。如果其经营利润不进行分配，而是用于社会公益等其他目的，则不属于以营利为目的的公司性质。

3. 以股东投资行为为基础设立

根据《公司法》规定，公司设立必须具备的法定条件之一是达到法定的注册资本，而注册资本来源于股东的投资，即由股东按法定和章程约定的出资方式及约定比例出资形成，因此没有股东的投资行为就不能设立公司。

4. 具有法人资格

公司是企业法人，主要是有独立的法人财产和独立承担民事责任。《公司法》规定的有限责任公司和股份有限公司都具有法人资格，股东以其认缴的出资额或者认购的股份为限对公司承担有限责任，公司要以全部财产对公司的经营活动包括法定代表人、工作人员和代理人代表公司进行的经营活动产生的债务承担责任。

二、公司的种类

按照不同的标准，从不同的角度可以对公司作不同的分类。

（一）有限责任公司、股份有限公司、无限公司、两合公司

这是以公司资本结构和股东对公司债务承担责任的方式为标准划分的。

有限责任公司是指股东以其认缴的出资额为限对公司承担责任，公司以其全部财产对公司的债务承担责任的公司。

股份有限公司是指将公司全部资本分为等额股份，股东以其认购的股份为限对公司承担责任，公司以其全部财产对公司的债务承担责任的公司。

无限公司是无限责任公司的简称，它是由两个以上的股东组成的、全体股东对公司的债务负连带无限责任的公司。

两合公司是指由无限责任股东与有限责任股东共同组成，无限责任股东对公司债务负连带无限责任，有限责任股东对公司债务仅以其出资额为限承担有限责任的公司。

我国《公司法》规定的公司形式仅为有限责任公司和股份有限公司。

（二）人合公司、资合公司与人合兼资合公司

这是以公司的信用基础为标准划分的。

人合公司是指以股东个人的财力、能力和信誉作为信用基础的公司，其典型的形式为无限公司。

资合公司是指以资本的结合作为信用基础的公司，其典型的形式为股份有限公司。

人合兼资合公司是指同时以公司资本和股东个人信用作为信用基础的公司，其典型的形式为两合公司。

（三）母公司与子公司

这是以公司之间的控制与依附关系为标准划分的。

母公司是指拥有另一公司一定比例以上的股份，或通过协议方式能够对另一公司的经营实行实际控制的公司。母公司也称为控制公司。

子公司是指与母公司相对应，其一定比例以上的股份被另一公司所拥有或通过协议受到另一公司实际控制的公司。公司可以设立子公司，子公司具有法人资格，依法独立承担民事责任。

（四）总公司与分公司

这是以公司内部的管辖关系为标准划分的。

总公司又称"本公司"，是相对于其分支机构而言的，有权管理公司的全部内部组织如各个分部门、分公司、科室、工厂、门市部等的总机构。

分公司实际上并不是法律意义上的公司，而只是公司的组成部分或业务活动机构，没有独立的法人资格，其民事责任由总公司承担。

（五）本国公司与外国公司

这是以公司的国籍为标准划分的。

凡是依照中国法律在中国境内登记设立的公司，都是中国公司。凡是依照外国法律在中国境外登记成立的公司，则是外国公司。外国公司在我国从事经营活动，须向我国主管机关提出申请，通过设立分支机构，以该外国公司法人身份进行活动及承担民事责任。

三、公司法

公司法是规定公司法律地位，调整公司组织关系，规范公司设立、变更与终止的法律规范的总称。公司法的概念有广义和狭义之分。狭义的公司法，仅指《公司法》这一形式意义上的规范性文件；广义的公司法，则是调整公司组织关系、规范公司行为的法律规范的总称，其表现形式不仅包括《公司法》，还包括《公司登记管理条例》等。

我国《公司法》由八届全国人大常委会第五次会议于1993年12月29日通过，自1994年7月1日起施行。全国人大常委会于1999年、2004年对《公司法》进行了两次小的修改，2005年10月27日十届全国人大常委会第十八次会议对《公司法》进行了较大规模的修订并自2006年1月1日起施行。2013年底，十二届全国人大常委会第六次会议对《公司法》作出修改，修改后的《公司法》，于2014年3月1日起正式施行。2018年10月26日，十三届全国人大常委会第六次会议对《公司法》作出修改，修改后的《公司法》于2018年10月26日起正式施行。2022年12月30日，全国人大常委会发布《公司法（修订草案二次审议稿）征求意见》，目前还在审议中。

知识拓展

2023年《公司法（修订草案二次审议稿)》主要变化。

一、立法目的。新增"完善中国特色现代企业制度，弘扬企业家精神"的内容。

二、国家出资公司。二审稿将"国家出资公司的特别规定"从第六章调整为第七章，并将章名改为"国家出资公司组织机构的特别规定"。

三、董事会的职权。二审稿要求落实董事会六项职权，即中长期发展战略规划、高级管理人员选聘、业绩考核、薪酬管理、工资总额备案制管理、重大财务事项管理。

四、董事会审计委员会。股份有限公司可以按照公司章程的规定在董事会中设置审计委员会，行使本法规定的监事会的职权，不设监事会或者监事。前款规定的审计委员会由三名以上董事组成，独立董事应当过半数，且至少有一名独立董事是会计专业人士。独立董事不得在公司担任除董事以外的其他职务，且不得与公司存在任何可能影响其独立客观判断的关系。公司可以按照公司章程的规定在董事会中设置其他委员会。

五、职工董事。董事会成员为三人以上。职工人数三百人以上的有限责任公司，除依法设监事会并有公司职工代表的外，其董事会成员中应当有公司职工代表；其他有限责任公司董事会成员中可以有公司职工代表。董事会中的职工代表由公司职工通过职工代表大会、职工大会或者其他形式民主选举产生。

六、监事会改革。规模较小的有限责任公司，可以不设监事会，设一至二名监事，行使本法规定的监事会的职权；经全体股东一致同意，也可以不设监事。

第二节　公司基本理论

一、公司法人财产权

（一）公司法人财产

公司法人财产是指公司设立时，由股东投资以及公司成立后在经营过程中形成的财产的总和。公司法人财产不同于公司资本。公司法人财产是独立的，即与公司股东的财产相区别。

（二）公司法人财产权

《公司法》规定，公司享有法人财产权。公司以其全部财产对公司债务承担责任。公司是企业法人，具有独立的人格，享有对法人财产的支配权利，即依法对其财产行使占有、使用、收益、处分的权利。

（三）公司法人财产权的限制

1. 对外投资的限制

《公司法》规定，公司可以向其他企业投资，但除法律另有规定外，不得成为对所投资企业的债务承担连带责任的出资人。同时，《公司法》还规定，公司向其他企业投资，按照公司章程的规定由董事会或者股东会、股东大会决议；公司章程对投资的总额及单项投资的数额有限额规定的，不得超过规定的限额。

2. 担保的限制

《公司法》规定，公司为他人提供担保，按照公司章程的规定由董事会或者股东会、股东大会决议；公司章程对担保的总额及单项担保的数额有限额规定的，不得超过规定的限额。公司为公司股东或者实际控制人提供担保的，必须经股东会或者股东大会决议。接受担保的股东或者受实际控制人支配的股东，不得参加上述规定事项的表决。该项表决由出席会议的其他股东所持表决权的过半数通过。

3. 借款的限制

一般情况下，除非公司章程有特别规定或经过股东会或股东大会的批准同意，公司董事、经理不得擅自将公司资金借贷给他人。

二、公司的登记管理

（一）登记管辖

我国的公司登记机关是市场监督管理机关。公司登记机关实行国家、省（自治区、直辖市）、市（县）三级管辖制度。

（二）登记事项

《公司登记管理条例》规定，公司的登记事项包括：名称、住所、法定代表人姓名、注册资本、实收资本、公司类型、经营范围、营业期限、有限责任公司股东或者股份有限公司发起人的姓名或者名称，以及认缴和实缴的出资额、出资时间、出资方式。

《公司法》规定，公司的法定代表人依照公司章程的规定，由董事长、执行董事或者经理担任。

根据《公司登记管理条例》的规定，股东不得以劳务、信用、自然人姓名、商誉、特许经营权或者设定担保的财产等作价出资。

（三）设立登记

1. 公司名称预先核准

设立有限责任公司的，应当由全体股东指定的代表或者共同委托的代理人向公司登记机关申请名称预先核准；设立股份有限公司的，应当由全体发起人指定的代表或者共同委托的代理人向公司登记机关申请名称预先核准。

预先核准的公司名称保留期为6个月。预先核准的公司名称在保留期内，不得用于从事经营活动，不得转让。

2. 公司设立登记

（1）申请设立公司，应当向公司登记机关提交规定的文件。设立有限责任公司，应当由全体股东指定的代表或者共同委托的代理人向公司登记机关申请设立登记。设立股份有限公司，应当由董事会向公司登记机关申请设立登记；以募集方式设立股份有限公司的，应当于创立大会结束后30日内向公司登记机关申请设立登记。

（2）公司设立分公司的，应当自决定作出之日起30日内向分公司所在地的公司登记机关申请登记；法律、行政法规或者国务院决定规定必须报经有关部门批准的，应当自批准之日起30日内向公司登记机关申请登记。分公司的登记事项包括名称、营业场所、负责人、经营范围。分公司的名称应当符合国家有关规定。分公司的经营范围不得超出公司的经营范围。

（3）公司营业执照签发日期为公司成立日期。

📖 知识拓展

企业年度报告制度：从2014年3月1日起，全国企业年检正式取消。停止对领取营业执照的有限责任公司、股份有限公司、非公司企业法人、合伙企业、个人独资企业及其分支机构、来华从事经营活动的外国（地区）企业及其他经营单位的企业年检工作。企业按年度在规定的期限内，通过商事主体登记及信用信息公示平台，向登记机关提交年度报告并向社会公示，由企业自己对年度报告的真实性、合法性负责。年度报告包括投资人缴纳出资情况、资产负债、登记及备案事项变化情况等内容。实行企业年度报告公示制度后，企业无须再到工商部门提交书面形式资料，仅需登录市场主体信用信息系统，并根据提示填写相应项目即可自行完成年度报告信息申报操作，便利性大大提高。

三、公司的名称和住所

（一）公司名称

公司的名称，是一个公司区别于其他公司的标记。公司的名称是公司商誉的重要组成部分，是一种无形资产。

根据《公司法》和《企业名称登记管理规定》，公司名称应当依次包括下列四个部分：

（1）公司所属行政区划名称，即注册机关的行政管辖级别和行政管辖范围。公司名称前应冠以企业所在地省、市或县行政区划名称。

（2）字号，即公司的特有名称，一般由两个或两个以上的汉字或少数民族文字组成。这是公司名称的核心内容，也是公司名称中唯一可以由当事人自主选择的内容。

（3）公司的行业或营业部类，即公司的名称应显示出公司的主要业务和行业性质。

（4）公司的形式，即公司的种类，如"股份有限公司"或"有限责任公司"。

（二）公司住所

公司以其主要办事机构所在地为住所。

确定公司住所的法律意义：①确定诉讼管辖。②确定诉讼文书收受的处所。③确定债务履行地。④确定公司登记管辖。⑤确定涉外诉讼的准据法。

四、公司章程

公司章程是记载公司组织、活动基本准则的公开性法律文件。设立有限责任公司必须由股东共同依法制定公司章程。股东应当在公司章程上签名、盖章，公司章程对公司、股东、董事、监事、高级管理人员具有约束力。

公司章程所记载的事项可以分为必备事项和任意事项。必备事项是法律规定的在公司章程中必须记载的事项，或称绝对必要事项，通常包括公司名称和住所地、经营范围、注册资本、公司组织机构、法定代表人等。任意事项是由公司自行决定是否记载的事项，包括公司有自主决定权的一些事项，如自然人股东资格继承等。

五、公司法人人格否认制度

公司法人人格否认制度，又称"揭开公司的神秘面纱"，是指当公司股东滥用公司法人独立地位和股东有限责任来逃避债务，严重损害债权人利益时，债权人可以越过公司的法人资格，直接请求滥用公司人格的股东对公司债务承担连带责任的法律制度。

公司法人人格否认制度的产生，是为了在特定情况下修正和补充股东有限责任原则。公司法人人格否认制度的确立是我国公司制度的一个重大突破。

《公司法》规定，公司股东应当遵守法律、行政法规和公司章程，依法行使股东权利，不得滥用股东权利损害公司或者其他股东的利益；不得滥用公司法人独立地位和股东有限责任损害公司债权人的利益。股东滥用股东权利给公司或者其他股东造成损失的，应当依法承担赔偿责任。公司股东滥用公司法人独立地位和股东有限责任，逃避债务，严重损害公司债权人利益的，应当对公司债务承担连带责任。

针对一人公司中容易发生股东与公司财产混同的情形，《公司法》规定，一人有限责任公司的股东不能证明公司财产独立于股东自己的财产的，应当对公司债务承担连带责任。

公司法人人格否认不是从根本上取消公司的法人资格，而仅是在特定的法律关系中否认公司的独立人格，从而追究滥用法人人格的股东的责任，实现对债权人债权利益的有效保护。而人格否认中的债权人也不是一般意义上的债权人，只是因股东的滥用行为受到损害的特定的债权人，不涉及其他。

六、公司股东或者股东大会、董事会决议瑕疵的救济

《公司法》规定，公司股东会或股东大会、董事会的决议内容违反法律、行政法规的无效。

股东会或股东大会、董事会的会议召集程序、表决方式违反法律、行政法规或者公司章程，或者决议内容违反公司章程的，股东可以自决议作出之日起60日内，请求人民法院撤销。

为了防止股东滥用诉讼权，股东依照前款规定提起诉讼的，人民法院可以应公司的请求，要求股东提供相应担保。

公司根据股东会或者股东大会、董事会决议已办理变更登记的，人民法院宣告该决议无效或者撤销该决议后，公司应当向公司登记机关申请撤销变更登记。

第三节 有限责任公司

一、有限责任公司的设立

（一）有限责任公司设立的条件

根据《公司法》的规定，设立有限责任公司，应当具备下列条件：

1. 股东符合法定人数

有限责任公司由50个以下股东出资设立。股东既可以是自然人，也可以是法人。

2. 有符合公司章程规定的全体股东认缴的出资额

（1）注册资本。是指公司向公司登记机关登记的出资额，即经登记公司登记确认的资本。有限责任公司的注册资本为在公司登记机关登记的全体股东认缴的出资额。法律、行政法规以及国务院决定对有限责任公司注册资本实缴、注册资本最低限额另有规定的，从其规定。

（2）股东出资方式。股东可以用货币出资，也可以用实物、知识产权、土地使用权等可以用货币估价并可以依法转让的非货币财产作价出资，但是，法律、行政法规规定不得作为出资的财产除外。对作为出资的非货币财产应当评估作价，核实财产，不得高估或者低估作价。股东以非货币财产出资的，应当依法办理其财产权的转移手续。

3. 股东共同制定公司章程

有限责任公司章程应当载明下列事项：①公司名称和住所。②公司经营范围。③公司注册资本。④股东的姓名或者名称。⑤股东的出资方式、出资额和出资时间。⑥公司的机构及其产生办法、职权、议事规则。⑦公司法定代表人。⑧股东会会议认为需要规定的其他事项。

4. 有公司名称，建立符合有限责任公司要求的组织机构

公司设立自己的名称时，必须符合法律、法规的规定，并应当经过公司登记管理机关进行预先核准登记。公司应当设立符合有限责任公司要求的组织机构，即股东会、董事会或者执行董事、监事会或者监事等。

5. 有公司住所

公司以其主要办事机构所在地为住所。经公司登记机关登记的公司住所只能有一个。

（二）有限责任公司设立的程序

1. 订立公司章程

公司章程由全体股东共同制定，并将要设立的公司基本情况以及各方面的权利义务加以明确规定。

2. 名称预先核准

根据2021年3月1日起新修订实施的《企业名称登记管理规定》，设立有限责任公司，应当由全体股东指定的代表或者共同委托的代理人向公司登记机关申请名称预先核准。企业名称冠以"中国""中华""中央""全国""国家"等字词，应当按照有关规定从严审核，并报国务院批准。企业登记机关对通过企业名称申报系统提交完成的企业名称予以保留，保留期为2个月。设立企业依法应当报经批准或者企业经营范围中有在登记前须经批准的项目的，保留期为1年。

3. 股东缴纳出资

股东应当按期足额缴纳公司章程中规定的各自所认缴的出资额。股东以货币出资的，应当将货币出资足额存入为设立有限责任公司而在银行开设的账户，以非货币财产出资的，应当依法办理其财产权的转移手续。股东不按照规定缴纳出资的，除应当向公司足额缴纳外，还应当向已按期足额缴纳出资的股东承担违约责任。

> **典型案例**
>
> 甲、乙、丙三人共同组建一有限责任公司，公司成立后，甲将其20%股权中的5%转让给第三人丁，丁通过受让股权成为公司股东。甲、乙均按期足额缴纳出资，但发现由丙出资的机器设备的实际价值明显低于公司章程所确定的数额。应由丙补交差额，甲、乙对其承担连带责任，丁不是公司设立时的其他股东，不承担连带责任。

4. 申请设立登记

股东认足公司章程规定的出资后，由全体股东指定的代表或者共同委托的代理人向公司登记机关报送公司登记申请书、公司章程等文件，申请设立登记。公司经核准登记后，领取公司营业执照，公司企业法人营业执照签发日期为公司成立日期。

有限责任公司成立后，发现作为设立公司出资的非货币财产的实际价额显著低于公司章程所定价额的，应当由交付该出资的股东补足其差额，公司设立时的其他股东承担连带责任。

有限责任公司成立后，应当向股东签发出资证明书。出资证明书是确认股东出资的凭证，应当载明下列事项：①公司名称。②公司成立日期。③公司注册资本。④股东的姓名或者名称、缴纳的出资额和出资日期。⑤出资证明书的编号和核发日期。出资证明书由公司盖章。

有限责任公司应当置备股东名册。股东名册是公司为记载股东情况及其资本事项而设置的簿册。记载于股东名册的股东，可以依股东名册主张行使股东权利。公司应当将股东的姓名或者名称及其出资额向公司登记机关登记，登记事项发生变更的，应当办理变更登记。未经登记或者变更登记的，不得对抗第三人。

> **法条链接**
>
> 《公司法》第三十一条至第三十二条：
>
> 《公司法》第三十一条　有限责任公司成立后，应当向股东签发出资证明书。
>
> 出资证明书应当载明下列事项：
>
> （一）公司名称；
>
> （二）公司成立日期；
>
> （三）公司注册资本；
>
> （四）股东的姓名或者名称、缴纳的出资额和出资日期；
>
> （五）出资证明书的编号和核发日期。

出资证明书由公司盖章。

第三十二条 有限责任公司应当置备股东名册，记载下列事项：

（一）股东的姓名或者名称及住所；

（二）股东的出资额；

（三）出资证明书编号。

记载于股东名册的股东，可以依股东名册主张行使股东权利。

二、有限责任公司的组织机构

（一）股东会

1. 股东会的性质和组成

股东会是由全体股东组成的非常设机构，是公司最高权力机关。股东会对外不代表公司，对内不执行业务，但公司的其他机构必须执行股东会的决议，对股东会负责。

2. 股东会的职权

（1）决定公司的经营方针和投资计划。

（2）选举和更换由非职工代表担任的董事、监事，决定有关董事、监事的报酬事项。

（3）审议批准董事会的报告。

（4）审议批准监事会或者监事的报告。

（5）审议批准公司的年度财务预算方案、决算方案。

（6）审议批准公司的利润分配方案和弥补亏损方案。

（7）对公司增加或者减少注册资本作出决议。

（8）对发行公司债券作出决议。

（9）对公司合并、分立、解散、清算或者变更公司形式等作出决议。

（10）修改公司章程。

（11）公司章程规定的其他职权。

3. 股东会的会议制度

（1）股东会会议形式。股东会会议分为定期会议和临时会议。定期会议应当按照公司章程的规定按时召开。代表 1/10 以上表决权的股东，1/3 以上的董事，监事会或者不设监事会的公司的监事提议召开临时会议的，应当召开临时会议。

（2）股东会的召开。首次股东会会议由出资最多的股东召集和主持，依法行使职权。以后的股东会会议，公司设立董事会的，由董事会召集，董事长主持；董事长不能履行职务或者不履行职务的，由副董事长主持；副董事长不能履行职务或者不履行职务的，由半数以上董事共同推荐一名董事主持。公司不设董事会的，股东会会议由执行董事召集和主持。董事会或者执行董事不能履行或者不履行召集股东会会议职责的，由监事会或者不设监事会的公司的监事召集和主持；监事会或者监事不召集和主持的，代表 1/10 以上表决权的股东可以自行召集和主持。

召开股东会会议，应当于会议召开 15 日前通知全体股东；但是，公司章程另有规定或者全体股东另有约定的除外。股东会应当对所议事项的决定作成会议记录，出席会议的股东应当在会议记录上签名。

（3）股东会议事方式和表决程序。股东会会议由股东按照出资比例行使表决权，但是，公司章程另有规定的除外。股东会的议事方式和表决程序，除《公司法》有规定的外，由公司章程规定。

股东会会议作出修改公司章程、增加或减少注册资本的决议，以及公司合并、分立、解散或者变更公司形式的决议，必须经代表 2/3 以上表决权的股东通过。

（二）董事会

1. 董事会的性质和组成

董事会是由股东会选举产生的行使公司经营管理权的执行机关，对股东会负责。董事会是公司常设机关。

有限责任公司设董事会，其成员为 3～13 人。两个以上的国有企业或者其他两个以上的国有投资主体投资所设立的有限责任公司，其董事会成员中应当有公司职工代表，其他有限责任公司董事会成员中也可以有公司职工代表。董事会中的职工代表由公司职工通过职工代表大会、职工大会或者其他形式民主选举产生。

董事会设董事长 1 人，可以设副董事长。董事长、副董事长的产生办法由公司章程规定。

股东人数较少或者规模较小的有限责任公司，可以设 1 名执行董事，不设立董事会，执行董事可以兼任公司经理。执行董事的职权由公司章程规定。

董事任期由公司章程规定，但每届任期不得超过 3 年。董事任期届满，连选可以连任。

2. 董事会职权

（1）召集股东会会议，并向股东会报告工作。

（2）执行股东会的决议。

（3）决定公司的经营计划和投资方案。

（4）制订公司的年度财务预算方案、决算方案。

（5）制订公司的利润分配方案和弥补亏损方案。

（6）制订公司增加或者减少注册资本以及发行公司债券的方案。

（7）制订公司合并、分立、变更公司形式、解散的方案。

（8）决定公司内部管理机构的设置。

（9）决定聘任或者解聘公司经理及其报酬事项，并根据经理的提名决定聘任或者解聘公司副经理、财务负责人及其报酬事项。

（10）制订公司的基本管理制度。

（11）公司章程规定的其他职权。

3. 董事会的会议制度

（1）董事会的召开。董事会会议由董事长召集和主持；董事长不能履行职务或者不履行职务的，由副董事长召集和主持；副董事长不能履行职务或者不履行职务的，由半数以上董事共同推举 1 名董事召集和主持。

（2）董事会议事方式和表决程序。董事会的议事方式和表决程序，除《公司法》有规定的外，由公司章程规定。董事会应当对所议事项的决定作成会议记录，出席会议的董事应当在会议记录上签名。

董事会决议的表决，实行一人一票。

> **法条链接**
>
> 《公司法》第二十二条第一、第二、第三款规定：
> 公司股东会或者股东大会、董事会的决议内容违反法律、行政法规的无效。
> 股东会或者股东大会、董事会的会议召集程序、表决方式违反法律、行政法规或者公司章程，或者决议内容违反公司章程的，股东可以自决议作出之日起六十日内，请求人民法院撤销。
> 股东依照前款规定提起诉讼的，人民法院可以应公司的请求，要求股东提供相应担保。

(三) 监事会

1. 监事会的性质和组成

监事会是对公司董事和高级管理人员的经营管理行为及公司的财务进行专门监督的常设机构。

有限责任公司设立监事会，其成员不得少于3人。股东人数较少或者规模较小的有限责任公司，可以设1~2名监事，不设立监事会。监事会应当包括股东代表和适当比例的公司职工代表，其中职工代表的比例不得低于1/3，具体比例由公司章程规定。监事会中的职工代表由公司职工通过职工代表大会、职工大会或者其他形式民主选举产生。

监事会设主席1人，由全体监事过半数选举产生。监事会主席召集和主持监事会会议；监事会主席不能履行职务或者不履行职务的，由半数以上监事共同推举1名监事召集和主持监事会会议。董事、高级管理人员不得兼任监事。

监事的任期每届为3年。监事任期届满，连选可以连任。

2. 监事会的职权

监事会、不设监事会的公司监事行使下列职权：

（1）检查公司财务。

（2）对董事、高级管理人员执行公司职务的行为进行监督，对违反法律、行政法规、公司章程或者股东会决议的董事、高级管理人员提出罢免的建议。

（3）当董事、高级管理人员的行为损害公司的利益时，要求董事、高级管理人员予以纠正。

（4）提议召开临时股东会会议，在董事会不履行规定的召集和主持股东会会议职责时召集和主持股东会会议。

（5）向股东会会议提出提案。

（6）依照《公司法》的规定，对董事、高级管理人员提起诉讼。

（7）公司章程规定的其他职权。

监事可以列席董事会会议，并对董事会决议事项提出质询或者建议。监事会、不设监事会的公司监事发现公司经营情况异常，可以进行调查；必要时，可以聘请会计师事务所等协助其工作，费用由公司承担。

监事会、不设监事会的公司监事行使职权所必需的费用，由公司承担。

3. 监事会的会议制度

监事会每年度至少召开1次会议，监事可以提议召开临时监事会会议。监事会的议事方式和表决程序，除《公司法》有规定的外，由公司章程规定。监事会决议应当经半数以上监事通过，监事会应当对所议事项的决定作成会议记录，出席会议的监事应当在会议记录上签名。

三、一人有限责任公司的特别规定

（一）一人有限责任公司的概念

一人有限责任公司，是指只有一个自然人股东或者一个法人股东的有限责任公司。一人有限责任公司是独立的企业法人，具有完全的民事权利能力、民事行为能力和民事责任能力，是有限责任公司中的特殊类型。

（二）一人有限责任公司的特别规定

《公司法》规定，一人有限责任公司的设立和组织机构适用特别规定，没有特别规定的，适用有限责任公司的相关规定。这些特别规定具体包括：

1. 再投资限制

一个自然人只能投资设立一个一人有限责任公司，该一人有限责任公司不能投资设立新的一人有限责任公司。

2．对投资人的披露义务

一人有限责任公司应当在公司登记中注明自然人独资或者法人独资，并在公司营业执照中载明。

3．股东决策的形式要求

一人有限责任公司不设股东会。法律规定的股东会职权由股东行使，当股东行使相应职权作出决定时，应当采用书面形式，并由股东签字后置备于公司。

4．法定强制审计要求

一人有限责任公司应当在每一会计年度终了时编制财务会计报告，并经会计师事务所审计。

5．法人人格否定制度

一人有限责任公司的股东不能证明公司财产独立于股东自己财产的，应当对公司债务承担连带责任。

四、国有独资公司的特别规定

（一）国有独资公司的概念

国有独资公司是指国家单独出资、由国务院或者地方人民政府委托本级人民政府国有资产监督管理机构履行出资人职责的有限责任公司。

（二）国有独资公司的特别规定

《公司法》规定，国有独资公司的设立和组织机构适用特别规定，没有特别规定的，适用有限责任公司的相关规定。这些特别规定具体包括：

1．公司章程

国有独资公司章程由国有资产监督管理机构制定，或者由董事会制定报国有资产监督管理机构批准。

2．股东权的行使

国有独资公司不设股东会，由国有资产监督管理机构行使股东会职权。国有资产监督管理机构可以授权公司董事会行使股东会的部分职权，决定公司的重大事项，但公司的合并、分立、解散、增减注册资本和发行公司债券，必须由国有资产监督管理机构决定，其中，重要的国有独资公司合并、分立、解散、申请破产的，应当由国有资产监督管理机构审核后，报本级人民政府批准。上述所称重要的国有独资公司，按照国务院的规定确定。

3．董事会

国有独资公司设立董事会，依照法律规定的有限责任公司董事会的职权和国有资产监督管理机构的授权行使职权。董事会成员中应当有公司职工代表。董事会成员由国有资产监督管理机构委派，但是，董事会成员中的职工代表由公司职工代表大会选举产生。董事每届任期不得超过3年。董事会设董事长1人，可以设副董事长。董事长、副董事长由国有资产监督管理机构从董事会成员中指定，国有独资公司的董事长、副董事长、董事、高级管理人员，未经国有资产监督管理机构同意，不得在其他有限责任公司、股份有限公司或者其他经济组织兼职。

4．经理

国有独资公司设经理，由董事会聘任或者解聘。国有独资公司经理的职权与一般有限责任公司经理的职权相同。经国有资产监督管理机构同意，董事会成员可以兼任经理。

5．监事会

国有独资公司设监事会，其成员不得少于5人，其中职工代表的比例不得低于1/3，具体比例由公司章程规定。监事会成员由国有资产监督管理机构委派；但是，监事会中的职工代表由公司职工代表大会选举产生。监事会主席由国有资产监督管理机构从监事会成员中指定。

典型案例

甲公司为国有独资公司，2020年1月，公司董事会作出了下列决议：①聘选王某为公司经理。②增选王某为公司董事。③批准董事林某兼任乙有限责任公司经理。④决定发行公司债券500万元。

问题：上述决议是否符合《公司法》的规定？

解析：只有①合法。国有独资公司设经理，由董事会聘任或者解聘，董事会成员中的职工代表由公司职工代表大会选举产生。经国有资产监督管理机构同意，董事会成员可以兼任经理。国有资产监督管理机构可以授权公司董事会行使股东会的部分职权，决定公司的重大事项，但公司的合并、分立、解散、增减注册资本和发行公司债券，必须由国有资产监督管理机构决定。

五、有限责任公司的股权转让

（一）股东的股权

公司股东是持有公司股份或者出资的人，股东的股权是基于股东资格而享有的权利，根据《公司法》的规定，公司股东依法享有资产收益、参与重大决策和选择管理者等权利。

1. 股东权分类

（1）以股东权行使的目的是为股东个人利益还是涉及全体股东共同利益为标准，可以将股东权分为共益权和自益权。共益权包括股东会或股东大会参加权、提案权、质询权，在股东会或股东大会的表决权等权利；自益权包括股利分配请求权、剩余财产分配权、新股认购优先权等。

（2）以股权行使的条件为标准，可以分为单独股东权和少数股东权。单独股东权是指每一单独股份均享有的权利，即只持有一股股份的股东也可单独行使的权利，如自益权、表决权等。少数股东权是指须单独或共同持有占股本总额一定比例以上股份方可行使的权利，如请求召开临时股东会或股东大会的权利等。

2. 股东滥用股东权的责任

股东滥用股东权利应承担以下责任：

（1）公司股东滥用股东权利给公司或者其他股东造成损失的，应依法承担赔偿责任。

（2）公司股东滥用公司法人独立地位和股东有限责任，逃避债务，严重损害公司债权人利益的，应当对公司债务承担连带责任。

（3）《公司法》规定公司的控股股东、实际控制人、董事、监事、高级管理人员不得利用其关联关系损害公司利益，违反规定给公司造成损失的，应当承担赔偿责任。

知识拓展

控股股东、实际控制人、高级管理人员、关联关系的界定。

控股股东，是指其出资额占有限责任公司资本总额50%以上或者其持有的股份占股份有限公司股本总额50%以上的股东，以及出资额或者持有股份的比例虽然不足50%，但依其出资额或者持有的股份所享有的表决权已足以对股东会、股东大会的决议产生重大影响的股东。

实际控制人，是指虽不是公司的股东，但通过投资关系、协议或者其他安排，能够实际支配公司行为的人。

高级管理人员，是指公司的经理、副经理、财务负责人、上市公司董事会秘书和公司章程规定的其他人员。

关联关系，是指公司控股股东、实际控制人、董事、监事、高级管理人员与其直接或者间接控制的企业之间的关系，以及可能导致公司利益转移的其他关系。但是，国家控股的企业之间不因为同受国家控股而具有关联关系。

（二）有限责任公司股东转让股权

1. 股东之间转让股权

《公司法》规定，有限责任公司的股东之间可以相互转让其全部或者部分股权。

2. 股东向股东以外的人转让股权

《公司法》规定，股东向股东以外的人转让股权，应当经其他股东过半数同意。股东应就其股权转让事项书面通知其他股东征求同意，其他股东自接到书面通知之日起满30日未答复的，视为同意转让。其他股东半数以上不同意转让的，不同意的股东应当购买该转让的股权；不购买的，视为同意转让。但是，公司章程对股权转让另有规定的，从其规定。经股东同意转让的股权，在同等条件下，其他股东有优先购买权。两个以上股东主张行使优先购买权的，协商确定各自的购买比例；协商不成的，按照转让时各自的出资比例行使优先购买权。

3. 人民法院强制转让股东股权

人民法院依照法律规定的强制执行程序转让股东的股权时，应当通知公司及全体股东，其他股东在同等条件下有优先购买权，其他股东自人民法院通知之日起满20日不行使优先购买权的，视为放弃优先购买权。人民法院依照法律规定的强制执行程序转让股东的股权，是指人民法院依照《民事诉讼法》等法律规定的执行程序，强制执行生效的法律文书时，以拍卖、变卖或者其他方式转让有限责任公司股东的股权。

（三）有限责任公司股东退出公司

1. 股东退出公司的法定条件

《公司法》规定，有下列情形之一的，对股东会该项决议投反对票的股东可以请求公司按照合理的价格收购其股权，退出公司：

（1）公司连续5年不向股东分配利润，而公司该5年连续盈利，并且符合《公司法》规定的分配利润条件的。

（2）公司合并、分立、转让主要财产的。

（3）公司章程规定的营业期限届满或者章程规定的其他解散事由出现，股东会会议通过决议修改章程使公司存续的。

2. 股东退出公司的法定程序

（1）请求公司收购其股权。股东要求退出公司时，首先应当请求公司收购其股权。股东请求公司收购其股权时，其所要求的价格应当是合理的价格，这样才能既满足股东的要求，保护要求退出公司的股东的权益，又不损害公司和其他股东的权益。

（2）依法向人民法院提起诉讼。股东请求公司收购其股权，应当尽量通过协商的方式解决。但如果协商不成，既有可能影响请求收购的股东的权益，又可能影响公司的生产经营活动。为此，《公司法》规定，自股东会会议决议通过之日起60日内，股东与公司不能达成股权收购协议的，股东可以自股东会会议决议通过之日起90日内向人民法院提起诉讼。

典型案例

甲、乙、丙、丁四人拟共同出资设立一贸易有限责任公司，注册资本为100万元。其草拟的公司章程记载有以下事项：①公司由甲同时担任经理和法定代表人。②公司不设监事会，由乙担任监事。③甲、乙、丙、丁首次出资额各为5万元，其余部分出资自公司成立之日起3年内缴足。

问题：公司章程上述记载事项是否合法？

解析：合法。根据《公司法》规定，公司法定代表人依照公司章程的规定，由董事长，执行董事或者经理担任，并依法登记。公司规模较小或股东人数较少的可以不设监事会，设一到两名监事。新修订的《公司法》已取消了对股东出资期限的限制。

第四节　股份有限公司

一、股份有限公司的设立

（一）股份有限公司的设立方式

股份有限公司可以采取发起设立或募集设立的方式。发起设立，是指由发起人认购公司应发行的全部股份而设立公司。募集设立，是指由发起人认购公司应发行股份的一部分，其余股份向社会公开募集或者向特定对象募集而设立公司。

（二）股份有限公司的设立条件

1. 发起人符合法定人数

发起人是指依法筹办创立股份有限公司事务的人。发起人既可以是自然人，也可以是法人；既可以是中国公民，也可以是外国公民。

设立股份有限公司，应当有2人以上200人以下发起人，其中须有半数以上的发起人在中国境内有住所。

股份有限公司发起人承担公司筹办事务。发起人应当签订发起人协议，明确各自在公司设立过程中的权利和义务。

2. 有符合公司章程规定的全体发起人认购的股本总额或者募集的实收股本总额

（1）注册资本。

1）法律、行政法规以及国务院决定对股份有限公司注册资本实缴、注册资本最低限额另有规定的，从其规定。

2）股份有限公司采取发起方式设立的，注册资本为在公司登记机关登记的全体发起人认购的股本总额。在发起人认购的股份缴足前，不得向他人募集股份。

3）股份有限公司采取募集方式设立的，注册资本为在公司登记机关登记的实收股本总额，已由股东认购但实际并未缴纳的部分，不得计入公司的注册资本额中。全部发起人认购的股份不得少于公司股份总数的35%。

（2）出资方式。发起人可以用货币出资，也可以用实物、知识产权、土地使用权等可以用货币估价并可以依法转让的非货币财产作价出资。但是，法律、行政法规规定不得作为出资的财产除外。

（3）出资的缴纳。以发起方式设立股份有限公司的，发起人应当书面认足公司章程规定其认购的股份，并按照公司章程规定缴纳出资。以非货币财产出资的，应当依法办理其财产权的转移手续。

3. 股份发行、筹办事项符合法律规定

我国《公司法》和《证券法》对股份发行有严格的要求，这些要求有实体方面的要求，也有程序方面的要求。股份发行涉及社会利益，因此是强行性规范，发起人必须遵守。股份发行、筹办的具体事项都要符合法律规定。

4. 发起人制订公司章程，采用募集方式设立的须经创立大会通过

对于以发起方式设立的股份有限公司，由全体发起人共同制定公司章程。对于以募集方式设立的股份有限公司，发起人制定的公司章程，还应当经有其他认股人参加的创立大会通过。

5. 有公司名称，建立符合股份有限公司要求的组织机构

公司名称，是公司设立的必要条件，公司对该名称享有专用权。股份有限公司是典型的企业法人，同时又是大企业的组织形式，因此法律对其组织机构要求比较严格。

6. 有公司住所

公司住所，是公司固定的地理位置。公司以其主要办事机构所在地为住所。

（三）股份有限公司的设立程序

1. 发起设立股份有限公司的程序

股份公司的发起设立程序与有限责任公司的设立程序相似，主要包括：

（1）发起人制订发起协议。

（2）发起人制定公司章程。

（3）法律、行政法规规定设立公司必须报经批准的，应在公司登记前依法办理批准手续。

（4）发起人认足公司章程规定的出资。

（5）选举董事会和监事会。

（6）依照公司章程规定，选举由董事长或经理担任的公司法定代表人。

（7）申请设立登记。

（8）领取营业执照。

2. 募集设立股份有限公司的程序

股份有限公司募集设立的程序主要包括：

（1）发起人制订发起协议、认购股份。

（2）发起人制订公司章程，章程须经创立大会通过才有约束力。

（3）法律、行政法规规定设立公司必须报经批准的，应在公司登记前依法办理批准手续。

（4）向社会公开募集股份。发起人向社会公开募集股份，必须公告招股说明书，并制作认股书。认股人按照所认购股数缴纳股款。公开募股应当由依法设立的证券公司承销，签订承销协议，同时与银行签订代收股款协议。

（5）召开创立大会。发起人应当自股款缴足之日起30日内主持召开公司创立大会。发行的股份超过招股说明书规定的截止期限尚未募足的，或者发行股份的股款缴足后，发起人在30日内未召开创立大会的，认股人可以按照所缴股款并加算银行同期存款利息，要求发起人返还。

发起人应当在创立大会召开15日前将会议日期通知各认股人或者予以公告。创立大会应有代表股份总数过半数的发起人、认股人出席，方可举行。

创立大会行使下列职权：①审议发起人关于公司筹办情况的报告。②通过公司章程。③选举董事

会成员。④选举监事会成员。⑤对公司的设立费用进行审核。⑥对发起人用于抵作股款的财产的作价进行审核。⑦发生不可抗力或者经营条件发生重大变化直接影响公司设立的，可以作出不设立公司的决议。创立大会对前款所列事项作出决议，必须经出席会议的认股人所持表决权的半数以上通过。

发起人、认股人缴纳股款或者交付抵作股款的出资后，除未按期募足股份、发起人未按期召开创立大会或者创立大会决议不设立公司的情形外，不得抽回其股本。

（6）申请设立登记。董事会于创立大会结束后30日内，向公司登记机关申请设立登记。

（7）领取营业执照。

（四）股份有限公司发起人的责任

根据《公司法》的规定，股份有限公司的发起人应当承担下列责任：

1. 公司成立后的资本补足责任

股份有限公司成立后，发起人未按照公司章程的规定缴足出资的，应当补缴；其他发起人承担连带责任。股份有限公司成立后，发现作为设立公司出资的非货币财产的实际价额显著低于公司章程所定价额的，应当由交付该出资的发起人补足其差额；其他发起人（不包括认股人）承担连带责任。

2. 公司成立后的损害赔偿责任

在公司设立过程中，由于发起人的过失致使公司利益受到损害的，应当对公司承担赔偿责任。

3. 公司不能成立的责任

公司不能成立时，发起人对设立行为所产生的债务和费用负连带责任，对认股人已缴纳的股款，负返还股款并加算银行同期存款利息的连带责任。

二、股份有限公司的组织机构

股份有限公司的组织机构由股东大会、董事会、监事会等组成。

（一）股东大会

1. 股东大会的性质和组成

股份有限公司的股东大会由全体股东组成，是公司的最高权力机构。公司的一切重大事项都须由股东大会做出决议。

2. 股东大会的职权

股份有限公司股东大会的职权与有限责任公司股东会的职权的规定基本相同。此外，根据中国证券监督管理委员会发布的《上市公司章程指引》的规定，上市公司的股东大会还有权对公司聘用、解聘会计师事务所作出决议；审议代表公司发行在外有表决权股份总数的5%以上的股东的提案；审议法律、法规和公司章程规定应当由股东大会决定的其他事项。

3. 股东大会的形式

股份有限公司的股东大会分为年会和临时股东大会两种。

年会是指依照法律和公司章程的规定每年按时召开的股东大会。《公司法》规定，股东大会应当每年召开1次年会。

临时股东大会是指股份有限公司在出现召开临时股东大会的法定事由时，应当在法定期限2个月内召开的股东大会。《公司法》规定，有下列情形之一的，应当在2个月内召开临时股东大会：

（1）董事人数不足《公司法》规定人数或者公司章程所定人数的2/3时。

（2）公司未弥补的亏损达实收股本总额的1/3时。

（3）单独或者合计持有公司10%以上股份的股东请求时。

（4）董事会认为必要时。

（5）监事会提议召开时。

（6）公司章程规定的其他情形。

4. 股东大会的会议制度

（1）股东大会的召开。股东大会会议由董事会召集，董事长主持，董事长不能履行职务或者不履行职务的，由副董事长主持，副董事长不能履行职务或者不履行职务的，由半数以上董事共同推举1名董事主持。董事会不能履行或者不履行召集股东大会会议职责的，监事会应当及时召集和主持，监事会不召集和主持的，连续90日以上单独或者合计持有公司10%以上股份的股东可以自行召集和主持。

召开股东大会会议，应当将会议召开的时间、地点和审议的事项于会议召开20日前通知各股东。临时股东大会应当于会议召开15日前通知各股东。发行无记名股票的，应当于会议召开30日前公告会议召开的时间、地点和审议事项。

单独或者合计持有公司3%以上股份的股东，可以在股东大会召开10日前提出临时提案并书面提交董事会，董事会应当在收到提案后2日内通知其他股东，并将该临时提案提交股东大会审议。临时提案的内容应当属于股东大会职权范围，并有明确议题和具体决议事项。股东大会不得对上述通知中未列明的事项作出决议。无记名股票持有人出席股东大会会议的，应当于会议召开5日前至股东大会闭会时将股票交存于公司。

（2）股东大会的决议。股东出席股东大会会议，所持每一股份有一表决权。股东可以委托代理人出席股东大会会议，代理人应当向公司提交股东授权委托书，并在授权范围内行使表决权。公司持有的本公司股份没有表决权。

股东大会作出决议，必须经出席会议的股东所持表决权过半数通过。但是，股东大会作出修改公司章程、增加或者减少注册资本的决议，以及公司合并、分立、解散或者变更公司形式的决议，必须经出席会议的股东所持表决权的2/3以上通过。

为保护中小股东的合法权益，《公司法》规定，股东大会选举董事、监事，可以依照公司章程的规定或者股东大会的决议，实行累积投票制。累积投票制，是指股东大会选举董事或者监事时，每一股份拥有与应选董事或者监事人数相同的表决权，股东拥有的表决权可以集中使用。

股东大会应当对所议事项的决定作成会议记录，主持人、出席会议的董事应当在会议记录上签名。会议记录应当与出席股东的签名册及代理出席的委托书一并保存。

（二）董事会、经理

1. 董事会的性质和组成

股份有限公司的董事会是股东大会的执行机构，对股东大会负责。

股份有限公司设董事会，其成员为5~19人。董事会成员中可以有公司职工代表，董事会中的职工代表由公司职工通过职工代表大会、职工大会或者其他形式民主选举产生。

股份有限公司的董事任期由公司章程规定，但每届任期不得超过3年。董事任期届满，连选可以连任。

2. 董事会的职权

股份有限公司董事会的职权与有限责任公司董事会的职权的规定基本相同。

3. 董事会的会议制度

（1）董事会的召开。董事会设董事长1人，可以设副董事长。董事长和副董事长由董事会以全体董事的过半数选举产生。董事长召集和主持董事会会议，检查董事会决议的实施情况。副董事长协助董事长工作，董事长不能履行职务或者不履行职务的，由副董事长履行职务；副董事长不能履行职务或者不履行职务的，由半数以上董事共同推举1名董事履行职务。

董事会每年度至少召开2次会议，每次会议应当于会议召开10日前通知全体董事和监事。代表1/10以上表决权的股东、1/3以上董事或者监事会，可以提议召开董事会临时会议。董事长应当自接到提议后 10 日内，召集和主持董事会会议。董事会召开临时会议，可以另定召集董事会的通知方式和通知时限。

（2）董事会的决议。董事会会议应有过半数的董事出席方可举行。董事会作出决议，必须经全体董事的过半数通过。董事会决议的表决，实行一人一票，即每个董事只能享有一票表决权。

董事会会议，应由董事本人出席；董事因故不能出席，可以书面委托其他董事代为出席，委托书中应载明授权范围。董事会应当对会议所议事项的决定作成会议记录，出席会议的董事应当在会议记录上签名。

董事应当对董事会的决议承担责任。董事会的决议违反法律、行政法规或者公司章程、股东大会决议，致使公司遭受严重损失的，参与决议的董事对公司负赔偿责任。但经证明在表决时曾表明异议并记载于会议记录的，该董事可以免除责任。

4．经理

股份有限公司设经理，由董事会决定聘任或者解聘。股份有限公司经理的职权与有限责任公司经理的职权的规定基本相同。公司董事会可以决定由董事会成员兼任公司经理。

（三）监事会

1．监事会的性质和组成

股份有限公司依法应当设立监事会，监事会为公司的监督机构。

股份有限公司监事会成员不得少于 3 人，应当包括股东代表和适当比例的公司职工代表，其中职工代表的比例不得低于 1/3，具体比例由公司章程规定。监事会中的职工代表由公司职工代表大会、职工大会或者其他形式民主选举产生。

董事、高级管理人员不得兼任监事。监事的任期每届为 3 年。监事任期届满，连选可以连任。

2．监事会的职权

股份有限公司监事会的职权与有限责任公司监事会的职权的规定基本相同。监事可以列席董事会会议，并对董事会决议事项提出质询或者建议。监事会发现公司经营情况异常，可以进行调查；必要时，可以聘请会计师事务所等协助其工作，费用由公司承担。

监事会行使职权所必需的费用，由公司承担。

3．监事会的会议制度

监事会设主席 1 人，可以设副主席。监事会主席和副主席由全体监事过半数选举产生。监事会主席召集和主持监事会会议；监事会主席不能履行职务或者不履行职务的，由监事会副主席召集和主持监事会会议；监事会副主席不能履行职务或者不履行职务的，由半数以上监事共同推举 1 名监事召集和主持监事会会议。

监事会每 6 个月至少召开 1 次会议，监事可以提议召开临时董事会会议，监事会的议事方式和表决程序，除《公司法》有规定的外，由公司章程规定。监事会应当对所议事项的决定作成会议记录，出席会议的监事应当在会议记录上签名。

三、上市公司组织机构的特别规定

上市公司，是指其股票在证券交易所上市交易的股份有限公司。

（一）增加股东大会特别决议事项

上市公司在 1 年内购买、出售重大资产或者担保金额超过公司资产总额 30% 的，应当由股东大会作出决议，并经出席会议的股东所持表决权的 2/3 以上通过。

（二）上市公司设立独立董事

上市公司设立独立董事。独立董事是指不在公司担任除董事外的其他职务，并与其受聘的上市公司及其主要股东不存在可能妨碍其进行独立客观判断的关系的董事。独立董事除应履行董事的一般职责外，主要职责在于对控股股东及其选任的上市公司的董事、高级管理人员以及其与公司进行的关联交易等进行监督。

担任独立董事应当符合下列基本条件：①根据法律、行政法规及其他有关规定，具备担任上市公司董事的资格。②具有所要求的独立性。③具备上市公司运作的基本知识，熟悉相关法律、行政法规、规章及规则。④具有5年以上法律、经济或者其他履行独立董事职责所必需的工作经验。⑤公司章程规定的其他条件。

下列人员不得担任独立董事：①在上市公司或者其附属企业任职的人员及其直系亲属、主要社会关系（直系亲属是指配偶、父母、子女等；主要社会关系是指兄弟姐妹、岳父母、儿媳女婿、兄弟姐妹的配偶、配偶的兄弟姐妹等）。②直接或间接持有上市公司已发行股份1%以上或者是上市公司前10名股东中的自然人股东及其直系亲属。③在直接或间接持有上市公司已发行股份5%以上的股东单位或者在上市公司前5名股东单位任职的人员及其直系亲属。④最近1年内曾经具有前三项所列举情形的人员。⑤为上市公司或者其附属企业提供财务、法律、咨询等服务的人员。⑥公司章程规定的其他人员。⑦中国证监会认定的其他人员。

（三）上市公司设立董事会秘书

董事会秘书是指掌管董事会文件并协助董事会成员处理日常事务的人员，其既不能代表董事会，也不能代表董事长。上市公司董事会秘书是公司的高级管理人员。

（四）增设关联关系董事的表决权排除制度

上市公司董事与董事会会议决议事项所涉及的企业有关联关系的，不得对该项决议行使表决权，也不得代理其他董事行使表决权。该董事会会议由过半数的无关联关系董事出席即可举行，董事会会议所作决议须经无关联关系董事过半数通过。出席董事会的无关联关系董事人数不足3人的，应将该事项提交上市公司股东大会审议。

> **典型案例**
>
> 现有以下人员：①该上市公司的分公司的经理。②该上市公司董事会秘书配偶的弟弟。③持有该上市公司已发行股份2%的股东郑某的岳父。④持有该上市公司已发行股份10%的甲公司的某董事的配偶。
>
> 问题：上述人员中不得担任上市公司独立董事的人有哪些？
>
> 解析：该案例中不得担任独立董事的包括①②④。

四、股份有限公司的股份发行和转让

（一）股份发行

股份发行，是指股份有限公司为募集资本而出售和分配股份的法律行为。

1. 股份和股票

股份有限公司的基本特征之一，就是注册资本划分为金额相等的股份，公司股份总额就是公司的资本总额。股份的表现形式是股票，股票是股份有限公司向股东签发的证明股东所持股份的有价证券。股票是证权证券、要式证券、流通证券。

2. 股票的种类

依据不同的标准可以将股票作如下分类：

（1）以股份所表示的股东权的内容不同为标准，可将股份分为普通股和特别股。

（2）以是否在股票票面和股东名册上记载股东姓名、名称为标准，可将股份分为记名股和无记名股。《公司法》规定，公司发行的股票可以为记名股票，也可以为无记名股票。

（3）以股票是否藏有一定金额为标准，可将股份分为额面股和无额面股。我国股份有限公司发行的均为额面股。

3. 股票的发行原则

股份的发行应当遵循公平、公正和同股同权的原则。同次发行的同种类股票，每股的发行条件和价格应当相同，任何单位或者个人所认购的股份，每股应当支付相同份额。

4. 股票的发行价格

股票发行价格可以按票面金额，也可以超过票面金额，但不得低于票面金额。

5. 股票发行条件

（1）设立发行条件。设立发行是为使股份公司成立，以募集到法定资本额为目的的股份发行。设立股份有限公司公开发行股票，即首次公开发行股票，应当符合《证券法》《公司法》规定的发行条件和经国务院批准的国务院证券监督管理机构规定的其他发行条件，包括中国证监会《首次公开发行股票并上市管理办法》等规定的发行条件。

（2）上市公司公开发行新股条件。上市公司公开发行新股，应当符合《证券法》《公司法》规定的发行条件和经国务院批准的国务院证券监督管理机构规定的其他发行条件，包括中国证监会《上市公司证券发行管理办法》等规定的发行条件。

《证券法》规定的上市公司公开发行新股，应当具备以下条件：①有健全且运行良好的组织机构。②具有持续盈利能力，财务状况良好。③最近3年财务会计文件无虚假记载，无其他重大违法行为。④经国务院批准的国务院证券监督管理机构规定的其他条件。

（3）上市公司非公开发行新股，应当符合经国务院批准的国务院证券监督管理机构规定的条件，并报国务院证券监督管理机构核准。

（二）股份转让

1. 股份转让的概念

股份转让，是指股份有限公司的股份持有人依法自愿将自己所拥有的股份转让给他人，使他人取得股份成为股东或增加股份数额的法律行为。股份转让在《公司法》中特指股份有限公司的股份转让。《公司法》将有限责任公司股东转让出资的行为称为股权转让或称出资的转让。

2. 股份转让的地点

股东转让其股份，应当在依法设立的证券交易场所进行或者按照国务院规定的其他方式进行。

3. 股份转让的方式

（1）记名股票转让，由股东以背书方式或者法律、行政法规规定的其他方式转让，转让后由公司将受让人的姓名或者名称及住所记载于股东名册。股东大会召开前20日内或者公司决定分配股利的基准日前5日内，不得进行上述规定的股东名册的变更登记。但是，法律对上市公司股东名册变更登记另有规定的，从其规定。

（2）无记名股票的转让，由股东将该股票交付给受让人后即发生转让的效力。

4. 股份转让的限制性规定

（1）发起人持有的本公司股份，自公司成立之日起1年内不得转让。公司公开发行股份前已发行的股份，自公司股票在证券交易所上市交易之日起1年内不得转让。

（2）公司董事、监事、高级管理人员应当向公司申报所持有的本公司的股份及其变动情况，在任职期间每年转让的股份不得超过其所持有本公司股份总数的25%；所持本公司股份自公司股票上市交易之日起1年内不得转让。上述人员离职后半年内，不得转让其所持有的本公司股份。公司章程可以对公司董事、监事、高级管理人员转让其所持有的本公司股份作出其他限制性规定。

（3）公司不得收购本公司股份。但是，有下列情形之一的除外：①减少公司注册资本。②与持有本公司股份的其他公司合并。③将股份用于员工持股计划或者股权激励。④股东因对股东大会作出的公司合并、分立决议持异议，要求公司收购其股份。⑤将股份用于转换上市公司发行的可转换为股票的公司债券。⑥上市公司为维护公司价值及股东权益所必需。

公司因上述第①项至第②项的原因收购本公司股份的，应当经股东大会决议，公司因第③项、第⑤项、第⑥项规定的情形收购本公司股份的，可以依照公司章程的规定或者股东大会的授权，经三分之二以上董事出席的董事会会议决议。

公司依照上述规定收购本公司股份后，属于第①项情形的，应当自收购之日起10日内注销；属于第②项、第④项情形的，应当在6个月内转让或者注销；属于第③项、第⑤项、第⑥项情形的，公司合计持有的本公司股份数不得超过本公司已发行股份总额的百分之十，并应当在三年内转让或者注销。

上市公司收购本公司股份的，应当依照《中华人民共和国证券法》的规定履行信息披露义务。上市公司因上述第③项、第⑤项、第⑥项规定的情形收购本公司股份的，应当通过公开的集中交易方式进行。

（4）公司不得接受本公司的股票作为质押权的标的。主要是为了防止变相违规收购本公司股份。

法条链接

《公司法》第一百四十二条　公司不得收购本公司股份。但是，有下列情形之一的除外：

（一）减少公司注册资本；

（二）与持有本公司股份的其他公司合并；

（三）将股份用于员工持股计划或者股权激励；

（四）股东因对股东大会作出的公司合并、分立决议持异议，要求公司收购其股份；

（五）将股份用于转换上市公司发行的可转换为股票的公司债券；

（六）上市公司为维护公司价值及股东权益所必需。

公司因前款第（一）项、第（二）项规定的情形收购本公司股份的，应当经股东大会决议；公司因前款第（三）项、第（五）项、第（六）项规定的情形收购本公司股份的，可以依照公司章程的规定或者股东大会的授权，经三分之二以上董事出席的董事会会议决议。

……

第五节　公司董事、监事、高级管理人员的资格与义务

一、公司董事、监事、高级管理人员的资格

公司董事、监事、高级管理人员是代表公司组织机构行使职权的人员，在公司中处于重要地位，并依法具有法定的职权。因此，为了保证这类人员具有正确履行职责的能力与条件，《公司法》规定了他们应当具有的相应资格。

根据《公司法》的规定，有下列情形之一的，不得担任公司的董事、监事、高级管理人员：

（1）无民事行为能力或者限制民事行为能力。

（2）因贪污、贿赂、侵占财产、挪用财产或者破坏社会主义市场经济秩序，被判处刑罚，执行期满未逾 5 年，或者因犯罪被剥夺政治权利，执行期满未逾 5 年。

（3）担任破产清算的公司、企业的董事或者厂长、经理，对该公司、企业的破产负有个人责任的，自该公司、企业破产清算完结之日起未逾 3 年。

（4）担任因违法被吊销营业执照、责令关闭的公司、企业的法定代表人，并负有个人责任的，自该公司、企业被吊销营业执照之日起未逾 3 年。

（5）个人所负数额较大的债务到期未清偿。

公司违反《公司法》的上述规定选举、委派董事、监事或者聘任高级管理人员的，该选举、委派或者聘任无效。公司董事、监事、高级管理人员在任职期间出现上述所列情形的公司应当解除其职务。

二、公司董事、监事、高级管理人员的义务

公司董事、监事、高级管理人员应当遵守法律、行政法规和公司章程，对公司负有忠实义务和勤勉义务。公司董事、监事、高级管理人员不得利用职权收受贿赂或者其他非法收入，不得侵占公司的财产。

公司董事、高级管理人员不得有下列行为：

（1）挪用公司资金。

（2）将公司资金以其个人名义或者以其他个人名义开立账户存储。

（3）违反公司章程的规定，未经股东会、股东大会或者董事会同意，将公司资金借贷给他人或者以公司财产为他人提供担保。

（4）违反公司章程的规定或者未经股东会、股东大会同意，与本公司订立合同或者进行交易。

（5）未经股东会或者股东大会同意，利用职务便利为自己或者他人谋取属于公司的商业机会，自营或者为他人经营与所任职公司同类的业务。

（6）接受他人与公司交易的佣金归为己有。

（7）擅自披露公司秘密。

（8）违反对公司忠实义务的其他行为。

公司董事、高级管理人员违反上述规定所得的收入应当归公司所有。

公司董事、监事、高级管理人员执行公司职务时违反法律、行政法规或者公司章程的规定，给公司造成损失的，应当承担赔偿责任。

公司股东会或者股东大会要求董事、监事、高级管理人员列席会议的，董事、监事、高级管理人员应当列席并接受股东的质询。董事、高级管理人员应当如实向公司监事会或者不设监事会的有限责任公司的监事提供有关情况和资料，不得妨碍监事会或者监事行使职权。

知识拓展

2023 年《公司法（修订草案二次审议稿）》：

第一百八十条　董事、监事、高级管理人员对公司负有忠实义务，应当采取措施避免自身利益与公司利益冲突，不得利用职权谋取不正当利益。

董事、监事、高级管理人员对公司负有勤勉义务，执行职务应当为公司的最大利益尽到管理者通常应有的合理注意。

第一百八十七条　董事、监事、高级管理人员执行职务违反法律、行政法规或者公司章程的规定，给公司造成损失的，应当承担赔偿责任。

三、股东诉讼

（一）股东代表诉讼

股东代表诉讼又称股东派生诉讼，是指当公司的权益受到不法侵害而公司却怠于起诉时，公司的股东即以自己的名义起诉、所获赔偿归于公司的一种诉讼制度。股东代表诉讼的目的是保护公司利益和股东的共同利益。

1. 股东对公司董事、监事、高级管理人员给公司造成损失行为提起诉讼的程序

（1）股东通过监事会或者监事提起诉讼。公司董事、高级管理人员执行公司职务时违反法律、行政法规或者公司章程的规定，给公司造成损失的，有限责任公司的股东、股份有限公司连续180日以上单独或者合计持有公司1%以上股份的股东，可以书面请求监事会或者不设监事会的有限责任公司的监事向人民法院提起诉讼。

（2）股东通过董事会或者董事提起诉讼。监事执行公司职务时违反法律、行政法规或者公司章程的规定，给公司造成损失的，有限责任公司的股东、股份有限公司连续180日以上单独或者合计持有公司1%以上股份的股东，可以书面请求董事会或者不设董事会的有限责任公司的执行董事向人民法院提起诉讼。

（3）股东直接提起诉讼。监事会、不设监事会的有限责任公司的监事，或者董事会、执行董事收到上述股东的书面请求后拒绝提起诉讼，或者自收到请求之日起30日内未提起诉讼，或者情况紧急、不立即提起诉讼将会使公司利益受到难以弥补的损害的，有限责任公司的股东、股份有限公司连续180日以上单独或者合计持有公司1%以上股份的股东，有权为了公司的利益以自己的名义直接向人民法院提起诉讼。

2. 股东对他人给公司造成损失行为提起诉讼的程序

公司董事、监事、高级管理人员以外的他人侵犯公司合法权益，给公司造成损失的，有限责任公司的股东、股份有限公司连续180日以上单独或者合计持有公司1%以上股份的股东，可以书面请求董事会或者监事会向人民法院提起诉讼，或者直接向人民法院提起诉讼。

（二）股东直接诉讼

公司董事、高级管理人员违反法律、行政法规或者公司章程的规定，损害股东利益的，股东可以依法向人民法院提起诉讼。

第六节　公司债券与财务、会计制度

一、公司债券

（一）公司债券的概念

公司债券，是指公司依照法定程序发行，约定在一定期限内还本付息的有价证券。公司债券与股票相比较，二者都是有价证券，都是公司向社会筹集资金的重要方式。公司债券与股票的主要区别在于：①公司债券的持有人是公司的债权人，享有《民法典》规定的债权人的权利，股票的持有人是公司的股东，享有《公司法》所规定的股东权。②公司债券持有人可以要求到期还本付息，而股票持有人没有法定原因不能要求退还股金。③公司债券的投资回报具有确定性，为事先约定的利率，与公司经营状况没有直接关系，而股票的投资回报具有不确定性，不能事先约定，股利的多少取决于公司的盈利水平。④公司债券的持有人在公司解散或破产的情况下先于公司股东得到清偿，股票持有人只有公司剩余财产分配请求权。

(二) 公司债券的种类

按不同的标准，公司债券可作如下分类：

（1）按债券是否记名，可将其分为记名公司债券和无记名公司债券。

（2）按债券是否可转换为股票，可将其分为可转换公司债券和不可转换公司债券。可转换公司债券是指可以转换成公司股票的公司债券。不可转换公司债券是指不能转换为公司股票的公司债券。凡在发行债券时未作出转换约定的，均为不可转换公司债券。《公司法》规定，上市公司经股东大会决议可以发行可转换为股票的公司债券，但债券持有人对是否转换股票有选择权。

(三) 公司债券的发行

1. 公司债券发行的条件

公司发行债券应当符合《证券法》规定的发行条件。《证券法》规定，公开发行公司债券，应当符合下列条件：

（1）股份有限公司的净资产不低于人民币3 000万元，有限责任公司的净资产不低于人民币6 000万元。

（2）累计债券余额不超过公司净资产的40%。

（3）最近3年平均可分配利润足以支付公司债券1年的利息。

（4）筹集的资金投向符合国家产业政策。

（5）债券的利率不超过国务院限定的利率水平。

（6）国务院规定的其他条件。

公开发行公司债券筹集的资金，必须用于核准的用途，不得用于弥补亏损和非生产性支出。上市公司发行可转换为股票的公司债券，除应当符合上述规定的条件外，还应当符合《证券法》关于公开发行股票的条件，并报国务院证券监督管理机构核准。

有下列情形之一的，不得再次公开发行公司债券：①前一次公开发行的公司债券尚未募足。②对已公开发行的公司债券或者其他债务有违约或者延迟支付本息的事实，仍处于继续状态。③违反规定，改变公开发行公司债券所募资金的用途。

2. 公司债券发行的程序

（1）由公司的权力机关作出决议。有限责任公司、股份有限公司发行公司债券，由公司董事会制定方案，公司股东会、股东大会作出决议。国有独资公司发行公司债券，由国家授权投资的机构或者国家授权的部门作出决定。

（2）报有关部门或者机构批准。

（3）公告公司债券募集办法。

（4）置备公司债券存根簿。

典型案例

全国首例公司债券纠纷普通代表人诉讼案——五洋债案

五洋建设集团股份有限公司（以下简称"五洋建设"）作为一家非上市股份有限公司，于2015年8月14日和2015年9月11日分两期面向合格投资者公开发行了3年期"15五洋债"（122423.SH）和5年期"15五洋02"（122454.SH），两者皆为无抵押信用债。前者规模为8亿元，票面利率为7.48%；后者规模为5.6亿元，票面利率为7.8%。此次发行的主承销商为德邦证券，大信会计师事务所和上海市锦天城律师事务所分别提供审计和法律服务，信用评级机构为大公国际资信评估有限公司。五洋建设和上述债项都获得了 AA 的信用评级。

2017 年 8 月 14 日，五洋建设和德邦证券分别发布《关于"15 五洋债"无法按时兑付本息的公告》和《关于"15 五洋 02"违约的临时受托管理事务报告》，宣告发行人违约。投资者随后将五洋建设等责任人诉至杭州中院，请求后者承担赔偿责任。

2021 年 9 月，五洋债案二审判决被告承担 487 名原告投资者合计 7.4 亿元赔偿责任。

二、公司财务、会计制度

（一）公司财务、会计制度

公司财务、会计制度是公司财务制度和会计制度的统称，包括公司资金管理、成本费用计算、营业收入分配、货币管理、公司财务报告、公司纳税等公司财务制度和会计组织、会计记账、会计核算等公司会计制度。公司的财务制度是通过公司的会计制度来实现的。

（二）公司财务、会计制度的基本要求

1. 公司应当依法建立财务、会计制度

公司应当依照法律、行政法规和国务院财政部门的规定建立本公司的财务、会计制度。

2. 公司应当依法编制财务会计报告

公司应当在每一会计年度终了时编制财务会计报告，并依法经会计师事务所审计。公司财务会计报告主要包括：资产负债表、利润表、现金流量表、所有者权益（或股东权益）变动表等报表及附注。

3. 公司应当依法披露有关财务、会计资料

有限责任公司应当按照公司章程规定的期限将财务会计报告送交各股东。股份有限公司的财务会计报告应当在召开股东大会年会的 20 日前置备于本公司，供股东查阅；公开发行股票的股份有限公司必须公告其财务会计报告。

4. 公司应当依法建立账簿开立账户

公司除法定的会计账簿外，不得另立会计账簿。对公司资产，不得以任何个人名义开立账户存储。

5. 公司应当依法聘用会计师事务所对财务会计报告审查验证

公司聘用、解聘承办公司审计业务的会计师事务所，依照公司章程的规定，由股东会、股东大会或者董事会决定。公司股东会、股东大会或者董事会就解聘会计师事务所进行表决时，应当允许会计师事务所陈述意见。公司应当向聘用的会计师事务所提供真实和完整的会计凭证、会计账簿、财务会计报告及其他会计资料，不得拒绝、隐匿、谎报。

三、公司利润分配

公司利润，是指公司在一个会计年度期间生产经营收入及其他收入扣除成本、费用等后的余额。

（一）公司利润分配顺序

根据我国《公司法》及《税法》等相关法律的规定，公司应当按照如下顺序进行利润分配：①弥补以前年度的亏损，但不得超过税法规定的弥补期限。我国《税法》规定，企业某一纳税年度发生的亏损可以用下一年度的所得弥补，下一年度的所得不足以弥补的，可以逐年延续弥补，但最长不得超过 5 年。②缴纳所得税。③弥补在税前利润弥补亏损有效期之后仍存在的亏损。

④提取法定公积金。⑤提取任意公积金。⑥向股东分配利润。公司弥补亏损和提取公积金后所余税后利润，有限责任公司按照股东实缴的出资比例分配，但全体股东约定不按照出资比例分配的除外；股份有限公司按照股东持有的股份分配，但股份有限公司章程规定不按持股比例分配的除外。

股份有限公司当年无利润时，不得向股东分配股利，但在用盈余公积金弥补亏损后，经股东大会特别决议，可以按照不超过股票面值 6% 的比例用盈余公积金分配股利，且在分配股利后，企业法定盈余公积金不得低于注册资本金的 25%。

公司股东会、股东大会或者董事会违反规定，在公司弥补亏损和提取法定公积金之前向股东分配利润的，股东必须将违反规定分配的利润退还公司。公司持有的本公司股份不得分配利润。

（二）公积金

公积金是公司在资本之外所保留的资金金额，又称为附加资本或准备金。

1. 公积金的种类

公积金分为盈余公积金和资本公积金两类。

盈余公积金是从公司税后利润中提取的公积金，分为法定公积金和任意公积金两种。法定公积金按照公司税后利润的 10% 提取，当公司法定公积金累计额为公司注册资本的 50% 以上时可以不再提取。公司的法定公积金不足以弥补以前年度亏损的，在依照规定提取法定公积金之前，应当先用当年利润弥补亏损。任意公积金按照公司股东会或者股东大会决议，从公司税后利润中提取。

资本公积金是直接由资本原因等形成的公积金，股份有限公司以超过股票票面金额的发行价格发行股份所得的溢价款，以及国务院财政部门规定列入资本公积金的其他收入，应当列为公司资本公积金。

2. 公积金的用途

公司的公积金用于弥补公司亏损、扩大公司生产经营或者转增公司资本，但是资本公积金不得用于弥补公司的亏损。

《公司法》规定，法定公积金转为资本时，所留存的该项公积金不得少于转增前公司注册资本的 25%。

第七节　公司变更、解散与清算

一、公司合并、分立

（一）公司合并

公司合并，是指两个以上的公司依照法定程序变为一个公司的行为。公司合并有吸收合并和新设合并两种形式。

公司合并的程序为：①签订合并协议。②编制资产负债表及财产清单。③作出合并决议。④通知债权人。公司应当自作出合并决议之日起 10 日内通知债权人，并于 30 日内在报纸上公告。债权人自接到通知书之日起 30 日内，未接到通知书的自公告之日起 45 日内，可以要求公司清偿债务或者提供相应的担保。⑤依法进行登记。

公司合并时，合并各方的债权、债务，应当由合并后存续的公司或者新设的公司承继。

（二）公司分立

公司分立，是一个公司依法分为两个以上的公司。公司分立的程序与公司合并的程序基本相同。公司分立前的债务由分立后的公司承担连带责任。但是公司在分立前与债权人就债务清偿达成的书面协议另有约定的除外。

二、公司增资、减资

（一）公司注册资本的增加

有限责任公司增加注册资本时，股东认缴新增资本的出资，按照《公司法》设立有限责任公司缴纳出资的有关规定执行。股份有限公司为增加注册资本发行新股时，股东认购新股，依照《公司法》设立股份有限公司缴纳股款的有关规定执行。

公司增加注册资本，应当依法向公司登记机关办理变更登记。

（二）公司注册资本的减少

公司需要减少注册资本时，必须编制资产负债表及财产清单。

公司减少注册资本时，应当自接到减少注册资本决议之日起 10 日内通知债权人，并于 30 日内在报纸上公告。债权人自接到通知书之日起 30 日内，未接到通知书的自公告之日起 45 日内，有权要求公司清偿债务或者提供相应的担保。

公司减少注册资本，应当依法向公司登记机关办理变更登记。

> **法条链接**
>
> 《公司法》第一百七十七条至第一百七十八条：
>
> 第一百七十七条　公司需要减少注册资本时，必须编制资产负债表及财产清单。
>
> 公司应当自作出减少注册资本决议之日起十日内通知债权人，并于三十日内在报纸上公告。债权人自接到通知书之日起三十日内，未接到通知书的自公告之日起四十五日内，有权要求公司清偿债务或者提供相应的担保。
>
> 第一百七十八条　有限责任公司增加注册资本时，股东认缴新增资本的出资，依照本法设立有限责任公司缴纳出资的有关规定执行。
>
> 股份有限公司为增加注册资本发行新股时，股东认购新股，依照本法设立股份有限公司缴纳股款的有关规定执行。

三、公司解散和清算

（一）公司解散的原因

1. 具体原因

（1）法人章程规定的存续期间届满或法人章程规定的其他解散事由出现。

（2）法人的权力机构决议解散。

（3）因法人合并或者分立需要解散。

（4）法人依法被吊销营业执照、登记证书，被责令关闭或者被撤销。

（5）法律规定的其他情形。

2. 人民法院依法予以解散的具体规定

（1）受理的情形。单独或者合并持有公司全部股东表决权 10% 以上的股东，有下列事由之一，公司继续存续会使股东利益受到重大损失，通过其他途径不能解决，提起解散公司诉讼，人民法院应当受理：①公司持续 2 年以上无法召开股东会或者股东大会，公司经营管理发生严重困难的。②股东表决时无法达到法定或者公司章程规定的比例，持续 2 年以上不能作出有效的股东会或者股东大会决议，公司经营管理发生严重困难的。③公司董事长期冲突，并且无法通过股东会或者股东大会解决，公司经营管理发生严重困难的。④经营管理发生其他严重困难，公司继续存续会使股东利益受到重大损失的情形。

（2）不予受理的情形。股东以知情权、利润分配请求权等权益受到损害，或者公司亏损、财产不足以偿还全部债务，以及公司被吊销企业法人营业执照未进行清算等为由，提起解散公司诉讼的，人民法院不予受理。

（二）公司解散时的清算

公司的清算是指公司解散后，处理公司未了结的事务，使公司的法人资格归于消灭的法律行为。依照《公司法》的规定，公司除合并或分立解散无须清算，以及因破产而解散的公司适用破产清算外，其他解散公司，都应当依法进行清算。公司的清算程序分为破产清算和非破产清算。

在企业法人不能清偿到期债务，并且资产不足以清偿全部债务或者明显缺乏清偿能力的情况下，债务人或债权人均可以向人民法院提出破产清算申请。公司进行破产清算的基本程序如下：

1. 破产宣告

破产宣告自人民法院裁定作出之日起五日内送达债务人和管理人，自裁定作出之日起十日内通知已知债权人，并予以公告。

2. 破产财产变价方案

破产财产变价方案由管理人拟订并提交债权人会议讨论通过。

3. 变价

管理人按照债权人会议通过的或者人民法院裁定的破产财产变价方案，通过拍卖变价出售破产财产。债权人会议另有决议的除外。

4. 清偿

破产财产依照下列顺序清偿，破产财产不足以清偿同一顺序清偿要求的，按照比例分配。

（1）破产费用和共益债务。

（2）破产人所欠职工的工资和医疗、伤残补助、抚恤费用，所欠的应当划入职工个人账户的基本养老保险、基本医疗保险费用，以及法律、行政法规规定应当支付给职工的补偿金。破产企业的董事、监事和高级管理人员的工资按照该企业职工的平均工资计算。

（3）破产人欠缴的除前项规定以外的社会保险费用和破产人所欠税款。

（4）普通破产债权。

四、违反公司法的法律责任

违反公司法的法律责任包括：①公司发起人、股东的法律责任。②公司的法律责任。③清算组的法律责任。④承担资产评估、验资或者验证机构的法律责任。⑤责任公司登记机关的法律责任。⑥其他主体的相关法律责任。

本章小结

公司是指依法设立的,以营利为目的的,由股东投资形成的企业法人。我国《公司法》将公司分为有限责任公司和股份有限公司两类。

有限责任公司的设立方式为发起设立,有限责任公司的设立人不得超过五十人,其权力机构为股东会,董事会是公司的代表及执行机关,监事会为监督机关;股份有限公司的设立方式有发起设立与募集设立,其组织机构包括股东大会、董事会和监事会。股东人数较少或规模较小的公司可不设董事会,只设一名执行董事,股份有限公司必须设立董事会。

公司的资本制度和财务会计制度是公司运行的基本制度。有限责任公司与股份有限公司发起人的出资形式包括货币、实物、知识产权、土地使用权等可以用货币估价并可依法转让的非货币财产,法律或行政法规规定不可作为出资的财产除外,出资瑕疵股东须要承担未全面履行出资义务的责任以及作价不实的责任。财务会计报告是公司经营情况的直接体现,有限责任公司的股东可以查阅复制公司的财务会计报告,股份有限公司的股东只可以查阅公司的财务会计报告。公司的公积金用于弥补公司的亏损、扩大公司生产经营或者转为增加公司资本。公司合并的方式有吸收合并和新设合并;公司合并时,合并各方的债权、债务,应当由合并后存续的公司或者新设的公司承继。公司分立的方式有派生分立和新设分立;公司分立前的债务由分立后的公司承担连带责任,另有约定的除外。

公司的解散与清算是公司终止的重要程序。

复习与训练

一、名词解释

1. 公司设立
2. 公司合并
3. 公司股份
4. 公司章程
5. 一人有限责任公司

二、不定项选择

1. 有限责任公司的股东不可以用(　　)方式出资。
   A. 货币　　　　　　B. 实物　　　　　　C. 劳务　　　　　　D. 知识产权
2. 根据《公司法》的规定,下列关于股份有限公司股份转让的表述中,不正确的是(　　)。
   A. 公司可以接受本公司的股票作为质押权的标的
   B. 无记名股票的转让,由股东在依法设立的证券交易场所将股票交付给受让人后即发生转让效力
   C. 发起人持有的本公司股份,自公司成立之日起1年内不得转让
   D. 公司董事在任职期间每年转让的本公司股份不得超过其所持有本公司股份总数的

25%

3. 根据公司法律制度的规定，公司为股东、实际控制人以外的人提供担保，公司章程可以规定由（　）作出决议。

　　A. 股东大会　　　　B. 董事会　　　　C. 监事会　　　　D. 总经理

4. 根据《公司法》的规定，有限责任公司的监事会或者监事的职权包括（　）。

　　A. 检查公司财务

　　B. 提请聘任或者解聘公司财务负责人

　　C. 对董事、经理执行公司职务时违反法律、法规或者公司章程的行为进行监督

　　D. 提议召开临时股东会

5. 股份有限公司发生的下列情形中，依法应当在两个月内召开临时股东大会的有（　）。

　　A. 董事人数不足公司章程所定人数的 2/3 时

　　B. 公司未弥补亏损达到实收股本总额的 1/3 时

　　C. 持有公司股份 5% 的股东请求时

　　D. 监事会提议召开时

6. 根据《公司法》的规定，下列有关公司债券的说法不正确的是（　）。

　　A. 有限责任公司和股份有限公司均可以发行公司债券

　　B. 股份有限公司发行公司债券的，其净资产不低于人民币 6 000 万元

　　C. 公开发行公司债券筹集的资金，募足后由股东（大）会决定用途

　　D. 公司债券的利息由发行人根据市场行情确定

三、简答题

1. 如何理解公司的概念与特征？
2. 试述有限责任公司股东会的职权与议事规则。
3. 公司股东的权利有哪些？
4. 简述我国《公司法》股份转让的法律规定。

四、案例分析

被告乙公司设立过程中，发起人以设立中的公司名义与原告甲公司签订《房屋租赁合同》，约定原告甲公司将其拥有合法使用权的房屋出租给乙公司，租赁期限自 2018 年 7 月 1 日起至 2020 年 12 月 31 日止。《房屋租赁合同》签订后，乙公司于 2018 年 7 月 24 日成立。租赁期间，乙公司未按照约定缴纳租金，故甲公司诉至法院请求法院判决乙公司返还占有房屋，并支付欠缴租金及违约金。

　　问：以设立中的公司名义签订的合同，如果公司设立不成功的，合同责任由谁承担？

公司法人人格否认适用的限度

【基本案情】

2017 年，开发公司与投资公司签订资产转让合同，约定前者以 7 亿元受让后者烂尾酒店，前者诚意金 3.2 亿元以委托贷款方式支付给后者。开发公司据此向投资公司转账 3.2 亿元，次日投资公司向股东张某转账 2 900 万余元。2018 年，因投资公司未依约办理酒店产

权手续，开发公司依约诉请解约并返还诚意金，同时以张某与投资公司人格混同为由诉请张某承担连带责任。张某提供了借款与还款协议等证据，但未提供其借款给投资公司的转账凭证。

【裁判结果】

张某对投资公司前述债务不能清偿部分在 2 900 万余元及利息范围内承担补充赔偿责任。

【理由】

《公司法》第三条规定："公司是企业法人，有独立的法人财产，享有法人财产权。公司以其全部财产对公司的债务承担责任。有限责任公司的股东以其认缴的出资额为限对公司承担责任；股份有限公司的股东以其认购的股份为限对公司承担责任。"第二十条第三款规定："公司股东滥用公司法人独立地位和股东有限责任，逃避债务，严重损害公司债权人利益的，应当对公司债务承担连带责任。"公司人格独立和股东有限责任系《公司法》基本原则。否认公司独立人格，由滥用公司法人独立地位和股东有限责任的股东对公司债务承担连带责任，系股东有限责任例外情形。否认公司法人人格，须具备股东实施滥用公司法人独立地位及股东有限责任行为及该行为严重损害公司债权人利益的法定要件。

本案中，投资公司向张某转账，张某提交了借款协议、还款协议及投资公司向法院转账凭证，但未提交其向投资公司支付借款协议约定借款的银行转账凭证，未能形成证据链证明张某与投资公司之间存在真实有效的借款关系。但认定公司与股东人格混同，需综合多方面因素判断公司是否具有独立意思、公司与股东财产是否混同且无法区分、是否存在其他混同情形等。本案中，投资公司该单笔转账行为尚不足以证明投资公司和张某构成人格混同，且投资公司以资产转让合同目标地块为案涉债务设立了抵押，开发公司亦未能举证证明投资公司该笔转账行为严重损害了其作为债权人的利益，故投资公司向张某转账 2 900 万余元行为，尚未达到否认投资公司独立人格的程度。

第八章 企业破产法律制度

Chapter Eight

学习目标

○ 了解破产法的概念及我国破产法的适用范围和立法目的。
○ 掌握破产程序的启动、债权人会议、重整与整顿制度等有关法律规定。
○ 熟悉破产清算程序规定，运用破产法知识解决经济活动中的实际问题。

导入案例

○ 苏州东恒燃气有限公司（以下简称东恒燃气）系一家具有燃气经营许可资质的企业，受为实际控制人、关联企业提供保证担保的影响，加之经营不善，逐步陷入债务危机，自 2018 年 8 月起陆续被债权人诉至法院并申请执行。执行过程中发现东恒燃气已具备破产原因但具有挽救价值，经引导和释明，申请执行人同意将东恒燃气移送破产重整审查。2021 年 4 月 21 日，吴江法院受理对东恒燃气的破产重整申请，并指定北京德恒（苏州）律师事务所担任管理人。
○ 分析：阐述我国《企业破产法》关于破产重整的法律规定。

第一节 企业破产法律制度概述

一、破产的概念与特征

（一）什么是破产

破产是商品经济发展中的必然现象。当债务人无力偿债出现破产原因时，为了有效地解决债权人之间以及债权人与债务人之间的债务清偿问题，出现了破产法律制度。

破产，是指企业法人不能清偿到期债务，并且资产不足以清偿全部债务或者明显缺乏清偿能力，在法院的审理和监督下，对其全部财产清算分配，运用司法程序解决债务清偿，公平清偿全体债权人。广义的破产，是指由破产清算程序、和解程序和重整程序等构成的破产法律制度。

（二）破产的特征

破产具有以下特征：

（1）破产是一种特殊的偿债手段，它是以债务人自身的消灭为前提。债务人以全部资产一次性偿债后就丧失主体资格。

（2）破产是在特定情况下适用的偿债手段。各国适用破产程序的条件不同，一般是资不抵债或是不能清偿到期债务。这两者类似但又不同，例如，在资不抵债的情况下债务人有可能利用信用借款来还债，而企业由于资本构成的比例不当，也有可能出现资本有余却无法偿还到期债务的情形。

（3）破产制度的主要目的在于公平地清偿债务。破产制度对全体债权人适用，并且以公平为前提。

（4）破产是通过诉讼程序实施的清偿手段。破产是通过国家司法强制力实施的，必须由法院介入代表国家进行。

二、破产法的概念与适用范围

（一）破产法的概念

破产法是规定当债务人出现破产原因时，法院对债务人的全部财产进行清算分配或者通过和解、企业重整清偿债务的法律规范的总称。

为了统一不同类型企业的破产法律制度，2006年8月27日，第十届全国人民代表大会常务委员会第二十三次会议通过了《中华人民共和国企业破产法》（以下简称《企业破产法》），该法自2007年6月1日起实施。1986年通过的《中华人民共和国企业破产法（试行）》同时废止。

（二）破产法的适用范围

（1）《企业破产法》的主体适用范围扩大到各种所有制的企业法人，而不仅适用于全民所有制企业。

（2）其他法律规定企业法人以外的组织的清算，属于破产清算的，参照适用《企业破产法》规定的程序。

（3）《企业破产法》仅适用于企业法人，不适用于国家机关法人、事业单位法人，也不适用于个人。

（4）金融机构实施破产的，国务院可以依据《企业破产法》和其他有关法律的规定制定实施办法。

（三）破产法适用的地域范围

采取有限制的普及主义原则，破产程序对债务人在中华人民共和国领域外的财产发生效力。对外国法院作出的发生法律效力的破产案件的判决、裁定，涉及债务人在中华人民共和国领域内的财产，申请或者请求人民法院承认和执行的，人民法院依照中华人民共和国缔结或者参加的国际条约，或者按照互惠原则进行审查，予以承认和执行。

（四）破产法的立法目的

（1）规范企业破产程序，公平清理债权债务，维护社会安定。

（2）对债权人利益的保护。

（3）对债务人的解困复兴，必要挽救。

（4）通过有序的市场主体退出机制，实现企业优胜劣汰、资源优化组合，维护社会主义市场经济秩序，促进经济发展。

第二节　破产的申请与受理

一、破产原因

破产原因是破产程序开始的前提，是法院启动破产程序、宣告破产的依据。《企业破产法》规定，企业法人不能清偿到期债务，并且资产不足以清偿全部债务或者明显缺乏清偿能力的，依照规定清理债务。企业法人有前款规定情形，或者有明显丧失清偿能力可能的，可以依照规定进行重整。因此，企业破产的原因主要有：①债务人不能清偿到期债务，并且资产不足以清偿全部债务；②债务人不能清偿到期债务，并且明显缺乏清偿能力。

法条链接

《企业破产法》第二条　企业法人不能清偿到期债务，并且资产不足以清偿全部债务或者明显缺乏清偿能力的，依照本法规定清理债务。

企业法人有前款规定情形，或者有明显丧失清偿能力可能的，可以依照本法规定进行重整。

二、破产申请和受理

（一）破产申请的提出

1. 破产申请人

（1）债务人有发生破产原因情形的，可以向人民法院提出重整、和解或者破产清算申请。

（2）债务人不能清偿到期债务，债权人可以向人民法院提出对债务人进行重整或者破产清算的申请。

（3）企业法人已解散但未清算或者未清算完毕，资产不足以清偿债务的，依法负有清算责任的人应当向人民法院申请破产清算。

（4）金融机构有发生破产原因情形的，国务院金融监督管理机构可以向人民法院提出对该金融机构进行重整或者破产清算的申请。

2. 破产案件的管辖

破产案件由债务人住所地人民法院管辖。债务人住所地是指债务人的主要办事机构所在地。破产案件的级别管辖由破产企业的工商核准登记情况确定。

3. 申请破产的形式

向人民法院提出破产申请，应当提交破产申请书和有关证据。破产申请书应当载明下列事项：

（1）申请人、被申请人的基本情况。

（2）申请目的。

（3）申请的事实和理由。

（4）人民法院认为应当载明的其他事项。

债务人提出申请的，还应当向人民法院提交财产状况说明、债务清册、债权清册、有关财务会计报告、职工安置预案以及职工工资的支付和社会保险费用的缴纳情况。

知识拓展

债务人拒不提交财产情况证据的法律后果：

债务人违反《企业破产法》规定，拒不向人民法院提交或者提交不真实的财产状况说明、债务清册、债权清册、有关财务会计报告以及职工工资的支付情况和社会保险费用的缴纳情况的，人民法院可以对直接责任人员依法处以罚款。

4. 破产申请的撤回

人民法院受理破产申请前，申请人可以请求撤回申请。

（二）破产申请的受理

1. 法院受理破产申请的程序

人民法院应当自收到申请之日起5日内通知债务人，债务人有异议的，应当自收到通知之日起7日内向法院提出，法院自异议期满之日起10日内裁定是否受理。除此以外情形的，法院应当自收到破产申请之日起15日内裁定是否受理。

人民法院受理破产申请的，应当自裁定作出之日起5日内送达申请人。

人民法院裁定不受理破产申请的，应当自裁定作出之日起5日内送达申请人并说明理由。申请人对裁定不服的，可以自裁定送达之日起10日内向上一级人民法院提起上诉。

人民法院裁定受理破产申请的，应当同时指定管理人，自裁定受理破产申请之日起25日内通知已知债权人，并予以公告。

法条链接

《企业破产法》第十条至第十四条：

第十条　债权人提出破产申请的，人民法院应当自收到申请之日起五日内通知债务人。债务人对申请有异议的，应当自收到人民法院的通知之日起七日内向人民法院提出。人民法院应当自异议期满之日起十日内裁定是否受理。

除前款规定的情形外，人民法院应当自收到破产申请之日起十五日内裁定是否受理。

有特殊情况需要延长前两款规定的裁定受理期限的，经上一级人民法院批准，可以延长十五日。

第十一条　人民法院受理破产申请的，应当自裁定作出之日起五日内送达申请人。

债权人提出申请的，人民法院应当自裁定作出之日起五日内送达债务人。债务人应当自裁定送达之日起十五日内，向人民法院提交财产状况说明、债务清册、债权清册、有关财务会计报告以及职工工资的支付和社会保险费用的缴纳情况。

第十二条　人民法院裁定不受理破产申请的，应当自裁定作出之日起五日内送达申请人并说明理由。申请人对裁定不服的，可以自裁定送达之日起十日内向上一级人民法院提起上诉。

人民法院受理破产申请后至破产宣告前，经审查发现债务人不符合本法第二条规定情形的，可以裁定驳回申请。申请人对裁定不服的，可以自裁定送达之日起十日内向上一级人民法院提起上诉。

第十三条　人民法院裁定受理破产申请的，应当同时指定管理人。

第十四条　人民法院应当自裁定受理破产申请之日起二十五日内通知已知债权人，并予以公告。

……

2. 破产案件受理后的法律效力

（1）自法院受理破产申请的裁定送达债务人之日起至破产程序终结之日，债务人的有关人员承担下列义务：妥善保管其占有和管理的财产、印章和账簿、文书等资料；根据人民法院、管理人的要求进行工作，并如实回答询问；列席债权人会议并如实回答债权人的询问；未经人民法院许可，不得离开住所地；不得新任其他企业的董事、监事、高级管理人员。

（2）个别清偿行为的限制。债务人对个别债权人的债务清偿无效。

（3）对第三人的效力。债务人的债务人或者财产持有人应当向管理人清偿债务或者交付财产。债务人的债务人或者财产持有人故意违反前述规定向债务人清偿债务或者交付财产，使债权人受到损失的，不免除其清偿债务或者交付财产的义务。

（4）管理人对破产申请受理前成立而债务人和对方当事人均未履行完毕的合同有权决定解除或者继续履行，并通知对方当事人。管理人自破产申请受理之日起2个月内未通知对方当事人，或者自收到对方当事人催告之日起30日内未答复的，视为解除合同。管理人决定继续履行合同的，对方当事人应当履行；但是，对方当事人有权要求管理人提供担保。管理人不提供担保的，视为解除合同。

（5）有关债务人财产的保全措施应当解除，执行程序应当中止。

（6）已经开始而尚未终结的有关债务人的民事诉讼或者仲裁应当中止。在管理人接管债务人的财产后，该诉讼或者仲裁继续进行。

（7）有关债务人的专属管辖。有关债务人的民事诉讼，只能向受理破产申请的人民法院提起。

法条链接

《企业破产法》第十六条至第二十一条：

第十六条　人民法院受理破产申请后，债务人对个别债权人的债务清偿无效。

第十七条　人民法院受理破产申请后，债务人的债务人或者财产持有人应当向管理人清偿债务或者交付财产。

债务人的债务人或者财产持有人故意违反前款规定向债务人清偿债务或者交付财产，使债权人受到损失的，不免除其清偿债务或者交付财产的义务。

第十八条　人民法院受理破产申请后，管理人对破产申请受理前成立而债务人和对方当事人均未履行完毕的合同有权决定解除或者继续履行，并通知对方当事人。管理人自破产申请受理之日起二个月内未通知对方当事人，或者自收到对方当事人催告之日起三十日内未答复的，视为解除合同。

管理人决定继续履行合同的，对方当事人应当履行；但是，对方当事人有权要求管理人提供担保。管理人不提供担保的，视为解除合同。

第十九条　人民法院受理破产申请后，有关债务人财产的保全措施应当解除，执行程序应当中止。

第二十条　人民法院受理破产申请后，已经开始而尚未终结的有关债务人的民事诉讼或者仲裁应当中止；在管理人接管债务人的财产后，该诉讼或者仲裁继续进行。

第二十一条　人民法院受理破产申请后，有关债务人的民事诉讼，只能向受理破产申请的人民法院提起。

第三节　破产管理人制度

一、管理人的概念及选任

（一）管理人的概念

管理人，是指在破产重整、破产和解及破产清算程序中，全面接管破产企业并负责债务人财产管理、经营以及其他事项的专门机构。

（二）管理人的选任

1. 任职资格

管理人可以由有关部门、机构的人员组成的清算组或者依法设立的律师事务所、会计师事务所、破产清算事务所等社会中介机构担任。人民法院根据债务人的实际情况，可以在征询有关社会中介机构的意见后，指定该机构具备相关专业知识并取得执业资格的人员担任管理人。

有下列情形之一的，不得担任管理人：

（1）因故意犯罪受过刑事处罚。

（2）曾被吊销相关专业执业证书。

（3）与本案有利害关系。

（4）人民法院认为不宜担任管理人的其他情形。

特别注意个人担任管理人的，应当参加执业责任保险。

2. 选任方式

管理人由人民法院指定。债权人会议认为管理人不能依法、公正执行职务或者有其他不能胜任职务情形的，可以申请人民法院予以更换。

> **法条链接**
>
> 《企业破产法》第二十二条至第二十四条：
>
> 第二十二条　管理人由人民法院指定。
>
> 债权人会议认为管理人不能依法、公正执行职务或者有其他不能胜任职务情形的，可以申请人民法院予以更换。
>
> 指定管理人和确定管理人报酬的办法，由最高人民法院规定。
>
> 第二十三条　管理人依照本法规定执行职务，向人民法院报告工作，并接受债权人会议和债权人委员会的监督。
>
> 管理人应当列席债权人会议，向债权人会议报告职务执行情况，并回答询问。
>
> 第二十四条　管理人可以由有关部门、机构的人员组成的清算组或者依法设立的律师事务所、会计师事务所、破产清算事务所等社会中介机构担任。
>
> 人民法院根据债务人的实际情况，可以在征询有关社会中介机构的意见后，指定该机构具备相关专业知识并取得执业资格的人员担任管理人。
>
> 有下列情形之一的，不得担任管理人：
>
> （一）因故意犯罪受过刑事处罚；

（二）曾被吊销相关专业执业证书；
（三）与本案有利害关系；
（四）人民法院认为不宜担任管理人的其他情形。
个人担任管理人的，应当参加执业责任保险。

二、管理人的职责与监督

（一）管理人职责

（1）接管债务人的财产、印章和账簿、文书等资料。
（2）调查债务人财产状况，制作财产状况报告。
（3）决定债务人的内部管理事务。
（4）决定债务人的日常开支和其他必要开支。
（5）在第一次债权人会议召开之前，决定继续或者停止债务人的营业。
（6）管理和处分债务人的财产。
（7）代表债务人参加诉讼、仲裁或者其他法律程序。
（8）提议召开债权人会议。
（9）人民法院认为管理人应当履行的其他职责。

知识拓展

对管理人行为限制

在第一次债权人会议召开之前，管理人决定继续或者停止债务人的营业或者有以下行为之一的，应当经人民法院许可：涉及土地、房屋等不动产权益的转让；探矿权、采矿权、知识产权等财产权的转让；全部库存或者营业的转让；借款；设定财产担保；债权和有价证券的转让；履行债务人和对方当事人均未履行完毕的合同；放弃权利；担保物的取回；对债权人利益有重大影响的其他财产处分行为。

（二）管理人义务与报酬

管理人应当勤勉尽责，忠实执行职务。管理人经人民法院许可，可以聘用必要的工作人员。管理人的报酬由人民法院确定。债权人会议对管理人的报酬有异议的，有权向人民法院提出。

（三）管理人的监督

管理人依照《企业破产法》规定执行职务，向人民法院报告工作，并接受债权人会议和债权人委员会的监督。管理人应当列席债权人会议，向债权人会议报告职务执行情况，并回答询问。

法条链接

《企业破产法》第二十五条至第二十九条：
第二十五条　管理人履行下列职责：
（一）接管债务人的财产、印章和账簿、文书等资料；
（二）调查债务人财产状况，制作财产状况报告；

（三）决定债务人的内部管理事务；
（四）决定债务人的日常开支和其他必要开支；
（五）在第一次债权人会议召开之前，决定继续或者停止债务人的营业；
（六）管理和处分债务人的财产；
（七）代表债务人参加诉讼、仲裁或者其他法律程序；
（八）提议召开债权人会议；
（九）人民法院认为管理人应当履行的其他职责。
本法对管理人的职责另有规定的，适用其规定。

第二十六条 在第一次债权人会议召开之前，管理人决定继续或者停止债务人的营业或者有本法第六十九条规定行为之一的，应当经人民法院许可。

第二十七条 管理人应当勤勉尽责，忠实执行职务。

第二十八条 管理人经人民法院许可，可以聘用必要的工作人员。

管理人的报酬由人民法院确定。债权人会议对管理人的报酬有异议的，有权向人民法院提出。

第二十九条 管理人没有正当理由不得辞去职务。管理人辞去职务应当经人民法院许可。

第四节 债务人财产

一、债务人财产的范围

债务人财产与破产财产没有本质的区别，二者所处的时间段不同，债务人财产在破产宣告后称破产财产。包括两种情形：第一，破产申请受理时属于债务人的全部财产；第二，破产申请受理后至破产程序终结前债务人取得的财产。

二、破产撤销权

破产撤销权，是指管理人对债务人在破产申请受理前的法定期间内进行的欺诈逃债或损害公平清偿的行为申请法院撤销的权利。

（一）受理破产申请前 1 年内可撤销行为

法院受理破产申请前 1 年内的下列行为可撤销：
（1）无偿转让财产的；以明显不合理的价格进行交易的。
（2）对没有财产担保的债务提供财产担保的。
（3）对未到期的债务提前清偿的。
（4）放弃债权的。

（二）受理破产申请前 6 个月内可撤销行为

法院受理破产申请前 6 个月内，债务人有破产原因，仍对个别债权人进行清偿的，管理人有权请求人民法院予以撤销，但个别清偿使债务人财产受益的除外。

> **法条链接**
>
> 《企业破产法》第三十条至第三十二条：
> 　　第三十条　破产申请受理时属于债务人的全部财产，以及破产申请受理后至破产程序终结前债务人取得的财产，为债务人财产。
> 　　第三十一条　人民法院受理破产申请前一年内，涉及债务人财产的下列行为，管理人有权请求人民法院予以撤销：
> 　　（一）无偿转让财产的；
> 　　（二）以明显不合理的价格进行交易的；
> 　　（三）对没有财产担保的债务提供财产担保的；
> 　　（四）对未到期的债务提前清偿的；
> 　　（五）放弃债权的。
> 　　第三十二条　人民法院受理破产申请前六个月内，债务人有本法第二条第一款规定的情形，仍对个别债权人进行清偿的，管理人有权请求人民法院予以撤销。但是，个别清偿使债务人财产受益的除外。

三、无效破产行为

根据《企业破产法》规定，涉及债务人财产的下列行为无效，即为无效破产行为：第一，债务人为逃避债务而隐匿、转移财产的；第二，债务人虚构债务或者承认不真实的债务的。

四、债务人财产的追回

（一）追回权的概念

追回权，是当发生侵害破产债权人利益的不法民事行为时，管理人享有向法院申请认定行为无效或者予以撤销，追回本应属于债务人财产的权利。

（二）管理人享有的追回权

（1）管理人对因可撤销行为、个别优先清偿行为、破产无效行为转移的债务人财产享有的追回权：

1）人民法院受理破产申请前1年内，涉及债务人财产的无偿转让财产、以明显不合理的价格进行交易、对没有财产担保的债务提供财产担保、对未到期的债务提前清偿、放弃债权的行为，管理人请求人民法院予以撤销后，对涉及的债务人财产享有追回权；

2）人民法院受理破产申请前6个月内，债务人有破产原因仍对个别债权人进行清偿，且债务人财产没有受益的，管理人请求人民法院予以撤销后，对用于个别清偿的债务人财产享有追回权；

3）为逃避债务而隐匿、转移财产，虚构债务或者承认不真实的债务的行为被依法确认无效后，对隐匿、转移的债务人财产或因虚构债务或承认不真实债务导致的债务人财产的减少部分，管理人享有追回权。

（2）人民法院受理破产申请后，债务人的出资人尚未完全履行出资义务的，管理人有权追回出资人出资不足部分。

（3）债务人的董事、监事和高级管理人员利用职权从企业获取的非正常收入和侵占的企业财产，管理人享有追回权。

> **法条链接**
>
> 《企业破产法》第三十一条至第三十六条：
> 　　第三十一条　人民法院受理破产申请前一年内，涉及债务人财产的下列行为，管理人有权请求人民法院予以撤销：
> 　　（一）无偿转让财产的；
> 　　（二）以明显不合理的价格进行交易的；
> 　　（三）对没有财产担保的债务提供财产担保的；
> 　　（四）对未到期的债务提前清偿的；
> 　　（五）放弃债权的。
> 　　第三十二条　人民法院受理破产申请前六个月内，债务人有本法第二条第一款规定的情形，仍对个别债权人进行清偿的，管理人有权请求人民法院予以撤销。但是，个别清偿使债务人财产受益的除外。
> 　　第三十三条　涉及债务人财产的下列行为无效：
> 　　（一）为逃避债务而隐匿、转移财产的；
> 　　（二）虚构债务或者承认不真实的债务的。
> 　　第三十四条　因本法第三十一条、第三十二条或者第三十三条规定的行为而取得的债务人的财产，管理人有权追回。
> 　　第三十五条　人民法院受理破产申请后，债务人的出资人尚未完全履行出资义务的，管理人应当要求该出资人缴纳所认缴的出资，而不受出资期限的限制。
> 　　第三十六条　债务人的董事、监事和高级管理人员利用职权从企业获取的非正常收入和侵占的企业财产，管理人应当追回。

五、取回权

（一）取回权概念

取回权，是指当破产清算组接管破产企业移交的财产时，对于不属于破产企业的那部分财产，其所有人有从破产管理人处取回的权利。

人民法院受理破产申请后，债务人占有的不属于债务人的财产，该财产的权利人可以通过管理人（而非人民法院、债权人会议）取回。

（二）取回权的行使时间

权利人行使取回权，应当在破产财产变价方案或者和解协议、重整计划草案提交"债权人会议表决前"向管理人提出。权利人在上述期限后主张取回相关财产的，仍可行使取回权，但是应当承担延迟行使取回权增加的相关费用。

（三）取回权行使的对价给付

权利人行使取回权时未依法向管理人支付相关的加工费、保管费、托运费、委托费、代销费等费用，管理人拒绝其取回相关财产的，人民法院应予支持。

（四）取回权的异议与诉讼

（1）权利人依法向管理人主张取回相关财产，管理人不予认可的，权利人有权以"债务人"（而非管理人）为被告向人民法院提起诉讼请求行使取回权。

（2）权利人依据人民法院或者仲裁机关的相关"生效"法律文书向管理人主张取回所涉争议财

产，管理人以生效法律文书"错误"为由拒绝其行使取回权的，人民法院不予支持。

（五）重整期间取回权的行使

债务人重整期间，权利人要求取回债务人合法占有的权利人的财产，不符合双方事先约定条件的，人民法院不予支持。但是，因管理人或者自行管理（企业事务）的债务人违反约定，可能导致取回物被转让、毁损、灭失或者价值明显减少的除外。

注意：一般取回权在破产案件受理后形成，其行使不受原约定条件、期限的限制。但是，在重整程序中行使取回权，应当符合事先约定的条件。

（六）管理人不得不卖

对债务人占有的权属不清的鲜活易腐等不易保管的财产或者不及时变现价值将严重贬损的财产，管理人应当及时变价并提存变价款，有关权利人可以就该变价款行使取回权。

取回权分为一般取回权和特殊取回权。

1．一般取回权

法院受理破产申请后，债务人占有的不属于债务人的财产，该财产的权利人可以通过管理人取回。

2．特殊取回权

法院受理破产申请时，出卖人已将买卖标的物向作为买受人的债务人发运，债务人尚未收到且未付清全部价款的，出卖人可以取回在运途中的标的物。但是，管理人可以支付全部价款，请求出卖人交付标的物。

六、抵销权

（一）抵销权的概念

抵销权，是指债权人在破产申请受理前对债务人负有债务的，可以向管理人主张抵销的权利。

（二）抵销权的限制

有下列情形之一的，不得抵销：

（1）债务人的债务人在破产申请受理后取得他人对债务人的债权的。

（2）债权人已知债务人有不能清偿到期债务或者破产申请的事实，对债务人负担债务的；但是，债权人因为法律规定或者有破产申请一年前所发生的原因而负担债务的除外。

（3）债务人的债务人已知债务人有不能清偿到期债务或者破产申请的事实，对债务人取得债权的；但是，债务人的债务人因为法律规定或者有破产申请一年前所发生的原因而取得债权的除外。

典型案例

甲股份有限公司因经营管理不善，无力偿还到期债务，该公司的债权人 A 公司于某年 6 月 12 日向甲公司所在地法院提出破产申请。法院受理该破产申请，并指定某律师事务所担任破产管理人，该破产管理人发现以下事实：丙公司欠甲劳务费 20 万元没有支付，丙公司得知甲公司有较多到期债务无力清偿后，拟向甲公司转让 20 万元货物，以货款抵销欠付甲公司的劳务费。乙公司早先出租给甲公司价值 30 万元的设备，并提供了租赁合同。

问题：法院受理甲公司的破产申请后，其债权债务以及承租的设备如何解决？

解析：法院受理破产申请后，债务人占有的不属于债务人的财产，该财产的权利人可以通过管理人取回。甲公司在破产前租用的乙公司设备不属于破产财产，乙公司作为财产权利人可以通过管理人取回。债务人的债务人已知债务人有不能清偿到期债务或者破产申请的事实，对债务人取得债权的不得抵销，因此，丙公司以货款抵销欠付甲公司的劳务费不能成立，丙公司可以申报债权。

第五节 破产债权

一、债权申报

（一）债权申报的期限
人民法院受理破产申请后，应当确定债权人申报债权的期限。债权申报期限自人民法院发布受理破产申请公告之日起计算，最短不得少于30日，最长不得超过3个月。

（二）债权申报形式
债权人申报债权时，应当书面说明债权数额和有无财产担保，并提交有关证据。

（三）债权申报限制
（1）应当在法院确定的债权申报期限内申报。在人民法院确定的债权申报期限内，债权人未申报债权的，可以在破产财产最后分配前补充申报；但是，此前已进行的分配，不再对其补充分配。为审查和确认补充申报债权的费用，由补充申报人承担。债权人未按规定申报债权的，不得依照破产法规定的程序行使权利。

（2）未到期的债权，在破产申请受理时视为到期。附利息的债权自破产申请受理时起停止计息。

（3）附条件、附期限的债权和诉讼、仲裁未决的债权，债权人也可申报其债权。

（4）连带债权人可以由其中一人代表全体连带债权人申报债权，也可以共同申报债权。债务人的保证人或者其他连带债务人已经代替债务人清偿债务的，以其对债务人的求偿权申报债权。

（5）管理人或者债务人依照破产法规定解除合同的，对方当事人因合同解除所产生的实际损失，可以申报债权，但违约金不作为破产债权。

（6）债务人是委托合同的委托人，其破产案件被人民法院受理，受托人不知该事实，继续处理委托事务的，受托人以由此产生的请求权可以申报债权。

（7）债务人是票据的出票人，其破产案件被人民法院受理，该票据的付款人继续付款或者承兑的，付款人以由此产生的请求权可以申报债权。

二、债权确认

（一）债权确认的内容
债权人申报之债权需经确认后才能在破产程序中行使权利。债权审查的判断原则是，凡法律允许通过一般司法程序提出异议的债权，即未经发生法律效力的裁判所确认的债权，均应在审查确认之列；凡经发生法律效力的裁判所确认的债权，原则上不在审查确认之列，应直接列入债权确认表中。

（二）债权确认的程序
1. 编制债权表

根据《企业破产法》规定，管理人收到债权申报材料后，应当登记造册，并编制债权表，对申报的债权进行审查。管理人必须将申报的债权全部编入债权表，不允许以其认为债权不成立等为由拒绝编入债权表。管理人进行实质审查后对各项债权的认定结果，如是否真实存在、是否超过诉讼时效等，应附在提交第一次债权人会议的债权表后，供核查使用。债权表和债权申报材料由管理人保存，供利害关系人查阅。

2. 债权表的核查

管理人依法编制的债权表，应当提交第一次债权人会议核查。通常，债权的核查程序如下：首先由管理人发放、宣读被核查债权的申报登记情况以及有关证据材料，并由该债权人进行说明。随后由管理人、债务人、其他债权人陈述意见，由该债权人解释，有疑问者可继续进行询问。经核查后，管理人、债务人、其他债权人等对债权无异议的，列入债权表。

3. 债权确认

债务人、债权人对债权表记载的债权无异议的，由人民法院裁定确认，债权表由人民法院裁定确认，其确认具有与生效判决同等的法律效力。

4. 异议债权的处理

经核查后仍存在异议的债权，由人民法院裁定该异议是否成立。该项裁定无实体法律效力，不影响债权人提起债权确认诉讼的权利。人民法院裁定异议不成立时，债权列入债权表，异议人可以该债权人为被告提起债权确认诉讼。人民法院裁定异议成立时，债权不列入债权表，该债权人可以异议人为被告提起债权确认诉讼。根据《企业破产法》规定，管理人、债务人、债权人对债权表记载的债权有异议的，可以向受理破产申请的人民法院提起诉讼。

第六节　债权人会议

一、债权人会议的组成

（一）债权人会议的概念和性质

1. 债权人会议的概念

债权人会议，是指由所有依法申报债权的债权人组成、维护债权人的共同利益、实现其破产程序参与权、表达债权人意志、协调债权人行为的议事机构。

2. 债权人会议的性质

（1）是具有自治性质的机构。

（2）不是常设机构，而是临时性机构。

（3）是决议机构。

（4）是监督机构。

（二）债权人会议的组成

依法申报债权的债权人为债权人会议的成员，有权参加债权人会议，享有表决权。债权尚未确定的债权人，除人民法院能够为其行使表决权而临时确定债权额的外，不得行使表决权。对债务人的特定财产享有担保权的债权人，未放弃优先受偿权利的，对于《企业破产法》规定的通过和解协议和破产财产分配方案不享有表决权。

债权人可以委托代理人出席债权人会议，行使表决权。代理人出席债权人会议，应当向人民法院或者债权人会议主席提交债权人的授权委托书。债权人会议应当有债务人的职工和工会的代表参加，对有关事项发表意见。债权人会议设主席一人，由人民法院从有表决权的债权人中指定。债权人会议主席主持债权人会议。

二、债权人会议的召集与职权

（一）债权人会议的召集

第一次债权人会议由人民法院召集，自债权申报期限届满之日起 15 日内召开。以后的债权人会议，在人民法院认为必要时，或者管理人、债权人委员会、占债权总额 1/4 以上的债权人向债权人会议主席提议时召开。召开债权人会议，管理人应当提前 15 日通知已知的债权人。

（二）债权人会议的职权

根据《企业破产法》的规定，债权人会议的职权包括：核查债权；申请人民法院更换管理人，审查管理人的费用和报酬；监督管理人；选任和更换债权人委员会成员；决定继续或者停止债务人的营业；通过重整计划；通过和解协议；通过债务人财产的管理方案；通过破产财产的变价方案；通过破产财产的分配方案；人民法院认为应当由债权人会议行使的其他职权。债权人会议应当对所议事项的决议作成会议记录。

（三）债权人会议的表决

债权人会议的决议，由出席会议的有表决权的债权人过半数通过，并且其所代表的债权额占无财产担保债权总额的 1/2 以上。但是，《企业破产法》另有规定的除外。债权人会议的决议，对于全体债权人均有约束力。

债权人认为债权人会议的决议违反法律规定，损害其利益的，可以自债权人会议作出决议之日起 15 日内，请求人民法院裁定撤销该决议，责令债权人会议依法重新作出决议。

对于债务人财产的管理方案和破产财产的变价方案，经债权人会议表决未通过的，由人民法院裁定。

对于破产财产分配方案经债权人会议二次表决仍未通过的，由人民法院裁定。对上述裁定，人民法院可以在债权人会议上宣布或者另行通知债权人。

债权人对人民法院关于债务人财产的管理方案和破产财产的变价方案的裁定不服的，债权额占无财产担保债权总额 1/2 以上的债权人对人民法院关于破产财产分配方案作出的裁定不服的，可以自裁定宣布之日或者收到通知之日起 15 日内向该人民法院申请复议。复议期间不停止裁定的执行。

三、债权人委员会

（一）债权人委员会的组成

债权人会议可以决定设立债权人委员会。债权人委员会由债权人会议选任的债权人代表和一名债务人的职工代表或者工会代表组成。债权人委员会成员不得超过 9 人。债权人委员会成员应当经人民法院书面决定认可。

（二）债权人委员会的职权

债权人委员会依法行使下列职权：

（1）监督债务人财产的管理和处分。

（2）监督破产财产分配。

（3）提议召开债权人会议。

（4）债权人会议委托的其他职权。

债权人委员会执行职务时，有权要求管理人、债务人的有关人员对其职权范围内的事务作出说明或者提供有关文件。管理人、债务人的有关人员违反规定拒绝接受监督的，债权人委员会有权就监督事项请求人民法院作出决定；人民法院应当在 5 日内作出决定。

第七节 重整与和解

一、重整概念

重整，是指对具有重整原因又有挽救希望的企业法人，在法院的主持下，协调各方利害关系人的利益，进行生产经营上的整顿与债务清理，以避免企业破产，使之重新获得经营能力的法律制度。

二、重整程序

（一）重整申请

债务人或者债权人可以依照《企业破产法》规定，直接向人民法院申请对债务人进行重整。债权人申请对债务人进行破产清算的，在人民法院受理破产申请后、宣告债务人破产前，债务人或者出资额占债务人注册资本 1/10 以上的出资人，可以向人民法院申请重整。人民法院经审查认为重整申请符合法律规定的应当裁定债务人重整，并予以公告。

（二）重整期间

自人民法院裁定债务人重整之日起至重整程序终止，为重整期间。在重整期间，经债务人申请，人民法院批准，债务人可以在管理人的监督下自行管理财产和营业事务。管理人负责管理财产和营业事务的，可以聘任债务人的经营管理人员负责营业事务。

在重整期间，对债务人的特定财产享有的担保权暂停行使。但是，担保物有损坏或者价值明显减少的可能，足以危害担保权人权利的，担保权人可以向人民法院请求恢复行使担保权。在重整期间，债务人或者管理人为继续营业而借款的，可以为该借款设定担保。债务人合法占有的他人财产，该财产的权利人在重整期间要求取回的，应当符合事先约定的条件。在重整期间，债务人的出资人不得请求投资收益分配。在重整期间，债务人的董事、监事、高级管理人员不得向第三人转让其持有的债务人的股权。但是，经人民法院同意的除外。

在重整期间，有下列情形之一的，经管理人或者利害关系人请求，人民法院应当裁定终止重整程序，并宣告债务人破产：

（1）债务人的经营状况和财产状况继续恶化，缺乏挽救的可能性。
（2）债务人有欺诈、恶意减少债务人财产或者其他显著不利于债权人的行为。
（3）由于债务人的行为致使管理人无法执行职务。

典型案例

人民法院裁定甲公司重整，在重整期间，发生以下事实：乙公司对甲公司的债权到期，甲公司无法偿还，乙公司要求实现其抵押权，甲公司不同意。同时，甲公司租赁的丙公司仓库，在租期未到时，丙公司要求取回，甲公司不同意。甲公司为继续营业想向银行借款，不知道能否用厂房作为抵押。甲公司的董事李某想向公司外张某转让其持有的甲公司股份。

问题：甲公司在重整期间的行为是否合法，请说明理由。

解析：在重整期间，对债务人的特定财产享有的担保权暂停行使，但是，担保物有损坏或者价值明显减少的可能,足以危害担保权人权利的,担保权人可以向人民法院请求恢复行使担保权。本案中,并没有发生担保物损坏或者价值明显减少,足以危害担保权人的权利的情况,所以,乙公司的抵押权应暂停行使,担保权人不能向法院请求恢复行使担保权。债务人合法占有的他人财产,该财产的权利人在重整期间要求取回的,应当符合事先约定的条件,本案中甲公司对租赁物的租期未满,不符合事先约定的条件,因此,丙公司无权取回。在重整期间,债务人或者管理人为继续营业而借款的,可以为该借款设定担保,所以甲公司可以为借款用厂房作为抵押。在重整期间,债务人的出资人不得请求投资收益分配,债务人的董事、监事、高级管理人员不得向第三人转让其持有的债务人的股权,但是,经人民法院同意的除外。本案中,未经人民法院同意,董事李某向第三人转让其持有的债务人的股权不合法。

(三)重整计划的制定

债务人自行管理财产和营业事务的,由债务人制作重整计划草案。管理人负责管理财产和营业事务的,由管理人制作重整计划草案。

1. 重整计划提出时间

债务人或者管理人应当自人民法院裁定债务人重整之日起6个月内,同时向人民法院和债权人会议提交重整计划草案。期限届满,经债务人或者管理人请求,有正当理由的,人民法院可以裁定延期3个月。债务人或者管理人未按期提出重整计划草案的,人民法院应当裁定终止重整程序,并宣告债务人破产。

2. 重整计划内容

重整计划内容应当包括:
(1)债务人的经营方案。
(2)债权分类。
(3)债权调整方案。
(4)债权受偿方案。
(5)重整计划的执行期限。
(6)重整计划执行的监督期限。
(7)有利于债务人重整的其他方案。

(四)重整计划草案的表决与批准

1. 表决内容

可分组对重整计划草案在债权人会议上进行表决,如:
(1)对债务人特定财产享有担保权债权组。
(2)债务人所欠职工的工资和医疗、伤残补助、抚恤费用,所欠的应当划入职工个人账户的基本养老保险、基本医疗保险费用以及法律、行政法规规定应当支付给职工补偿金组。
(3)债务人所欠税款组。
(4)普通债权组。

2. 表决时间

人民法院应当自收到重整计划草案之日起30日内召开债权人会议,对重整计划草案进行表决。出席会议的同一表决组的债权人过半数同意重整计划草案,并且其所代表的债权额占该组债权总额的2/3以上的,即为该组通过重整计划草案。各表决组均通过重整计划草案时,重整计划即为通过。

自重整计划通过之日起10日内,债务人或者管理人应当向人民法院提出批准重整计划的申请。

人民法院经审查认为符合《企业破产法》规定的，应当自收到申请之日起 30 日内裁定批准，终止重整程序，并予以公告。部分表决组未通过重整计划草案的，债务人或者管理人可以同未通过重整计划草案的表决组协商。该表决组可以在协商后再表决一次。双方协商的结果不得损害其他表决组的利益。未通过重整计划草案的表决组拒绝再次表决或者再次表决仍未通过重整计划草案，但重整计划草案符合《企业破产法》规定条件的，债务人或者管理人可以申请人民法院批准重整计划草案。

（五）重整计划的执行

重整计划由债务人负责执行。人民法院裁定批准重整计划后，已接管财产和营业事务的管理人应当向债务人移交财产和营业事务。

自法院裁定批准重整计划之日起，在重整计划规定的监督期内，由管理人监督重整计划的执行。在监督期内，债务人应当向管理人报告重整计划执行情况和债务人财务状况。

经法院裁定批准的重整计划，对债务人和全体债权人均有约束力。债权人未依法申报债权的，在重整计划执行期间不得行使权利；在重整计划执行完毕后，可以按照重整计划规定的同类债权的清偿条件行使权利。债权人对债务人的保证人和其他连带债务人所享有的权利，不受重整计划的影响。

债务人不能执行或者不执行重整计划的，人民法院经管理人或者利害关系人请求，应当裁定终止重整计划的执行，并宣告债务人破产。人民法院裁定终止重整计划执行的，债权人在重整计划中作出的债权调整的承诺失去效力。债权人因执行重整计划所受的清偿仍然有效，债权未受清偿的部分作为破产债权。

按照重整计划减免的债务，自重整计划执行完毕时起，债务人不再承担清偿责任。

三、破产和解

（一）和解的概念

和解，是指为避免破产清算，债务人和全体债权人之间达成相互间的谅解，就债务人重整和债务清偿等达成协议，经债权人会议表决通过并由法院认可的一种法律制度。

（二）和解的程序

债务人可以依法直接向人民法院申请和解，也可以在人民法院受理破产申请后、宣告破产前，向人民法院申请和解。债务人申请和解，应当提出和解协议草案。法院经审查认为和解申请符合规定的，应当受理其申请，裁定和解，予以公告，并召集债权人会议讨论和解协议草案。债权人会议通过和解协议的决议，由出席会议的有表决权的债权人过半数同意，并且其所代表的债权额占无财产担保债权总额的 2/3 以上。债权人会议通过和解协议的，由人民法院裁定认可，终止和解程序，并予以公告。管理人应当向债务人移交财产和营业事务，并向人民法院提交执行职务的报告。和解协议草案经债权人会议表决未获得通过，或者已经债权人会议通过的和解协议未获得人民法院认可的，人民法院应当裁定终止和解程序，并宣告债务人破产。

（三）和解协议的效力

经人民法院裁定认可的和解协议，对债务人和全体和解债权人均有约束力。债务人应当按照和解协议规定的条件清偿债务。按照和解协议减免的债务，自和解协议执行完毕时起，债务人不再承担清偿责任。和解债权人对债务人的保证人和其他连带债务人所享有的权利，不受和解协议的影响。因债务人的欺诈或者其他违法行为而成立的和解协议，人民法院应当裁定无效，并宣告债务人破产。债务人不能执行或者不执行和解协议的，人民法院经和解债权人请求，应当裁定终止和解协议的执行，并宣告债务人破产，和解债权人在和解协议中作出的债权调整的承诺失去效力。和解债权人因执行和解协议所受的清偿仍然有效，和解债权未受清偿的部分作为破产债权。

第八节　破产清算程序

一、破产清算程序的概念

破产清算程序是对法院宣告破产企业的财产进行保管、清理、估价、处理和分配的程序安排。

二、破产清算流程内容

（一）基本内容

（1）破产财产的移交、清理和估价。

（2）对破产公司未履行的合同，清算人决定解除的，另一方当事人因合同解除受到损害而发生的损害赔偿争议，由法院裁定解决，裁定书所确定的赔偿数额应列入破产债权。

（3）破产财产的处理。

（4）破产财产的分配与领取。

（二）清偿顺序

破产财产首先用于拨付破产费用，然后按下列顺序清偿：破产公司所欠职工工资和劳动保险费用，破产公司所欠税款，破产债权（不足清偿同一顺序的债权，按比例分配）。

（三）终结破产程序

破产财产清算分配完毕，由清算组向人民法院汇报清算分配工作的情况，并申请人民法院裁定破产终结，未得到清偿的债权，不再进行清偿；破产财产分配完毕，企业法人依法终止其民事行为能力，清算组向破产公司的原登记机关申请注销原公司登记。

本章小结

企业破产是指企业在生产经营过程中由于经营管理不善，负债达到或超过所占有的全部资产，不能清偿到期债务，资不抵债的企业行为。破产案件是指通过司法程序处理的无力偿债事件。我们讲到的司法程序包括三种：和解、重整和破产清算。不能把企业破产简单地归结为清算倒闭事件；破产清算是公平清理债务的一种方法，但还有其他方法。企业破产法鼓励当事人积极寻求可避免企业倒闭清算的方式来公平清理债务。

复习与训练

一、名词解释

1. 债权人会议
2. 破产和解
3. 追回权

4. 取回权

5. 抵销权

二、不定项选择

1. 破产案件由（　　）人民法院管辖。

   A. 债务人住所地　　　　　　　B. 申请人住所地

   C. 债权人住所地　　　　　　　D. 债权人和债务人协议选择

2. 下列人员，不得担任管理人的是（　　）。

   A. 因故意犯罪受过刑事处罚的人

   B. 欠他人较大数额债务尚未还清的人

   C. 曾担任过破产企业的法人代表的人

   D. 因违反行政法规受过行政处罚的人

3. 人民法院受理破产申请后，有关债务人财产的保全措施应当解除，对债务人财产的其他民事执行程序所带来的法律后果是（　　）。

   A. 应当中止　　　　　　　　　B. 继续执行

   C. 与破产程序合并执行　　　　D. 终结执行

4. 人民法院受理破产申请后，应当确定债权人申报债权的期限，债权申报期限自人民法院发布受理破产申请公告之日起计算，最短不得少于（　　），最长不得超过（　　）。

   A. 30日；3个月　　　　　　　B. 30日；60日

   C. 20日；3个月　　　　　　　D. 1个月；2个月

5. 人民法院受理破产申请前1年内，涉及债务人财产的（　　）行为，管理人有权请求人民法院予以撤销。

   A. 有偿转让财产

   B. 对没有财产担保的债务提供财产担保

   C. 以明显不合理的价格进行交易

   D. 放弃债权

6. 人民法院受理破产申请后发生的下列费用，为破产费用的是（　　）。

   A. 破产案件的诉讼费用

   B. 管理、变价和分配债务人财产的费用

   C. 管理人执行职务的费用、报酬

   D. 聘用工作人员的费用

7. 对债务人的特定财产享有担保权的债权人，未放弃优先受偿权利的，对于（　　）没有表决权。

   A. 通过重整计划

   B. 决定继续或者停止债务人的营业

   C. 通过和解协议

   D. 通过破产财产的分配方案

8. 下列事项中，属于债权人会议职权的有（　　）。

   A. 通过债务人财产的管理方案

   B. 通过重整计划

   C. 宣告债务人破产

   D. 选任和更换债权人委员会成员

三、简答题

1. 不得担任管理人的情形有哪些？
2. 简述破产和解协议的效力。
3. 简述破产清偿的顺序。

四、案例分析

2017年7月30日，人民法院受理了甲公司的破产申请，并同时指定了管理人。管理人接管甲公司后，在清理其债权债务过程中，有如下事项：

1. 2016年4月，甲公司向乙公司采购原材料而欠乙公司80万元货款未付。2017年3月，甲乙双方签订一份还款协议，该协议约定：甲公司于2017年9月10日前偿还所欠乙公司货款及利息共计87万元，并以甲公司所属一间厂房作抵押。还款协议签订后，双方办理了抵押登记。乙公司在债权申报期内就上述债权申报了债权。

2. 2016年6月，丙公司向A银行借款120万元，借款期限为1年。甲公司以所属部分设备为丙公司提供抵押担保，并办理了抵押登记。借款到期后，丙公司未能偿还A银行贷款本息。经甲公司、丙公司和A银行协商，甲公司用于抵押的设备被依法变现，所得价款全部用于偿还A银行，但尚有20万元借款本息未能得到清偿。

3. 2016年7月，甲公司与丁公司签订了一份广告代理合同，该合同约定：丁公司代理发布甲公司产品广告；期限2年；一方违约，应当向另一方承担违约金20万元。至甲公司破产申请被受理时，双方均各自履行了部分合同义务。

4. 2016年8月，甲公司向李某购买一项专利，尚欠李某19万元专利转让费未付。李某之子小李创办的戊公司曾于2016年11月向甲公司采购一批电子产品，尚欠甲公司货款21万元未付。

人民法院受理甲公司破产申请后，李某与戊公司协商一致，戊公司在向李某支付19万元后，取得李某对甲公司的19万元债权。戊公司向管理人主张以19万元债权抵销其所欠甲公司相应债务。

（5）甲公司共欠本公司职工工资和应当划入职工个人账户的基本养老保险、基本医疗保险费用37.9万元，其中，在2016年8月27日新的《企业破产法》公布之前，所欠本公司职工工资和应当划入职工个人账户的基本养老保险、基本医疗保险费用为20万元。甲公司的全部财产在清偿破产费用和共益债务后，仅剩余价值1500万元的厂房及土地使用权，但该厂房及土地使用权已于2016年6月被甲公司抵押给B银行，用于担保一笔2000万元的借款。

根据上述内容，分别回答下列问题：

1. 管理人是否有权请求人民法院对甲公司将厂房抵押给乙公司的行为予以撤销？说明理由。

2. A银行能否将尚未得到清偿的20万元欠款向管理人申报普通债权，由甲公司继续偿还？说明理由。

3. 如果管理人决定解除甲公司与丁公司之间的广告代理合同，并由此给丁公司造成实际损失5万元，则丁公司可以向管理人申报的债权额应为多少？说明理由。

4. 戊公司向管理人提出以19万元债权抵销其所欠甲公司相应债务的主张是否成立？说明理由。

5. 甲公司所欠本公司职工工资和应当划入职工个人账户的基本养老保险、基本医疗保险费用共计37.9万元应当如何受偿？

福建实达集团股份有限公司破产重整案

福建实达集团股份有限公司(以下简称实达集团)前身为福建实达电脑集团股份有限公司,成立于1988年,1996年成为全国首家在A股上市的IT企业,家用电脑销量曾在全国排名第二。但从2018年开始,由于自身经营不善和内外部环境压力等因素的影响,实达集团及其下属核心子公司均陷入严重的债务危机,公司股票于2020年6月被实施退市风险警示,若2021年12月31日前无法重整成功,实达集团将被强行退市。2021年3月,经债权人申请,福州中院同意实达集团启动预重整工作。2021年11月26日,经最高人民法院批准,福州中院裁定受理实达集团破产重整案。

2021年12月27日,实达集团第一次债权人会议以网络会议形式通过福州地区破产审判智能辅助系统召开,有财产担保债权组、普通债权组的债权人分别通过上述系统和提交书面表决票相结合的方式对债务人重整计划草案进行表决,出资人组通过现场投票与证券交易所系统平台网络投票对实达集团重整计划草案和出资人权益调整方案进行了表决。同日,福州中院裁定批准重整计划并终止重整程序。重整计划批准后,实达集团在管理人的监督下开展了重整计划的执行工作。12月31日,福州中院裁定确认实达集团重整计划执行完毕。该案从受理重整申请到裁定批准重整计划仅用时31天,自批准重整计划到重整计划执行完毕用时仅5天。

第九章 票据与支付结算法律制度

Chapter Nine

学习目标

○ 理解票据的概念和特征、票据法律关系、票据责任；
○ 掌握票据的种类、票据行为；
○ 运用《票据法》理论知识解决经济活动中的票据纠纷；
○ 了解非票据结算方式。

导入案例

○ 甲、乙之间签订了一份假酒买卖合同，甲供货后，乙于3月10日签发了一张面额为10万元、期限为3个月的商业承兑汇票交付给甲，3月20日，甲从丙公司购买原材料，便将该汇票依法转让给了丙。之后，假酒被查封，甲、乙之间的合同被裁定为无效。
○ 分析：票据到期后，丙提示付款，乙能否以买卖合同无效为由，拒绝兑现票据金额？

第一节 支付结算概述

一、支付结算的概念

支付结算有广义和狭义之分。狭义的支付结算是指单位、个人在社会经济活动中使用现金、票据（包括支票、本票、汇票）、银行卡和汇兑、托收承付、委托收款等结算方式进行货币给付及其资金清算的行为，其主要功能是完成资金从一方当事人向另一方当事人的转移。

广义的支付结算包括现金结算和银行转账结算。支付结算作为一种要式行为，具有一定的法律特征。

二、支付结算的特点

支付结算作为一种法律行为，具有以下特点：

（一）金融机构的介入

支付结算方式包括票据，托收承付、委托收款、信用卡和信用证等结算行为。其中票据包括支票、银行本票、银行汇票和商业汇票等。上述结算必须通过中国人民银行批准的金融机构或其他机构进行。《支付结算办法》第六条规定："银行是支付结算和资金清算的中介机构。未经中国人民银行批准的非银行金融机构和其他单位不得作为中介机构经营支付结算业务。但法律，行政法规另有规定的除外。"这一规定明确说明了支付结算不同于一般的货币给付及资金清算行为。

（二）要式行为

支付结算行为必须符合中国人民银行发布的《支付结算办法》的规定。根据《支付结算办法》第九条规定，"票据和结算凭证是办理支付结算的工具。单位、个人和银行办理支付结算，必须使用按中国人民银行统一规定印制的票据凭证和统一规定的结算凭证"，"未使用中国人民银行统一规定格式的结算凭证，银行不予受理"。中国人民银行除了对票据结算凭证的格式有统一的要求外，对于票据和结算凭证的填写也提出了基本要求，例如：票据和结算凭证的金额、出票和签发日期、收款人名称不得更改，更改的票据无效，更改的结算凭证，银行不予受理。

（三）委托人的意志

银行在支付结算中充当中介机构的角色，因此，银行只要以善意且符合规定的正常操作程序审查，对伪造、变造的票据和结算凭证上的签章以及需要交验的个人有效身份证件未发现异常而支付金额的，对出票人或付款人不再承担受委托付款的责任，对持票人或收款人不再承担付款责任。与此同时，当事人对在银行的存款有自己的支配权；银行对单位、个人在银行开立存款账户的存款，除国家法律、行政法规另有规定外，不得为任何单位或个人查询；除国家法律另有规定外，银行不代任何单位或个人冻结、扣款，不得停止单位、个人存款的正常支付。

三、支付结算的分类

（一）依据形式划分

依结算采用的形式不同，结算可分为现金结算和非现金结算两种。

（1）现金结算，是指当事人直接用现金进行货币收付，了结其债权债务的行为。在我国，现金结算受现金管理制度的制约，限于个人之间和单位之间结算起点以下的零星收支以及单位对个人的有关开支。

（2）非现金结算，是指当事人通过银行将款项从付款单位的账户划转到收款单位的账户来完成货币收付以清结债权债务的行为，故又称为转账结算或银行结算。

（二）依据工具划分

依结算使用的工具不同，分为票据结算和非票据结算两类。

（1）票据结算，是以票据（汇票、本票和支票）作为支付工具来清结货币收付双方的债权债务关系的行为。

（2）非票据结算，是客户间以结算凭证为依据来清结债权债务关系的行为，如银行卡、汇兑、托收承付和委托收款结算等。

第二节　票据法律制度

一、票据与票据法

（一）票据的概念、特征、功能

1. 票据的概念

票据，是商业活动中广泛使用的一种重要支付工具。"票据"一词，有广义、狭义之分。广义的票据，泛指所有商业上的凭证，如股票、债券、发票、提单、仓单、保单等；狭义的票据，仅指出票人依据《票据法》签发的、由本人或委托他人在见票时或者在票载日期无条件支付确定金额给持票人的有价证券。《票据法》所称的票据是指狭义的票据。

> **法条链接**
>
> 《票据法》第二条　在中华人民共和国境内的票据活动，适用本法。
> 本法所称票据，是指汇票、本票和支票。

2. 票据的特征

票据作为有价证券的一种，与其他有价证券相比，具有如下法律特征：

（1）票据是设权证券。设权证券是指持票据者凭票据上所记载的权利内容，来证明其票据权利以取得财产。票据做成前，票据权利不存在，票据权利是依票据的做成同时发生的。票据权利随票据的转移而转让。没有票据，就没有票据上的权利。票据的作用在于创设一定的权利。因此，票据为设权证券。

（2）票据是流通证券。票据具有流通性，票据在到期前，可以通过背书和交付而转让，并可以在市场上自由流通。

（3）票据是要式证券。票据必须根据法律规定方式做成才能有效。票据上必须载明名称、金额、收付款银行、支付日期等，否则票据无效。票据行为还必须按一定的程序进行，并办理必要的手续。

（4）票据是文义证券。票据上的权利义务必须以票据上的文字记载为准。有关债权人或票据债务人，均应当对票据上所记载的文义负责，不得以任何方式和理由变更票据上文字记载的意义。

（5）票据是无因证券。票据根据一定的信用行为等原因而产生，它的设立是有因的。但是，票据的流通是不问其产生的原因的，它在流转过程中只要具备要式，票据权利人行使权利时无须证明其取得票据的原因，票据债务人无条件支付即可。票据上的法律关系只是单纯的金钱支付关系，至于票据设立的原因及其有否瑕疵，对票据上的法律关系没有任何影响。因此，票据一经转让，持票人可不问前手当事人之间有无契约纠纷，即有权要求付款人按期无条件付款。

（6）票据是债权证券。根据证券上的权利所表示的法律性质的不同，证券分为物权证券、债权证券和股权证券三种。物权证券是证明物权的，如提单、仓单等；股权证券是证明股东权利的，如股票；债权证券是证明债权的，票据权利人对票据义务人行使付款请求权和追索权。

3. 票据的功能

（1）支付功能。票据可以通过背书作多次转让，是市场上一种流通的支付工具。票据作为支付工具，可以减少现金的使用。以票据作为支付工具，代替现金支付，可以达到迅速、准确、安全的目的。

（2）信用功能。票据是建立在信用基础上的支付凭证，由于《票据法》规定了对票据债务人抗辩的种种限制和对票据债权人的严密保护，票据成为一种可靠的信用工具，在商品交易中被广泛地运用。

（3）汇兑功能。在商事活动中，商人之间的结算主要是凭借票据的汇兑功能，以解决异地之间现金支出在空间上的障碍，用以了结相互之间的债权债务。

（4）融资功能。票据的融资作用主要通过票据贴现来实现。票据贴现是以未到期票据向银行兑换现金。银行按市场利率，先行扣取自贴现日至到期日的利息，尔后以票面金额付给持票人。银行以贴现方式收下票据，可再向中央银行或其他银行贴现以取得资金，称为"再贴现"。票据贴现，解决了资金流转的困难,使票据持有人的资金从票据债流的形式转变为现金形式,从而加速资金周转,促进经济的发展。

(二)票据法的概念及我国的票据立法

票据法也有广义、狭义之分。广义的票据法,是指一切有关票据的法律规范的总称。除包括狭义的票据法外,还包括民法、刑法、民事诉讼法、企业破产法、银行法以及其他法律法规中有关票据的具体规定。狭义的票据法,是指专门调整票据关系的法律,它是规定票据的种类、形式和内容,明确票据当事人之间的权利义务,调整因票据而发生的各种社会关系的法律规范。

20世纪80年代票据的使用开始在我国有了较快的发展。1988年12月中国人民银行颁布了《银行结算办法》,规定全面推行银行汇票、商业汇票、银行本票、支票,并规定了个体工商户和个人可以使用支票。1993年5月中国人民银行发布了《商业汇票办法》,从而使我国的票据立法渐入正轨。1995年5月10日第八届全国人大常委会第十三次会议正式通过《票据法》,于1996年1月1日起施行(2004年8月28日修正)。

知识拓展

信汇、电汇和票汇

1. 信汇

信汇(Mail Transfer,M/T),是进口人(债务人或称汇款人)将汇款及手续费交付给汇款地的一家银行(汇出行),委托该银行利用信件转托受款人所在地的银行(汇入行),将货款付给出口人(债权人或称受款人)。这种汇付方法,需要一个地区间的邮程的时间,一般航邮为7~15天,视地区远近而异。如用快递(Express)可以加速3~5天。

2. 电汇

电汇(Telegraphic Transfer,T/T),是汇款人将一定金额的汇款及汇付手续费付给当地一家银行(汇出行),要求该银行用电传或电报通知其国外受款人所在地的分支行或代理行(汇入行)将汇款付给受款人。这种汇款将时差计入,一般当天或隔天可到,最为快捷,但电信费用比较高。

3. 票汇

票汇(Demand Draft,D/D),是汇款人向其当地银行(汇出行)购买银行即期汇票,并直接寄给受款人,受款人收到该汇票即可凭票向指定的付款银行取款。这种银行汇票和逆汇法的商业汇票不同,银行汇票用于银行的代客拨款,故受票人和付款人是同一银行(或代理行)。

(三)票据的当事人

票据的当事人可以分为两类:基本当事人和非基本当事人。基本当事人即在票据作成和交付的时候就已经存在的当事人。非基本当事人是指在票据作成并交付后,通过一定的票据行为加入票据关系而享有一定权利、承担一定义务的当事人。

票据的基本当事人包括出票人、收款人和付款人;非基本当事人包括承兑人、背书人、被背书人和保证人等。

(四)票据行为

1. 票据行为的概念

票据行为,是指票据当事人以发生票据债务为目的、以在票据上签名或盖章为权利与义务成立要件的法律行为,包括出票、背书、承兑、保证和付款。

2. 票据行为的法律特征

(1)要式性。票据行为的要式性,是指票据行为均具有法律规定的行为方式与效力,不允许行为人任意选择或变更。票据行为要式性的目的在于使票据的款式明确统一，易于当事人辨别票据上的权利与义务，从而促进票据的流通。

（2）无因性。票据行为的无因性，是指票据行为具备法定形式而有效成立后，即与其基础关系相分离，即使基础关系存在瑕疵或无效，对票据行为的效力均不产生影响。

（3）文义性。票据行为的文义性，是指票据行为的内容及效力范围，由票据上所记载的文义构成并加以确定，即使票据记载与实际情况不符甚至出现错误，也不允许当事人以票据外的证明方法来变更或补充。

（4）独立性。票据行为的独立性，又称票据行为独立原则，是指同一票据上如有数个票据行为时，各票据行为均依其票据上所载文义，分别独立发生效力，其中一个行为无效，不影响其他行为的效力。

3. 票据行为的要件

票据行为是《票据法》上的要式行为，除应具备民法上规定的一般法律行为的要件外，还应当具备《票据法》规定的要件。这些要件分为实质要件和形式要件两种。

实质要件包括：①行为人须具有票据行为能力。《票据法》规定，无民事行为能力人或者限制民事行为能力人在票据上签章的，其签章无效。②行为人的意思表示须合法、真实。以欺诈、偷盗或者胁迫等手段取得票据的，或者明知有前述情形，出于恶意取得票据的，不得享有票据权利。

票据行为除具备实质要件外，还要符合《票据法》规定的形式，才能产生《票据法》上的效力。这些形式要件主要包括：①票据行为必须以书面形式和法定格式作成方得发生效力。票据凭证的格式和印刷管理办法由中国人民银行规定。票据当事人应当使用中国人民银行规定的统一格式的票据，未使用按中国人民银行统一规定印制的票据，票据无效。②票据的记载事项要符合法律规定。按票据记载事项的效力不同，将其分为应记载的事项、得记载的事项、不产生票据法效力的记载事项和不得记载事项四类。

票据签章是各种票据行为的共同要件。任何一种票据行为都必须由行为人在票据上签章方为有效。签章是指签名、盖章以及签名加盖章。法人或其他单位使用票据时，签章为该法人或该单位的盖章加其法定代表人或得其授权之人签章。另外，票据上的签名，须为当事人本名、真名。

（五）票据权利

1. 票据权利的概念

票据权利，是指持票人向票据债务人请求支付票据金额的权利。包括付款请求权和追索权两种。其中，付款请求权是第一次请求权，追索权是第二次请求权。持票人必须首先行使付款请求权，只有在付款请求权不能实现时，才能行使追索权。

2. 票据权利的内容

（1）付款请求权。付款请求权，是指票据债权人请求票据主债务人或其他付款人按照票据所载金额支付金钱的权利。付款请求权是第一次请求权。

（2）追索权。追索权，是指当持票人的第一次请求权不能实现，即债权人行使付款请求权而遭拒绝或者因其他法定原因而不能实现时，在保全票据权利的基础上，向除主债务人以外的前手（包括出票人、背书人、保证人）请求偿还票据金额及其损失的权利。如经持票人追索，被追索人作了清偿，那么他对另外的相对人可再行使追索权，这种权利称为再追索权。

追索权一般应在票据到期不付款时才能行使。但根据《票据法》规定，票据到期日前，有下列情形之一的，持票人可以行使期前追索权：汇票被拒绝承兑；承兑人或者付款人死亡、逃匿；承兑人或者付款人被依法宣告破产或者因违法被责令终止业务活动。

追索人请求的债权金额包括被拒绝付款的票据金额、票据金额自到期日或者提示付款日至清偿日止的利息以及取得有关拒绝证明和发出通知书的费用。再追索权请求的债权金额包括已清偿的全部金额、该金额自清偿日起至再追索清偿日止的利息以及发出通知书的费用。

典型案例

2015年3月22日，A煤矿依约供应完1 000吨煤，同日B纺织厂签发了一张以B纺织厂的开户银行为付款人、A煤矿为收款人、票面金额为38万元、出票后3个月内付款的汇票，经签章后交给了A煤矿。4月18日，A煤矿向C机械厂购买了价值38万元的机械。于是，A煤矿便将由B纺织厂签发的汇票依法背书转让给C机械厂。4月28日，C机械厂持该汇票向B纺织厂开户银行提示承兑，而该开户银行则以B纺织厂账户存款不足为理由拒绝承兑该汇票。在此案中，C机械厂在到期日前向B纺织厂开户银行提示承兑而遭拒绝，享有了追索权，可向其前手追索。出票人、背书人都可作为追索对象，他们承担连带责任。C机械厂可凭着银行出具的拒绝承兑证明书和汇票，在B纺织厂、A煤矿中选择一个作为追索对象。按《票据法》规定，追索金额包括票据金额、法定利息和追索费用。本案中票据尚未到期，故不涉及票据金额从到期日起到清偿日止的利息，所以C机械厂可要求38万元的票据金额以及追索费用。作为被追索人的A煤矿已履行了付款义务，享有再追索权，可向其前手（B纺织厂）进行追索。

（六）票据权利的取得与限制

1. 票据权利的取得

票据权利一般可从以下三个途径取得：一是从出票人处取得；二是被背书人从背书人处取得，因为票据经背书可以转让他人，所以，只要背书连续，被背书人取得了票据，即取得了票据权利；三是依照法定方式，如因税收、继承、赠与、投资分红等原因取得。

2. 票据权利取得的限制

占有票据是取得票据权利的标志，因而为了防止通过不合法手段占有票据的行为，我国《票据法》对票据权利的取得有两项限制：①以欺诈、偷盗或者胁迫等手段取得票据的，或者明知有前列情形，出于恶意取得票据的，或者有重大过失取得票据的，不得享有票据权利。②无对价或者无相当对价取得票据的，如果属于善意取得，仍然享有票据权利，但票据持有人必须承受其前手的权利瑕疵。

3. 票据权利时效

时效是指法律所确认的某种权利取得与行使的时间范围。为了有利票据的有序流通，票据法对票据权利的行使时间作了规定，如果持票人在法定时间内不行使票据权利，时间届满，其票据权利即告消灭。具体规定如下：

（1）持票人对票据的出票人和承兑人的权利，自票据到期日起2年。见票即付的汇票、本票，自出票日起2年。

（2）持票人对支票出票人的权利，自出票日起6个月。

（3）持票人对前手的追索权，在被拒绝承兑或者被拒绝付款之日起6个月。

（4）持票人对前手的再追索权，自清偿日或者被提起诉讼之日起3个月。

4. 票据丧失与补救

（1）票据丧失的概念。票据丧失，是指持票人非依本人意愿而失去对票据的占有，包括绝对丧失（如毁灭、焚毁等）与相对丧失（如遗失、被窃等）。

（2）票据丧失的补救方式。

①挂失止付。失票人将丧失票据的情况通知付款人或代理付款人，并由接受通知的付款人暂停支付的临时性救济措施。《票据法》规定，未记载付款人或者无法确定付款人及其代理付款人的票据是不可作挂失止付的。已承兑的商业汇票、支票填明"现金"字样并填明代理付款银行的银行

汇票、填明"现金"字样的银行本票可以挂失止付。但挂失止付是失票人在丧失票据后可以采取的一种暂时的预防措施，以防止票据被冒领或骗取。因此，失票人既可以在票据丧失后先采取挂失止付，再申请公示催告或提起诉讼；也可以直接申请公示催告，并由法院受理后发出止付通知；或直接向法院提起诉讼。

②公示催告。失票人在丧失票据后，向法院提出申请，请求法院以公告的方法通知不确定的利害关系人申报权利，逾期未申报者，则权利失效，而法院通过除权判决宣告丧失的票据无效的一种制度。

③普通诉讼。丧失票据的失票人可直接向人民法院提起民事诉讼，要求法院判令付款人向其支付票据金额的活动。这一票据丧失补救措施属一般民事诉讼范畴，所以被称为普通诉讼。其具体操作方法与一般民事诉讼是相同的。

（七）票据伪造和变造

1. 票据伪造

（1）票据伪造的概念。票据伪造，是指假冒他人名义而实施的票据行为，包括假冒出票人的名义签发票据的行为，以及假冒他人名义而为的背书、承兑、保证等其他票据行为。票据伪造的行为特征是行为人不以自己的名义，而是假冒他人的名义进行票据行为。

（2）票据伪造的法律后果。

①伪造人的责任。由于伪造人是以他人的名义伪造签章，而不是以自己名义进行的，因此不属于票据行为人，不承担票据上的责任。但必须承担侵权的民事责任、行政责任以及刑事责任。

②被伪造人的责任。被伪造人由于自己并未在票据上签章，因此也不负《票据法》上的责任。此项抗辩事由，被伪造人可以对抗一切持票人，为了保护合法持票人的合法权益，被伪造签章的人应当负举证责任，证明该伪造的签章并非自己所为。

③其他真实签章人的责任。由于票据行为具有独立性特点，因此，一票据行为的无效不影响其他真实签章的效力。《票据法》规定，票据上有伪造、变造的签章的，不影响票据上其他真实签章的效力。

④持票人和付款人的责任。票据伪造如果是出票时伪造，持票人直接从伪造人手中取得票据的，则持票人不能对被伪造人和伪造人行使票据权利，而只能依照民法上的规定请求伪造者赔偿；如果持票人的前手有在票据上真实签章的人，则持票人可以向其行使追索权。对付款人来说，如果其发现票据是伪造的，有权拒绝承兑或拒绝付款；如果付款人没有辨认出持票人所持的是伪造票据（既无恶意也无重大过失时），而对此票据付了款的，付款人的付款行为有效。付款人由此遭受的损失只能向伪造人请求民事的损害赔偿。

2. 票据变造

（1）票据变造的概念。票据变造，是指无变更权的人对票据上除签章以外的有关记载事项进行变更的行为。

（2）票据变造的法律后果。《票据法》规定，票据上其他记载事项被变造的，在变造之前签章的人，对原记载事项负责；在变造之后签章的人，对变造之后的记载事项负责；不能辨别是在票据被变造之前或者之后签章的，视同在变造之前签章。据此规定，票据变造的法律后果主要有以下内容：

①变造人的责任。如果变造人属于票据行为人，则应承担票据上的责任。同时，变造人不论是否承担了票据责任，均需为变造行为承担刑事责任和民事赔偿责任。

②被变造人的责任。这时的被变造人就是指变造前已经在票据上签章的所有票据行为人。被变造人只对变造前的记载事项承担责任。

③变造后真实签章行为人的责任。票据中记载的事项已作了变更记载,在此以后的票据行为人在票据上签章的,即在变造后签章的人,应对变造后的记载事项负责。

④其他签章人的责任。主要是指不能辨别其签章是在变造前还是变造后的签章人。根据《票据法》的规定,在这种情况下,一律推定为是在变造前进行的签章行为,行为人只对变造前的记载事项负责。

(3)持票人的责任。对持票人来讲,主要是其票据权利的大小及性质问题。持票人如果向变造前的票据行为人主张权利的,那么,只能就变造前的记载主张权利,其不足部分的权利只能向变造人行使民事权利;持票人如果是向变造人或变造后的行为人主张权利的,则有可能实现票载的全部票据权利。

二、汇票

(一)汇票的概念与种类

1. 汇票的概念

汇票,是出票人签发的,委托付款人在见票时或指定的到期日,向持有票据的人无条件支付确定金额的票据。汇票在出票时有三个当事人:出票人,即签发汇票的人;收款人,即持汇票向付款人请求付款的人;付款人,即受出票人的委托向受款人付款的人。

2. 汇票的种类

(1)按出票人不同,汇票可分为银行汇票和商业汇票。银行汇票,是汇款人将款项交存当地出票银行,由出票银行签发的,由其在见票时,按照实际结算金额无条件支付给收款人或持票人的票据。银行汇票,出票人是银行,付款人也是银行。商业汇票,是指由付款人或存款人(或承兑申请人)签发,由承兑人承兑,并于到期日向收款人或被背书人支付款项的一种票据。商业汇票,出票人是企业或个人,付款人可以是企业、个人或银行。按付款人的不同,商业汇票又可分为银行承兑的商业汇票和商业承兑的商业汇票。

(2)按付款日期不同,汇票可分为即期汇票和远期汇票。即期汇票,就是见票即付的汇票。远期汇票,是指约定付款日期,持票人只能在约定的付款日期才能提示付款的汇票,它分为见票后定期付款、出票后定期付款、定日付款。

(3)根据汇票上记载收款人的方式不同,汇票可以分为记名汇票、指示汇票和无记名汇票。记名汇票,是指出票人在票面上明确记载收款人的姓名或名称的汇票。指示汇票,是汇票上除记载收款人的姓名或名称外,还附加有"或其指定的人"字样的汇票。无记名汇票,是指汇票上不记载收款人的姓名或名称,或只记载"付来人"字样的汇票。按照我国《票据法》的规定,"收款人名称"属于必须记载事项,由此可见,在我国是禁止使用无记名汇票的。

(4)根据是否附有包括运输单据在内的商业单据,汇票可以分为光票汇票和跟单汇票。光票汇票,是指不附带商业单据的汇票。银行汇票多是光票汇票。跟单汇票,是指附有包括运输单据在内的商业单据的汇票。跟单汇票多是商业汇票。

知识拓展

本票与汇票的区别

本票是出票人签发的,承诺自己在见票时无条件支付确定的金额给收款人或者持票人的票据。我国的《票据法》所称本票,是指银行本票,不承认商业本票。汇票是出票人签发的,委托付款人在见票时或者在指定日期无条件支付确定的金额给收款人或者持票人的票据。二者之间有许多共同之处,汇票的出票、背书、付款、拒绝证书以及追索权等规定,基本上都可适用于本票。

二者的区别主要有:

1. 证券性质和当事人个数不同

汇票为委付证券,本票为自付证券。本票是出票人自己付款的承诺,汇票是出票人要求他人付款的委托或指示。因此,汇票有三个当事人,即出票人、付款人与收款人;而本票只有两个当事人,即出票人(同时也是付款人)与收款人。

2. 主债务人不同

汇票为委付证券,经过承兑后,主债务人为承兑人,出票人则居于从债务人的地位;本票为自付证券,出票人始终居于主债务人的地位,自负到期偿付的义务,不必办理承兑手续。

3. 有无承兑不同

本票无须承兑,汇票除见票即付的汇票外均可以或应当请求承兑;见票后定期付款的本票也无须承兑,而需要见票;见票后定期付款的汇票必须请求承兑,以确定汇票的到期日。

4. 有无资金关系不同

在票据的基础关系中,由于汇票为委付证券,所以一般都必须有资金关系;本票为自付证券,一般都不需要有资金关系。

5. 出票人和背书人责任不同

汇票的出票人应负担保承兑和担保付款的责任,本票的出票人应负绝对付款责任;汇票的背书人也应负承兑和付款的担保责任,本票的背书人仅负付款的担保责任。

6. 付款人的责任不同

汇票的付款人不再承兑时,可以不负任何票据责任,只有经承兑而成为承兑人后,才负付款责任;本票的出票人即为付款人,自出票之后即应负绝对付款责任。

7. 票据种类不同

在我国现行《票据法》中,本票仅指银行本票,而汇票包括银行汇票和商业汇票两种。

8. 付款方式不同

本票仅限于见票即付,而汇票可以见票即付、定日付款、出票后定期付款、见票后不定期付款。

9. 付款期限不同

本票的付款期限,自出票日起不得超过2个月,而汇票的付款期限无此特别限制。

10. 金额固定与否不同

本票的金额是固定的,而汇票的金额不固定。

(二)汇票的出票

汇票的出票,是指行为人做成汇票并将其交给他人的一种票据行为。汇票出票必须记载的事项包括:表明"汇票"字样;无条件支付的委托;确定的金额;付款人名称;收款人名称;出票日期;出票人签章。汇票未记载上述事项之一的,汇票无效。

(三)汇票的背书

背书,是指持票人依法定方式在票据的背面或者粘单上记载有关事项并签章,以实现转让票据权利或法律允许的其他目的的票据行为。背书的行为人称为背书人,接受其交付的人称为被背书人。

1. 背书的种类

(1)转让背书与非转让背书。转让背书,是指以转让票据权利为目的的背书;非转让背书,是指不以转让票据权利为目的的背书。非转让背书依其目的不同,又可分为设质背书和委托收款背书两种。

(2)一般转让背书与特殊转让背书。一般转让背书,是指在被背书人、背书时间等方面不存在特殊情形的背书，绝大多数背书都属于此。特殊转让背书，是指在被背书人、背书时间等方面具有特殊性的背书。一般有回头背书、期后背书、限制背书三种。回头背书指以票据上的原债务人为被背书人的背书，回头背书的特点在于原票据债务人因背书而持有票据，成为票据权利人，因此回头背书的追偿权受到限制；期后背书指在票据被拒绝承兑、被拒绝付款或超过付款提示期限后所为的背书，《票据法》对期后背书未做规定，但期后背书的效力较弱，它没有担保效力；限制背书是在背书中附加某些特别的记载，从而对转让的票据权利给予一定限制的背书，如在背书中记载"不得转让"，其后手若再背书转让的，原背书人对后手的被背书人不承担保证责任。

（3）完全背书与空白背书。完全背书又称正式背书或记名背书，是指背书人记载背书旨意、背书人的名称并签章的背书；空白背书又称略式背书或无记名背书，是指背书人不记载被背书人的名称，仅由自己签章的背书。依据《票据法》的规定，被背书人名称是绝对应当记载的事项，如有欠缺，背书行为无效，因此我国不承认空白背书的效力。

2. 背书的记载事项

（1）应记载事项。根据《票据法》的规定，背书应记载背书人签章、被背书人名称和背书日期。背书未记载日期的，视为在汇票到期日前背书。背书在粘单上进行的，粘单上的第一记载人，应在汇票和粘单的粘接处签章。

（2）可记载事项。根据《票据法》的规定，汇票上可记载"不得转让"字样。背书人记载"不得转让"字样的汇票，不得转让，其后手若再背书转让的，原背书人对后手的被背书人不承担保证责任。

（3）不得记载事项。根据《票据法》的规定，背书不得附有条件，附有条件的，所附条件不具有汇票上的效力，但背书转让仍然有效。此外，将汇票金额的一部分转让或将汇票金额分别转让给两人以上的背书无效。

3. 背书的连续

背书的连续，是指在票据转让中，转让票据的背书人与受让票据的被背书人在票据上的签章依次前后衔接。背书连续对持票人产生权利证明的效力，持票人无须另外举证即可行使票据权利。如背书形式上不连续而实质上连续，票据并非无效，仅背书间断后的持票人不得主张票据上的权利，若持票人能以实质连续证明背书的连续，则可行使票据上的权利。就付款人来讲，对背书连续的票据进行付款的，为《票据法》上的有效支付，付款人可因此免责。

（四）汇票的承兑

1. 承兑的概念

承兑，是指远期汇票的付款人在票据的正面记载有关事项并签章，然后将票据交付请求承兑人，承诺在汇票到期日支付汇票金额的票据行为。承兑是汇票上特有的制度，其意义在于确定汇票上的权利义务关系。

2. 汇票承兑的原则

（1）自由承兑原则。汇票的付款人可以依自己独立的意思，决定是否进行承兑，不受出票人指定其为付款人的限制。具体来说，自由承兑原则体现在：一是汇票上记载的付款人是否对汇票承兑，由其自由决定；二是是否将汇票提示承兑，由持票人自由决定，即持票人将汇票提示承兑是其权利，而不是义务。

（2）完全承兑原则。付款人在对汇票承兑时，应该对全部汇票金额进行承兑，而不能仅就其中部分金额承兑。我国现行《票据法》规定，在持票人依法提示付款时，付款人必须当日足额付款。

（3）单纯承兑原则。付款人对汇票承兑时，完全按照汇票所记载的文义实行，不得附加条件或者改变汇票上的已有记载事项。《票据法》规定，付款人承兑汇票，不得附有条件，承兑附有条件的，视为拒绝承兑。

3．承兑的程序

（1）提示承兑。汇票的持票人在应进行承兑的期限内，向付款人出示票据，并要求付款人承诺付款的行为。提示既是持票人行使票据权利的表现，也是其保全票据权利的手段。提示必须依法定提示期限进行，定日付款或出票后定期付款的汇票，持票人应当在汇票到期日之前向付款人提示承兑，见票后定期付款的汇票，持票人应当自出票日起1个月内向付款人提示承兑。

（2）承兑或拒绝承兑。承兑与否系付款人的权利，可以承兑，也可以拒绝承兑。如付款人拒绝承兑，持票人可据此行使期前追索权；如愿意承兑，则应自收到提示承兑的汇票之日起3天内作出。

（3）交还汇票。付款人为承兑的意思表示一旦完结，应立即将汇票交还持票人。承兑自付款人交还汇票与持票人后即产生效力。

4．承兑的效力

承兑的效力在于确定汇票付款人的付款责任。一经承兑，承兑人于票据到期日必须向持票人无条件地支付汇票上的金额。承兑人的票据责任不因持票人未在法定期限提示付款而解除，承兑人仍要对持票人承担票据责任。

（五）汇票的保证

1．保证的概念

保证，是指票据债务人以外的第三人，以担保因票据行为所产生的债务为目的而进行的一种附属票据行为。按照《票据法》的规定，保证只适用于汇票和本票，支票不适用保证。原因在于我国支票的付款提示期限过短。

2．票据保证的记载事项

保证人必须在票据或者粘单上记载下列事项：表明"保证"的字样；保证人名称和住所；被保证人的名称；保证日期；保证人签章。

3．保证的效力

（1）对保证人的效力。保证人负有与被保证人相同的责任。保证人履行保证责任后，保证债务消灭，被保证人后手的票据债务也随之消灭，保证人取得持票人对被保证人及其前手的追索权。承兑人、被保证人及其前手，不得以对抗持票人的事由来对抗保证人。

（2）对持票人的效力。持票人在条件具备时，可以直接向保证人行使付款请求权或行使追索权。

（3）对被保证人及其前、后手的效力。如果保证人清偿了持票人的债务，被保证人的后手即可免责，但对被保证人及其前手来讲，仍然负有对保证人清偿的责任。

典型案例

甲公司向乙公司开出见票即付的商业汇票一张，偿付货款。乙将票据背书与丙，丙提出提供该票据保证人。经甲、丁两公司同意，两者为此票据提供保证，并办理了相关手续。在一定期限内，丙公司向银行提示付款时，银行以甲公司即将破产为由，拒绝付款。依照《票据法》规定，票据的债务可以由保证人承担保证责任。保证人由票据债务人以外的他人担当。甲公司作为本案所涉及汇票的出票人，也是商业汇票的付款人，因此甲公司负有《票据法》的义务，是票据的主债务人，不能成为本案保证人。丁公司不是票据的债务人，具有票据的保证人资格。根据《票据法》的要求，在票据上记载相应的事项，丁可以成为保证人，对票据债务，与被保证人乙公司承担相对持票人的连带责任。甲公司对该票据承担票据责任，它承担《票据法》上的法定责任。而丁公司依据保证条款对票据债务承担保证责任，是约定义务。

(六) 汇票的付款

付款，是指汇票的债务人承担票据责任对持票人所作的给付。付款人依法足额付款后，全体汇票债务人的责任解除。汇票到期被拒绝付款或汇票到期日前出现特有的法律规定情形的，持票人可以对背书人、出票人以及汇票的其他债务人行使追索权。

三、本票

(一) 本票的概念

本票，是由出票人签发的，承诺自己在见票时无条件支付确定的金额给收款人或者持票人的票据。我国《票据法》所指的本票仅指银行本票，不包括商业本票和个人本票。

本票是一种自付票据。汇票与支票实际上是委托银行付款，而本票是由出票人本人对持票人付款。本票的当事人也相对简单，只有出票人和收款人两种。

(二) 本票的分类

1. 银行本票和商业本票

按出票人的不同，分为银行本票和商业本票。由银行签发的本票为银行本票，我国现行结算制度又将银行本票分为定额银行本票和不定额银行本票两种。定额银行本票由中国人民银行发行，各银行代办签发和兑付，我国定额银行本票的面额有 1 000 元、5 000 元、10 000 元和 50 000 元四种；不定额银行本票由经办银行签发和兑付，面额按照当事人约定确定。

2. 即期本票和远期本票

按照付款期限的不同，分为即期本票和远期本票。即期本票是指见票即付的本票；远期本票则是指持票人只有在票据到期日才能行使票据权利的本票。我国的《票据法》只承认即期本票。

3. 记名本票和无记名本票

按照记载收款人方式的不同，分为记名本票和无记名本票。我国的《票据法》只承认记名本票。

4. 现金本票和转账本票

本票按照付款方式的不同，分为现金本票和转账本票。用于支取现金的本票为现金本票，用于转账的为转账本票。

(三) 本票的出票

1. 本票出票的概念

本票的出票，是指出票人按照法定方式作成本票，并将票据交付给收款人的基本票据行为。《票据法》规定，本票必须记载以下事项：表明"本票"的字样；无条件支付的承诺；确定的金额；收款人名称；出票日期；出票人签章。本票上未记载上述事项之一的，本票无效。

2. 本票出票的效力

本票出票的效力，是指出票人签发本票后承担的责任以及收款人因此享有的权利。对出票人来说，出票必须承担对本票持票人的付款责任。出票人的这种付款责任是一种无条件的责任，本票到期，出票人必须对持票人付款，对此不得附加任何条件。这种付款责任也是一种绝对责任。出票人的付款义务不因持票人对其权利的行使或保全手续的欠缺而免除。

(四) 本票的付款

本票的出票人在持票人提示见票时，必须承担付款的责任。本票自出票日起，付款期限最长不得超过两个月。本票的持票人未按照规定期限提示见票的，丧失对出票人以外的前手的追索权。本票的出票、背书、保证、付款和追索的行使，除适用《票据法》有关的规定外，还适用《票据法》有关汇票的规定。

知识拓展

对违法票据承兑、付款、保证罪

对违法票据承兑、付款、保证罪，是指银行或者其他金融机构及其工作人员在办理票据业务中，对违反《票据法》规定的票据予以承兑、付款或者保证，造成重大损失的行为。

对违法票据承兑、付款、保证罪的构成要件：侵犯的客体是国家金融票证管理制度；客观方面表现为对违反《票据法》规定的票据予以承兑、付款、保证，造成重大损失的行为（重大损失，是指给本单位或者客户造成重大经济损失）；犯罪主体是特殊主体，即只能由银行或者其他金融机构及其工作人员构成本罪的主体；主观方面是过失。

构成对违法票据承兑、付款、保证罪，造成重大损失的，处五年以下有期徒刑或者拘役；造成特别重大损失的，处五年以上有期徒刑。单位犯罪的，对单位判处罚金，并对其直接负责的主管人员和其他直接责任人员，依照前列规定处罚。

四、支票

（一）支票的概念

支票，是出票人签发的，委托办理支票存款业务的银行或者其他金融机构在见票时无条件支付确定的金额给收款人或者持票人的票据。可见，支票的付款人只能是银行和其他金融机构，其他任何公司和个人都不能成为支票的付款人。而且对开立支票存款账户的人来说，申请时必须使用本名，并提交证明其身份的合法证件。开具支票时，应当有可靠的资信并存入一定的资金。此外，还应当预留其本名的签名样式和印鉴。

（二）支票的种类

支票按不同的标准可以作不同的划分。

1. 按用途不同，支票可分为现金支票、转账支票和普通支票

现金支票只能用于支取现金，不得用于转账；转账支票只能用于转账，不得支取现金；普通支票既可以支取现金，也可以用于转账。

2. 按是否记名，支票可分为记名支票和不记名支票

记名支票是在支票的收款人一栏，写明收款人姓名，取款时须由收款人签章，方可支付的支票；不记名支票又称空白支票，支票上不记载收款人姓名，只写"付来人"，取款时持票人无须在支票背后签章，即可支取，此项支票仅凭交付而转让。

（三）支票的出票

1. 支票出票的概念

支票的出票，是指出票人作成票据，并将票据交付给收款人的票据行为。根据《票据法》的规定，支票必须记载下列事项：表明"支票"的字样；无条件支付的委托；确定的金额；付款人名称；出票日期；出票人签章。支票的出票人不得签发与其预留本名的签名式样或者印鉴不符的支票。除以上几点必载事项外，《票据法》还规定，支票上的金额可以由出票人授权补记，未补记前的支票，不得使用。支票上未记载收款人名称的，经出票人授权，可以补记。支票上未记载付款地的，付款人的营业场所为付款地。支票上未记载出票地的，出票人的营业场所、住所或者经常居住地为出票地。出票人可以在支票上记载自己为收款人。支票限于见票即付，不得另行记载付款日期。另行记载付款日期的，该记载无效。

2. 支票出票的效力

出票人作成支票并交付之后,对出票人产生相应的法律效力。依照《票据法》的规定,出票人必须按照签发的支票金额承担保证向该持票人付款的责任。这一责任包括两项:

一是出票人必须在付款人处存有足额可处分的资金,以保证支票票款的支付;二是当付款人对支票拒绝付款或超过支票付款提示期限的,出票人应向持票人承担付款责任。

(四)支票的资金关系

1. 开立支票存款账户

支票是由出票人签发,委托办理支票业务的银行或其他金融机构向持票人进行支付的票据。当事人为了使用支票,必须先到银行等金融机构开立支票存款账户,具有可靠的资信并在银行或者其他金融机构存入一定的资金,以保证支票存款账户开立以后,其账户上有足够的资金来保证支付其所签发的支票。

《票据法》规定,禁止签发空头支票。出票人的支票金额超过其付款时在付款人处实有的存款金额的,为空头支票。支票的金额,收款人名称可以由出票人授权补记。未补记前,不得背书转让和提示付款。签发空头支票或印章与预留印鉴不符的支票,按票面金额对其处以5%,但不低于1 000元以上的罚款;同时处以2%的赔偿金,赔偿收款人。

2. 足额付款

出票人与付款人之间的资金关系,可以是支票合同,也可以是透支合同。根据资金关系,一方面要求出票人必须保证在付款人处有足够支付的存款,不得签发空头支票;另一方面,付款人也需要及时支付支票金额。

(五)支票的付款

《票据法》规定,支票的持票人应当自出票日起10日内提示付款;异地使用的支票,其提示付款的期限由中国人民银行另行规定。超过提示付款期限的,付款人可以不予付款;付款人不予付款的,出票人仍应当对持票人承担票据责任。《票据法》第四章第九十三条规定,支票的背书、付款行为和追索权的行使,除本章规定外,适用本法第二章有关汇票的规定。

知识拓展

涉外票据

涉外票据,是指出票、背书、承兑、保证、付款等行为中,既有发生在我国境内又有发生在我国境外的票据。涉外票据不是以持票人或出票人为外国人作为标准来界定的,而是以在同一个票据上出现了涉外的票据行为为依据的。由于国际经济贸易的发展,不同国家之间的票据往来成为普遍现象。不同国家的票据制度有所不同,而票据行为在各国都是要式行为,必须符合法律的严格规定,而不能由当事人之间任意创设。只有符合法律规定的票据行为,才能产生票据权利义务关系,否则就可能是无效行为。《票据法》专门设立一章"涉外票据的法律适用",解决涉外票据的法律适用原则和各项具体规定问题,关于涉外票据的法律适用的基本原则有:我国缔结或参加的国际条约优先适用;国际惯例补充适用。

第三节 非票据结算方式

非票据结算方式即票据（支付、汇票、本票）外的结算支付方式，包括：汇兑、托收承付、委托收款、信用证、银行卡、预付卡、电子支付等。汇兑、托收承付、委托收款、信用证方式国际经济法课程将重点展开，本节所述非票据结算方式主要集中在现金支付、银行电子支付、银行卡支付、商业预付卡与第三方支付。

一、现金支付

现金支付是商事交易最基本的支付手段。现实生活中，小额的即时清结交易多采取现金支付方式，但现金支付存在携带不便利、不安全等问题。加之现金支付导致货币直接流入社会，形成社会购买力，直接影响物价稳定，同时，出于防范和打击洗钱等犯罪活动的需要，国家鼓励使用非现金支付方式，并对现金支付的使用做出严格控制。开户单位必须严格按照国家规定的开支范围使用现金，结算金额超过起点的，不得使用现金，不准擅自坐支现金，不准编造用途套取现金；开户单位必须依照规定接受开户银行的监督。同时，对机关、团体、企事业单位、其他经济组织及个体工商户大额现金支付实施备案制度。

二、银行电子支付

资金支付是民商事交易活动中不可或缺的环节，其本质是货币债权在付款人和收款人之间转移的过程。早期的支付方式主要是现金以及信用证和票据等，随着20世纪计算机及网络技术的出现，货币的转移在电子技术的支撑下，逐步向无纸化方向发展。电子货币的出现使得付款人和收款人可以通过银行账户间的货币数字变动实现交易的电子化支付。技术化的电子支付系统关涉资金交易的安全和金融系统的稳定，中国人民银行按照我国支付清算需要，分别建立了大额支付结算系统、小额支付结算系统和网上支付跨行清算系统以及境内外币支付系统等支付系统，并与各商业银行内部的电子支付系统相连接，实现资金的电子化支付。

大额支付结算系统是利用现代计算机技术和通信网络开发建设的处理同城和异地跨行之间大额资金汇划的支付系统，其结算资金无限额，实行逐笔实时、全额清算；小额支付结算系统是继大额实时支付系统之后，中国人民银行建设运行的又一重要应用系统，是中国现代化支付系统的主要业务子系统和组成部分，它具有处理业务种类多、业务量大的特点，支持代收支付业务以及代付业务，结算资金限定在100万元以内；网上支付跨行清算系统，则支持网上支付等新兴电子支付业务，被誉为"超级网银"，它实现了各商业银行网银系统的互联互通，结算资金限额为100万元，业务指令逐笔发送、实时轧差、定时清算；境内外币支付系统，则是为中国境内的银行机构和外币清算机构提供外币支付服务的实时全额支付系统。

支付结算系统在现代商事交易中虽然并非交易关系的核心，但却关乎交易的实现，是商事交易不可或缺的重要基础设施，且具有网络连接性、公共服务性及系统重要性，对资金的顺利交割、交易秩序的稳定以及金融安全都具有至关重要的意义。为了防范风险，保障金融运行的稳健与金融安全，国际清算银行和国际证监会组织于2012年发布了《金融市场基础设施原则》，将"安全、高效"作为金融市场基础设施的基本原则，将重要支付系统作为需要强化监管的金融基础设施，提出了监管标准，规定了监管部门职责，要求加强对金融市场基础设施的监管。为此，中国人民银行于 2013 年下发《关于实施〈金融市场基础设施原则〉有关事项的通知》，并制定了《大额支付系统业务处理办法》《小额支付系统业务处理办法》《中国人民银行支付系统运行管理办法》《中国人民银行支付系统数字证书管理办法》等部门规章，为银行电子支付的有效运行和实施提供了基础性保障。

三、银行卡支付

（一）银行卡支付概述

银行卡是商业银行或其他金融机构向社会发行的具有消费信用、转账结算、存取现金等全部或部分功能的支付工具的统称，主要包括信用卡和借记卡。银行卡通常由塑料磁条卡或金融芯片卡制成，卡上印有发卡银行名称、持卡人姓名、号码、有效期等信息。为了增强保密性及利用现代电子技术，银行卡上一般都记载有持卡人的账号等相关资料，供 ATM、POS 机等电子终端鉴别、识别银行卡真伪时使用。持卡人在特约商户或服务网点购买商品或享受服务时，不必支付现金，只需要在 POS 机刷卡签名或在互联网支付平台上输入密码即可完成支付。

随着电子商务的发展，银行卡不仅仅是非现金支付工具，而且已经演变为电子支付工具，目前很多网上支付大多是围绕银行卡展开的，银行卡已成为最重要的网上支付工具。可以说，作为一种新型的综合性金融支付工具，银行卡是现代电子技术发展到一定阶段的产物，代表着支付工具从实物货币到票据、从纸币向电子货币变迁的必然趋势。

（二）银行卡的种类

1. 按清偿方式不同分类

按清偿方式不同，银行卡分为信用卡和借记卡。

（1）信用卡，是指商业银行等金融机构依法向资信状况良好的单位和个人签发的，凭以向特约单位购物、消费及存取现金，具有消费信用特征的特制载体卡片，是一种特殊的信用凭证和支付工具。信用卡按照是否向发卡银行交付备用金分为贷记卡和准贷记卡两类。贷记卡是发卡银行或信用卡公司给予持卡人一定信用额度，持卡人可在信用额度内先消费后还款，允许透支的信用卡。贷记卡是本源意义上的信用卡，国外发行的信用卡大多是贷记卡。准贷记卡是指持卡人须先按发卡银行的规定向发卡行交付一定金额的备用金，当备用金不足支付时，可在发卡银行提供的信用额度内透支的信用卡。

（2）借记卡，先存款后消费，一般不允许透支。借记卡按照功能分为转账卡（含储蓄卡）、专用卡、储值卡。转账卡是实时扣账的借记卡，具有转账结算、存取现金和消费功能。专用卡是具有专门用途，在特定区域使用的借记卡，具有转账结算和存取现金功能。专门用途是指在百货、餐饮、宾馆、娱乐行业以外的用途。储值卡也称预付卡，持卡人预先在卡内储存一定的款项，交易时直接从卡内扣除。随着卡基支付市场的快速发展，预付卡等新型支付产品大量出现，其发行主体已不限于银行。我国目前就存在和银行卡相对应的商业预付卡。

2. 按发卡对象不同分类

按发卡对象不同，银行卡分为单位卡和个人卡。面向国家机关、企事业单位、社会团体等单位发行的银行卡，称为单位卡。基于公务和商务目的不同，单位卡又可分为公务卡和商务卡。面向个人发行的银行卡为个人卡。单位卡只能在境内使用，不得提取现金。

3. 按银行卡使用流通范围分类

按银行卡使用流通范围，银行卡分为国际卡、国内卡以及地区卡。国际卡可在全球任一国际信用卡组织或信用卡中心所属的收单机构或特约商户中使用；国内卡只能在发卡银行所在国家范围内使用；地区卡只能在指定地区使用。

4. 按账户币种不同分类

按照账户币种不同，银行卡可分为人民币卡、外币卡和双币卡。发卡银行和持卡人以人民币作为清算货币的银行卡为人民币卡，以除人民币以外的货币作为清算货币的银行卡为外币卡，支持两种货币进行支付清算的银行卡为双币卡。

（三）银行卡的性质与功能

无论借记卡还是信用卡都具有支付功能。银行卡的使用大大减少了现金和票据的使用，属于先进的现代支付工具。除具有支付功能外，银行卡还具有储蓄、汇兑转账及消费信贷等全部或部分功能。其中，借记卡主要具有储蓄和支付功能，信用卡还具有消费信贷的借贷功能。

（四）银行卡法律关系

银行卡业务运作中往往涉及多方当事人，包括持卡人、发卡机构、收单机构以及银行卡特约商家，由此产生多方法律关系。其中，发卡机构与持卡人之间的法律关系是基于双方签订的银行卡领用合同和银行卡章程而产生的。借记卡持有人与发卡机构之间主要是储蓄存款和委托支付关系，而信用卡持卡人与发卡机构之间则融合了委托支付、消费信贷以及储蓄存款等多重法律关系。发卡机构与特约商家之间的法律关系属于委托给付关系，即发卡行委托特约商家按照合同约定受理银行卡，并提供持卡人所要购买的商品或服务。发卡机构与收单机构之间则形成委托付款关系，即收单机构受发卡机构的委托代发卡机构向特约商家履行支付义务。持卡人与特约商户之间是商品买卖或服务合同关系。

1. 发卡机构的权利与义务

发卡机构通常是银行或信用卡公司等金融机构。发卡机构有权依照银行卡合同或银行卡章程，通过发行银行卡获得持卡人支付的银行卡年费、信用卡透支利息、滞纳金、持卡人享受各种服务而支付的手续费、特约商户支付的回佣分成以及低成本存贷利差和国际卡交易中的货币转换费等权利。同时，应履行向持卡人发行银行卡、定期向持卡人寄送对账单并收取应收款项、向收单行和特约商户授权、保留持卡人的账户记录，以及向持卡人提供激活卡片、设置密码及挂失、争议服务以及保障客户信息和资金安全等义务。如果发卡行制发的银行卡及交易系统存在技术缺陷，银行卡被盗刷给持卡人造成了经济损失，发卡行应当在自己的过错范围内承担赔偿损失的法律责任。

2. 收单机构的权利与义务

收单机构包括从事银行卡收单业务的银行业金融机构，以及获得银行卡收单业务许可、为特约商户提供银行卡受理并完成资金结算服务的支付机构。收单机构有权依据协议在代发卡机构向特约商家履行付款义务后请求发卡机构偿还其垫付费用等合同权利，并承担相应义务。

3. 特约商户的权利与义务

特约商户是指提供商品或服务，并与收单机构签订银行卡受理协议、按约定受理银行卡并委托收单机构为其完成交易资金结算的经营机构和个人。特约商户有权要求收单机构按协议约定受理银行卡并将交易资金结算到其收单银行结算账户。同时，应履行如下基本义务：

（1）基于真实的商品交易或服务背景受理银行卡，并遵守相应银行卡品牌的受理要求，不得歧视和拒绝同一银行卡品牌的不同发卡机构的持卡人。

（2）按规定使用受理终端和收单机构结算账户，不得利用其从事或协助从事非法活动。

（3）妥善处理交易数据信息、保存交易凭证，保障交易信息安全。

（4）不得因持卡人使用银行卡而向持卡人收取或变相收取附加费用，或降低服务水平。

4. 持卡人的权利与义务

持卡人是指银行卡的合法持有人，即与银行卡对应的银行账户的所有人。持卡人与发卡机构签订银行卡合同，享有银行卡带来的消费便利及其他权利。当持卡人的正当用卡行为被特约商家无理拒绝时，持卡人可以要求发卡行承担违约责任，而发卡行则可以根据其与特约商家之间的约定，要求特约商家承担违约责任。

同时，持卡人也负有遵守银行卡合同及银行卡账户使用的规章制度的义务，主要包括：妥善保管银行卡及卡片信息、密码、交易凭证的义务；在约定的信用额度内消费并在约定的偿还日前偿还约定的偿还额的义务；不得通过虚构交易等方式套取银行信用的义务等。如果由于故意或重大过失导致银行卡信息泄露，由此造成持卡人财产损失，其后果由持卡人自己承担。银行卡透支或逾期还款，应承担违约责任，恶意透支情节严重构成犯罪者，还应承担刑事责任。银行卡套现行为既是一种违约行为，也是一种违反银行卡管理规定的违法行为，行为人不仅应承担违约责任，情节严重者还将承担其他法律责任。

（五）银行卡纠纷及其处理

传统的银行卡纠纷主要是以银行为原告，以持卡人经催收仍欠款不还为基础诉讼事实，以偿还信用卡欠款、滞纳金为诉讼请求的纠纷。该类纠纷诉讼的基础事实和诉讼请求相对固定，法律关系比较单一，主要是银行卡合同纠纷，可依据《民法典》合同编的有关原理或规定进行处理。

不过，随着银行卡支付手段的普及和银行卡服务市场的快速发展，银行卡纠纷不断增多，纠纷类型也呈现出复杂化的特点。尤其是，随着银行卡盗刷事件的大量增多，以银行卡盗用为代表的新型银行卡纠纷剧增。这些新型的银行卡纠纷具有违约责任和侵权责任竞合、纠纷主体多样、法律关系复杂以及案外事实对裁判影响权重增大等特点，从而增加了纠纷处理的难度。

银行卡盗刷纠纷的根源是非法分子的盗刷行为，由此造成的损失最终应由盗刷者承担，但持卡人往往会以发卡行或特约商户为被告提起违约或侵权之诉，发卡行也可能会以持卡人或特约商户为被告提起违约或侵权之诉。在处理该类纠纷时，应重点分析银行卡交易当事人在案外人刷卡过程中是否存在过错，以及过错与持卡人或发卡行的损失之间是否存在因果关系。如果银行未尽到谨慎注意义务（包括银行工作人员泄露信息、没能采取必要的技术识别和防范措施、当持卡人账户资金出现异常划拨时没有实施及时通知持卡人等危害救助手段以避免损失发生或进一步扩大等），发卡银行应就其过错范围承担责任。如果持卡人没有尽到谨慎注意义务（如持卡人随意将银行卡密码告诉他人，擅自出借、出租或将银行卡随意交由他人使用，轻信犯罪分子利用短信群发送的中奖或消费确认等虚假信息，导致银行卡信息被盗以及银行卡丢失后没能及时挂失导致损失扩大等），则其应承担由此造成的不利后果。特约商户如果疏于对交易者的身份进行审查或者没能采取措施导致客户信息泄露，违反特约商户应尽的注意义务，也应承担相应的民事责任。

由于持卡人和发卡行之间、发卡行与特约商户及收单机构之间存在合同关系，受害方可以基于合同关系向合同相对方主张违约责任，责任承担方在承担违约责任之后，可基于与其他当事人的合同关系向其他有过错方追偿，也可向真正的侵权人（银行卡的盗刷人）追偿（这属于因第三人原因导致的违约）。持卡人和特约商户之间无直接的合同关系，因此只能提起侵权纠纷诉讼。此种情况下，如果特约商户没有尽到注意义务，则发卡行和特约商户构成不真正连带责任。特约商户对基于自身过错侵害持卡人利益造成其财产损失承担侵权责任，同时由于发卡行和特约商户之间存在委托代理关系，发卡行对于代理人过错行为造成的损害也应承担连带赔偿责任。因此，持卡人既可以向发卡行主张违约责任，也可以向发卡行主张侵权责任。发卡行对持卡人承担责任后，可以向特约商户追偿。同理，如果是由于持卡人出借、出租银行卡供他人使用，或者与特约商户串通恶意套现，遭受损失的银行也可以基于合同关系或侵权事实提起违约或侵权之诉，处理原则同上。

四、商业预付卡与第三方支付

(一) 商业预付卡与第三方支付概述

支付业务原本属于传统银行业务,但随着银行卡产业和电子商务的快速发展,网络电子技术、移动通信技术的迅速普及和应用,银行卡的应用领域和支付渠道正在发生巨大变革。越来越多的电子商务和移动通信企业等非金融机构开始与银行合作,通过发行商业预付卡及提供网络技术支撑平台对客户银行卡进行操作从而完成支付。尤其是专门为电子商务提供技术服务、独立于电子商务的第三方服务机构通过设立第三方支付平台而成为现代支付市场中的弄潮儿。

商业预付卡,也可称商事预付卡,是指具有一定资质的商业企业或发卡机构,以磁条卡、芯片卡等特定载体和形式发行,由购卡方预先支付一定款项,持卡人可在特定时间和范围内分次购买商品和服务的权利凭证。目前在我国,商事预付卡以预付和非金融机构发行为典型特征。

在我国,按发卡人不同,预付卡可划分为两类:一类是专营发卡机构发行,可跨地区、跨行业、跨法人使用的多用途预付卡;另一类是商事企业发行,只在本企业或同一品牌连锁商业企业购买商品、服务的单用途预付卡。单用途预付卡与传统商家的预付费卡(储值卡)近似,而多用途预付卡在功能上和银行借记卡类似,只不过发卡人是非金融机构。

尽管商事预付卡有一定的交易媒介和储值功能,但与货币的法定计价单位属性存在本质区别,且其主要目的并不是储值而是支付消费。因此,本质上属于一种新型支付工具。同时,多用途预付卡还具备第三方支付的特征。

第三方支付也称非金融支付,是指具备一定实力和信誉保障的独立机构提供与商业银行支付结算系统接口的交易支持平台的网络支付模式。目前,国内许多具备较强银行技术接口的服务商,在商业银行基础支付层提供统一平台和接口的基础上,提供网上支付通道,连接银行和商家,通过与商家的合作或银行的二次结算获得分成收益。该支付模式是电子商务快速发展的产物。在通过第三方支付平台的交易中,买方选购商品或服务后,使用第三方平台提供的账户进行款项支付,由第三方通知商家货款(服务费)到达、进行发货(提供服务);买方检验物品(接受服务)后,就可以通知付款给卖家,第三方再将款项转至卖家账户,第三方支付机构属于独立于电子商务交易双方的第三方服务型中介机构,担当中介保管及监督的职能,并不承担什么风险,实质上从事的是一种支付托管行为,通过支付托管实现支付保证。第三方支付企业由最早的互联网电子商务领域开始,随后移动运营商也开始与支付服务提供商及银行合作,推出了微信支付、手机刷卡支付等移动支付业务。第三方支付融合了网上支付、电话支付、移动支付等多种支付手段,适应和促进了电子商务的快速发展,也带来了支付体系的重大变革。就支付服务业务而言,第三方支付不可能独立存在,须与客户的银行卡或商业预付卡捆绑,通过支付平台对客户的银行卡或商业预付卡进行操作,完成支付,是连接用户、银行及产品或服务提供商的桥梁和纽带,其所构筑的网络支付平台将金融机构、移动运营商、用户、商户等产业链之间错综复杂的关系打通,实现基于互联网技术的跨行支付交易,从而在不同的交易主体之间形成错综复杂的商事交易关系。

(二) 商业预付卡支付

目前,我国对商业预付卡的发行和使用有严格的管理。首先,对商业预付卡的发行实行准入管制。其中,对非金融机构发行多用途预付卡业务实行核准制,对开展单用途预付卡业务的企业实行企业备案制。其次,我国在预付卡发行环节实行限额发行和有限的实名登记制度,对购卡结算方式进行管理。此外,我国还规定了客户备付金、预付资金及预收资金余额控制管理制度,包括:禁止发卡人以任何形式挪用客户备付金;发卡人须在商业银行开立备付金专用存款账户存放备付金;发行单用途预付卡的发卡企业应对预收资金进行严格管理，预收资金只能用于发卡企业主营业务，不得用于不动产、股权、证券等投资及借贷等。

商业预付卡支付业务涉及多方法律关系，其中单用途商事预付卡和多用途商事预付卡所涉当事人不同，其法律关系的复杂程度及性质也不完全相同。商事企业根据自己的经营需要而发行的单用途商事预付卡，因发卡人和商家是同一机构，法律关系相对简单。对于持卡人来讲，该类商事预付卡是一种债权凭证；对于发卡机构而言，则是一种以企业信用为担保的债务凭证。故发卡人与持卡人之间的债权债务关系是其承载的基本法律关系。这种债权债务关系产生的基础是预付卡章程及当事人之间的契约，属于一种合同关系。这种合同关系融合了资金存管和商品/服务分期买卖合同双重性质。发卡人负有按约定妥善保管持卡人预付资金，保障持卡人资金使用权和采取措施保障业务处理系统信息安全和运行质量以及提供持卡人所需要的商品和服务等义务；享有在收到持卡人的消费和付款指示时，将应付款项从持卡人的卡内资金中予以扣除，以及依约定收取服务费等权利。

对于专营发卡机构以营利为目的发行的、在发行机构之外购买商品或服务的多用途预付卡，因发卡人和商家并非同一人就会涉及发卡人、持卡人和特约商家/特约商户三方当事人。其具体法律关系的性质则需要依据当事人的不同而分别加以认定。

发卡人与持卡人之间的法律关系主要体现在预付章程或双方签订的协议文本中，双方之间存在合同关系。这种合同关系兼具资金存管和委托付款两类合同的不同属性。此外，在预付卡的购买和使用过程中，发卡人和持卡人还会产生其他合同约定或者法律规定的权利和义务。例如发卡人在特定条件下要求购卡人提供身份信息，对购卡结算方式进行限制，有义务为其发行的预付卡拓展商家、提供受理服务，以及保护持卡人的知情权和隐私权等权利，持卡人负有按规定使用预付卡等义务。此外，发卡人对持卡人还负有告知、保密、预付安全保障义务，禁止发卡人以任何形式挪用客户备付金。

发卡人与特约商家之间的关系主要体现在双方签署的合作协议中。协议一般约定，特约商家向发卡人支付一定比例的加盟费，并允许发卡人从其收取的消费款中提取一定比例的手续费；持卡人在特约商家处购物或消费，特约商家委托发卡人将应付账款从持卡人存管在发卡人的备付金账户转账到特约商家的结算账户以代替持卡人付款，从而在发卡人与特约商家之间形成委托合同关系。持卡人与特约商家之间的关系属于商品买卖合同或服务合同关系。它不同于普通商品买卖或服务提供法律关系之处在于发卡人作为支付中介的介入，由发卡人代替持卡人向特约商家从客户备付金账户中支付购物款或消费款。在此种法律关系中，特约商家应提供与支付结算相同的商品或服务，不得对预付卡的使用施加不公平的限制。

（三）第三方支付

1. 第三方支付中的法律关系

第三方支付是指非金融机构在收付款人之间作为中介机构提供的网络支付、预付卡发行与受理、银行卡收单等部分货币或资金转移服务。在电子商务中，交易双方都要与第三方支付机构发生法律关系。付款方与收款方均与第三方支付机构之间建立了委托付款与委托收款的委托代理关系。其中，付款方与第三方支付机构之间还兼有资金保管法律关系，即在确认付款之前，付款方的资金由第三方支付机构代为保管。第三方支付机构自身不是银行，其向客户提供的服务是支付处理服务而不是银行业务，对客户的资金不拥有所有权。除此之外，第三方支付机构与银行之间也因资金往来而形成委托关系。通过支付机构与银行之间的协议，银行和支付机构之间可以进行某种形式的数据交换和相关信息确认，进而实现付款人和收款人之间资金的转移和支付的最终完成。需说明的是，随着2017年《中国人民银行支付结算司关于将非银行支付机构网络支付业务由直连模式迁移至网联平台处理的通知》的下发，互联网第三方支付直连模式被取消，其清算功能被剥离，互联网平台事实上只保留了"收单"等服务功能,具有"支付系统"中的清算功能。尽管第三方支付机构提供的只是支付信息服务和技术支持,但其作为支付清算重要组成客观部分的事实无可争议。尤其随着数字经济发展,第三方支付平台接入网联平台后,其作为支付系统的重要参与者,系统重要性不断增强,对其加强监管的呼声也随之不断高涨。

2. 对第三方支付机构及其活动的监管

目前,第三方支付行业呈爆发式增长态势。为了规范行业发展秩序,保护消费者合法权益,国家在鼓励互联网金融创新的前提下,不断加强对第三方支付机构的监管。

(1)行业准入监管。根据有关规定,非金融机构提供支付服务,应当依据《非金融机构支付服务管理办法》规定取得《支付业务许可证》,成为支付机构,并依法接受中国人民银行的监督管理。只有信誉良好,拥有良好支付业务设施、组织机构、内部控制制度、安全保障措施、反洗钱措施,并有符合要求的出资人和熟悉支付业务的高级管理人员的非金融类有限责任公司或股份有限公司,方可申请《支付业务许可证》。申请人拟在全国范围内从事支付业务的,其注册资本最低限额为1亿元人民币;拟在省(自治区、直辖市)范围内从事支付业务的,其注册资本最低限额为3000万元人民币。注册资本最低限额为实缴货币资本。

(2)业务活动监管。支付机构应当遵循安全、效率、诚信和公平竞争的原则,依法合规经营,不得损害国家利益、社会公共利益和客户合法权益。支付机构之间的货币资金转移应当委托银行业金融机构办理,不得通过支付机构相互存放货币资金或委托其他支付机构等形式办理。除特别许可外,支付机构不得办理银行业金融机构之间的货币资金转移。支付机构应当按照审慎经营的要求,制定支付业务办法及客户权益保障措施,建立健全风险管理和内部控制制度,确定并公开披露支付业务的收费项目和收费标准,制定支付服务协议,明确其与客户的权利和义务、纠纷处理原则、违约责任等事项,并公开披露支付服务协议的格式条款。支付机构应当确保客户备付金及支付安全。支付机构的实缴货币资本与客户备付金日均余额比例不得低于10%,客户备付金应当存放在商业银行开立的备付金专用存款账户上,禁止截留或挪用。支付机构应当依法保守客户的商业秘密,并妥善保管客户身份基本信息、支付业务信息、会计档案等资料。

(3)支付机构的民事责任。支付机构与网络用户之间形成了网络服务合同关系,应当确保网络用户个人信息和资金的安全,因自身过错导致用户隐私泄露和账户资产遭受损失的,应当依据《民法典》的有关规定承担赔偿责任。

本章小结

支付结算有广义和狭义之分。狭义的支付结算是指单位、个人在社会经济活动中使用现金、票据(包括支票、本票、汇票)、银行卡和汇兑、托收承付、委托收款等结算方式进行货币给付及其资金清算的行为,其主要功能是完成资金从一方当事人向另一方当事人的转移。

广义的支付结算包括现金结算和银行转账结算。常见的支付方式包括:票据、汇兑、托收承付、委托收款、信用证、银行卡、预付卡、电子支付等。其中,广义的票据,泛指所有商业上的凭证,如股票、债券、发票、提单、仓单、保单等;狭义的票据,仅指出票人依据《票据法》签发的、由本人或委托他人在见票时或者在票载日期无条件支付确定金额给持票人的有价证券。

复习与训练

一、名词解释

1. 汇票
2. 支票
3. 本票
4. 信用卡
5. 第三方支付

二、不定项选择

1. 下列各项中，不符合《票据法》规定的是（   ）。
   A. 商业承兑汇票属于商业汇票
   B. 商业承兑汇票的承兑人是银行以外的付款人
   C. 银行承兑汇票属于商业汇票
   D. 银行承兑汇票属于银行汇票

2. 在我国，票据金额应以中文大写和阿拉伯小写数码同时记载，若两者不一致，则（   ）。
   A. 票据无效
   B. 票据有效
   C. 以中文大写为准
   D. 以阿拉伯小写数码为准

3. 甲在将一汇票背书转让给乙时，未将乙的姓名记载于被背书人栏内。乙发现后将自己的姓名填入被背书人栏内。下列关于乙填入自己姓名的行为效力的表述中，正确的是（   ）。
   A. 无效
   B. 有效
   C. 可撤销
   D. 甲追认后有效

4. 下列各项中，属于票据关系中的基本当事人的包括（   ）。
   A. 出票人
   B. 保证人
   C. 被背书人
   D. 背书人

5. 按照我国《票据法》的规定，下列选项中属于支票的相对记载事项的是（   ）。
   A. 付款地
   B. 付款人名称
   C. 出票日期
   D. 出票人签章

6. 甲将一张汇票背书转让给乙，乙将该汇票背书转让给丙，并在汇票上记载"不得转让"字样，如果丙将该汇票背书转让给丁，将产生的法律后果是（   ）。
   A. 该汇票无效
   B. 该背书转让无效
   C. 乙对丙不负担保责任
   D. 乙对丁不负担保责任

7. 根据《票据法》的规定，禁止签发的支票包括（   ）。
   A. 未记载付款地的支票
   B. 没有记载金额的支票
   C. 空头支票
   D. 与预留银行签章不符的支票

8. 根据《票据法》的规定，下列各项中，不属于无须提示承兑的汇票的是（   ）。
   A. 见票后定期付款的汇票
   B. 见票即付的汇票
   C. 定日付款的汇票
   D. 出票后定期付款的汇票

9. 关于汇票的提示付款期限，下列说法中正确的有（   ）。
   A. 见票即付的汇票无须提示付款

B. 见票即付的汇票,自出票日起1个月内向付款人提示付款

C. 定日付款的汇票,自到期日起10日内向承兑人提示付款

D. 见票后定期付款的汇票,自到期日起10日内向承兑人提示付款

10. 根据《票据法》的规定,下列各项中,可以导致汇票无效的情形有(　　)。

A. 汇票上未记载付款日期

B. 汇票上未记载出票日期

C. 汇票上未记载收款人名称

D. 汇票金额的中文大写和阿拉伯小写数码记载不一致

三、简答题

1. 票据更改具有哪些特点?
2. 票据文义性体现在哪些方面?
3. 承兑的一般原则有哪些?

四、案例分析

A公司开出一张收款人为B公司、付款人为C银行的银行承兑汇票,B公司因与D厂发生了货物买卖关系而将该银行承兑汇票背书转让给了D厂,D厂又将其背书转让给了E公司。E公司在票据到期日请求C银行付款时遭拒绝。为此,E公司要求B公司承担票据责任。B公司认为,D厂所供货物有明显的质量瑕疵,故拒绝付款。

根据上述案例分析:

1. 假定上述若干次背书均为有效背书,E公司要求B公司承担票据责任的请求是否合法?为什么?
2. 恶意取得票据有哪几种情形?

课后思考

《电子商业汇票业务管理办法》作为审理准据法写入《票据法》的建议

随着近期中国人民银行2023年金融市场工作会议的召开,《票据法》的修订再次成为社会关注热点。《票据法》制定于20世纪90年代,2004年修订。在近日中国行为法学会理论研究专业委员会举办的研讨会上,多位专家指出,《票据法》的修订要解决目前司法实践中票据规则适用不一的问题,建议统一电子票据的相关规则,进一步明确票据线下追索无效,可以考虑将《电子商业汇票业务管理办法》(以下简称《办法》)写入《票据法》,作为法院审理的准据法。

2009年10月,为规范电子商业汇票业务,保障电子商业汇票活动中当事人的合法权益,促进电子商业汇票业务发展,中国人民银行制定并颁布了《办法》,其中明确规定,电子商业汇票的出票、承兑、背书、保证、提示付款和追索等业务,必须通过电子商业汇票系统办理。

当时,人民银行已建成电子商业汇票系统(ECDS)并投产运行,此举标志着我国票据市场迈入电子化时代。与纸质票据相比,电子商业汇票具有以数据电文代替纸质凭证、以计算机设备录入代替手工书写、以电子签名代替实体签章、以网络传输代替人工传递四大突出特点,有效提高了商业汇票业务的透明度和时效性,极大地克服了纸质票据操作风险大的缺点,节省了各方交易成本,促进了统一票据市场的形成。然而在现实生活中,不少

持票人仍保有纸票操作习惯，易导致丧失追索权，并因此而引发大量纠纷。应该依据《办法》不支持这种方式的追索权，还是承认线下追索行为的有效性，是司法实践中产生的分歧。

2020年12月29日，《最高人民法院关于审理票据纠纷案件若干问题的规定（2020修正）》发布。其中明确，中国人民银行制定并公布施行的有关行政规章与法律、行政法规不抵触的，可以参照适用。但司法实践中对此还是存在理解不一、判决结果不同的问题，由此引发了银行业和法律界对此问题的关注。

第十章 证券法律制度
Chapter Ten

学习目标

○厘清证券法律基本制度；
○掌握证券发行、承销、上市、交易的规则；
○了解证券违法行为的法律责任。

导入案例

○A股份有限公司（以下简称A公司，系上市公司）由杜某家族控股，杜某担任董事长，系实际控制人之一，多名亲属担任董事。为向家族集团公司提供资金支持，杜某指示他人成立若干空壳公司，通过虚假业务向该家族集团公司提供资金。2020年末A公司非经营性占用资金余额约8.5亿元，2021年末占用余额约13.5亿元，2022年6月末占用余额约14.1亿元。为掩盖关联方占用资金，杜某安排员工将无效票据入账充当还款。A公司还以子公司名义开具商业承兑汇票，为家族企业融资提供担保，同时以A公司名义为杜某个人借款提供担保，担保金额共计3.87亿元。A公司的相关定期报告未披露上述情况，同时相关定期报告的财务数据存在虚假记载。

○分析：该案中存在哪些违反《证券法》的行为？应该如何处理？

第一节 证券法律制度概述

一、证券概述

（一）证券的概念及法律特征

证券是指资金需求者为了筹措中长期资金而向投资者发行，由投资者购买且能对一定的收益拥有请求权的投资凭证。广义上的证券可分为有价证券与无价证券。有价证券又可分为价值证券和实物证券，而价值证券还可分为货币证券和资本证券。除非特别说明，本章所讨论的"证券"，是资本证券。

证券具有以下四个法律特征：

（1）证券是一种投资权利证书。证券代表了投资者的一定权利，如请求分配股息的权利、请求还本付息的权利等。

（2）证券是一种可转让的权利证书。所谓可转让，是指证券可以根据当事人的意志在不同的主体间无偿或有偿地转让。

（3）证券是一种面值均等的权利证书。证券在其票面上一般会标明特定的金额，同一种证券所标明的金额都是相等的。少数证券不标明金额，但它所代表的实际价值仍然是相等的。

（4）证券是一种含有风险的权利证书。投资者可能因为证券行市的跌落而亏损，也可能因为证券发行者经营不善而不能得到预期收益，甚至可能因证券发行者破产而亏本。

（二）证券的分类

依据不同的标准，可对证券做出不同的分类：

（1）依证券上是否记载面值，证券可分为有面值证券和无面值证券。

（2）依持券人的姓名是否记载在证券上，证券可分为记名证券和不记名证券。

（3）依发行人发行证券时是否向证券购买者提供担保，证券可分为担保证券和无担保证券。

（4）依持券人享有权利的性质，证券分为股票、债券、新股认购权利证书、投资基金证券及其他衍生金融工具等，以股权为内容的证券主要是股票，以债权为内容的证券主要是债券。

我国2019年修订的《证券法》第二条规定的证券包括股票、公司债券、存托凭证、政府债券、证券投资基金份额和国务院依法认定的其他证券。该条还规定，资产支持证券、资产管理产品发行、交易的管理办法，由国务院依照《证券法》的原则进行规定。

知识拓展

存托凭证

存托凭证（Depository Receipts，DR），又称存券收据或存股证，是指在一国证券市场流通的代表外国公司有价证券的可转让凭证，属公司融资业务范畴的金融衍生工具。存托凭证一般代表公司股票，但有时也代表债券。1927年，美国人J.P.摩根为了方便美国人投资英国的股票发明了存托凭证。

以股票为例，存托凭证是这样产生的：某国的某一公司为使其股票在外国流通，就将一定数额的股票，托某一中间机构（通常为一银行，称为保管银行或受托银行）保管，由保管银行通知外国的存托银行在当地发行代表该股份的存托凭证，之后存托凭证便开始在外国证券交易所或柜台市场交易。存托凭证的当事人，在国内有发行公司、保管机构，在国外有存托银行、证券承销商及投资人。从投资人的角度来说，存托凭证是由存托银行发行的几种可转让股票凭证，证明一定数额的某外国公司股票已寄存在该银行在外国的保管机构，而凭证的持有人实际上是寄存股票的所有人，其所有的权利与原股票持有人相同。

存托凭证的当事人在本地有证券发行公司、保管机构，在国外有存托银行、证券承销商及投资人。按其发行或交易地点之不同，存托凭证被冠以不同的名称，如美国存托凭证（American Depository Receipt，ADR）、欧洲存托凭证（European Depository Receipt，EDR）、全球存托凭证（Global Depository Receipts，GDR）、中国存托凭证（Chinese Depository Receipt，CDR）等。

（三）证券市场及其结构

1. 证券市场

证券市场是包括证券投资活动全过程在内的证券供求交易的网络和体系，它是金融市场的重要组成部分。证券市场的构成有三个要素：

（1）市场主体，主要是指资金需求者和资金供给者，还包括提供各种金融服务的参与者。

（2）市场客体，即金融工具，是指交易双方在交易活动中按照一定的格式明确各自权利义务的书面凭证，如股票、债券。

（3）市场组织方式，主要有交易所方式和柜台交易方式。

2. 证券市场的内部结构

证券市场有两个组成部分，一是发行市场，二是交易市场。发行市场是一个由发行者、投资者和证券公司（或投资银行）三者构成的市场，它为发行者筹集资金提供便利的条件。

交易市场，又称"次级市场"或"二级市场"。交易市场是由证券出让者、交易场所、证券购买者三者构成，它为投资者转让所持证券、收回本金提供便利的条件。

二、证券法概述

（一）证券法的概念与调整对象

证券法包括一切有关资本证券的法律规范。具体地说，证券法是关于证券募集、发行、交易、服务以及对证券市场进行监督管理的法律规范的总和。

证券法的调整对象是证券市场的参与者和监督管理者在证券的募集、发行、交易、服务、监督管理过程中所发生的各种经济社会关系，这些关系可统称为"证券关系"。证券关系一经法律调整，便上升为证券法律关系。

证券法律关系的构成有三个要素：

（1）证券及证券行为，这是证券法律关系的客体。
（2）证券市场的参与者和监督管理者，这是证券法律关系的主体。
（3）证券市场的参与者和监督管理者所享有的权利（权力）和承担的义务，这是证券法律关系的内容。

（二）证券法的原则

证券法的原则是为了实现证券法的任务，要求证券市场的参与者和监督管理者必须遵守的最基本的活动准则，其中公开、公平、公正原则（即"三公原则"）是公认的最重要、最基本的原则。

1. 公开原则

公开原则亦称信息公开制度。它是指证券发行者在证券发行前或发行后根据法定的要求和程序向证券监督管理机构和证券投资者提供规定的能够影响证券价格的有关信息资料。依据公开原则，发行证券的主体所公开的信息应当做到：①真实；②准确；③全面；④及时；⑤公平；⑥易得；⑦易解。

2. 公平原则

公平原则是指证券商事关系主体在证券募集、发行、交易、服务活动中应公平合理，照顾各方的权利和权益。公平原则要求证券商事关系主体做到：①平等；②自愿；③等价有偿；④诚实守信。

3. 公正原则

公正原则，是指证券的发行、交易活动应执行统一的规则，适用统一的规范。贯彻公正原则的基本要求是，证券市场参与者的合法权益受法律保护，违法行为同样受法律制裁。公正原则要求证券监督管理机构及其他组织和人员做到：①反欺诈；②反操纵；③反内幕交易。

> **法条链接**
>
> 《中华人民共和国证券法》第三条至第八条：
> 第三条　证券的发行、交易活动，必须遵循公开、公平、公正的原则。
> 第四条　证券发行、交易活动的当事人具有平等的法律地位，应当遵守自愿、有偿、诚实信用的原则。

> 第五条　证券的发行、交易活动，必须遵守法律、行政法规；禁止欺诈、内幕交易和操纵证券市场的行为。
> 第六条　证券业和银行业、信托业、保险业实行分业经营、分业管理，证券公司与银行、信托、保险业务机构分别设立。国家另有规定的除外。
> 第七条　国务院证券监督管理机构依法对全国证券市场实行集中统一监督管理。
> 国务院证券监督管理机构根据需要可以设立派出机构，按照授权履行监督管理职责。
> 第八条　国家审计机关依法对证券交易场所、证券公司、证券登记结算机构、证券监督管理机构进行审计监督。

（三）证券法的体系与结构

我国的证券法体系，从表现形式上看，应包括：国家立法机关制定的《证券法》及其他有关证券的商事、行政、刑事法律；国家行政机关及其部门制定的有关证券监督管理的行政法规、部门规章；经证券监督管理机构认可的证券业协会、证券交易所制定的自治规范、守则等。

三、证券市场主体法律制度

（一）证券交易所

1. 证券交易所的概念及法律特征

证券交易所是依据国家有关法律设立的，为证券集中交易提供场所和设施，组织和监督证券交易，实行自律管理的法人。

证券交易所具有以下特征：

（1）一般都是依法设立的法人组织。
（2）是证券集中交易的场所。
（3）是证券交易的组织者和监督者。
（4）是自律管理的法人。

2. 证券交易所的组织形式

就国际上现有交易所来看，主要有两种形式：一种是会员制，另一种是公司制。

会员制的证券交易所不以营利为目的，其会员是各证券商。会员必须向证券交易所交纳会费。目前，我国的上海证券交易所和深圳证券交易所均属会员制。公司制的证券交易所是由股东出资设立并以营利为目的的企业法人。2021年9月新成立的北京证券交易所开始了我国对该类证券交易所的探索。

3. 证券交易所的职责范围

（1）提供证券交易的场所、设施和服务。
（2）制定和修改证券交易所的业务规则。
（3）证券发行及上市的审核，决定证券终止上市和重新上市。
（4）提供非公开发行证券转让服务。
（5）组织、监督证券交易。
（6）对会员进行监管。
（7）对证券上市交易公司及相关信息披露义务人进行监管。
（8）对证券服务机构为证券上市、交易等提供服务的行为进行监管。
（9）管理和公布市场信息。

（10）开展投资者教育和保护。

（11）证券监督管理机构赋予的其他职能。

（二）证券公司

1. 证券公司的概念

证券公司是指依照公司法规定，经证券监督管理机构批准设立的从事证券经营业务的有限责任公司或者股份有限公司。根据我国《证券法》的规定，个人与合伙组织不能经营证券业务。

2. 证券公司的设立条件

依据我国《证券法》的规定，证券公司的设立必须满足如下要求：

（1）有符合法律、行政法规规定的公司章程。

（2）主要股东及公司的实际控制人具有良好的财务状况和诚信记录，最近3年无重大违法违规记录。

（3）有符合《证券法》规定的公司注册资本。

（4）董事、监事、高级管理人员、从业人员符合《证券法》规定的条件。

（5）有完善的风险管理与内部控制制度。

（6）有合格的经营场所、业务设施和信息技术系统。

（7）法律、行政法规和经国务院批准的国务院证券监督管理机构规定的其他条件。

需特别强调的是，证券公司的设立采取的是特许制，未经中国证监会批准，任何单位和个人不得以证券公司名义开展证券业务活动。

3. 证券公司的业务范围

证券公司从事的证券业务主要有：

（1）证券经纪。

（2）证券投资咨询。

（3）与证券交易、证券投资活动有关的财务顾问。

（4）证券承销与保荐。

（5）证券融资融券。

（6）证券做市交易。

（7）证券自营。

（8）证券资产管理。

（9）其他证券业务。

4. 证券公司的业务规则

为维护投资者合法权益以及证券市场秩序，证券公司应当遵守下列业务经营规则：

（1）业务许可规则。在我国，证券公司经营证券业务应经中国证监会核准，取得证券业务许可证方可开展经营活动。

（2）证券业务分开办理规则。当证券公司同时从事经纪、承销、自营、做市和资产管理等业务时，应当建立起隔离制度，使各业务在人员、信息、账户管理上严格分开，防范公司与客户之间、不同客户之间的利益冲突。

（3）证券账户实名制规则。证券公司为投资者开立账户，应当按照规定对投资者提供的身份信息进行核对。

（4）客户账户管理规则。为保护客户利益，证券公司客户的交易结算资金应存放在商业银行，以每个客户的名义单独立户管理。证券公司不得将客户的交易结算资金和证券归入其自有财产，禁止任何单位或者个人以任何形式挪用客户的交易结算资金和证券。证券公司破产或者清算时，客户的交易结算资金和证券不属于其破产财产或者清算财产。非因客户本身的债务或者法律规定的其他情形，不得查封、冻结、扣划或者强制执行客户的交易结算资金和证券。

（三）证券登记结算机构

1. 证券登记结算机构的概念及职能

证券登记结算机构是指为证券交易提供集中的登记、存管与结算服务的不以营利为目的的法人。证券登记结算机构是经中国证监会特许设立的，不以营利为目的，因此应作为特殊法人对待。

证券登记结算采取全国集中统一的运营方式。根据《证券法》的规定，我国的登记结算机构是中国证券登记结算有限责任公司。证券登记结算机构一般具有登记、存管和结算三项职能。此外，证券登记结算机构还有权接受发行人的委托派发证券权益。

2. 证券登记结算机构的业务规则

证券登记结算机构在其主要业务活动中应当遵循如下规则：

（1）账户的开立及管理规则。证券登记结算机构应当按照规定，以投资者本人的名义为投资者开立证券账户，保证证券账户的真实性，并依法为客户账户保密。

（2）账户的存管和过户规则。证券持有人持有的证券在上市交易时，应当全部存管在证券登记结算机构。证券登记结算机构不得挪用客户的证券。在交易过户环节，证券登记结算机构应当保证证券持有人名册和登记过户记录真实、准确、完整，不得隐匿、伪造、篡改或者毁损。

（3）结算规则。在证券和资金结算时，证券登记结算机构负责办理证券登记结算机构与结算参与人之间的集中清算交收；而结算参与人负责办理结算参与人与客户之间的清算交收，实行分级结算。这里的结算参与人是指经证券登记结算机构核准，有资格参与集中清算交收的证券公司或其他机构。

（四）证券服务机构

1. 证券服务机构概述

证券服务机构是指专门从事证券投资咨询业务、证券资信评级业务以及为证券发行与交易提供会计、审计及法律服务的机构，主要包括投资咨询机构、财务顾问机构、资信评级机构、会计师事务所、律师事务所、资产评估机构等。

2. 证券投资咨询机构

证券投资咨询机构，又称证券投资顾问机构，是指依法成立的，为证券投资人或者客户提供证券投资分析、预测或者建议，以营利为目的的证券服务组织。

3. 证券资信评估机构

证券资信评估机构是依法设立的对证券质量进行评价从而确定证券投资价值，以营利为目的的证券服务机构。资信评估机构是一个承担特殊责任的社会性咨询服务机构，它不经营证券的发行与交易，仅向证券投资者和证券市场提供某一证券的信用等级评定结果。

4. 其他证券交易服务机构

在证券市场中，除上述证券投资咨询机构、证券资信评估机构提供咨询等服务外，还有会计师事务所、律师事务所提供审计、咨询评估和法律等服务。

（1）会计师事务所。会计师事务所是注册会计师执行业务的工作机构。会计师在证券市场中的作用主要是审查发行人或上市公司的财务资料并以此为基础做出鉴定结论，从而增强发行人或上市公司的公信力，为投资者提供相应的数据资料，维护市场正常的秩序。

（2）律师事务所。律师事务所是注册律师执行业务的工作机构。律师在证券市场中主要是通过提供法律咨询、起草必备的文件、出具法律意见书等体现自身的作用。律师的参与有利于促进和推动证券市场的法治化。

（五）证券业协会

1. 证券业协会的性质和职责

证券业协会，又称证券业同业公会，是依法设立的旨在对证券业进行自律性管理的具有法人资格的社会团体组织。

作为社会团体法人，证券业协会是由证券公司和其他证券经营、服务机构自愿组织成立的。它有自己的独立财产或基金，有成员共同制定的团体章程，其活动不以营利为目的。所谓自律，是指该组织由协会会员实行自我管理、自我约束。

2. 证券业协会的会员及内部管理

证券业协会的会员主要是证券公司。我国《证券法》规定，证券公司应当加入证券业协会。除了证券公司外，证券登记结算机构、证券服务机构等证券市场主体也可成为证券业协会的会员。

第二节 公司债券的发行与交易

一、证券发行

（一）证券发行的概念及法律意义

证券发行是指证券的发行者为筹集资金依法向投资者以同一条件招募和出售股票、公司债券以及其他证券的活动。

证券发行通常具有如下法律特征：

（1）证券发行主体应当具备法定资格。立法对有关发行主体的资格做出了严格的规定，只有符合法定条件的证券发行人才能成为适格的发行主体。

（2）证券发行的客体是特殊的金融商品，主要包括股票、公司债券、存托凭证等。

（3）证券发行必须依照法定的程序进行，确保发行的公开、公平和公正。

（4）证券发行以筹集资金为主要目的，通过筹集资金改善资本结构、财务结构或满足特定项目的生产经营需要。

（二）证券发行的分类

（1）依证券品种不同，证券发行可分为：股票发行、债券发行、存托凭证发行、国务院依法认定的其他证券发行。

1）股票发行是股份有限公司以筹集资金或进行股利分配为目的，依法定程序向社会公众或特定投资者发行股票的行为。

2）债券发行是指发行人以借贷为目的，依法定程序发行到期还本付息的债权凭证的行为。

3）存托凭证发行是存托人在中国境内发行的代表境外基础证券权益的有价证券的行为。我国2019年《证券法》修订首次将存托凭证明确纳入证券法的调整范围，以规范存托凭证的发行和交易。

4）国务院依法认定的其他证券发行是指发行人依法定程序和条件向投资者发行除股票、公司债券、存托凭证以外的国务院依法认定的有价证券的行为。

（2）依发行对象的不同，证券发行可分为：公募和私募。

1）公募即公开发行，是发行者向不特定的社会公众广泛出售证券的行为。我国《证券法》对公开发行做出了明确的界定。有下列情形之一的，为公开发行：

①向不特定对象发行证券的；

②向特定对象发行证券累计超过200人的，但依法实施员工持股计划的员工人数不计算在内；

③法律、行政法规规定的其他发行行为。

2）私募即非公开发行，是指面向少数特定的投资者发行证券的行为。《证券法》还对非公开发行做出了限制：非公开发行证券，不得采用广告、公开劝诱和变相公开方式。

（3）依发行目的不同，证券发行可分为：设立发行和增资发行。这种分类适用于股票发行。

1）设立发行有两种方法：一种是发起设立发行，即全体发起人认购公司发行股份总额的全部；另一种是募集设立发行，即部分股份由发起人认购，其余招募社会公众认购。

2）增资发行是指已经成立的股份公司续发的新股份。增资发行也有两种方法：一种是有偿增资发行，由投资者出资认购（如果仅向原有的股东发售称为"配股"）；另一种是无偿增资发行，由公司的公积金或盈余转为资本，发行对象通常是公司的原有股东（这种发行又称为"送红股"）。

（4）依发行是否借助证券发行中介机构的不同，证券发行可分为：直接发行和间接发行。

1）直接发行是证券发行人不通过证券承销机构，由自己承担发行风险，办理发行事宜。这种方式发行费用低廉，但要求发行者经营业绩优良并有较高知名度。

2）间接发行是发行人委托证券承销机构发行证券。证券发行主体不用自己办理发行事务，而是将发行事务有偿委托给证券公司（即承销人），由其代为发行。由于承销机构具有大量的专业人员、丰富的信息资料、充足的发行渠道，因而大大降低了发行人自己发行的负担和风险，但发行人需向承销人支付发行费用。

（5）依发行价格与证券票面金额或贴现金额的关系不同，证券发行可分为：平价发行、溢价发行、折价发行。

1）平价发行，又称面值发行，是指证券发行价格与票面金额相同的发行。

2）溢价发行是指证券发行价格高于票面金额的发行。

3）折价发行是指证券发行价格低于票面金额的发行。

目前，我国法律仅允许股票平价发行和溢价发行，不允许折价发行。具体的发行价格由发行人与负责证券承销的证券公司协商确定。

（6）依发行地点不同，证券发行可分为：境内发行和境外发行。

1）境内发行主要是指在我国境内发行的人民币普通股（即A股）、人民币特种股（即B股）以及公司债券、企业债券、政府债券等。

2）境外发行主要是指境内企业在境外发行的上市外资股，如我国内地公司依法在香港联合证券交易所发行并上市的H股，在纽约和新加坡发行上市的N股和S股。

（三）证券发行的条件

就股票发行而言，因实践中股份有限公司采取募集设立的方式很少，因而，大部分发行都是针对公司设立后，为扩充公司资本而进行的新股发行。其中，由于首次公开发行新股（Initial Public Offerings，IPO）具有较强的专业性、技术性，涉及众多投资者的利益，并关系证券市场的稳定，因而成为各国证券法规定的重点。在我国，根据2019年新修订的《证券法》的规定，公司首次公开发行新股应当满足以下条件：

（1）具备健全且运行良好的组织机构。

（2）具有持续经营能力。

（3）最近3年财务会计报告被出具无保留意见审计报告。

（4）发行人及其控股股东、实际控制人最近3年不存在贪污、贿赂、侵占财产、挪用财产或者破坏社会主义市场经济秩序的刑事犯罪。

（5）经国务院批准的国务院证券监督管理机构规定的其他条件。

> **知识拓展**
>
> **IPO：首次公开募股**
>
> 首次公开募股（Initial Public Offering）是指一家企业第一次将它的股份向公众出售。
>
> 通常，上市公司的股份根据相应证监会出具的招股书或登记声明中约定的条款通过经纪商或做市商进行销售。一般来说，一旦首次公开上市完成后，这家公司就可以申请到证券交易所或报价系统挂牌交易。有限责任公司在申请 IPO 之前，应先变更为股份有限公司。

就公司债券而言，《证券法》规定公开发行公司债券，应当符合下列条件：
（1）具备健全且运行良好的组织机构。
（2）最近3年平均可分配利润足以支付公司债券1年的利息。
（3）国务院规定的其他条件。

（四）证券发行保荐制度

保荐制度又称保荐人（sponsor）制度，源于英国。证券发行保荐是指证券发行人申请其证券公开发行必须聘请依法取得保荐资格的保荐人为其出其保荐意见，证明其发行文件中所载材料真实、完整、准确，符合公开发行的条件，从而由保荐人协助发行人建立严格的信息披露制度，承担风险防范责任。

我国的保荐制度适用于两种情况：
（1）公开发行股票、可转换为股票的公司债券，依法采取承销方式的。
（2）公开发行法律、行政法规规定实行保荐制度的其他证券。

（五）证券发行的审核

证券发行审核是建立正常的市场秩序、维护证券市场稳定的重要措施之一，是证券主管机关通过审核发行申请人提供的资料，依法做出是否准予发行决定的行为。证券发行审核制度主要包括两种：核准制和注册制。

（1）核准制又称实质管理主义，是指证券发行人除了进行信息披露，还必须在主体资格、财务状况、盈利能力等方面满足法定的实质条件，并经证券主管机关实质审查核准方可发行证券的制度。

（2）注册制又称申报制，指发行人按照法律规定向证券主管机关提交与发行有关的文件，通过主管机关的形式审查后即可发行证券的制度。

（六）证券发行信息公开

1. 证券发行信息公开的意义

证券发行信息公开，是指证券发行人按照法律、行政法规，部门规章及相关规范性文件的规定，在证券公开发行前，公告公开发行募集文件，并将该文件置备于指定场所供公众查阅的制度。

2. 预披露制度

预披露，是指发行人申请首次公开发行证券的，在依法向审核部门报送注册或申请文件并经审核部门受理后，预先向社会公众披露相关注册或申请文件，而不是等审核部门对发行文件审核完毕，做出准许发行的决定后再进行披露的制度。

3. 证券发行需公开的信息

证券发行需公开的信息主要是指募集文件的内容。募集文件是指证券发行人发行证券时依法向社会公众公开的相关的书面性材料，它是信息内容的载体。信息的公开就是指将募集文件进行公告或置备于指定的场所供公众查阅。

（七）采集资金投向和使用

发行审核机关在选择发行企业时，要严格审查募集资金的投向。就股票而言，公司对公开发行股票所募集资金，必须按照招股说明书或者其他公开发行募集文件所列资金用途使用；改变资金用途，必须经股东大会做出决议；擅自改变用途，未做纠正的，或者未经股东大会认可的，不得公开发行新股。同样，对于债券而言，公开发行公司债券所筹集的资金，必须按照公司债券募集办法所列资金用途使用；改变资金用途，必须经债券持有人会议做出决议；并且，公开发行公司债券筹集的资金，不得用于弥补亏损和非生产性支出；如果发行人违反上述规定，改变公开发行公司债券所募集资金的用途，不得再次公开发行公司债券。

二、证券承销

（一）证券承销概述

证券承销是指发行人委托证券公司（又称承销商）向证券市场上不特定的投资人公开销售股票、债券及其他投资证券的活动。在我国，凡向社会公开发行的证券一般均需证券公司承销。发行证券数量较大者，还需多家证券公司组成承销团共同承销。

（二）证券承销方式

证券承销通常有四种方式，即代销、助销、包销和承销团承销。

1. 证券代销

证券代销，是指承销商代理发售证券，并于发售期结束后，将未销售部分证券退还发行人的承销方式。

2. 证券助销

证券助销，是指承销商按承销合同规定，在约定的承销期满后对剩余的证券出资买进（此即余额包销，我国的证券法将余额包销归入包销方式），或者按剩余部分的数额向发行人贷款，以保证发行人的筹资、用资计划顺利实现。

3. 证券包销

证券包销，是指在证券发行时，承销商以自己的资金购买计划发行的全部或部分证券，然后再向公众出售，承销期满后未出售部分仍由承销商自己持有的一种承销方式。

4. 承销团承销

承销团承销，又称"联合承销"，是指两个以上的证券承销商共同接受发行人的委托向社会公开发售某一证券的承销方式。由两个以上的承销商临时组成的一个承销机构称为承销团。承销团成员根据分工及承担责任的不同，可分为主承销商和分销商。主承销商由发行人按照公平竞争的原则，通过竞标或者协商的方式确定。主承销商是承销团的发起人，在承销过程中，主承销商起组织协调作用，承担着主要的风险。分销商参与承销，与主承销商的关系通过合同确定。

（三）证券承销合同

证券承销合同是指证券发行人与证券承销商或是主承销商与分销商就证券承销的有关内容所达成的明确双方权利义务的书面协议。发行人可以选择与一个证券承销商签订协议，也可选择与多个证券承销商分别签订协议。

三、证券上市

（一）证券上市的概念

证券上市有广义和狭义之分。广义的证券上市是指已发行的证券依照法定的条件和程序在证券交易所或其他法定交易场所进行交易的行为。其中，已发行的证券包括公开发行的和非公开发行的证券，交易可以在证券交易所进行（场内交易），也可以在其他法定的交易场所进行（场外交易）。而狭义的证券上市是指公开发行的证券依法在证券交易所挂牌进行集中竞价交易的行为，不包括非公开发行的证券的挂牌交易，也不包括场外交易市场的证券交易。依据我国《证券法》的规定以及学界和实务界的主流观点，一般所指称的证券上市采取的是狭义说。

> **知识拓展**
>
> 证券上市与证券发行
>
> 证券上市与证券发行有明显的区别：
> 1. 证券发行的对象是初始投资者，这些投资者要通过申购程序产生；证券上市的对象是市场的所有投资者，欲购买证券的人通过交易所均可购得。
> 2. 证券发行的价格一般是事先确定的，而证券上市的价格则通过交易所竞价产生，由供求情况决定。
> 3. 证券发行的卖方是特定的，买方是不特定的，而证券上市后的买卖双方均是不特定的。证券发行也可以与证券上市合并进行。

（二）证券上市的标准

《证券法》在2019年修订之前，也在第五十条及第五十七条明确规定了股票上市的标准以及债券上市的标准，但2019年修订的《证券法》将上述标准予以删除，仅在第四十七条规定，"申请证券上市交易，应当符合证券交易所上市规则规定的上市条件"。易言之，证券上市的标准完全由证券交易所自己制定，法律不再做强制性规定。但由于证券上市毕竟影响到市场上不特定的公众投资者利益，进而影响投资者对证券市场的信心，因此，2019年修订的《证券法》要求证券交易所制定的证券上市条件中，应当对发行人的经营年限、财务状况、最低公开发行比例和公司治理、诚信记录等提出要求。

一般而言，股票的上市条件主要包括如下四方面：

（1）股票已经公开发行，这是上市交易的前提。

（2）公司股本总额达到最低要求。其目的是保证上市证券达到足够的数量，有潜在的交易量，能够满足证券市场对证券流通性的要求。

（3）公司股权结构具有公众性。只有股权结构足够分散、持股人数众多，方可在证券市场上产生足够的交易量，进而促进证券市场价格发现功能和资源配置功能的发挥；同时，持股分散也有利于防止证券市场上的操纵行为。

（4）诚信经营，财务规则符合要求。这直接关涉证券投资者的切身利益，如果公司有财务造假行为，会直接影响投资者对公司的投资价值判断。当然，不同的证券交易所、不同的上市板块会有各自具体的标准和条件。证券发行人只有达到上市准入门槛，方可挂牌交易。

公司债券的上市，通常而言需要满足如下三方面要求：

（1）债券经有权部门审核并依法完成发行。

（2）债券持有人符合交易所投资者适当性管理规定。

（3）证券交易所规定的其他上市条件，如公司债券的期限、公司债券的实际发行额等。

（三）证券上市的程序

1. 股票上市程序

（1）上市申请。证券上市交易，应当向证券交易所提出申请。由于政府债券是证券交易所根据国务院授权部门的决定安排上市交易，所以无须履行申请审核程序。

（2）上市审核。证券交易所收到上市申请后，依法自主进行上市审核，享有独立的上市核准权。做出是否同意申请人的证券上市的决定。

（3）签署上市协议。按国际上证券交易所的惯例，上市申请人应当与证券交易所签署上市协议，以明确各自的权利和义务。

（4）公告上市。股票上市交易申请经证券交易所同意并签署上市协议后，签订上市协议的公司应当在规定的期限内公告股票上市的有关文件，并将该文件置备于指定场所供公众查阅。

（5）挂牌交易。

2. 公司债券上市程序

（1）申请核准。在我国，公司申请其发行的公司债券上市交易，应当向证券交易所提出申请，由证券交易所依法审核同意，并由双方签订上市协议。

（2）公告上市。公司债券上市交易申请经证券交易所审核同意后，签订上市协议的公司应当在规定的期限内公告公司债券上市文件及有关文件，并将其申请文件置备于指定场所供公众查阅。

法条链接

《证券法》第十六条至第二十条：

第十六条 申请公开发行公司债券，应当向国务院授权的部门或者国务院证券监督管理机构报送下列文件：

（一）公司营业执照；

（二）公司章程；

（三）公司债券募集办法；

（四）国务院授权的部门或者国务院证券监督管理机构规定的其他文件。

依照本法规定聘请保荐人的，还应当报送保荐人出具的发行保荐书。

第十七条 有下列情形之一的，不得再次公开发行公司债券：

（一）对已公开发行的公司债券或者其他债务有违约或者延迟支付本息的事实，仍处于继续状态；

（二）违反本法规定，改变公开发行公司债券所募资金的用途。

第十八条 发行人依法申请公开发行证券所报送的申请文件的格式、报送方式，由依法负责注册的机构或者部门规定。

第十九条 发行人报送的证券发行申请文件，应当充分披露投资者作出价值判断和投资决策所必需的信息，内容应当真实、准确、完整。

为证券发行出具有关文件的证券服务机构和人员，必须严格履行法定职责，保证所出具文件的真实性、准确性和完整性。

第二十条 发行人申请首次公开发行股票的，在提交申请文件后，应当按照国务院证券监督管理机构的规定预先披露有关申请文件。

3. 政府债券上市程序

基于债券主体的特殊性，政府债券信用度高，由财政来担保，其发行方式、时间、对象和还款期限都由政府财政部门具体规定，因此可豁免证券交易所的发行及上市审查。证券交易所根据国务院授权部门的决定安排政府债券上市交易。

（四）证券退市制度

证券退市是指当上市公司出现法定情形时，由证券交易所依法永久性地停止其证券上市交易的制度。一旦证券退市，证券发行人即丧失上市公司资格，因此也称为终止上市。证券终止上市后，即使终止上市情形消除，发行人也不能申请恢复上市，而只能依照上市程序申请重新上市。

1. 股票退市

股票退市是指上市公司因出现法定情形而被证券交易所取消股票挂牌交易资格，或上市公司主动向证券交易所申请终止上市的情况。前者通常被称为强制退市，后者被称为主动退市。

2. 公司债券退市

公司债券退市是指取消公司债券在证券交易所挂牌交易的资格。从实践来看，公司债券终止上市交易主要由于出现如下情形：

（1）债券到期。

（2）公司有重大违法行为，经查实后果严重。

（3）未按照公司债券募集办法履行义务，经查实后果严重。

（4）公司情况发生重大变化，不符合公司债券上市条件。

（5）公司债券所募集资金不按照核准的用途使用，在限期内未能消除。

（6）公司最近2年连续亏损，在限期内未能消除。

（7）公司解散或被宣告破产。

四、证券交易

（一）证券交易概述

1. 证券交易的概念与特征

证券交易是证券转让的一种。证券转让除了证券交易以外，还有赠与、继承等。

证券交易的主要特征是：

（1）它是一种具有财产价值的特定权利的买卖。也就是说，证券交易不仅仅是有一定价值的财产的买卖，而且是与财产相关的权利的买卖。

（2）它是一种标准化合同的买卖。证券具有标准化合同的性质，当事人买卖证券时除了可以选择品种数量和价格以外，其他均须依统一的规则进行。

（3）它是一种已经依法发行并经投资者认购的证券的买卖。无论是证券内容还是证券形式，都是经法定的主管部门审核认可的，证券已经依法发行且已经到达原始投资者手中。

2. 证券交易的分类

证券交易依不同的标准可做不同的分类。从交易场所的角度来看，可分为集中交易市场和分散交易市场；从买卖双方交易主体结合方式来看，可分为议价交易和竞价交易；从达成交易的方式来看，可分为直接交易和间接交易（委托交易）；从交割期限和投资方式来看，可分为现货交易、期货交易、期权交易、信用交易和回购。

（1）证券现货交易，又称即期交易，是指证券交易双方在成交后即时清算交割证券和价款的交易方式。

（2）期货交易与现货交易相对应，是一种集中交易标准化远期合约的交易形式，因而又称期货合约交易，是指交易双方成交后，清算和交割证券要按契约中规定的价格在远期进行的交易。

（3）期权交易，又称选择权交易，是指金融商品交易权利的一种买卖。这种权利是以未来特定时间为行使期限，以协定价格（即履约价格）买卖特定数量的某种金融商品的权利。

（4）证券信用交易，即融资融券交易，是指证券交易者在买卖证券时只向经纪人交付欲交易总量一定百分比的现款或证券（称为保证金），不足部分由经纪商提供而进行的交易。我国《证券法》规定，除证券公司外，任何单位和个人不得从事融资融券业务，且证券公司从事证券融资融券业务，应当采取措施，严格防范和控制风险，不得违反规定向客户出借资金或者证券。

（5）回购，是指在卖出（或买入）证券的同时，事先约定到一定时间后按规定的价格买回（或卖出）这笔证券，实际上就是附有购回（或卖出）条件的证券交易。

(二)证券交易的一般规则

1. 非依法发行的证券不得买卖

在市场上交易的任何证券都必须是合法的证券,即已经经法定的主管部门审核且已经发行的证券。

2. 转让期限有限制性规定的证券在限定期内不得买卖

有转让限定期的证券,主要是指公司发起人从公司成立起1年内持有的本公司股票,上市公司董事、监事、高级管理人员在公司股票上市交易之日起1年内、离职后半年内所持有的股票等。

3. 证券从业人员买卖证券的禁止或限制

(1)证券交易所、证券公司和证券登记结算机构的从业人员,证券监督管理机构的工作人员以及法律、行政法规禁止参与股票交易的其他人员,在任期或法定限期内,不得直接或者以化名、借他人名义持有、买卖股票或者其他具有股权性质的证券,不得收受他人赠送的股票或者其他具有股权性质的证券。

(2)为证券发行出具审计报告、资产评估报告或者法律意见书等文件的证券服务机构和人员,在该股票承销期内和期满后6个月内,不得买卖该种股票。为证券发行人及其控股股东、实际控制人,或者收购人、重大资产交易方出具审计报告或者法律意见书等文件的证券服务机构和人员,自接受委托之日起至上述文件公开后5日内,不得买卖该证券。实际开展上述有关工作之日早于接受委托之日的,自实际开展上述有关工作之日起至上述文件公开后5日内,不得买卖该证券。

4. 证券交易必须在法定的交易场所进行

依法公开发行的证券应在证券交易所上市交易或在国务院批准的其他证券场所转让;非公开发行的证券,可以在证券交易所、国务院批准的其他全国性证券交易场所、按照国务院规定设立的区域性股权市场转让。

5. 证券交易可采取多种方式

证券交易的方式可分为集中竞价交易、大宗交易、做市商交易、协议交易等。

(1)集中竞价交易,是指在证券交易所市场内,所有参与证券买卖的各方当事人公开报价,按照价格优先、时间优先的原则撮合成交的证券交易方式。

(2)大宗交易,是指证券单笔买卖申报达到交易所规定的数额规模时,交易所采用的与通常交易方式不同的交易方式。根据《上海证券交易所交易规则》的规定,在大宗交易中,有价格涨跌幅限制的证券,成交申报价格由买卖双方在当日价格跌幅限制范围内确定;无价格涨跌幅限制的证券,成交申报价格由买卖双方在前收盘价格的上下30%或当日已成交的最高、最低价格之间自行协商确定。

(3)做市商交易,又称双边报价制度,是指在证券市场上具备一定实力和信誉的证券经营法人作为特许交易商,在开市期间,就其负责做市的证券一直保持向公众投资者双向买卖报价,并在该价位上接受公众投资者的买卖要求,以其自有资金和证券与投资者进行交易。做市商通过这种不断买卖来维持市场的流动性,满足公众投资者的投资需求。

(4)协议交易,即买卖双方通过协商就证券交易种类、数量、价格等达成一致,进行的交易。上市交易的证券采取公开的集中交易方式以外的其他方式进行交易,必须经中国证监会批准。

6. 证券交易的标的有多个种类

证券交易的标的可以是现货、期货甚至期权等。

7. 证券交易应当遵守保密义务

证券交易场所、证券公司、证券登记结算机构、证券服务机构及其工作人员应当依法为投资者的信息保密,不得非法买卖、提供或者公开投资者的信息,也不得泄露所知悉的商业秘密。

8. 证券交易的收费必须合理

证券交易费用一般指证券交易当事人应当缴纳的除税收之外的各项费用。从我国目前来看,证券交易费用主要包括以下三项：

（1）发行公司需支付的上市费用。

（2）投资者需支付的佣金、开户费、委托手续费等。

（3）证券商需支付的入场费，即进入证券交易所从事自营或代理买卖证券业务，应向证券交易所支付的有关费用。

9. 短线交易的禁止及上市公司的归入权

上市公司股票在国务院批准的其他全国性证券交易场所交易的，公司董事、监事、高级管理人员持有或与其一致行动人共同持有该公司股份5%以上的股东在法定期限内不得进行股权交易的反向操作，反向操作所得收益归公司所有。

（三）证券交易的程序

由于我国上市证券的交易主要是通过证券交易所的集中竞价方式进行，以下着重介绍这种交易方式的程序。

1. 名册登记与开设账户

名册登记分为个人和法人两种。个人名册登记应载明登记日期和委托人的基本情况、联系方式，并留存印鉴或签名样卡。法人名册登记应提供法人证明，并载明法定代表人、证券交易执行人的基本情况，留存法定代表人授权证券交易执行人的书面授权书。

2. 委托

所谓委托，是指委托人向证券公司发出的以某种价格购进或卖出一定数量的某种证券的意思表示（通常称为委托指令）。严格来讲，委托还包括证券公司接受委托，证券公司接受委托时，合同正式成立。当事人双方均受该委托合同的约束。

3. 成交

成交是指证券公司相互间通过交易所内竞价，就买卖证券的价格和数量达成一致的行为。

4. 结算与过户

证券结算包括清算与交收两个行为。清算是按照确定的规则计算证券和资金的应收应付数额；交收是根据确定的清算结果，通过转移证券和资金履行相关债权债务。

证券过户是指证券由证券转让人移转至证券受让人的登记过程。上市的记名证券的过户由证券登记结算公司通过计算机统一办理。

五、持续信息公开

持续信息公开，是指证券在进入证券交易场所交易之后，证券发行人依法向公众披露对投资者的投资决策有重大影响或对所发行证券的交易价格有重要影响的相关信息。持续信息公开的内容包括：①上市公告书；②中期报告；③年度报告；④临时报告。我国《证券法》第八十条和第八十一条分别就上市交易的股票和债券规定了应进行临时报告披露的重大事件情形。

第三节　证券监督管理机构

一、证券监督管理机构的性质

我国《证券法》规定，国务院证券监督管理机构依法对证券市场实行监督管理，维护证券市场秩序，保障其合法运行。由此分析，证券监督管理机构应是依法对证券市场实行监督管理的行政性执法机构。

二、证券监督管理体制

证券监督管理体制是指一国范围内以证券法为基础而构成的证券监督管理体系、层次结构、功能模式以及运行机制的统一体。综观世界各国证券市场的监管体制，主要分为自律型管理体制和集中型管理体制。我国证券监督管理体制的确立经历了一个从多头到统一、从分散到集中的过程。1992年以前，证券市场主要由中国人民银行主管。1992年7月，国务院建立证券管理办公会议制度。同年10月，国务院决定成立专门的国家证券监管机构——国务院证券委员会，对全国证券市场进行统一的宏观管理，同时成立证券的监督管理执行机构——中国证券监督管理委员会。1998年8月，国务院批准了《证券监管机构体制改革方案》，决定完善监管体系，实行集中统一领导，有效防范和化解风险，逐步建立与社会主义市场经济相适应的证券监管体制；理顺中央和地方监管部门的关系，对地方证券监管部门实行由证监会统一领导的管理体制，同时根据各地区证券业发展的实际情况，在部分中心城市设立派出机构。至此，我国的证券监督管理体制基本形成，并最终通过《证券法》予以确认。

三、证券监督管理机构的职责范围

由于各国（地区）证券监督管理体制不同，证券监督管理机构的职责范围也会有所不同。我国《证券法》对中国证监会在证券市场实施监督管理的职责做了如下规定：

（1）依法制定有关证券市场监督管理的规章、规则，并依法进行审批、核准、注册，办理备案。

（2）依法对证券的发行、上市、交易、登记、存管、结算等行为，进行监督管理。

（3）依法对证券发行人、证券公司、证券服务机构、证券交易场所、证券登记结算机构的证券业务活动，进行监督管理。

（4）依法制定从事证券业务人员的行为准则，并监督实施。

（5）依法监督检查证券发行、上市、交易的信息披露。

（6）依法对证券业协会的自律管理活动进行指导和监督。

（7）依法监测并防范、处置证券市场风险。

（8）依法开展投资者教育。

（9）依法对证券违法行为进行查处。

（10）法律、行政法规规定的其他职责。

《证券法》还授权中国证监会采取下列措施：①现场检查权；②调查取证权；③询问权；④查阅、复制、封存和扣押权；⑤查询账户与申请司法机关冻结权；⑥限制证券买卖权；⑦限制出境权。

四、证券监管中的行政和解

行政和解是指中国证监会在对行政相对人涉嫌违反证券期货法律、行政法和相关监管规定的行为进行调查执法过程中，根据行政相对人的申请，与其就改正涉嫌违法行为、消除涉嫌违法行为不良后果、交纳行政和解金、补偿投资者损失等事项进行协商，达成行政和解协议，并据此终止调查执法程序的制度。

我国现行《证券法》从立法层面确认了证券领域的行政和解制度，第一百七十一条明确规定，国务院证券监督管理机构对涉嫌证券违法的单位或者个人进行调查期间，被调查的当事人书面申请，承诺在国务院证券监督管理机构认可的期限内纠正涉嫌违法行为、赔偿有关投资者损失、消除损害或者不良影响的，国务院证券监督管理机构可以决定中止调查。被调查的当事人履行承诺的，国务院证券监督管理机构可以决定终止调查；被调查的当事人未履行承诺或者有国务院规定的其他情形的，应当恢复调查。

五、证券监督管理机构工作人员的行为准则

证券监督管理机构的职权要靠其工作人员来行使，对工作人员的行为从法律上进行约束，才能保证证券监督管理机构发挥应有的作用。我国证券监督管理机构的工作人员应遵守下列五项基本准则：

（1）符合检查、调查程序要求的义务。证券监督管理机构依法履行职责，进行监督检查或者调查时，其监督检查、调查人员不得少于2人，并应当出示合法证件和监督检查、调查通知书。监督检查、调查的人员少于2人或者未出示合法证件和监督检查、调查通知书的，被检查、调查的单位有权拒绝。

（2）保守商业秘密的义务。证券监督管理机构工作人员依法履行自己的职责时，必须对知悉的有关单位和个人的商业秘密予以保密。

（3）忠于职守的义务。证券监督管理机构工作人员必须忠于职守，依法办事，公正廉洁，不得利用自己的职权牟取不正当的利益。

（4）办事公开的义务。证券监督管理机构及其工作人员的行为是行政执法行为，应当受到公众监督，以防职权被滥用。

（5）兼职禁止的义务。证券监督管理机构的工作人员在任职期间，或者离职后在《公务员法》规定的期限内，不得到与原工作业务直接相关的企业或者其他营利性组织任职，不得从事与原工作业务直接相关的营利性活动，以确保执法的公正性。

第四节 上市公司收购

一、上市公司收购的概念及法律特征

上市公司收购是指投资者（收购人）旨在获得特定上市公司（目标公司）控制权或将该公司合并所进行的批量股份购买行为。它有以下四个特点：

（1）被收购公司是股票公开上市的股份有限公司，因而其股份掌握在众多的投资者手中。

（2）收购人可以是企业法人，也可以是自然人。在实践中，企业法人作为收购人为多数。

（3）收购人收购股份的行为不单纯是投资，更重要的是要在控制股份的基础上控制目标公司的经营管理权，或干脆将目标公司与收购人合并。

（4）由于上市公司收购主要是为了取得目标公司控制权，而在"资本多数决"原则下，收购人只有掌握了多数有表决权的股份才能实现对公司的控制，因此，上市公司收购的对象是目标公司发行在外的有表决权的股份。

二、上市公司收购的分类

（一）上市公司收购的基本类型

上市公司股份收购包括通过证券交易所的集中竞价交易收购（简称"竞价收购"）、要约收购、

协议收购。

（1）竞价收购是指收购人通过证券交易所以集中竞价交易方式依法连续收购上市公司已发行的有表决权的股份并取得相对控股权的行为。我国《证券法》虽未使用"竞价收购"概念，但对此作了明确规定。从实践来看，以集中竞价交易的方式连续收购，能够达到相对控股的收购目的。收购人通过集中竞价交易，持有一个上市公司的股份达到该公司已发行股份的30%时，继续增持股份的，则应当采取要约方式进行，发出全面要约或者部分要约。

典型案例

"宝延"事件

"宝延"事件是中国深圳宝安企业（集团）股份有限公司（简称"宝安公司"）对上海延中实业股份有限责任公司（简称"延中公司"）发动的一次具有收购色彩的行动。延中公司成立于1985年，是上海的上市公司，截至1992年底，公司股本3 000万股，每股面值人民币1元，其中法人股占9%，社会公众股占91%；宝安公司是深圳的上市公司，机制比较灵活。1993年9月，宝安公司利用其下属的宝安上海公司、宝安华阳保健用品公司、深圳龙岗宝灵电子灯饰公司从上海证交所悄悄购入延中股票。由于中国有关并购的法规中，没有对"一致行动"作出定义，宝安公司安排了三家公司同时作战，借以逃避限制规定。

到1993年9月29日，宝安上海公司持有延中股票达4.56%，其关联企业宝安华阳保健用品公司、深圳龙岗宝灵电子灯饰公司持有延中股份达4.52%和1.57%，三家合计10.65%。9月30日，宝安公司按计划大笔吃进延中股源，拥有股份一下升至15.98%。随后，延中被停牌，宝安公司发出公告，宣布其拥有延中公司发行在外的股份5%以上。延中公司利用宝安在这次行动中的法律漏洞做出反击，认为宝安公司拥有的延中股份从4.56%一下子跳到15.98%，显然有违规之处，并且宝安公司此次行动有联手操作之嫌。1993年10月22日，中国证监会在充分调查、弄清事实的基础上，作出了处理决定：①宝安公司所拥有的19.8%的延中股份，按照《股票发行与交易管理暂行条例》第四十七条规定，最早应于1993年11月4日前方能拥有，因此，宝安上海公司及其关联企业在11月4日前均不能再买入延中股票；②两家关联公司于9月30日卖给公众的24.6万股延中股票利润归延中所有；③对未按照规定履行有关文件和信息的报告公开公布义务的宝安上海公司予以警告处分并罚款100万元，对其关联企业宝安华阳保健用品公司和深圳龙岗宝灵电子灯饰公司给以警告处分。"宝延"风波，是中国证券市场上首例公开收购上市公司的事件，它引起了人们广泛的注意。

（2）要约收购是指收购人为取得或强化对目标公司的控制权，通过向目标公司全体股东公开发出购买该上市公司股份的要约方式，收购该上市公司股份的行为。收购要约应当公告，并规定收购价格、数量及要约期间等收购条件。

（3）协议收购是指收购者与上市公司特定股东通过私下协商的形式，与该股东达成股权转让协议，取得该部分股份，进而获得对目标公司控制权的收购。通常协议收购主要发生在目标公司股权较为集中，尤其是存在控股股东的情况下，此时，收购人只需与该控股股东达成受让股权的协议，即可获得对该公司的控制权。协议收购与要约收购的一个显著不同在于，要约收购是面向所有股东，对所有股东的收购条件是一致的，但协议收购是一对一谈判。

（二）上市公司收购的其他分类

（1）依收购是否成为收购人的法定义务为标准，上市公司收购可分为：自愿收购和强制收购。

①自愿收购是由收购人依其自己的意愿，选定时间并按自行确定的收购计划依法进行的收购。

②强制收购则是指收购人依法必须进行的收购。

（2）依预定收购的股份数量，上市公司的收购还可分为：部分收购和全面收购。

①部分收购，是指收购人计划收购上市公司已发行的一定比例或数量的股份，部分收购的结果应能取得对上市公司相对控股的权利，反之，则为收购不成功。

②全面收购是指收购人计划收购上市公司已发行的全部股份，全面收购的结果应能取得对上市公司绝对控股的权利，反之，则为收购不成功。

（3）依收购人是否直接取得占上市公司控制地位的股权，上市公司的收购还可分为：直接收购和间接收购。

①直接收购是指直接取得占控制地位的股权的收购，适用上市公司收购的一般规定。

②间接收购是指收购人虽不是上市公司的股东，但通过投资关系、协议、其他安排导致其拥有权益的股份达到或者超过法定比例。

三、上市公司收购的一般规则

（一）权益披露规则

任何人通过证券交易所的股票交易持有或者通过协议、其他安排与他人共同持有一个上市公司已发行的有表决权的股份达到 5% 时，无论其是否具有收购的意图，均需暂停购买且依法定要求报告或公告其持股情况。此规则也称"百分之五规则"。

（二）台阶规则

台阶规则要求，投资者通过证券交易所的证券交易持有或者通过协议、其他安排与他人共同持有一个上市公司已发行的有表决权的股份达到 5% 以后，每增加或者减少一定的持股比例时，均须暂停买卖该公司的股票，且须依法进行报告和公告。我国《证券法》规定每增加或减少的"一定比例"亦为 5%。

披露义务人违反上述权益披露规则或台阶规则，违法买入上市公司有表决权的股份的，在买入后的 36 个月内，对该超过规定比例部分的股份不得行使表决权。

（三）强制要约规则

强制要约规则要求，投资者通过证券交易所的证券交易持有或者通过协议、其他安排与他人共同持有一个上市公司已发行的有表决权的股份达到 30% 时，继续进行收购的，应当依法向该上市公司所有股东发出收购上市公司全部或者部分股份的要约，除非获得中国证监会的豁免。

（四）终止上市规则

终止上市规则要求，收购要约的期限届满，被收购公司的股权分布不符合上市条件的，该上市公司的股票就应当由证券交易所依法终止上市。因此，收购方如果收购的最终目标不是合并目标公司，一般应将股份收购的数量控制在证券交易所要求的股权结构比例以下，以保持目标公司在证券市场上的融资功能。

（五）强制接受规则

强制接受规则要求，收购要约的期限届满，被收购公司股权分布不符合上市条件的，该上市公司的股票就应当由证券交易所依法终止上市，其余仍持有被收购公司股票的股东，有权向收购人以收购要约的同等条件出售其股票，收购人应当无条件地受让。

（六）同等条件收购规则

采取要约收购方式的，收购人在收购要约期限内，不得卖出被收购公司的股票，也不得采取要约规定以外的形式和超出要约的条件买入目标公司的股票。竞价收购与协议收购不受此规则约束。

（七）转让股份限制规则

在上市公司收购中，收购人对所持有的目标公司股票，在收购行为完成后的 18 个月内不得转让。

四、上市公司收购的程序

（一）竞价收购的程序

竞价收购的程序通常包括：①通过证券交易所购买目标公司已发行的有表决权的股份达 5%。②按"权益披露规则"报告与公告。③继续购买目标公司股份，按"台阶规则"报告与公告。④达到相对控股的程度，向中国证监会和证券交易所报告持股情况及收购后的改组计划。⑤依《公司法》的规定请求召开临时股东大会。⑥实施改组计划。这些计划可能涉及组织机构的重组、人员的重组、资产的重组以及业务的重组等。

（二）要约收购的程序

要约收购的程序通常包括：①编制要约收购报告书，同时对要约收购报告书摘要做出提示性公告。②报告。收购人发出收购要约，必须事先向中国证监会报送上市公司收购报告书；同时，应当将收购报告书提交证券交易所。③公告收购要约。收购要约约定的收购期限不得少于 30 日，并不得超过 60 日。④收购。收购要约中提出的各项收购条件，适用于目标公司所有的股东。股东可以根据自己的意愿办理股票预售手续。要约期限届满，收购人则可以根据要约规定和股票预售的情况全面收购或按比例部分收购。⑤实施改组或合并计划。目标公司继续存在的，收购人依《公司法》规定行使股东的权利；将目标公司解散的，属于公司合并，目标公司的原有股票，由收购人依法更换。⑥报告与公告。收购上市公司的行为结束后，收购人应当在 15 日内将收购情况报告中国证监会和证券交易所，并予公告。

（三）协议收购的程序

协议收购的程序通常包括：①谈判。收购人与目标公司的股东（尤其是大股东）就股权转让问题进行磋商，拟定协议草案。②经协议双方有关机构批准。大宗的股权转让、受让一般均须经买卖各方股东会或者董事会批准。上市公司收购中涉及国家授权投资机构持有的股份的，按照国务院的规定，须经有关主管部门批准。③正式签订收购协议。④报告与公告。以协议方式收购上市公司时，达成协议后，收购人必须在 3 日内将该收购协议向中国证监会及证券交易所做出书面报告，并予公告。在公告前不得履行收购协议。⑤发出要约。采取协议收购方式的，收购人收购或者通过协议、其他安排与他人共同收购一个上市公司已发行的有表决权的股份达到 30% 时，继续进行收购的，应当向该上市公司所有股东发出收购上市公司全部或者部分股份的要约。但是，经中国证监会免除发出要约的除外。⑥履行收购协议。上市公司的股票是实行托管的，买卖双方应到证券登记结算公司办理过户手续。⑦实施改组或合并计划。对上市公司实施改组或合并计划的前提是，收购人须持有足够的股份，或是绝对控股，或是相对控股。如果协议收购没有达到控股的程度，则不能实施对上市公司改组计划，更不能实施合并计划。⑧报告及公告。协议收购行为完成后，收购人应当在 15 日内将收购情况报告中国证监会和证券交易所，并予以公告。

在协议收购中，前述的终止上市规则、强制接受规则、转让股份限制规则仍然适用，其余规则不适用。但是，协议收购转为强制收购时，则需同样适用。

第五节 证券投资者保护法律制度

投资者是证券市场发展的关键要素,是指有一定资金来源、从事以证券为介质或手段的投资活动、对证券投资收益享有所有权并承担投资风险的证券市场主体。简而言之,证券市场投资者就是资本市场中有价证券的购买者。投资者可以是个人,也可以是法人或其他组织。

我国证券市场上的投资者结构以自然人为主,机构投资者比重很小,而自然人投资者中大部分为普通投资者,专业性不足,抗风险能力也较弱,这就使得我国证券市场更加需要注重对投资者权益的保护。

一、投资者的类型划分

我国《证券法》规定,对于不同类别的投资者给予不同的制度保护,主要参考因素是投资者的财产状况、金融资产状况、投资知识和经验、专业能力等,并以此将投资者分为普通投资者和专业投资者。

二、投资者适当性制度

投资者适当性制度是金融市场的一项基础性制度,其本质是要求金融机构承担将金融产品仅推荐给能够理解产品本身及投资机会,并能承受投资损失的投资者,实现保护投资者的目的。具体到证券领域,投资者适当性制度是指,证券经营机构在销售和推荐证券产品的过程中,须充分了解客户的投资知识、投资经验、投资目标、财务状况、风险承受度等信息,并充分了解所推荐或销售的证券产品或服务,从而将适合的证券产品和服务推荐或销售给适合的客户。

三、投资者权利行使机制

投资者是持有上市公司股份的股东,抑或是公司债券的持券人。

基于股东的身份,投资者享有《公司法》规定的股东的各项合法权益,尤其是投票权和利益分配请求权。我国《证券法》明确规定,上市公司董事会、独立董事、持有1%以上有表决权股份的股东或者依法设立的投资者保护机构,可以作为征集人,自行或者委托证券公司、证券服务机构,公开请求上市公司股东委托其代为出席股东大会,并代为行使提案权、表决权等股东权利。这种征集行为不得采取有偿或变相有偿的方式进行。此外,为保护中小投资者的利润分配请求权,《证券法》还特别要求,上市公司应当在章程中明确分配现金股利的具体安排和决策程序,依法保障股东的资产收益权;上市公司应当依照法定顺序,按照章程的规定分配现金股利。

四、投资者权益救济措施

(一)投资者保护机构

目前,在中国证监会的统一部署和领导下,已经形成了"一体两翼"的投资者保护组织体系,其中,"一体"是指中国证监会下设的中国证监会投资者保护局,"两翼"分别指中国证券投资者保护基金有限责任公司和中证中小投资者服务中心有限责任公司。

(1)中国证监会投资者保护局于2011年由中国证监会成立。作为中国证监会内设机构,其主要职责是:负责证券期货市场投资者保护工作的统筹规划、组织指导、监督检查、考核评估;推动建立健全投资者保护相关法规政策体系；统筹协调各方力量，推动完善投资者保护的体制机制建设等工作。

（2）中国证券投资者保护基金有限责任公司于2005年由国务院批准设立，由中国证监会负责管理。其主要职责包括：筹集、管理和运作基金；监测证券公司风险，参与证券公司风险处置工作；证券公司被撤销、关闭、破产或被中国证监会实施行政接管、托管经营等强制性监管措施时，按照国家有关政策规定对债权人予以偿付；组织、参与被撤销、关闭或破产证券公司的清算工作等。

（3）中证中小投资者服务中心有限责任公司（简称"投服中心"）是2014年12月成立的证券金融类公益机构，同样由中国证监会直接管理。其主要职责包括：面向投资者开展公益性宣传和教育；公益性持有证券等品种，以股东身份或证券持有人身份行权；受投资者委托，提供调解等纠纷解决服务；为投资者提供公益性诉讼支持及其相关工作等。

（二）先行赔付制度

先行赔付，是指在发生虚假陈述等案件时，在对发行人、上市公司等市场主体据以承担赔偿责任的行政处罚、司法裁判做出之前，由可能承担民事赔偿责任的连带责任人之一先行垫资向投资者承担赔偿责任，然后再由先行赔付者向未参与先行赔付的发行人、上市公司以及其他责任人进行追偿的一种措施。目前，主要适用于发行人因欺诈发行、虚假陈述或其他重大违法行为给投资者造成损失的案件。先行赔付的责任主体主要是发行人的控股股东、实际控制人、相关的证券公司。

（三）证券支持诉讼制度

基于证券市场的复杂性和专业性，对于中小投资者而言，在其权益受到侵害后，要进行诉讼并胜诉并非易事。所谓证券支持诉讼，就是针对涉及中小投资者众多、矛盾比较突出、社会影响较大的典型证券侵权纠纷，由投服中心以投资者保护机构的身份，根据中小投资者提出的申请，委派投服中心的公益律师或法律专业人员作为中小投资者诉讼代理人，代理中小投资者向法院起诉并参与诉讼的活动。

（四）证券代表人诉讼制度

由于证券市场上的投资者人数众多，某一证券违法行为造成的受害主体为不特定多数人，从而形成大规模证券纠纷。为快速、高效地解决这类纠纷，应当建立特殊的诉讼机制。在我国，解决该问题主要采取的是代表人诉讼制度。我国《民事诉讼法》对代表人诉讼有明确规定，即当事人一方人数众多的共同诉讼可以推选代表人进行诉讼，代表人的诉讼行为对其所代表的当事人发生效力。与此相应，我国《证券法》明确规定了证券领域的代表人诉讼制度，主要内容包括：①投资者提起虚假陈述等证券民事赔偿诉讼时，诉讼标的是同一种类，且当事人一方人数众多的，可以依法推选代表人进行诉讼。②对于这类诉讼，人民法院可以发出公告，说明该诉讼请求的案件情况，通知投资者在一定期间向人民法院登记。人民法院做出的判决、裁定，对参加登记的投资者发生效力。③投资者保护机构受50名以上投资者委托，可以作为代表人参加诉讼，并为经证券登记结算机构确认的权利人向人民法院登记，但投资者明确表示不愿意参加该诉讼的除外。

第六节 证券违法行为法律责任

证券立法的直接目的在于，通过对投资者利益的保护，正常发挥证券市场功能。我国证券市场在快速发展的同时，也存在着诸多违法情形，虚假陈述、内幕交易、操纵证券市场、欺诈客户等行为严重破坏了证券市场公开、公平、公正的基本原则，影响了市场机制的正常作用。因此，加强证券市场违法行为的法律责任非常必要。

一、虚假陈述行为及其法律责任

所谓虚假陈述，是指信息披露义务人违反信息披露义务，在证券发行和交易过程中，对证券活动的事实、性质、前景等事项做出不实、误导、遗漏的陈述，致使投资者不明真相而产生投资损失的违法行为。

（一）虚假陈述的具体形态

（1）虚假记载，是指信息披露义务人在披露信息时，将不存在的情形在信息披露文件中予以记载的行为，其中，财务报表不实是主要表现形式之一。

（2）误导性陈述，是指信息披露义务人在信息披露时做出使投资人对其投资行为发生错误判断并产生重大影响的陈述，主要体现为所披露事实的语句在理解上存在歧义，且这种歧义与事实不符，在此情形下，投资者无法获得完整、清晰、正确的信息，进而难以做出理性的投资判断。

（3）重大遗漏，是指信息披露义务人在信息披露文件中，未披露应当披露的信息或者披露得不完全，隐瞒或遗漏了部分重要事项，使投资人难以对所投资企业有完整的判断，造成投资人的判断错误。

（4）未按规定披露，是指信息披露义务人未按照法律、行政法规、规章和规范性文件，以及证券交易所业务规则规定的信息披露期限、方式等要求及时、公平披露信息。广义而言，未按照相关规则规定的时限、方式内容、格式等披露，都属于未按规定披露；狭义而言，未按规定披露主要体现为未在适当期限内或者未以法定方式披露，违反了信息披露的及时性或者公平性要求。

（二）虚假陈述的责任主体

（1）信息披露义务人。既包括发行证券的公司、上市公司、股票在国务院批准的其他全国性证券交易场所交易的公司等"发行人"，也包括其他信息披露义务人。

（2）发行人的控股股东、实际控制人、董事、监事、高级管理人员和其他直接责任人员。由于这些人在公司中处于重要地位，其行为往往对证券的发行、承销、上市和交易起着决定性作用，将其列入责任人范围具有合理性。

（3）证券保荐人、承销商及其直接责任人员。保荐人应遵守业务规则和行业规范，勤勉尽责地对发行人的申请文件和信息披露资料进行审慎核查，督导发行人规范运作。

（4）证券专业服务机构。在申请证券发行、上市过程中，发行人需要聘请律师事务所、会计师事务所、资产评估机构等专业机构协助制作有关申请文件，并出具有关报告和证明文件。

（三）虚假陈述的归责原则

对虚假陈述行为人的责任认定，《证券法》采用了无过错责任、过错推定责任和过错责任三种原则。

（1）无过错责任。适用这类归责原则的责任主体是信息披露义务人。一般认为，以证券发行人为主的信息披露义务人是信息的制作者，也是信息的初始来源，负有积极的信息披露义务，理应负有第一位的责任。

（2）过错推定责任。所谓过错推定责任，是指法律上推定行为人有过错，但如果行为人能够证明自己没有过错，则推翻先前的推定，此时被告负有证明自己无过错的责任。其适用主体是发行人、上市公司中的控股股东、实际控制人、董事监事、高级管理人员和其他直接责任人员；证券保荐人、承销商及其直接责任人员；证券专业中介服务机构。

（3）过错责任。适用这类归责原则的责任主体是发行人、上市公司的控股股东、实际控制人，在此原则下，如果加害人主观上不具有过错，即便造成了损害也不承担赔偿责任。此时，受害人负担证明加害人主观上具有过错的举证责任。

（四）虚假陈述的法律责任承担

（1）民事责任。虚假陈述的民事责任制度旨在补偿因信息披露人违反法律规定进行虚假陈述，从而给投资者造成的损失。这种责任制度一般不具有惩罚性，仅仅是一种损害赔偿的补偿性救济措施。

（2）行政责任。这里的行政责任的处罚类别主要包括责令改正、罚款、警告、暂停或者取消其发行、上市资格等。

（3）刑事责任。当虚假陈述行为人有严重违法情节或给投资人造成严重损害时，其行为已具有严重的社会危害性，应当承担刑事责任。其中涉及的罪名主要包括：欺诈发行证券罪；违规披露、不披露重要信息罪；提供虚假证明文件罪；出具证明文件重大失实罪。

二、内幕交易行为及其法律责任

内幕交易是指内幕信息的知情人和非法获取内幕信息的人利用内幕信息进行证券交易活动的行为。它属于证券交易中的欺诈行为，不利于保护投资者的合法权益和社会公共利益，必须绝对禁止。

（一）知悉内幕信息的人

知悉内幕信息的人主要分为两类，即证券交易内幕信息的知情人与非法获取内幕信息的人。证券交易内幕信息的知情人，是指知悉证券交易内幕信息的人员。具体包括：

（1）发行人及其董事、监事、高级管理人员。

（2）持有公司 5% 以上股份的股东及其董事、监事、高级管理人员，公司的实际控制人及其董事、监事、高级管理人员。

（3）发行人控股或者实际控制的公司及其董事、监事、高级管理人员。

（4）由于所任公司职务或者因与公司业务往来可以获取公司有关内幕信息的人员。

（5）上市公司收购人或者重大资产交易方及其控股股东、实际控制人、董事、监事和高级管理人员。

（6）因职务、工作可以获取内幕信息的证券监督管理机构工作人员，证券交易场所、证券公司、证券登记结算机构、证券服务机构的有关人员。

（7）因法定职责对证券的发行、交易或者对上市公司及其收购、重大资产交易进行管理，可以获取内幕信息的有关主管部门、监管机构的工作人员。

（8）国务院证券监督管理机构规定的可以获取内幕信息的其他人。

非法获取内幕信息的人，主要是指通过非法手段或非法途径获得内幕信息的人，如窃取、骗取内幕信息的人，他们也属于禁止的主体对象。

（二）内幕信息

内幕信息，是指证券交易活动中，涉及证券发行人的经营、财务或者对该发行人证券的市场价格有重大影响的尚未公开的信息。"未公开性"与"重大性"是内幕信息的两个主要特征。从现行《证券法》的规定来看，内幕信息主要包括两大类，即关于股票交易中的内幕信息和关于债券交易中的内幕信息。

关于股票交易中的内幕信息包括：

（1）公司的经营方针和经营范围的重大变化。

（2）公司的重大投资行为，公司在一年内购买、出售重大资产超过公司资产总额30%，或者公司营业用主要资产的抵押、质押、出售或者报废一次超过该资产的30%。

（3）公司订立重要合同、提供重大担保或者从事关联交易，可能对公司资产、负债、权益和经营成果产生重要影响。

（4）公司发生重大债务和公司的资产未能清偿到期重大债务的违约情况。

（5）公司发生重大亏损或者重大损失。

（6）公司生产经营的外部条件发生的重大变化。

（7）公司的董事、1/3以上监事或者经理发生变动，董事长或者经理无法履行职责。

（8）持有公司5%以上股份的股东或者实际控制人，其持有股份或者控制公司的情况发生较大变化，公司的实际控制人及其控制的其他企业从事与公司相同或者相似业务的情况发生较大变化；

（9）公司分配股利、增资的计划，公司股权结构的重要变化，公司减资、合并、分立、解散及申请破产的决定，或者依法进入破产程序、被责令关闭。

（10）涉及公司的重大诉讼、仲裁，股东大会、董事会决议被依法撤销或者宣告无效。

（11）公司涉嫌犯罪被依法立案调查，公司的控股股东、实际控制人、董事、监事、高级管理人员涉嫌犯罪被依法采取强制措施。

（12）国务院证券监督管理机构规定的其他事项。

关于债券交易中的内幕信息包括：

（1）公司股权结构或者生产经营状况发生重大变化。

（2）公司债券信用评级发生变化。

（3）公司重大资产抵押、质押、出售、转让、报废。

（4）公司发生未能清偿到期债务的情况。

（5）公司新增借款或者对外提供担保超过上年末净资产的20%。

（6）公司放弃债权或者财产超过上年末净资产的10%。

（7）公司发生超过上年末净资产10%的重大损失。

（8）公司分配股利，做出减资、合并、分立、解散、申请破产决定，或者依法进入破产程序、被责令关闭。

（9）涉及公司的重大诉讼、仲裁。

（10）公司涉嫌犯罪被依法立案调查，公司的控股股东、实际控制人、董事、监事、高级管理人员涉嫌犯罪被依法采取强制措施。

（11）国务院证券监督管理机构规定的其他事项。

上述关于股票或债券交易中的内幕信息，实际上就是发行人应按要求披露的临时报告事项，在公开披露前构成内幕信息。

（三）内幕交易行为的法律责任

证券交易内幕信息的知情人和非法获取内幕信息的人，在内幕信息公开前，不得买卖该公司的证券，或者泄露该信息，或者建议他人买卖该证券，否则，须承担相应的法律责任。

（1）民事责任。因内幕交易行为给投资者造成损失的，行为人应依法承担赔偿责任。我国《证券法》对此也予以了明确规定。但总体而言，我国目前关于内幕交易民事责任的规定还非常欠缺。我国现行《证券法》对内幕交易的民事责任规定得比较原则，还亟须从归责原则、因果关系认定以及损害赔偿范围等方面进行具体制度的细化和完善。

（2）行政责任。证券监管机构有权责令非法行为人依法处理非法持有的证券，没收违法所得，并处以违法所得1倍以上10倍以下的罚款；没有违法所得或者违法所得不足50万元的，处以50

万元以上 500 万元以下的罚款。单位从事内幕交易的，还应当对直接负责的主管人员和其他直接责任人员给予警告，并处以 20 万元以上 200 万元以下的罚款。证券监督管理机构工作人员进行内幕交易的，从重处罚。

（3）刑事责任。除民事、行政责任外，各国立法都非常重视借助刑事处罚追究内幕交易者的责任，且刑事处罚日趋严厉。我国《刑法》第一百八十条就规定了关于证券、期货的内幕交易罪。

三、操纵证券市场行为及其法律责任

（一）操纵市场行为的具体形态

操纵证券市场是指行为人以不正当手段，影响证券交易价格或者证券交易量，制造虚假繁荣、虚假价格，诱导或者迫使其他投资者在不了解真相的情况下做出错误的投资决定，使操纵者获利或减少损失的行为。为了保护广大的投资者利益，维持证券交易公正合理的秩序，必须严格禁止这类违法行为。

违法获取不当利益或者转嫁风险的行为手段主要有：

（1）单独或者通过合谋，集中资金优势、持股优势或者利用信息优势联合或者连续买卖，操纵证券交易价格。

（2）与他人串通，以事先约定的时间、价格和方式相互进行证券交易，影响证券交易价格或者证券交易量。

（3）在自己实际控制的账户之间进行证券交易，影响证券交易价格或者交易量。

（4）不以成交为目的，频繁或者大量申报并撤销申报。

（5）利用虚假或者不确定的重大信息，诱导投资者进行证券交易。

（6）对证券发行人公开做出评价、预测或者投资建议，并进行反向证券交易。

（7）利用在其他相关市场的活动操纵证券市场。

（8）以其他手段操纵证券市场。

（二）操纵市场行为的法律责任

操纵证券市场行为给投资者造成损失的，应当承担相应的法律责任。

（1）民事责任。与内幕交易一样，我国现行立法对操纵证券市场的民事责任仅有原则性规定，缺乏可操作性。《证券法》第五十五条规定，"操纵证券市场行为给投资者造成损失的，应当依法承担赔偿责任"。但是，行为人应如何承担责任，法律没有详细规定，这就为因操纵行为而遭受损失的投资者维权造成了制度障碍。

（2）行政责任。主要是责令依法处理非法持有的证券，没收违法所得，并处以违法所得 1 倍以上 10 倍以下的罚款；没有违法所得或者违法所得不足 100 万元的，处以 100 万元以上 1 000 万元以下的罚款。单位操纵证券市场的，应当对直接负责的主管人员和其他直接责任人员给予警告，并处以 50 万元以上 500 万元以下的罚款。

（3）刑事责任。我国《刑法》第一百八十二条规定了操纵证券、期货市场罪，对于操纵证券、期货市场，情节严重的，将处以有期徒刑、拘役、罚金等刑事责任处罚。

四、欺诈客户行为及其法律责任

欺诈客户是指证券公司及其从业人员在证券交易活动中诱骗投资者买卖证券以及其他违背投资者真实意愿、损害其利益的行为。我国证券法律法规禁止的欺诈行为包括：

（1）违背客户的委托为其买卖证券。

（2）不在规定时间内向客户提供交易的书面确认文件。

（3）未经客户的委托，擅自为客户买卖证券，或者假借客户的名义买卖证券。

（4）为牟取佣金收入，诱使客户进行不必要的证券买卖。

（5）其他违背客户真实意思表示，损害客户利益的行为。

证券公司违背客户的委托买卖证券、办理交易事项，或者违背客户真实意思表示，办理交易以外的其他事项，给客户造成损失的，应当依法承担赔偿责任。同时，证券监管部门应给以警告，没收违法所得，并处以1倍以上10倍以下的罚款，没有违法所得或者违法所得不足10万元的，处以10万元以上100万元以下的罚款；情节严重的，暂停或者撤销相关业务许可。

本章小结

证券是指资金需求者为了筹措中长期资金而向投资者发行，由投资者购买且能对一定的收益拥有请求权的投资凭证。证券法包括一切有关资本证券的法律规范。具体地说，证券法是关于证券募集、发行，交易、服务以及对证券市场进行监督管理的法律规范的总和。证券市场主体包括证券交易所、证券公司、证券登记结算机构、证券服务机构以及证券业协会。我国《证券法》规定，国务院证券监督管理机构依法对证券市场实行监督管理，维护证券市场秩序，保障其合法运行。由于我国证券市场上的投资者结构以自然人为主，机构投资者比重很小，而自然人投资者中大部分普通投资者，专业性不足，抗风险能力也较弱，这就使得我国证券市场更加需要注重对投资者权益的保护，同时对各类证券违法行为的法律责任从民事、行政、刑事三个维度做出了明确规定。

复习与训练

一、名词解释

1. 证券承销
2. 上市公司收购
3. 证券公司
4. 持续信息公开
5. "台阶规则"

二、不定项选择

1. 依据《证券法》的有关规定，证券交易所的总经理由（　）任免。

　A. 证券交易所的理事会　　　　　　B. 国务院

　C. 国务院证券监督管理机构　　　　D. 证券业协会

2. 下列人员中不得招聘为证券交易所的从业人员的是（　）。

　A. 因违法行为或者违纪行为被开除的证券交易所从业人员

　B. 因违法被撤销证券从业资格已满6年的证券从业律师王某

　C. 因故和某证券公司解除劳动合同的张某

　D. 已辞职原为某国家机关工作人员的李某

3. 依据《证券法》的规定，对采取溢价发行的股票，其股票价格（　）。

　A. 应由国务院证券监督管理机构决定

　B. 应由发行人与承销的证券公司协商确定

C. 应由股票发行人与证券监督管理机构商议决定
D. 应由股票发行人和承销的公司协商确定,并报证券监督管理机构批准

4. 为股票发行出具审计报告、资产评估报告、法律意见书等文件的有关专业人员( )不得购买该种股票。

A. 在该股票承销期内
B. 在其审计报告、资产评估报告、法律意见书等文件成为公开信息前
C. 在该股票承销期内及期满后6个月内
D. 上述文件公开后5个工作日内

5. 向社会公开发行的证券票面总值超过( ),应当由承销团承销。

A. 3 000 万元　　　　　　　　B. 1 500 万元
C. 6 000 万元　　　　　　　　D. 5 000 万元

三、简答题

1. 简述证券市场的特点。
2. 简述收购人的特别义务。
3. 简述操纵市场行为的法律责任。

四、案例分析

丁某在某证券公司营业部开立账户,从事证券投资。某日,丁某发出以10万元价格卖出本账户A公司股票1 000股的指令,但由于该营业部内交易员小王操作不慎,将丁某卖出指令敲成买入,以每股10元的价格为丁某购入A公司股票1 000股,当日该股票收盘价是10.20元。并且由于丁某账面资金不足,小王向营业部经理汇报后,给丁某透支了营业部其他客户保证金3 000元。次日,该股即下跌,开盘价为9.8元,最高价为10.18元,收盘价为9.75元,交易员小王在10.15元卖出1 000股A公司股票后,将透支的3 000元归还。当日,丁某发现这一事件,即提出索赔。

根据上述案例分析:

1. 该案中小王有哪些违反《证券法》的行为?小王应直接承担相应的责任吗?为什么?
2. 丁某应向谁索赔?从《证券法》角度看,他的索赔依据是什么?

课后思考

新证券法带来哪些变化?

2019年12月28日上午,十三届全国人大常委会第十五次会议闭幕,会议表决通过了新修订的《中华人民共和国证券法》。历时四年多,经历四次审议,证券法的修订终于落定。此次修订是证券法21年来的第二次修订,此前,证券法于2004年、2013年、2014年进行了三次修正。新法从股票发行注册制改革、大幅度提高证券违法成本、强化投资者保护、强化信息披露等方面进行了全面完善。

一、取消发审委,注册制何时全面实施

此次证券法修订的一个重要内容就是注册制。修改后的证券法按照全面推行注册制的基本定位,对证券发行注册制作出比较系统完备的规定,主要体现在四个方面:

首先,精简优化了证券发行的条件。将现行证券法规定的公开发行股票应当"具有持续盈利能力"的要求改为"具有持续经营能力";在公开发行债券方面,取消了原来公开发

行债券时对公司的净资产数额要求。

其次，调整了证券发行的程序。在明确规定国务院证券监督管理机构，或者国务院授权的部门作为法定的注册机关的基础上，取消了原来的法律规定的发行审核委员会制度，并明确证券交易所等机构可以按照规定对证券发行的申请进行审核。

再次，强化了证券发行中的信息披露。此次证券法修改专门设立一章，对信息披露做了系统规定。

最后，新《证券法》第九条第一款规定证券发行注册制的具体范围、实施步骤由国务院规定，为实践中注册制的分步实施留出了制度空间。

二、增加投资者保护专章，探索建立符合国情的证券民事诉讼制度

修订后的证券法探索建立了符合中国国情的证券民事诉讼制度。具体来看，一是充分发挥投资者保护机构的作用，允许其接受50名以上投资者的委托作为代表人参加诉讼；二是允许投资者保护机构按照证券登记结算机构确认的权利人，向人民法院登记诉讼主体；三是建立了"默示加入""明示退出"的诉讼机制，为投资者维护自身合法权益提供方便的制度安排。

三、大幅提高违法行为成本

市场对提升证券违法行为的处罚力度早有呼吁，而此次修改的证券法法律责任一章是所有章节中条文最多的，从第一百八十条一直到二百二十三条，共44个条文。

首先，加大了对违法行为的行政处罚力度。在没收违法所得的基础上，给予数额较大的罚款。例如《证券法》第一百八十一条对欺诈发行、尚未发行证券的，要给予发行人200万元以上2 000万元以下的罚款，已经发行证券的，要处非法所募资金金额10%以上1倍以下的罚款。另外，对虚假陈述、内幕交易、操纵市场都加大处罚力度。同时，对行政处罚实行"双罚制"，比如对欺诈发行，除了要对发行人进行处罚，对发行人直接负责的主管人员和其他直接责任人员也要给予处罚。对于发行人的控股股东、实际控制人组织指使导致欺诈发行的，对发行人的控股股东、实际控制人也要给予高额的行政处罚。

其次，通过完善民事责任制度和代表人诉讼制度，让违法行为人承担民事法律责任。例如欺诈发行，发行人违法了，发行人的控股股东、实际控制人要对他的责任承担连带责任，而且实行过错推定，除非证明自己没有过错，否则就要承担连带责任。

再次，进一步完善了证券市场的禁入制度。2005年修改证券法时就增加了证券市场禁入制度的规定，这次修改在这个规定的基础上进一步扩大了范围，除了不能从事证券业务，不得担任上市公司的董事、监事、高级管理人员以外，还增加了一定期限直至终身不得在证券交易所、不得在国务院批准的其他全国性证券交易场所也就是新三板进行证券交易的规定。

最后，增加了诚信档案的规定，将证券市场行为人遵守证券法的情况列入诚信档案，违法会导致社会信用评价的降低。另外，还对证券违法行为规定了刑事责任。

第十一章 保险法律制度

Chapter Eleven

学习目标

○ 掌握保险法的概念与基本特征。
○ 厘清保险合同的成立、生效及履行等概念。
○ 理解保险业法律制度。

导入案例

○ 曹某 2018 年 8 月以自己作为被保险人投保意外伤害保险,保险合同成立后,2019 年 5 月,曹某以交通事故致使其股骨骨折、眼外伤性失明、永久残废为由,向保险人申请给付保险金 100 000 元。后经查证,曹某右腿残废,右眼失明均系其投保前与他人斗殴所致。
○ 分析:该案例中保险人是否可以解除保险合同,并不退还保险费?

第一节 保险法概述

一、保险的概念与基本属性

(一)保险的概念

法学意义上的保险,主要是指投保人按照约定向保险人交付保险费,保险人按照约定承担赔偿或给付保险金责任的一种合同关系(射幸合同)。我国《保险法》(2015 年版)第二条规定:"本法所称保险,是指投保人根据合同约定,向保险人支付保险费,保险人对于合同约定的可能发生的事故因其发生所造成的财产损失承担赔偿保险金责任,或者当被保险人死亡、伤残、疾病或者达到合同约定的年龄、期限等条件时承担给付保险金责任的商业保险行为。"由此可见,我国保险法是通过"损失补偿"和"定额给付"这两方面的性质给保险下定义的,即对于具体财产损失(含债务的增加)贯彻损失填补原则,而对生命、健康、身体之上的抽象损失则贯彻定额给付原则的一种合同关系。

知识拓展

实务中的短期健康保险与意外伤害保险在保险费计算、责任准备金提存以及医疗费用给付等方面,与一般财产保险并无不同,在展业方面兼具人身保险与财产保险的性质,故而,寿险公司及财险公司均可经营这两类业务。相应地,这两个险种又被称为中间领域保险或者第三领域保险。虽从保险标的上看属于人身保险，但在赔付项目上可以按照损失填补保险来操作。

(二) 保险的基本属性

保险的产生源于危险的存在，无危险则无保险。所谓危险，是指自然事件以及人们从事特定行为时其后果的不确定性。保险法上承保的危险限于危险发生后不可能产生收益而只可能产生损失的纯粹危险。保险是以危险为逻辑起点，以大数法则为主要数理基础，以危险转移为目的的一种危险处理方式。

从危险管理的角度讲，保险是人们管理危险的一种方式，是与危险回避、危险自留（又称自担）、危险集合、危险中和等并列的一种危险管理方式，属于危险管理方式中危险转移的一种。

📖 知识拓展

17世纪，欧洲的数学家建立了粗略死亡表。他们通过调查发现，如对新生儿加以统计，各地每年出生的男孩与女孩的比率，几乎为一定的常数，此即大数法则（law of large numbers）。其基本内涵为：个别事物的发生可能是不规则的，但若集合众多的事物来观察就具有相当的规则性。保险制度依据这一数理基础可以将个别危险单位遭受损失的不确定性变为多数单位危险可以预知的损失，从而计算出损失的概率和程度，进而计算出相对公平合理而又稳定的保险费率。

从数学和统计学意义上讲，精算和大数法则构成保险的数理基础。比如要想判定某个患心脏病的65岁男性当年是否死亡几乎是不可能的，但通过以往的统计数据精算出某一地域范围内当年患心脏病的65岁男性的死亡概率同去年相比是否接近或者相同，应当是可以做到的，同样，尽管不能判定某人当年是否会发生机动车交通事故，但能够计算出某人所在地去年出现交通事故的数据，那么，计算去年与前年乃至往年更长的统计周期该地区交通事故的概率，就能为保险的稳健经营及实现保费和保险金赔付的对价平衡提供有效的数理支撑。

大数法则所依据的集合体越大，确定性的概率就越大；距离过往的时间越近，概率就越相似；风险越容易确定，保险公司就越愿意承保。这就是人寿保险的费率要比恐怖危险的费率高的原因。从这个角度看，保险既是风险转移的方式，也是风险分散的方式，是将风险从个体身上通过保险公司最终分散到面临同质危险的保险共同体全体成员身上，通过收取个体成员的小额保险费，形成一个足以覆盖共同体成员因保险事故而遭受损失的保险资金池。

二、保险法的概念和属性

(一) 保险法的概念

我国保险法是调整保险合同关系、保险组织（保险业）关系和保险业监督管理关系的法律规范的总称。保险合同关系的内容后文详述；保险组织关系主要包括保险组织的形式、设立条件、设立程序、组织机构、经营规则等方面的法律规范；保险业监督管理关系主要包括监督管理机构的权限、监督管理的内容、监督管理的方式和措施、对保险公司的接管等方面的法律规范。

(二) 我国的保险立法

从学科划分的意义来看，保险法属于商法，是民商法的特别法。中华人民共和国第一部《保险法》诞生于1995年，分别于2002年、2009年、2014年、2015年、2018年进行了修改。本章相关内容出自《保险法》（2015年版）。国务院还先后颁布了《外资保险公司管理条例》《机动车交通事故责任强制保险条例》和《农业保险条例》。此外相关部门规章和最高人民法院关于保险法的司法解释也构成广义上的保险法律规范体系。

1980年我国恢复保险业务以来，保险业取得了长足的发展。"十二五"期间，我国保费收入从 2010 年的 1.3 万亿元，增长到 2015 年的 2.4 万亿元；保险业总资产从 2010 年的 5 万亿元，增长到 2015 年的 12 万亿元，全行业净资产已达 1.6 万亿元；利润从 2010 年的 837 亿元，增长到 2015 年的 2 824 亿元；保险深度达到 3.6%，保险密度达到 1 768 元 / 人。我国保险市场规模先后赶超德国、法国、英国，世界排名由第六位升至第三位。国务院 2014 年 8 月 10 日出台的关于发展现代保险服务业的"新国十条"，提出了"由保险大国向保险强国"转变的保险业发展目标，并对保险业在现代社会中的角色做了重新定位。

（三）保险法的特殊属性

以保险合同的特殊性为例，有学者在分析损害赔偿的发生原因时指出，损害赔偿的发生原因可分为四类，即除契约关系、侵权关系、法律规定外，还有保险契约。并且，后者发生的损害赔偿与一般契约关系和侵权行为发生的损害赔偿迥然不同，前两者有一个共同因素，系对契约义务或法律规定的不得侵害他人权利的义务的违反，而保险契约中保险人进行保险给付，以保险事故的发生为条件，并无任何上述违反义务的色彩。故自保险契约而发生的损害赔偿，应自成一独立类型。

可见，即便把保险合同当作合同之债加以对待，也要注意其自身的特殊性，注意其不同于一般合同尤其是买卖合同的特殊所在，因为保险合同具有射幸合同的特性，射幸合同的合同责任并不取决于当事人的违约行为。但是，我国合同法并没有对射幸合同做出专门的规定。

此外，若要更深入地认识保险法规范的特殊性，也需要从更广阔的角度认识保险制度的特殊性。分述如下：

第一，保险合同的标的和对价不同于一般合同。一般合同是在交易双方对交易标的物的使用价值或者价值有不同的评估时，才会达成交易；而保险产品要求保险的危险与保险产品的价格之间贯彻所谓的对价平衡原则（又称"给付均等原则"），即风险和保费相适应。因而，保险业的经营有"禁止不合理利润原则"，即保险人经营保险，即使获得投保人或其利害关系人的同意，也不可以获得不合理的高额利润，主要原因是：一方面，保险人是准金融机构，具有社会责任；另一方面，保险人与投保人间的谈判地位并不平衡，投保方的同意通常是信息不对称情况下的决定，因此保险业必须接受其主管机关的严格监管，以避免不合理的利润，并保证其具有理赔能力。

第二，如果把保险当作一件商品来看，可能除了生存保险之外，对于其他人的保险以及财产保险产品，当事人双方都不希望商品的购买方去实际消费该产品。这在商品市场中可能是独一无二的。

第三，在金融诸业中，或许只有保险业直接关乎民生和社会。保险中的人身保险直接保障的对象是寿命、身体和健康，是在社会保障制度仅仅提供基本保障的基础上，提供死亡、伤残、医疗等方面救济的一种保障。原因在于，人都是会衰老的，当衰老伴随着劳动能力丧失和收入减少的时候，对人身保险的依赖就会更为迫切。

第四，对投保方来讲，保险是一种金钱换承诺的行为。如果保险期间届满，或者因保险危险状况变动而保险金的给付希望落空，或者保险期间经过一段时间或在临近届满之时保险合同的效力产生瑕疵，那么被保险人可能再无重新获取保障的机会，因而特别需要倡导和践行"最大诚信原则"。

第五，保险与其他金融产品一样，通常就是一份合同、一份文件或者一张保险卡，因而需要建立一套专门针对保险等金融消费者权益保护的法律规范体系。

三、保险与相关术语的区别

（一）保险与社会保险

广义上的保险包括商业保险和社会保险。我国《保险法》的调整对象仅限于商业保险，社会保险由《社会保险法》专门调整。二者的差别在于：

（1）运作基础不同。商业保险的运作基础在于当事人的意思自治和合同自由；社会保险具有社会保障的性质，系通过立法的方式强制推行，其内容也由立法做出规定。

（2）运作机构的性质不同。商业保险的主体均为营利性的企业法人，社会保险则由专门的国家机构办理。

（3）保险的宗旨不同。商业保险具有营利性；而社会保险的主要目的在于消除贫困和缩小贫富差距，不具有营利性质，即使所收取的保险费多于其成本和支出，也不得用于利润分配，而充作社会保障基金。

（4）具体类别不同。商业保险尤其是财产保险（含责任保险），赔付的标准根据保费的多少等因素而有差别；社会保险只限于人身保险，主要以健康、养老、失业、医疗等为保障对象，实现全社会或者全行业统筹，按照法定的保障标准给付，没有多投多保的性质和特征。

（5）适用对象不同。商业保险的被保险人可以是符合承保条件的任何人；社会保险的保障对象则有严格规定，符合条件的全体社会成员均应纳入社会保障体系。

（二）保险与储蓄

保险和储蓄都是一种金融措施，尤其是长期人寿保险本身就具有储蓄性质，但二者仍存在以下明显的差异：

（1）实施的方法不同。保险是互助合作行为，只能依靠多数人的互助共济；储蓄是自助行为，可以单独、个别地实施。

（2）给付与反给付的前提条件不同。保险不要求存在个别给付的均等关系，只需要存在综合的、整体的均等给付关系即可，被保险人是否能够得到赔付以及赔付的数量并不完全取决于保险费的多少和交付时间的长短；而储蓄在给付与反给付之间存在个别的均等关系，取款的数量取决于存款的数量和期限。

（3）遵循的原则不同。保险虽也贯彻"投保自愿，退保自由"原则，但如果退保，通常要扣除已经经过的保险期间的保险费或者管理费、手续费，并且退保金往往会少于所缴的保险费；而储蓄的原则是"存款自愿，取款自由"。此外，保险所采用的特殊精算方法并不一定适用于储蓄。

（三）保险与赌博

保险和赌博具有较多的相似性。首先，二者都具有射幸性。其次，二者都不需要在给付和反给付之间建立个别的均等关系。实际上，在保险利益原则和损失补偿原则确定之前，保险和赌博并没有明显的区别。随着16世纪保险利益原则的出现，保险与赌博才区别开来，具体如下：

（1）法律性质不同。保险是各国法律所倡导的良善制度，赌博则被不少国家视为违法行为。

（2）道德认可不同。保险是广受赞许的人类互助精神的发扬，利己利人；赌博则是道德所不倡导甚至谴责的人类贪婪本性的极端流露，试图不劳而获，损人损己。

（3）目的和作用不同。保险是收集保险费建立保险基金，通过互助共济的方式，对被保险人或者受益人予以救济，以达到社会安定的目的的行为；赌博是对财产的意外增加或者减少。保险是使投保人或被保险人"从不安定走向安定"的行为，赌博则是一种使人"从安定走向不安定"的行为。

（4）是否以保险利益为基础。保险以保险利益的存在为前提，投保人与保险标的存在一定的利益关系；赌博的对象则可以是与自己没有任何利害关系的财产或者事件。

（5）与危险或获利的关系不同。保险的危险都是客观存在的，投保人没有获利的可能；赌博的危险则都是参与者自找的，且赌博存在获利的可能性，因此才令不少人趋之若鹜。

（四）保险与保证

保险与保证都属于合同关系，都是将风险进行转移的方式，但二者存在如下差异：

（1）法律性质不同。保险合同是独立的合同关系，保证合同则是效力从属于主合同的从合同。

保险既是一种法律关系，又是一种经济制度；保证则纯属法律关系的一种。

（2）法律效力不同。保险合同中，保险人履行的义务是自己应尽的义务，除非作为第一方保险的财产损失保险中保险危险的发生是基于第三者的责任，一般不发生追偿权问题，更无所谓同时履行抗辩权等问题；保证合同中保证人则是代主债务人履行合同义务，而后享有代位追偿权，于一般保证（而非连带责任保证）的场合，保证人还享有先诉抗辩权。

我国保险实务中比较普遍地推行了"保证保险"，主要运用于消费借贷和其他小额借贷领域。保证保险是指，当借款人与贷款人签订借款合同之后，以借款人为投保人、以借款人自己或者债权人为被保险人，当特定的事由发生致使借款人丧失偿还借款的能力，或者当借款人不履行合同约定的还款义务时，由保险公司按照合同约定承担余款偿还义务。

保证保险与保证之间在承担代为清偿责任的主体资格、承担责任的条件、承担责任的性质、承担责任的方式等方面还存在不少差异。

四、保险法律关系

保险法律关系是保险关系的主体之间针对保险客体所形成的权利义务关系。

保险法律关系的主体包括保险合同当事人、保险合同关系人、保险合同辅助人。保险合同当事人是指投保人和保险人；保险合同关系人是指被保险人和受益人；保险合同辅助人则是指保险代理人、保险经纪人、保险公估人。

保险法律关系的客体，又称为保险标的或者保险法所欲保障的保险利益，是保险行为指向的对象，包括财产关系中的有体物、无形利益，以及人身关系中的生命、身体和健康。

下文将保险法律关系的内容分别放在不同的主体中加以阐述。关于保险法律关系的客体，将在本章第三节之"二、保险合同的分类"中一并介绍。保险辅助人则放在本章第四节加以介绍。

（一）投保人

投保人是指与保险人订立保险合同，并按照合同约定负有交付保险费义务的人。

在财产保险中，投保人通常为自己利益订立保险合同，投保人即被保险人，保险事故发生时即实际遭受损失之人。

在人身保险中，投保人可以自己为被保险人并以自己为受益人而投保，也可为保障他人的生命、健康而投保。以他人为被保险人投保的，合同成立之时投保人须对被保险人具有保险利益。

投保人负有交付保险费的义务。保险费数额初次确定并载入保险合同之后有可能随着保险标的危险状况、保险标的价值等因素的变化而调整。我国《保险法》第五十二条第一款规定：在合同有效期内，保险标的的危险程度显著增加的，被保险人应当按照合同约定及时通知保险人，保险人可以按照合同约定增加保险费或者解除合同。

法条链接

《保险法》第五十二条至第五十三条：

第五十二条　在合同有效期内，保险标的的危险程度显著增加的，被保险人应当按照合同约定及时通知保险人，保险人可以按照合同约定增加保险费或者解除合同。保险人解除合同的，应当将已收取的保险费，按照合同约定扣除自保险责任开始之日起至合同解除之日止应收的部分后，退还投保人。

被保险人未履行前款规定的通知义务的，因保险标的的危险程度显著增加而发生的保险事故，保险人不承担赔偿保险金的责任。

第五十三条　有下列情形之一的，除合同另有约定外，保险人应当降低保险费，并按日计

算退还相应的保险费:
(一)据以确定保险费率的有关情况发生变化,保险标的的危险程度明显减少的;
(二)保险标的的保险价值明显减少的。

保险费的交付方式分为一次性交付(也称"趸交")和分期交付。分期交付主要适用于长期寿险合同。保险费可以自己交付,也可以由被保险人、受益人或者其他人代为支付。投保人违反交费义务的法律后果表现为:

第一,约定以交付保险费或者首期保费为合同的生效条件时,投保人违反该义务,则保险合同不生效。

第二,对于已经生效的人寿保险合同,投保人违反交付保险费义务,保险人不得请求强制履行,只能依照《保险法》第三十六条的规定行使合同中止权。人寿保险的保险费,之所以不得用诉讼等强制方式要求投保人支付,主要原因在于:①人寿保险关涉人格权,不可勉强;②人寿保险原则上视若投资(储蓄)并听任投资人的自由;③第一期保险费如不支付,合同往往不生效,以后陆续到期的保险费如不支付,经过犹豫期后其效力即停止,保险人并无损失。

法条链接

《保险法》第三十六条 合同约定分期支付保险费,投保人支付首期保险费后,除合同另有约定外,投保人自保险人催告之日起超过三十日未支付当期保险费,或者超过约定的期限六十日未支付当期保险费的,合同效力中止,或者由保险人按照合同约定的条件减少保险金额。

被保险人在前款规定期限内发生保险事故的,保险人应当按照合同约定给付保险金,但可以扣减欠交的保险费。

第三,健康保险和意外伤害保险合同中,多约定以保险费的交付作为合同的生效要件,投保人交付保险费之前,合同仅仅成立但不生效,因此,即便是分期交费,第一期保费也不得强制请求。至于第二期之后的保险费,理论上有强制请求的适用。

第四,财产保险合同中,保险费在合同生效之后可以作为保险人对投保人享有的债权,保险人既可以请求强制交付,也可以在发生保险事故进行赔付时扣除投保人欠交的保险费,还可以依照合同约定解除合同,合同解除未发生保险事故的,保险人有权要求投保人支付自保险责任开始时至合同解除前期间的保险费。

(二)保险人

保险人,也称承保人,是指与投保人订立保险合同,并按照合同约定承担赔偿或者给付保险金责任的保险公司。保险人负有如下义务:

(1)承担危险的义务。在保险合同中,承担危险是保险人的主要义务,与投保人交付保险费义务构成对待给付。危险承担义务包括三方面:其一,免除投保人或被保险人承担风险之忧虑;其二,保险事故发生前督促或协助被保险人防险防损;其三,保险事故发生后依照约定赔付保险金。

(2)通知与保密义务。保险人的通知义务与保密义务,是保险合同附随义务与后合同义务的体现。我国《保险法》第二十三条、第二十四条分别规定,保险人收到被保险人或者受益人的赔偿或者给付保险金的请求后,应当及时作出核定。对不属于保险责任的,应当自作出核定之日起三日内向被保险人或者受益人发出拒绝赔偿或者拒绝给付保险金通知书,并说明理由。《保险法》第一百一十六条同时规定,保险公司及其工作人员在保险业务活动中,不得泄露在业务活动中知悉的投保人、被保险人的商业秘密。

> **法条链接**
>
> 《保险法》第二十三条至第二十四条：
> 第二十三条　保险人收到被保险人或者受益人的赔偿或者给付保险金的请求后，应当及时作出核定；情形复杂的，应当在三十日内作出核定，但合同另有约定的除外。保险人应当将核定结果通知被保险人或者受益人；对属于保险责任的，在与被保险人或者受益人达成赔偿或者给付保险金的协议后十日内，履行赔偿或者给付保险金义务。保险合同对赔偿或者给付保险金的期限有约定的，保险人应当按照约定履行赔偿或者给付保险金义务。
> 保险人未及时履行前款规定义务的，除支付保险金外，应当赔偿被保险人或者受益人因此受到的损失。
> 任何单位和个人不得非法干预保险人履行赔偿或者给付保险金的义务，也不得限制被保险人或者受益人取得保险金的权利。
> 第二十四条　保险人依照本法第二十三条的规定作出核定后，对不属于保险责任的，应当自作出核定之日起三日内向被保险人或者受益人发出拒绝赔偿或者拒绝给付保险金通知书，并说明理由。

（三）被保险人

被保险人是指其财产或者人身受保险合同保障，享有保险金请求权的人。投保人可以为被保险人。

被保险人在保险关系中主要享有两方面权利：

（1）同意权。财产保险中，经被保险人同意，保险人为维护保险标的的安全，可以采取安全预防措施；人身保险中，投保人以他人为被保险人，投保以死亡为给付保险金条件的合同，须经被保险人同意并认可保险金额，否则合同无效；按照以死亡为给付保险金条件的合同签发的保险单转让或者质押时，须经被保险人书面同意；投保人指定受益人以及变更受益人时，须经被保险人同意。2015年通过、2020年修正的《最高人民法院关于适用〈中华人民共和国保险法〉若干问题的解释（三）》（以下简称《保险法司法解释（三）》）第一条规定：《保险法》上所谓"被保险人同意并认可保险金额"可以采取书面形式、口头形式或者其他形式；可以在合同订立时作出，也可以在合同订立后追认。有下列情形之一的，应认定为被保险人同意投保人为其订立保险合同并认可保险金额：第一，被保险人明知他人代其签名同意而未表示异议的；第二，被保险人同意投保人指定的受益人的；第三，有证据足以认定被保险人同意投保人为其投保的其他情形。

（2）保险金赔付请求权。保险人自收到赔偿或者给付保险金的请求和有关证明、资料之日起60日内，对其赔偿或者给付保险金的数额不能确定的，应当根据已有证明和资料可以确定的数额先予支付；保险人最终确定赔偿或者给付保险金的数额后应当支付相应的差额。人寿保险以外的其他保险的被保险人或者受益人，向保险人请求赔偿或者给付保险金的诉讼时效期间为2年，自其知道或者应当知道保险事故发生之日起计算。人寿保险的被保险人或者受益人向保险人请求给付保险金的诉讼时效期间为5年，自其知道或者应当知道保险事故发生之日起计算。

被保险人的义务主要包括以下方面：①危险增加的通知义务。②维护财产保险标的的安全义务。③保险事故发生的通知义务。投保人、被保险人或者受益人故意或者因重大过失未及时通知，致使保险事故的性质、原因、损失程度等难以确定的，保险人对无法确定的部分，不承担赔偿或者给付保险金的责任，但保险人通过其他途径已经及时知道或者应当及时知道保险事故发生的除外。④提供保险事故证明和资料的义务。⑤减损义务。保险事故发生时被保险人应当尽力采取必要的措施，防止或者减少损失。保险事故发生后，被保险人为防止或者减少保险标的的损失所支付的必要的、合理的费用，由保险人承担；保险人所承担的费用数额在保险标的损失赔偿金额以外的，另行计算，最高不超过保险金的数额。

（四）受益人

受益人是指人身保险合同中由被保险人或者投保人指定的享有保险金请求权的人。投保人、被保险人可以为受益人。在死亡保险之被保险人因保险事故发生而死亡，无法领取保险金时，为尊重其死亡给付处置意愿创设了受益人制度。

受益人具有如下特征：①受益人是享有赔偿金请求权的人。②受益人由被保险人或者投保人指定。受益人的产生方式包括被保险人直接指定和投保人指定并经被保险人同意两种。无论采用哪种方式，指定受益人的最终决定权都在被保险人。③指定的受益人可以变更或撤销。《保险法》第四十一条规定："被保险人或者投保人可以变更受益人并书面通知保险人。保险人收到变更受益人的书面通知后，应当在保险单或者其他保险凭证上批注或者附贴批单。"按照规定，受益人接受的保险金原则上不能作为被保险人的遗产。受益人可为一人，也可为数人。受益人为数人的，被保险人或者投保人可以确定受益顺序和受益份额；未确定受益份额的，受益人按照相等份额享有受益权。也就是说数个受益人有受益顺序的，由顺位在先的受益人取得受益权；同一顺序的多数受益人之间没有确定受益份额的，等额分配；部分受益人丧失受益权时，其受益份额原则上归属于其他受益人。

> **法条链接**
>
> 《保险法》第四十一条　被保险人或者投保人可以变更受益人并书面通知保险人。保险人收到变更受益人的书面通知后，应当在保险单或者其他保险凭证上批注或者附贴批单。
>
> 投保人变更受益人时须经被保险人同意。

第二节　保险法的基本原则

一、最大诚信原则

（一）最大诚信原则概述

诚实信用原则作为民商法的"帝王条款"，是所有民商事活动都应遵循的基本原则，保险活动自然也不例外。一般认为，由于保险对当事人诚信程度的要求远远高于其他一般的民商事领域，故诚信原则在其中地位更加突出，被称为"最大诚信原则"。

保险法上的最大诚信原则，是指保险合同的双方当事人在合同的订立和履行过程中，必须以最大的诚意履行自己的义务，互不欺骗和隐瞒，恪守合同的约定，以免影响合同的成立以及效力的存续。最大诚信原则在保险法上的确立，主要取决于保险合同的射幸性、内容的格式化、个别给付的不对等性、当事人信息的不充分和不对称，以及保险合同作为特殊买卖合同在风险等方面的诸多不确定性等特征。

最大诚信原则在保险法上主要体现为三项规则：投保人的告知义务、保险人的说明义务、保险人的弃权与禁止反言规则。这里仅对前两项加以阐述。

（二）投保人的告知义务

告知义务是最大诚信原则在保险合同中的重要体现之一。我国《保险法》第十六条规定，订立保险合同，保险人就保险标的或者被保险人的有关情况提出询问的，投保人应当如实告知。投保人故意或者因重大过失未履行前款规定的如实告知义务，足以影响保险人决定是否同意承保或者提高保险费率的，保险人有权解除合同。

法条链接

> 《保险法》第十六条　订立保险合同，保险人就保险标的或者被保险人的有关情况提出询问的，投保人应当如实告知。
>
> 投保人故意或者因重大过失未履行前款规定的如实告知义务，足以影响保险人决定是否同意承保或者提高保险费率的，保险人有权解除合同。
>
> 前款规定的合同解除权，自保险人知道有解除事由之日起，超过三十日不行使而消灭。自合同成立之日起超过二年的，保险人不得解除合同；发生保险事故的，保险人应当承担赔偿或者给付保险金的责任。
>
> 投保人故意不履行如实告知义务的，保险人对于合同解除前发生的保险事故，不承担赔偿或者给付保险金的责任，并不退还保险费。
>
> 投保人因重大过失未履行如实告知义务，对保险事故的发生有严重影响的，保险人对于合同解除前发生的保险事故，不承担赔偿或者给付保险金的责任，但应当退还保险费。
>
> 保险人在合同订立时已经知道投保人未如实告知的情况的，保险人不得解除合同；发生保险事故的，保险人应当承担赔偿或者给付保险金的责任。
>
> 保险事故是指保险合同约定的保险责任范围内的事故。

告知义务具有如下特征：第一，它是保险合同中特有的一种民事义务类型。告知义务是基于一种最大程度的善意和诚信要求，它是保险合同有效成立的基础。第二，它是一种法定义务。保险法对如实告知义务作了明确规定，是一种当事人必须履行的法定义务。

关于告知义务的主体，投保人负有告知义务自不待言。投保人与被保险人不是同一人时，可将被保险人视同投保人。关于告知义务的范围，我国采取询问告知主义而不是无限告知主义，即保险人就保险标的或者被保险人的有关情况提出询问的，投保人应当如实告知。

投保人违反告知义务的，可能产生如下法律后果：

其一，保险人有权解除保险合同。根据规定，投保人故意或者因重大过失未履行保险法规定的如实告知义务，足以影响保险人决定是否同意承保或者提高保险费率的，保险人有权解除合同。但保险人在合同订立时已经知道投保人未如实告知的情况的，保险人不得解除合同。发生保险事故的，保险人应当承担赔偿或者给付保险金的责任。

其二，保险人对于合同解除前发生的保险事故不承担保险责任。根据规定投保人故意不履行如实告知义务的，保险人对于合同解除前发生的保险事故，不承担赔偿或者给付保险金的责任，且不退还保险费。投保人因重大过失未履行如实告知义务，对保险事故的发生有严重影响的，保险人对于合同解除前发生的保险事故不承担赔偿或者给付保险金的责任，但应当退还保险费。

关于保险人行使解除权的期限，我国《保险法》第十六条规定，保险人的合同解除权，自其知道有解除事由之日起，超过30日不行使而消灭。自合同成立之日起超过2年的，保险人不得解除合同；发生保险事故的，保险人应当承担赔偿或者给付保险金的责任。

(三)保险人的说明义务

保险人的说明义务,是指保险人在保险合同订立阶段,依法应当履行的将保险合同条款、所含专业术语及有关文件内容,向投保人陈述或解释的法定义务。我国《保险法》第十七条规定:"订立保险合同,采用保险人提供的格式条款的,保险人向投保人提供的投保单应当附格式条款,保险人应当向投保人说明合同的内容。对保险合同中免除保险人责任的条款,保险人在订立合同时应当在投保单、保险单或者其他保险凭证上作出足以引起投保人注意的提示,并对该条款的内容以书面或者口头形式向投保人作出明确说明;未作提示或者明确说明的,该条款不产生效力。"

关于免责条款的范围,2013年通过、2020年修正的《最高人民法院关于适用〈中华人民共和国保险法〉若干问题的解释(二)》(以下简称《保险法司法解释(二)》)第九条指出,保险人提供的格式合同文本中的责任免除条款、免赔额、免赔率、比例赔付或者给付等免除或者减轻保险人责任的条款,可以认定为《保险法》规定的"免除保险人责任的条款"。

《保险法司法解释(二)》第十条同时规定:"保险人将法律、行政法规中的禁止性规定情形作为保险合同免责条款的免责事由,保险人对该条款作出提示后,投保人、被保险人或者受益人以保险人未履行明确说明义务为由主张该条款不成为合同内容的,人民法院不予支持。"

二、保险利益原则

(一)保险利益原则概述

保险利益,又称可保利益,是指投保人或者被保险人对保险标的具有的法律上承认的利益,是在保险事故发生时可能遭受减损的利益。保险利益与保险标的不同,因为在同一保险标的上可能存在数个不同性质的保险利益。比如,房屋所有权人将已经出租的房屋向其债权人设置抵押,则房屋所有权人、抵押权人都可能就此房屋享有不同性质的保险利益。

英国是世界上最早确立保险利益原则的国家。18世纪中叶之前,海上保险通常并不要求被保险人证明其对投保的船舶或货物拥有所有权或其他合乎法律规定的利益关系,结果导致许多人以船舶能否完成其航程作为赌博对象,从而诱使一些人破坏航程的顺利完成,致使出现大量海事欺诈。这一漏洞直到英国《1745年海上保险法》确立保险利益原则才得以填补。保险利益原则确立之后保险制度摆脱了原有的赌博属性,成为防范道德风险、分散危险、消化损失、限制赔付程度的重要工具。

我国《保险法》第三十一条、第四十八条规定,人身保险合同在订立时,投保人对被保险人不具有保险利益的,合同无效;保险事故发生时,被保险人对保险标的不具有保险利益的,不得向保险人请求赔偿保险金。《保险法司法解释(三)》第三条规定:"人民法院审理人身保险合同纠纷案件时,应主动审查投保人订立保险合同时是否具有保险利益,以及以死亡为给付保险金条件的合同是否经过被保险人同意并认可保险金额。"

(二)保险利益存在的范围和时点

(1)关于人身保险利益的存在范围。我国《保险法》第三十一条规定:"投保人对下列人员具有保险利益:(一)本人;(二)配偶、子女、父母;(三)前项以外与投保人有抚养、赡养或者扶养关系的家庭其他成员、近亲属;(四)与投保人有劳动关系的劳动者。除前款规定外,被保险人同意投保人为其订立合同的,视为投保人对被保险人具有保险利益。"

我国《保险法》对于财产保险中保险利益的范围未做具体规定,因此在推定其有无保险利益时只能概括适用该法第十二条第六款的规定:"保险利益是指投保人或者被保险人对保险标的具有的法律上承认的利益。"

(2)关于保险利益的存在时点。在人身保险中,保险利益必须于订约时存在,但在财产保险中,保险利益不必于订约时存在,只需在事故发生时存在即可。我国《保险法》第三十一条规定,关于人身保险合同，"订立合同时，投保人对被保险人不具有保险利益的，合同无效"。第四十八条规定，关于财产保险合同，"保险事故发生时，被保险人对保险标的不具有保险利益的，不得向保险人请求赔偿保险金"。

三、损失补偿原则

严格说来，损失补偿原则不应作为整个保险法的基本原则，而是适用于财产保险或者损失填补型保险合同的基本规则。其适用范围除财产保险之外，还适用于实支实付或者实报实销型的医疗费用保险（意外伤害、疾病均可能引起医疗费用支出）。

（一）损失补偿原则概述

损失补偿原则是指在保险期限内发生保险事故致使被保险人遭受损失时，保险人在责任范围内对被保险人遭受的损失进行补偿。该原则要求被保险人获得的保险赔偿不能超过其实际遭受的经济损失。损失补偿原则在保险法上主要表现为如下规则：超额保险的无效规则、重复保险的比例分摊规则、保险代位权规则、委付规则等。责任保险中通常没有上述具体规则的适用余地，在法律适用上可直接适用损失补偿原则。

（二）损失补偿原则的适用范围及规则体现

损失补偿原则对于财产保险的可适用性，理论和实务上并无争议。争议的焦点主要在于其是否适用于人身保险以及适用的范围大小。

实际上，损失补偿原则的适用范围不限于财产保险，但也并不适用于所有的人身保险。人身保险中的人寿保险属于定额给付型保险而不适用损失补偿原则，但人身保险中的健康保险和意外伤害保险，在其不涉及死亡或伤残给付时，多属对医疗费用和残疾损害费用之补偿，这两类保险通常既有给付的项目内容，也有补偿的项目内容，对于其中的实支实付型医疗费用等，应当适用损失补偿原则。

比如，中国银保监会2019年发布的《健康保险管理办法》第五条规定："医疗保险按照保险金的给付性质分为费用补偿型医疗保险和定额给付型医疗保险。费用补偿型医疗保险，是指根据被保险人实际发生的医疗、康复费用支出，按照约定的标准确定保险金数额的医疗保险。定额给付型医疗保险，是指按照约定的数额给付保险金的医疗保险。费用补偿型医疗保险的给付金额不得超过被保险人实际发生的医疗、康复费用金额。"

损失补偿原则在保险法中主要体现为以下具体规则：①超额保险的无效规则即保险金额超过保险价值的，超过部分无效。②重复保险的比例分摊规则，即重复保险的各保险人赔偿保险金的总和不得超过保险价值。除合同另有约定外，各保险人按照其保险金额与保险金额总和的比例承担赔偿保险金的责任。③保险代位求偿规则，即因第三者对保险标的的损害而发生保险事故的，保险人自向被保险人赔偿保险金之日起，在赔偿金额范围内代位行使被保险人对第三者请求赔偿的权利。④保险委付规则，即保险事故发生后，保险人已支付全部保险金额，并且保险金额等于保险价值的，受损保险标的之上的全部权利归于保险人；保险金额低于保险价值的，保险人按照保险金额与保险价值的比例取得受损保险标的的部分权利。

（三）保险损失补偿的范围

保险损失补偿的范围是指保险人对被保险人进行补偿的项目和种类。通常情况下，保险损失补偿的范围包括如下三项：

（1）保险标的实际损失。由于财产的价格可能受到多种因素的影响而发生上下波动，在这种情况下，保险标的实际损失的确定必须以保险人赔付保险金之时受损财产的实际货币价值为标准进行计算。

（2）施救费用。施救费用是指保险事故发生后，被保险人为了防止或减少保险标的的损失所支付的必要的、合理的费用。保险人所承担的费用数额在保险标的的损失赔偿金额以外另行计算，最高不超过保险金额的数额。

（3）其他合理费用。其他合理费用是指保险事故发生后，为了确定保险责任范围内的损失而对受损保险标的物检查、估价、出售等所支付的费用，以及有关诉讼、仲裁的费用支出。《保险法》第六十四条规定："保险人、被保险人为查明和确定保险事故的性质、原因和保险标的的损失程度所支付的必要的、合理的费用，由保险人承担。"第六十六条规定："责任保险的被保险人因给第三者造成损害的保险事故而被提起仲裁或者诉讼的，被保险人支付的仲裁或者诉讼费用以及其他必要的、合理的费用，除合同另有约定外，由保险人承担。"

（四）保险损失补偿的计算方法

在保险实务中，财产保险标的损失赔偿额的计算方式有四种：

1. 第一危险赔偿方式

第一危险赔偿方式，又称"第一责任赔偿方式"或"第一损失赔偿方式"。在此方式下，保险标的的价值被分为两部分：第一部分是相当于保险金额的损失，即保险人负责赔偿的第一部分损失；超过保险金额的部分为第二部分损失，保险人对此不负责赔偿。这种方式实际上是保险人承认了被保险人的不足额投保。这种赔偿方式的特点是赔偿金额一般等于损失金额，但以不超过保险金额为限，即：当损失金额低于或相当于保险金额时，按损失金额赔付，当损失金额高于保险金额时，则赔偿金额以保险金为限。此种计算方式往往适用于保险价值较大或者保险标的物通常仅会发生一部分危险的情形。

2. 限额赔偿方式

限额赔偿方式又分为超出一定限额赔偿和不足限额赔偿。前者是指保险人、被保险人双方事先约定一个免责限额，在此限额以内的损失，由被保险人自己承担；超过此限额，由保险人予以赔偿。免责限额在实务中也被称为"免赔额"，具体分为两种：其一，相对免额，指保险标的的受损程度或金额超过规定的免责限额时，才赔偿被保险人的全部损失；不超过该限额时，不负责赔偿，由被保险人自己承担。其二，绝对免赔额，指保险标的的损失超过免责限额时，只赔付超过部分的损失，即赔款额等于损失金额和免责限额之差。后者是指由保险合同关系双方约定一个限额，当约定责任限额内的损失发生时，由保险公司负责赔偿；如果保险财产虽遭损失，但财产价值在约定的限额之外，则保险人不负赔偿责任。这种赔偿方式普遍适用于农作物收获保险，其特点是保险金额只是产量或产值的一定成数而非全额承保。

3. 比例赔偿方式

比例赔偿方式，又称"比例责任赔偿方式"，是指发生保险事故造成损失后，按照保险金额与出险时保险财产的实际价值的比例来计算赔款。此方式与第一损失赔偿方式的不同之处在于：赔偿额不仅取决于保险金额与损失金额，还取决于保险金额与实际价值的比例。其特点是：①在计算赔款时，如果保险金额与保险标的的实际价值一致，则构成足额保险或者全额保险，按照保险标的的实际损失赔偿。②保险金额超过保险标的的实际价值的部分，构成超额保险，超出部分无效，保险人不予赔偿。③保险金额低于保险财产的实际价值时，构成不足额保险，其差额视作被保险人自保和自留，这时，应按照保险金额与财产实际价值的比例赔偿。计算赔偿的公式为：赔偿金额＝损失金额×保险金额/保险标的的实际价值（保险金额/保险标的的实际价值≤1）。

4. 定值赔偿方式

在海洋运输货物保险、船舶保险和无法鉴定其价值的高档工艺品、古玩、珠宝等特约保险中，保险人与被保险人约定保险价值作为保险金额，出险时不论保险标的当时的实际价值或市价涨落如何，全损按保险金额全部赔偿，部分损失按损失程度赔偿。

（五）保险代位权

保险代位权，是指保险人就被保险人遭受的损失全额支付保险金之后，可以向就该损失对被保险人负有赔偿责任的第三人请求赔偿的权利。保险代位权是在第三人对保险标的的损失负有赔偿责任的情况下，贯彻损失填补原则，避免被保险人从保险人和致害第三人处双重获利的一项制度。保险代位权仅适用于补偿性保险，因为其基础在于损失补偿原则。我国《保险法》第六十条第一款规定，因第三者对保险标的的损害而造成保险事故的，保险人自向被保险人赔偿保险金之日起，在赔偿金额范围内代位行使被保险人对第三者请求赔偿的权利。

根据规定，保险人应以自己的名义行使保险代位求偿权。这是由保险代位权"债的法定移转"的性质决定的。但需要特别注意，根据《保险法司法解释（二）》第十六条的规定："保险人代位求偿权的诉讼时效期间应当自其取得代位求偿权之日起算"，而不是延续被保险人求偿权的诉讼时效。

保险人行使代位权无须以被保险人的全部损失已得到完全赔偿为条件。我国《保险法》第六十条第三款规定："保险人依照本条第一款规定行使代位请求赔偿的权利，不影响被保险人就未取得赔偿的部分向第三者请求赔偿的权利。"此外为贯彻损失填补原则，保险人赔偿保险金时，如果被保险人已经从第三者处取得损害赔偿，保险人可以相应扣减被保险人从第三者处已取得的赔偿金额。

保险人行使代位权时，被保险人有义务提供协助。其应当向保险人提供必要的文件和所知道的有关情况。保险事故发生后，保险人未赔偿保险金之前，被保险人放弃对第三者请求赔偿的权利的，保险人不承担赔偿保险金的责任。保险人向被保险人赔偿保险金后，被保险人未经保险人同意放弃对第三者请求赔偿的权利的，该行为无效。被保险人故意或者因重大过失致使保险人不能行使代位请求赔偿的权利的，保险人可以扣减或者要求返还相应的保险金。

保险代位权的行使受到法定或者约定的限制。比如，我国《保险法》第六十二条规定："除被保险人的家庭成员或者其组成人员故意造成本法第六十条第一款规定的保险事故外，保险人不得对被保险人的家庭成员或者其组成人员行使代位请求赔偿的权利。"另如，中国保险行业协会2009年制定的《交强险财产损失"互碰自赔"处理办法》规定，凡是有交强险的车辆互碰，仅有不超过2 000元的车损且没有发生人员伤亡和车外财产损失，事故各方协商或交警裁定各方都有责任，在事故各方同意采用"互碰自赔"的情况下，可以采用"互碰自赔"的赔付方法由各车辆所投保的保险公司各自进行赔偿。

（六）保险委付制度

保险委付制度也是损失填补原则的具体体现。所谓保险委付，是指被保险人将保险标的物的一切权利转移给保险人，由此请求其支付全部保险金额的一种行为。我国《保险法》第五十九条规定："保险事故发生后，保险人已支付了全部保险金额，并且保险金额等于保险价值的，受损保险标的的全部权利归于保险人；保险金额低于保险价值的，保险人按照保险金额与保险价值的比例取得受损保险标的的部分权利。"委付通常适用于海上保险，《保险法》关于损余处理的该条规定实际上是委付制度在非海上财产保险中的适用。

第三节　保险合同

一、保险合同的概念和特征

（一）保险合同的概念

保险合同是指投保人与保险人之间约定保险权利义务关系的协议。按照协议，投保人向保险人支付一定数额的保险费，保险人承诺于特定事件发生或约定期限届至之时，向投保方赔偿或者给付相应的金钱（保险金）或者其他利益。

保险合同作为合同的一种，属于特种合同，与非保险合同存在较多差异，表现如下：

第一，保险人的合同责任以金钱赔付为常态，这正是保险不能替代其他民事责任方式的原因所在。

第二，保险合同的解除权与一般合同不同。《保险法》第十五条规定，除另有规定或者保险合同另有约定外，保险合同成立后，投保人可以解除合同，保险人不得解除合同。

> **法条链接**
>
> 《保险法》第十五条　除本法另有规定或者保险合同另有约定外，保险合同成立后，投保人可以解除合同，保险人不得解除合同。

第三，保险合同的效力，部分取决于当事人与保险标的之间的保险利益关系。具体而言，保险法要求人身保险的投保人与被保险人之间在投保之时必须存在保险利益，否则，保险合同无效；而财产保险的被保险人则需在保险事故发生之时存在保险利益关系，否则无权请求保险人赔偿保险金。

第四，如果将保险费视为保险合同或者保险产品中的"价格"，则这种合同价格受到特殊的监管。根据我国《保险法》第一百三十五条规定，关系社会公众利益的保险险种、依法实行强制保险的险种和新开发的人寿保险险种等的保险条款和保险费率，应当报国务院保险监督管理机构批准。

> **法条链接**
>
> 《保险法》第一百三十五条　关系社会公众利益的保险险种、依法实行强制保险的险种和新开发的人寿保险险种等的保险条款和保险费率，应当报国务院保险监督管理机构批准。国务院保险监督管理机构审批时，应当遵循保护社会公众利益和防止不正当竞争的原则。其他保险险种的保险条款和保险费率，应当报保险监督管理机构备案。
>
> 保险条款和保险费率审批、备案的具体办法，由国务院保险监督管理机构依照前款规定制定。

（二）保险合同的特征

就其本身的法律属性而言，保险合同具有如下特征：

1. 保险合同是射幸合同

保险合同是一种典型的射幸合同。投保人根据保险合同交付保险费的义务是确定的，而保险人赔偿或者给付保险金的义务在保险合同订立时尚不确定，最终是否赔付通常取决于保险事故发生与否。如果保险事故不发生，则被保险人只付出保险费而得不到保险人的任何赔付。需要明确的是，保险合同的射幸性只是就单个保险合同而言的。就保险人的全部保险合同来看，保险费与保险金的关系是依据概率精算出来的。保险人所收取的保险费总额与其所赔偿的总额之间，原则上应当大致趋于平衡。此即保险给付的个别不均等与整体均衡原则。

基于保险合同的射幸性，《保险法》上特别设定了防范道德风险的法律规范，比如：

（1）财产保险的保险金额不得超过保险价值。超过保险价值的，超过部分无效；重复保险的各保险人赔偿保险金的总和不得超过保险价值。

（2）人身保险的投保人在保险合同订立时，对被保险人应当具有保险利益；财产保险的被保险人在保险事故发生时，对保险标的应当具有保险利益。

（3）投保人不得为无民事行为能力人投保以死亡为给付保险金条件的人身保险，保险人也不得承保。父母为其未成年子女投保的人身保险，不受此限。但是，因被保险人死亡给付的保险金总和不得超过国务院保险监督管理机构规定的限额。未成年人父母之外的其他履行监护职责的人为未成年人订立以死亡为给付保险金条件的合同，应当经未成年人父母同意。

知识拓展

2016年1月1日起执行的《中国保监会关于父母为其未成年子女投保以死亡为给付保险金条件人身保险有关问题的通知》（保监发〔2015〕90号）规定："一、对于父母为其未成年子女投保的人身保险，在被保险人成年之前，各保险合同约定的被保险人死亡给付的保险金额总和、被保险人死亡时各保险公司实际给付的保险金总和按以下限额执行：（一）对于被保险人不满10周岁的，不得超过人民币20万元。（二）对于被保险人已满10周岁但未满18周岁的，不得超过人民币50万元。二、对于投保人为其未成年子女投保以死亡为给付保险金条件的每一份保险合同，以下三项可以不计算在前款规定限额之中：（一）投保人已交保险费或被保险人死亡时合同的现金价值；对于投资连结保险合同、万能保险合同，该项为投保人已交保险费或被保险人死亡时合同的账户价值。（二）合同约定的航空意外死亡保险金额。此处航空意外死亡保险金额是指航空意外伤害保险合同约定的死亡保险金额，或其他人身保险合同约定的航空意外身故责任对应的死亡保险金额。（三）合同约定的重大自然灾害意外死亡保险金额。此处重大自然灾害意外死亡保险金额是指重大自然灾害意外伤害保险合同约定的死亡保险金额，或其他人身保险合同约定的重大自然灾害意外身故责任对应的死亡保险金额。"

（4）以死亡为给付保险金条件的合同，未经被保险人同意并认可保险金额的，合同无效。按照以死亡为给付保险金条件的合同所签发的保险单，未经被保险人书面同意，不得转让或者质押。

（5）以被保险人死亡为给付保险金条件的合同，自合同成立或者合同效力恢复之日起2年内，被保险人自杀的，保险人不承担给付保险金的责任，但被保险人自杀时为无民事行为能力人的除外。因被保险人故意犯罪或者抗拒依法采取的刑事强制措施导致其伤残或者死亡的，保险人不承担给付保险金的责任。

（6）未发生保险事故，被保险人或者受益人谎称发生了保险事故，向保险人提出赔偿或者给付保险金请求的，保险人有权解除合同，并不退还保险费。投保人、被保险人故意制造保险事故的，保险人有权解除合同，不承担赔偿或者给付保险金的责任。保险事故发生后，投保人、被保险人或者受益人以伪造、变造的有关证明、资料或者其他证据，编造虚假的事故原因或者夸大损失程度的，保险人对其虚报的部分不承担赔偿或者给付保险金的责任。

2. 保险合同是非要式合同

要式合同是指必须具备法定形式的合同。要式合同若不具备相应的法定形式，可能产生依法不生效或者不得对抗第三人等方面的法律后果。要式合同的种类通常包括：必须经有关机关登记的合同（如法定抵押）、必须采用书面形式的合同、必须公证的合同、必须用书面证据加以证明的合同等。

我国《保险法》第十三条第一、二款规定："投保人提出保险要求，经保险人同意承保，保险合同成立。保险人应当及时向投保人签发保险单或者其他保险凭证。保险单或者其他保险凭证应当载明当事人双方约定的合同内容。当事人也可以约定采用其他书面形式载明合同内容。"可见，我国《保险法》明确了保险合同的非要式性。

3. 保险合同是诺成合同

诺成合同，又称为非要物合同，是指依照当事人意思表示即可成立，不以交付标的物或者履行其他给付为成立要件的合同。我国《保险法》第十三条第三款规定："依法成立的保险合同，自成立时生效。投保人和保险人可以对合同的效力约定附条件或者附期限。"第十四条规定:"保险合同成立后,投保人按照约定交付保险费,保险人按照约定的时间开始承担保险责任。"

我国保险实务中常见的做法是,对财产保险合同而言,投保方是否交费通常并不影响合同的生效。因为财产保险合同的期限较短,加上立法并不禁止保险方于合同成立后通过诉讼、仲裁等方式向投保方追索保险费,所以保险公司为拓展业务的需要,往往不会因为投保方一时没有交付保险费而拒绝与之建立有效的合同关系。然而,对于人身保险合同尤其是人寿保险合同,合同的成立虽然也不以交纳保险费为要件,但合同往往约定,投保人不交费的,合同并不生效。

4. 保险合同是属人性合同

一般认为,保险合同是建立在个人属性基础上的合同。被保险人为自然人时,其性别、年龄、种族、嗜好、文化程度、生活习惯、工作环境等,都可能影响到保险人做出的承保决定。被保险人是法人时,其组织方式、经营内容、信用记录、行为倾向、员工结构等因素,也会影响到保险危险发生的概率大小。保险合同的属人性特征在人身保险和财产保险中均有所体现。

我国《保险法》第三十二条第二、三款规定:"投保人申报的被保险人年龄不真实,致使投保人支付的保险费少于应付保险费的,保险人有权更正并要求投保人补交保险费,或者在给付保险金时按照实付保险费与应付保险费的比例支付。投保人申报的被保险人年龄不真实,致使投保人支付的保险费多于应付保险费的,保险人应当将多收的保险费退还投保人。"再如,人身保险中,保险公司会将被保险人的职业类别视为设定意外伤害保险费率的考量因素。财产保险中保险标的用途的不同、被保险人行为习惯的不同,都可能影响到保险费率的高低。比如,我国机动车交强险设定保险费率浮动制度,将被保险机动车辆违章率和事故率作为保险费率增减的适用依据。

除前述特征外,保险合同还具有继续性、双务有偿性、附和性等方面的特征,限于篇幅,此处不赘述。

法条链接

《保险法》第三十二条 投保人申报的被保险人年龄不真实,并且其真实年龄不符合合同约定的年龄限制的,保险人可以解除合同,并按照合同约定退还保险单的现金价值。保险人行使合同解除权,适用本法第十六条第三款、第六款的规定。

投保人申报的被保险人年龄不真实,致使投保人支付的保险费少于应付保险费的,保险人有权更正并要求投保人补交保险费,或者在给付保险金时按照实付保险费与应付保险费的比例支付。

投保人申报的被保险人年龄不真实,致使投保人支付的保险费多于应付保险费的,保险人应当将多收的保险费退还投保人。

知识拓展

实务中,一些保险公司在意外伤害医疗保险合同条款中规定,不同职业类型的被保险人,按公司《职业分类表》规定的保险费率标准收取对应的保费。

二、保险合同的分类

(一)人身保险和财产保险

以保险标的为划分标准,保险可分为人身保险和财产保险。

1. 人身保险

人身保险合同是以人的寿命、健康和身体为保险标的的保险，具体可分为人寿保险、健康保险、意外伤害保险、年金保险等。

人寿保险是指保险人和投保人约定，如果被保险人死亡、于约定的年限内死亡或者约定的期限届满仍然生存时，由保险人按照约定向被保险人或者受益人给付保险金的保险。

健康保险是指保险人和投保人约定，于被保险人发生疾病或者因此而残疾或死亡时，保险人依照约定向被保险人或者受益人给付保险金的保险。

意外伤害保险是指保险人和投保人约定，在被保险人遭受意外伤害并由此致残或死亡时，由保险人依照约定向被保险人或者受益人给付保险金的保险。

年金保险是指年金保险人于被保险人生存期间或特定期间内，依照合同约定依次或分期给付一定金额的保险。

知识拓展

我国《保险法》并未对人寿保险、健康保险、意外伤害保险、年金保险等做出具体的规定和详细的区分。实际上，年金保险是依保险给付方式进行的分类，不是依保险事故进行的分类，其他三种保险区分的标准不同。

2. 财产保险

财产保险是以财产及其有关利益为保险标的的保险，又称产物保险。财产保险既可承保有形财产损失，又可承保无形财产损失。按照保险标的的不同，财产保险可分为财产损失保险、责任保险、信用保险与保证保险。

财产损失保险是以被保险人处于相对静止状态的一般性物质财产作为保险标的的保险。按标的不同，又可以细分为以下几种：①家庭财产保险；②企业财产保险；③运输工具保险；④运输货物保险；⑤工程保险等。

责任保险是指以被保险人对第三者依法应承担的民事赔偿责任为保险标的的保险。我国常见的责任保险种类包括：①第三者责任保险；②公众责任保险（包括营业场所责任、电梯责任、建筑工程第三者责任、安装工程第三者责任等）；③产品责任保险；④雇主责任保险；⑤职业责任（专家责任）保险（包括医师责任、理发师责任、建筑师责任、会计师责任、律师责任等）；⑥环境责任保险；⑦机动车辆第三者责任保险。

信用保险是指以被保险人的信用放贷或信用售货为保险标的的保险。信用保险主要包括出口信用保险和商业信用保险等。

保证保险是为保证合同债务的履行而订立的合同，具有担保合同性质。我国目前的保证保险常见于房屋按揭贷款、汽车消费信贷等领域。

人身保险与财产保险的划分是我国保险法上的分类方式。应当说，以保险标的作为保险营业范围的划分基础，尚属可行。但若以此作为保险合同权利义务的规范基础或者保险赔付的分类方式，则因未能顾及各类保险合同权利义务性质上的差异，容易导致适用上的争议。因而，还需特别注意下述第二种保险合同的分类。

（二）损失填补保险和定额给付保险

以保险金赔付方式的不同，或者说以保险利益的存在基础是否是经济上的利益为划分标准，保险可分为损失填补保险和定额给付保险。

当某类保险所载保险利益的存在基础可用金钱计算时，则为损失填补保险。由于财产损失保险与责任保险的保险利益均可用金钱衡量，故均属损失填补保险。健康保险和意外伤害保险中的医疗费用、丧葬费用，也可列为损失填补保险。当某类保险所载保险利益的存在基础不可用金钱计算时，则为定额给付保险。基于生命、健康和身体的无价性，人寿保险以及健康和意外伤害保险中的死亡和残废保险一般为定额保险。对于定额给付保险，当事人可以自由约定保险金额，于保险事故发生时直接以该金额给付之。

实际上，财产保险必然为损失填补保险，而人身保险则多为定额给付保险。但人身保险中也有以费用补偿为目的之损失填补保险，因此简单认为人身保险不适用补偿原则（以及禁止不当得利原则和代位追偿权）是不准确的。我国现行保险法的立法体系主要是按照财产保险和人身保险的逻辑体系构建起来的。

（三）自愿保险和强制保险

以实施方式为划分标准，保险可分为自愿保险和强制保险。

（1）自愿保险又称任意保险，是投保人和保险人在平等互利的基础上，通过协商，采取自愿方式建立的一种保险关系。自愿保险中投保人可以中途退保，但法律、法规另有规定的除外，比如，《保险法》第五十条规定："货物运输保险合同和运输工具航程保险合同，保险责任开始后，合同当事人不得解除合同。"

（2）强制保险是指国家以立法的形式，规定一定范围的民事主体或保险标的，必须按规定投保的保险。它主要是考虑到社会公共利益、社会安全、国有财产的安全等。我国《保险法》第十一条第二款规定："除法律、行政法规规定必须保险的外，保险合同自愿订立。"我国目前除机动车交通事故第三者责任采取强制保险外，煤矿企业对煤矿井下作业职工的意外伤害、建筑施工企业对从事危险作业的职工的意外伤害、旅行社就自身对游客的旅行社责任等领域也建立了强制保险制度。

（四）原保险和再保险

以保险危险转移的层次为划分标准，保险可分为原保险和再保险。

（1）原保险，又称第一次保险，是指投保人和保险人通过订立保险合同建立的原始保险关系。在发生保险事故时，保险人直接对被保险人承担赔偿责任。一般所言"保险"均指原保险。

（2）再保险，又称为第二次保险，是指保险人将其承担的保险业务部分或全部移转给其他保险人的保险。再保险是以原保险人的部分保险责任作为保险标的的保险。再保险有商业分保（自愿再保险）和法定分保（强制再保险）之分，后者是指按照法律或法规规定，原保险人必须将其承保业务的一部分进行分保的再保险。《保险法》第一百零三条第一款规定："保险公司对每一危险单位，即对一次保险事故可能造成的最大损失范围所承担的责任，不得超过其实有资本金加公积金总和的百分之十，超过的部分应当办理再保险。"

关于再保险的责任承担，《保险法》第二十九条规定："再保险接受人不得向原保险的投保人要求交付保险费。原保险人的被保险人或者受益人不得向再保险接受人提出赔偿或者给付保险金的请求。再保险分出人不得以再保险接受人未履行再保险责任为由，拒绝履行或者迟延履行其原保险责任。"

三、保险合同的成立与生效

关于保险合同的成立，我国《保险法》第十三条第一款规定："投保人提出保险要求，经保险人同意承保，保险合同成立。保险人应当及时向投保人签发保险单或者其他保险凭证。"

保险法对保险合同的形式并无特殊要求。保险实务中，保险合同的书面凭证主要包括投保单、暂保单、保险单和保险凭证等。

> **法条链接**
>
> 《保险法》第十三条 投保人提出保险要求，经保险人同意承保，保险合同成立。保险人应当及时向投保人签发保险单或者其他保险凭证。
> 　　保险单或者其他保险凭证应当载明当事人双方约定的合同内容。当事人也可以约定采用其他书面形式载明合同内容。
> 　　依法成立的保险合同，自成立时生效。投保人和保险人可以对合同的效力约定附条件或者附期限。

由于实践中代签保险合同的问题较为常见，《保险法司法解释（二）》第三条规定，投保人或者投保人的代理人订立保险合同时没有亲自签字或者盖章，而由保险人或者保险人的代理人代为签字或者盖章的，对投保人不生效。但投保人已经交纳保险费的，视为其对代签字或者盖章行为的追认。保险人或者保险人的代理人代为填写保险单证后，经投保人签字或者盖章确认的，代为填写的内容视为投保人的真实意思表示。但有证据证明保险人或者保险人的代理人存在《保险法》规定的欺诈等情形的除外。

《保险法》第十四条规定："保险合同成立后，投保人按照约定交付保险费，保险人按照约定的时间开始承担保险责任。"显然，该条款是将"保险费的实际交纳"作为投保人应当履行的合同义务，而不是保险合同的生效条件。此外，我国保险法还将"被保险人同意"作为以死亡为给付保险金条件的人身保险合同的生效要件。依此规定，未经被保险人同意，该保险合同虽成立但不生效力。根据规定：单纯以死亡为给付保险金条件的人身保险合同，如果未经被保险人书面同意并认可保险金额，该合同无效；含有死亡、疾病、伤残以及医疗费用等保险责任的综合性人身保险合同，如果未经被保险人书面同意并认可保险金额，该合同的死亡给付部分无效。

> **法条链接**
>
> 《保险法》第十四条至第十五条
> 　　第十四条 保险合同成立后，投保人按照约定交付保险费，保险人按照约定的时间开始承担保险责任。
> 　　第十五条 除本法另有规定或者保险合同另有约定外，保险合同成立后，投保人可以解除合同，保险人不得解除合同。

四、保险合同的条款解释

由于保险事务的专业性、合同文字的局限性以及保险合同当事人主观认识的差异性，保险合同有可能存在歧义与空白，因而需要对保险合同进行解释。

理论上讲，保险合同的解释方法可参照适用一般合同的解释方法，即遵循《合同法》关于普通合同的解释方法，一般合同解释原则不能解决时，再适用保险法的特别解释规则。我国《保险法》第三十条规定："采用保险人提供的格式条款订立的保险合同，保险人与投保人、被保险人或者受益人对合同条款有争议的，应当按照通常理解予以解释。对合同条款有两种以上解释的，人民法院或者仲裁机构应当作出有利于被保险人和受益人的解释。"此即保险法的疑义利益解释原则。此外，保险法的特别解释原则还包括合理期待原则。

（一）疑义利益解释原则

疑义利益解释原则又称为"不利解释原则"，源于罗马法法谚"有疑义应为表意者不利益之解释"，是指格式合同的语句有歧义、模糊或者两种以上的解释时，应采取对拟定合同条款一方不利的解释。

疑义利益解释原则的适用应当注意以下四点：

（1）只有在适用通常解释原则仍无法解决争议时才能采用。

（2）适用的根本前提是保险合同条款的文字存在"疑义"。如果合同文字语义清晰，双方意图明确，尽管当事人事后对保险合同条款理解发生争议，法院或仲裁机关也不能对此条文适用疑义利益解释原则。

（3）仅适用于保险合同的基本条款，不适用于特约条款。

（4）适用疑义利益解释原则时，不能为了有利于被保险人而进行不合理的解释。

（二）合理期待原则

合理期待原则是指保险合同当事人就合同内容的解释发生争议时，如果合同内容本身不含歧义，应以投保人或被保险人对合同缔约目的的合理期待为出发点对保险合同进行解释。

最早对合理期待原则进行系统性阐释的是美国的基顿法官。基顿法官在其1970年发表的具有前瞻性的论文《保险法上的权利与保险单条款之冲突》中指出，在保险实践中，许多案件用传统理论（如疑义利益解释原则）无法解释，但可以用如下两条原则加以解释：①在保险交易中，保险人不能获得任何不合理的利益；②投保人与受益人对保险合同条款客观上合理的期待应当得到法律的保护，即使此期待本来会被保单的明示规定所否定。

我国保险法并未明确规定合理期待原则。法学界和保险业界对此存有争议。有理由认为，在诸如保险公司之间或者通过行业格式条款统一确定某些不合法或者不合理的免赔条款或扣减条件的场合，合理期待原则有其适用的空间和余地。需要强调的是，合理期待原则的适用并不以保单用语存有疑义为必要。即使保险条款语义清楚，对相关条款的理解不存歧义，只要被保险人对保险合同的保障具有合理期待，而按照保险条款的字面内容该合理期待将会落空，就可适用合理期待原则。如果保险条款含混不清，但被保险人并不存在合理的期待，就只能适用疑义利益解释原则。可见，被保险人对保险合同是否存在"客观的合理的期待"才是适用该原则的关键。

五、保险合同的履行

（一）人身保险合同的履行

人身保险合同的履行具有如下特征：①保险费之请求原则上不得强制；②以生命表或伤残表作为直接的技术基础；③具有储蓄性质；④保险金原则上定额给付；⑤原则上不适用保险代位求偿权。

知识拓展

所谓生命表或伤残表，是指对某一范围内的人群在一定时间内的生命现象或伤残情况所做的综合考察，以便找出与死亡率或伤残率有关的因素，尤其是不同年龄层次、职业的人的死亡或伤残的比例，并以列表的方式固定下来。

人身保险合同的储蓄性质突出体现在人寿保险上。而人寿保险中的终身死亡保险比较特殊，兼有保险和储蓄功能。此种保险的保险费，一部分为购买保险的价金，即通常意义上的保险费，另一部分则属于储蓄金。终身保险经过的年数越久，积累的储蓄金越多。由此积累的储蓄金即为保险单的"现金价值"(cash value)或者"返还价值"(surrender value)。

1. 人身保险合同特殊条款的履行方法

人身保险合同中通常载有一些履行方法特殊的条款,具体包括:

(1)宽限期条款,是指对于人身保险的保险费交付期予以宽限的条款。我国《保险法》第三十六条规定:"合同约定分期支付保险费,投保人支付首期保险费后,除合同另有约定外,投保人自保险人催告之日起超过三十日未支付当期保险费,或者超过约定的期限六十日未支付当期保险费的,合同效力中止,或者由保险人按照合同约定的条件减少保险金额。"

(2)年龄误报条款,又称年龄误保条款,是指被保险人的真实年龄于订约时被误报并记载于保单内,保险人允许投保人进行更正,或在保险事故发生后,允许保险人采取相应办法予以处理的一种合同约定。我国《保险法》第三十二条第一款规定:"投保人申报的被保险人年龄不真实,并且其真实年龄不符合合同约定的年龄限制的,保险人可以解除合同,并按照合同约定退还保险单的现金价值……"

> **法条链接**
>
> 《保险法》第三十二条 投保人申报的被保险人年龄不真实,并且其真实年龄不符合合同约定的年龄限制的,保险人可以解除合同,并按照合同约定退还保险单的现金价值。保险人行使合同解除权,适用本法第十六条第三款、第六款的规定。
>
> 投保人申报的被保险人年龄不真实,致使投保人支付的保险费少于应付保险费的,保险人有权更正并要求投保人补交保险费,或者在给付保险金时按照实付保险费与应付保险费的比例支付。
>
> ……

(3)自杀条款,是指被保险人在保单生效或者复效后的 2 年内自杀的,保险人不负给付保险金责任的条款。如果自杀发生在 2 年以后,保险人则应承担给付保险金的责任。我国《保险法》第四十四条规定:"以被保险人死亡为给付保险金条件的合同,自合同成立或者合同效力恢复之日起二年内,被保险人自杀的,保险人不承担给付保险金的责任,但被保险人自杀时为无民事行为能力人的除外。保险人依照前款规定不承担给付保险金责任的,应当按照合同约定退还保险单的现金价值。"该条款是为了平衡保险人和被保险人之间的利益,即通过 2 年的时间限制,使保险人对保险合同生效后一定期限内的故意自杀行为不承担责任。如此设计,既可以避免被保险人蓄意以自杀方式获取保险金,又可以保护一定期限后实施故意自杀的被保险人的家属或受益人的利益。

2. 人身保险合同中的受益权

受益权,是指受益人享有的依照约定请求给付保险金的权利。受益权与继承权的主要差别在于:基于受益权而受领之保险金,不负担被保险人之债务,但基于继承权而获得的被保险人财产,须以继承的财产为限负担被保险人的债务。

根据《保险法司法解释(三)》规定,投保人指定和变更受益人应当征得被保险人同意,未经被保险人同意的,指定和变更行为无效。当事人对保险合同约定的受益人存在争议,除投保人、被保险人在保险合同之外另有约定外,按照以下情形分别处理:①受益人约定为"法定"或者"法定继承人"的,以继承法规定的法定继承人为受益人。②受益人仅约定为身份关系,投保人与被保险人为同一主体的,根据保险事故发生时与被保险人的身份关系确定受益人;投保人与被保险人为不同主体的,根据保险合同成立时与被保险人的身份关系确定受益人。③受益人的约定包括姓名和身份关系，保险事故发生时身份关系发生变化的，认定为未指定受益人。

《保险法司法解释（三）》规定，投保人或者被保险人指定数人为受益人，部分受益人在保险事故发生前死亡、放弃受益权或者依法丧失受益权的，该受益人应得的受益份额按照保险合同的约定处理；保险合同没有约定或者约定不明的，该受益人应得的受益份额按照以下情形分别处理：①未约定受益顺序和受益份额的，由其他受益人平均享有。②未约定受益顺序但约定受益份额的，由其他受益人按照相应比例享有。③约定受益顺序但未约定受益份额的，由同顺序的其他受益人平均享有；同一顺序没有其他受益人的，由后一顺序的受益人平均享有。④约定受益顺序和受益份额的，由同顺序的其他受益人按照相应比例享有；同一顺序没有其他受益人的，由后一顺序的受益人按照相应比例享有。

按照《保险法》的规定，有下列情况之一的，受益人丧失受益权：①投保人故意侵害被保险人。投保人故意造成被保险人死亡、伤残或者疾病的，保险人不承担给付保险金的责任。投保人已交足2年以上保险费的，保险人应当按照合同约定向其他权利人退还保险单的现金价值。②受益人故意侵害被保险人，在受益人为多人的场合，部分受益人故意造成被保险人死亡、伤残、疾病的，或者故意杀害被保险人未遂的，仅该故意侵害被保险人的受益人丧失其受益权，其他受益人仍享有受益权。③被保险人故意犯罪致伤残或死亡。因被保险人故意犯罪或者抗拒依法采取的刑事强制措施导致其伤残或者死亡的，保险人不承担给付保险金的责任。投保人已交足2年以上保险费的，保险人应当按照合同约定退还保险单的现金价值。④被保险人自杀。与被保险人故意犯罪致死不同，被保险人自杀属于故意。因此，为了防止被保险人通过自杀行为使其受益人获得保险金利益，保险合同普遍约定，被保险人在合同生效之日起2年内自杀的，除按照约定返还保险单现金价值外，保险人不须向任何人给付保险金。

法条链接

《保险法》第四十三条至第四十五条：

第四十三条　投保人故意造成被保险人死亡、伤残或者疾病的，保险人不承担给付保险金的责任。投保人已交足二年以上保险费的，保险人应当按照合同约定向其他权利人退还保险单的现金价值。

受益人故意造成被保险人死亡、伤残、疾病的，或者故意杀害被保险人未遂的，该受益人丧失受益权。

第四十四条　以被保险人死亡为给付保险金条件的合同，自合同成立或者合同效力恢复之日起二年内，被保险人自杀的，保险人不承担给付保险金的责任，但被保险人自杀时为无民事行为能力人的除外。

保险人依照前款规定不承担给付保险金责任的，应当按照合同约定退还保险单的现金价值。

第四十五条　因被保险人故意犯罪或者抗拒依法采取的刑事强制措施导致其伤残或者死亡的，保险人不承担给付保险金的责任。投保人已交足二年以上保险费的，保险人应当按照合同约定退还保险单的现金价值。

在没有适格受益人的情况下，保险金作为被保险人的遗产，由保险人依照继承法的规定履行给付保险金的义务。没有适格受益人的情况具体包括：①没有指定受益人，或者受益人指定不明无法确定的；②受益人先于被保险人死亡，没有其他受益人的；③受益人依法丧失受益权或者放弃受益权，没有其他受益人的。受益人与被保险人在同一事件中死亡，且不能确定死亡先后顺序的，推定受益人死亡在先。

> **法条链接**
>
> 《保险法》第四十二条　被保险人死亡后，有下列情形之一的，保险金作为被保险人的遗产，由保险人依照《中华人民共和国继承法》的规定履行给付保险金的义务：
> （一）没有指定受益人，或者受益人指定不明无法确定的；
> （二）受益人先于被保险人死亡，没有其他受益人的；
> （三）受益人依法丧失受益权或者放弃受益权，没有其他受益人的。
> 受益人与被保险人在同一事件中死亡，且不能确定死亡先后顺序的，推定受益人死亡在先。

《保险法司法解释（三）》同时规定，保险合同解除时，投保人与被保险人、受益人为不同主体，被保险人或者受益人要求退还保险单的现金价值的，人民法院不予支持，但保险合同另有约定的除外。投保人故意造成被保险人死亡、伤残或者疾病，保险人依照《保险法》第四十三条规定退还保险单的现金价值的其他权利人按照被保险人、被保险人继承人的顺序确定。投保人解除保险合同，当事人以其解除合同未经被保险人或者受益人同意为由主张解除行为无效的，人民法院不予支持，但被保险人或者受益人已向投保人支付相当于保险单现金价值的款项并通知保险人的除外。

（二）财产保险合同的履行

前已述及，按照保险标的的不同，财产保险合同可分为财产损失保险合同、责任保险合同、信用保险合同与保证保险合同。限于篇幅，这里仅介绍责任保险合同中交强险合同的履行。

1. 我国交强险制度概述

交强险是"机动车交通事故第三者责任强制保险"的简称，又称"机动车强制责任保险"，是指由保险公司对被保险机动车发生道路交通事故造成本车人员、被保险人以外的受害人的人身伤亡、财产损失，在责任限额内予以赔偿的强制性责任保险。

我国2004年实施的《道路交通安全法》（后于2007年、2011年、2021年修正）第十七条规定："国家实行机动车第三者责任强制保险制度，设立道路交通事故社会救助基金。具体办法由国务院规定。"据此，国务院于2006年3月颁布了《机动车交通事故责任强制保险条例》（以下简称《交强险条例》），自2006年7月起施行，于2019年第四次修订。《交强险条例》明确了交强险制度的适用范围、适用原则、保险各方当事人权利义务以及监督管理机构的职责等。与《交强险条例》相配套，经原中国保监会批准，保险行业协会先后制定和发布了《机动车交通事故责任强制保险条款》（以下简称《交强险条款》）。至此，我国交强险制度正式建立。此后，上述《交强险条例》和《交强险条款》进行了多次修改。

交强险的投保人是指与保险公司订立交强险合同，并按照合同负有支付保险费义务的机动车的所有人、管理人；被保险人则是指投保人及其允许的合法驾驶人。交强险保障的对象是被保险机动车本车人员和被保险人以外的第三人，并以被保险人对第三方依法应负的民事赔偿责任为保险标的。

我国保障交通事故受害第三人的保险，除了交强险之外，还有"商业三责险"（自愿三责险）作为交强险的溢额保险，承担溢额补充责任。两者的差异在于，后者是自愿缔结的、没有统一的责任限额、保障范围相对较窄（约定免赔额、免赔率、除外责任等）、没有如"道路交通事故社会救助基金"那样的辅助补偿制度的责任保险。

2. 强制投保与承保

我国交强险实行强制投保、强制承保、强制续保制度。

在中国境内道路上行驶的机动车都有义务投保交强险。机动车所有人、管理人未按照规定投保交强险的，由公安机关交通管理部门扣留机动车，并通知机动车所有人、管理人依照规定投保，处依照规定投保最低责任限额应缴纳的保险费的2倍罚款。除非被保险机动车被依法注销登记或者办理停驶，或者经公安机关证实丢失，投保人不得解除交强险合同，当事人也不得以约定加以变更。并且，除非投保人对重要事项未履行如实告知义务，保险公司不得解除交强险合同。机动车交通事故责任强制保险合同期满，投保人应当及时续保。

3. 基础费率与浮动费率

我国交强险实行统一的保险条款和基础保险费率。

监管机构按照交强险业务"总体上不盈利不亏损"的原则审批保险费率。"总体上不盈利不亏损"原则主要体现在费率制定环节，即制定保险费率时就交强险的全部营业而言，保险公司并不考虑预期利润，但"总体上不盈利不亏损"并非简单等同于保险公司的经营结果，允许个别保险公司因经营优势而盈利。

根据规定，被保险机动车没有发生道路交通安全违法行为和道路交通事故的，保险公司应当在下一年度降低其保险费率。在此后的年度内，被保险机动车仍然没有发生道路交通安全违法行为和道路交通事故的，保险公司应当继续降低其保险费率，直至最低标准。被保险机动车发生道路交通安全违法行为或者道路交通事故的，保险公司应当在下一年度提高其保险费率。多次发生道路交通安全违法行为、道路交通事故，或者发生重大道路交通事故的，保险公司应当加大提高其保险费率的幅度。在道路交通事故中被保险人没有过错的，不提高其保险费率。

4. 责任范围、免责事项与责任限额

根据规定，被保险机动车发生道路交通事故造成本车人员、被保险人以外的受害人人身伤亡、财产损失的，由保险公司依法在机动车交通事故责任强制保险责任限额范围内予以赔偿。若道路交通事故的损失是由受害人故意造成的，则保险公司不予赔偿。《交强险条例》第二十二条规定："有下列情形之一的，保险公司在机动车交通事故责任强制保险责任限额范围内垫付抢救费用，并有权向致害人追偿：（一）驾驶人未取得驾驶资格或者醉酒的；（二）被保险机动车被盗抢期间肇事的；（三）被保险人故意制造道路交通事故的。有前款所列情形之一，发生道路交通事故的，造成受害人的财产损失，保险公司不承担赔偿责任。"

就交强险的免责事项，《交强险条款》规定，交强险不负责赔偿和垫付下列损失和费用：①因受害人故意造成的交通事故的损失；②被保险人所有的财产及被保险机动车上的财产遭受的损失；③被保险机动车发生交通事故，致使受害人停业、停驶、停电、停水、停气、停产、通信或者网络中断、数据丢失、电压变化等造成的损失以及受害人财产因市场价格变动造成的贬值、修理后因价值降低造成的损失等其他各种间接损失；④因交通事故产生的仲裁或者诉讼费用以及其他相关费用。

我国交强险在全国范围内实行统一的责任限额，具体分为：①死亡伤残赔偿限额；②医疗费用赔偿限额；③财产损失赔偿限额；④被保险人在道路交通事故中无责任的赔偿限额。其中无责任的赔偿限额也分为无责任死亡伤残赔偿限额、无责任医疗费用赔偿限额以及无责任财产损失赔偿限额。可见，我国交强险的责任限额采用分项限额（而不是概括限额）模式，各分项之间不允许打通相互抵用。相对于概括限额而言，对受害人的保障程度较低。

根据中国银保监会发布的、自2020年9月19日开始实施的《关于调整交强险责任限额和费率浮动系数的公告》，对每次事故造成的人身伤亡或者财产损失各赔偿限额分别为：①死亡伤残赔偿限额为18万元；②医疗费用赔偿限额为1.8万元；③财产损失赔偿限额为0.2万元；④被保险人无

责任时，无责任死亡伤残赔偿限额为1.8万元，无责任医疗费用赔偿限额为1 800元，无责任财产损失赔偿限额为100元。从该条规定可以看出，我国的责任限额采用的是事故限额模式，而不是受害人限额模式，即每次事故不论受害人数多少均须遵从前述责任限额的规定（一次事故最多20万元人民币）。这种事故分项限额的赔偿模式，加上责任限额采用的"既保底，又封顶"（不低于也不高于20万元）的保障水平，往往使得交强险对于较为严重的交通事故保障不足，迫使被保险人不得不另外购买商业三责险作为补充。

第四节 保险业法

一、保险业法概述

保险业法既可指以经营保险为业的组织体法律规范，还可以指代保险业组织规范之外的保险行业的经营规则以及保险业监管规范等。

根据我国《保险法》规定，我国保险业贯彻"专营原则"与"分业经营"原则。保险业务由依照保险法设立的保险公司以及法律、行政法规规定的其他保险组织经营，其他单位和个人不得经营保险业务。保险业和银行业、证券业、信托业实行分业经营、分业管理，保险公司与银行、证券、信托业务机构分别设立，国家另有规定的除外。违反保险法规定的"专营原则"，擅自设立保险公司、保险资产管理公司或者非法经营商业保险业务的，按照保险法规定，由保险监督管理机构予以取缔，没收违法所得，并处罚款。

混业经营，也叫兼营保险，是指由银行、证券公司等金融机构作为保险人提供的保险。兼营保险主要是银行、保险、证券三大金融业混业经营的产物。我国目前一些银行营业柜台销售的保险并非兼营保险，而是银行为保险公司代销的保险。此外，根据我国《保险法》的规定，对境内的保险活动实行"限投原则"即中国境内的法人和其他组织需要办理境内保险的，应当向境内的保险公司投保。

二、保险业组织

为规范保险公司的设立和运营，《保险法》及中国银保监会对保险公司的设立、运营和管理做出了如下规定：

（1）保险公司设立一律采用核准制。设立保险公司应当经国务院保险监督管理机构批准。

（2）规定了严格的设立条件，具体包括：①主要股东具有持续盈利能力，信誉良好，最近3年内无重大违法违规记录，净资产不低于人民币2亿元。②有符合《保险法》和《公司法》规定的章程。③有不少于人民币2亿元的注册资本，且注册资本必须为实缴货币资本；国务院保险监督管理机构根据保险公司的业务范围、经营规模可以调整其注册资本的最低限额，但不得低于人民币2亿元的限额。④有具备任职专业知识和业务工作经验的董事、监事和高级管理人员；董事、监事和高级管理人员，应当品行良好，熟悉与保险相关的法律、行政法规，具有履行职责所需的经营管理能力，并在任职前取得保险监督管理机构核准的任职资格。高级管理人员的范围由国务院保险监督管理机构规定。⑤有健全的组织机构和管理制度。⑥有符合要求的营业场所和与经营业务有关的其他设施。⑦法律行政法规和国务院保险监督管理机构规定的其他条件。

> **法条链接**
>
> 《保险法》第六十八条至第六十九条：
> 第六十八条 设立保险公司应当具备下列条件：
> （一）主要股东具有持续盈利能力，信誉良好，最近三年内无重大违法违规记录，净资产不低于人民币二亿元；
> （二）有符合本法和《中华人民共和国公司法》规定的章程；
> （三）有符合本法规定的注册资本；
> （四）有具备任职专业知识和业务工作经验的董事、监事和高级管理人员；
> （五）有健全的组织机构和管理制度；
> （六）有符合要求的营业场所和与经营业务有关的其他设施；
> （七）法律、行政法规和国务院保险监督管理机构规定的其他条件。
> 第六十九条 设立保险公司，其注册资本的最低限额为人民币二亿元。
> 国务院保险监督管理机构根据保险公司的业务范围、经营规模，可以调整其注册资本的最低限额，但不得低于本条第一款规定的限额。
> 保险公司的注册资本必须为实缴货币资本。

三、保险辅助人

保险辅助人包括保险代理人、保险经纪人、保险公估人等，前两者又称保险中介人。

（一）保险代理人

保险代理人，是指根据保险人的委托，向保险人收取佣金，并在保险人授权的范围内代为办理保险业务的单位或者个人。保险代理人为保险人代为办理保险业务，应当签订委托代理协议，依法约定双方的权利和义务及其他代理事项，如有超越代理权限的行为，投保人有理由相信其有代理权并已订立保险合同的，保险人应当承担保险责任，但是保险人可以依法追究越权保险代理人的责任。

保险代理人分为机构代理人和个人代理人，机构代理人又可分为专业代理人和兼业代理人。

保险专业代理机构，是指根据保险公司的委托，向保险公司收取佣金，在保险公司授权的范围内专门代为办理保险业务的机构，包括保险专业代理公司及其分支机构。按照中国保监会2015年修订的《保险专业代理机构监管规定》的规定，除国务院保险监督管理机构另有规定外，保险专业代理机构应当采取有限责任公司或者股份有限公司形式。无论采取何种公司形式，保险专业代理公司的注册资本都不得少于人民币5 000万元，而且必须为实缴货币资本。

保险专业代理机构经营的保险代理业务主要包括：①代理销售保险产品；②代理收取保险费；③代理相关保险业务的损失勘查和理赔；④国务院保险监督管理机构批准的其他业务。保险专业代理公司在注册地以外的省、自治区或者直辖市开展保险代理活动，应当设立分支机构。保险专业代理公司分支机构的经营区域不得超出其所在地的省、自治区或者直辖市。

（二）保险经纪人

保险经纪人，是指基于投保人的利益，为投保人与保险人订立保险合同提供中介服务，并依法收取佣金的机构。与保险代理人不同，保险经纪人是基于投保人的利益，以自己的名义独立开展保险中介业务。

根据中国保监会2015年修订的《保险经纪机构监管规定》第六条规定，除国务院保险监督管理机构另有规定外，保险经纪机构应当以有限责任公司或者股份有限公司为组织形式。这意味着个人不得作为保险经纪人。保险经纪人应当取得保险监督管理机构颁发的资格证书、按照国务院保险监督管理机构的规定缴存保证金或者投保职业责任保险。该规定第八条规定，保险经纪公司的注册资本不得少于人民币5 000万元，且必须为实缴货币资本。《保险经纪机构监管规定》第二十七条规定："保险经纪机构可以经营下列保险经纪业务：（一）为投保人拟订投保方案、选择保险公司以及办理投保手续；（二）协助被保险人或者受益人进行索赔；（三）再保险经纪业务；（四）为委托人提供防灾、防损或者风险评估、风险管理咨询服务；（五）中国保监会批准的其他业务。保险经纪人因过错给投保人、被保险人造成损失的，依法承担赔偿责任。

(三) 保险公估人

保险公估人（在我国台湾地区称为保险公证人），是指接受委托，专门从事保险标的或者保险事故评估、勘验、鉴定、估损理算等业务，并按约定收取报酬的单位或个人。我国《保险法》规定，保险活动当事人可以委托保险公估机构等依法设立的独立评估机构或者具有相关专业知识的人员，对保险事故进行评估和鉴定。接受委托对保险事故进行评估和鉴定的机构和人员，应当依法、独立、客观、公正地进行评估和鉴定，任何单位和个人不得干涉。前款规定的机构和人员，因故意或者过失给保险人或者被保险人造成损失的，依法承担赔偿责任。

> **法条链接**
>
> 《保险法》第一百二十九条　保险活动当事人可以委托保险公估机构等依法设立的独立评估机构或者具有相关专业知识的人员，对保险事故进行评估和鉴定。
>
> 接受委托对保险事故进行评估和鉴定的机构和人员，应当依法、独立、客观、公正地进行评估和鉴定，任何单位和个人不得干涉。
>
> 前款规定的机构和人员，因故意或者过失给保险人或者被保险人造成损失的，依法承担赔偿责任。

根据规定，保险公估机构可以经营下列业务：①保险标的承保前和承保后的检验、估价及风险评估；②保险标的出险后的查勘、检验、估损理算及出险保险标的残值处理；③风险管理咨询；④国务院保险监督管理机构批准的其他业务。

关于保险公估人的主体资格，目前国务院保险监督管理机构仅限定于单位或者机构。根据规定，保险公估机构应当采取下列组织形式：①有限责任公司；②股份有限公司；③合伙企业。保险公估从业人员不得以个人名义招揽、从事保险公估业务或者同时在两个以上保险公估机构中执业。

根据规定，保险公估机构及其从业人员享有下列权利：①根据执行业务需要要求委托人及其他相关当事人提供有关保险公估的文件、资料和其他必要协助；②客观、公正地从事保险公估活动，在当事人不提供协助或者要求出具虚假保险公估报告时，中止执行业务或者终止履行合同；③法律、行政法规和国务院保险监督管理机构规定的其他权利。保险公估人的主要义务表现为执业的公正性和独立性。根据规定，保险公司、保险中介公司的董事、高级管理人员投资保险公估机构的，应当根据《公司法》有关规定取得股东会或者股东大会的同意；保险公司员工投资保险公估机构的，应当书面告知所在保险公司。

四、保险业的监督管理

保险业的稳健经营，不仅关涉投保大众的切身权益，而且关涉社会金融安全。因而，必须辅之以保险业的监管。根据保险法规定，国务院保险监督管理机构依法对保险业实施监督管理，根据履行职责的需要可以设立派出机构，派出机构按照授权履行监督管理职责。

监管机构依照《保险法》和国务院规定的职责，遵循依法、公开、公正的原则，对保险业实施监督管理，维护保险市场秩序，保护投保人、被保险人和受益人的合法权益。监管机构有权依照法律、行政法规制定并发布有关保险业监督管理的规章。

保险业的监管包括：保险费率的监管，偿付能力的监控，保险公司的整顿，保险公司的接管、撤销与清算等。

（一）保险费率的监管

根据《保险法》规定，关系社会公众利益的保险险种、依法实行强制保险的险种和新开发的人寿保险险种等的保险条款和保险费率，应当报国务院保险监督管理机构批准。国务院保险监督管理机构审批时，应当遵循保护社会公众利益和防止不正当竞争的原则。其他保险险种的保险条款和保险费率，应当报监管机构备案。

保险公司使用的保险条款和保险费率违反法律、行政法规或者监管机构的有关规定的，由监管机构责令停止使用，限期修改；情节严重的，可以在一定期限内禁止申报新的保险条款和保险费率。

（二）偿付能力的监控

《保险法》规定，国务院保险监督管理机构应当建立健全保险公司偿付能力监管体系，对保险公司的偿付能力实施监控。对偿付能力不足的保险公司，国务院保险监督管理机构应当将其列为重点监管对象，并可以根据具体情况采取下列措施：①责令增加资本金、办理再保险；②限制业务范围；③限制向股东分红；④限制固定资产购置或者经营费用规模；⑤限制资金运用的形式、比例；⑥限制增设分支机构；⑦责令拍卖不良资产、转让保险业务；⑧限制董事、监事、高级管理人员的薪酬水平；⑨限制商业性广告；⑩责令停止接受新业务。

保险公司未依照《保险法》规定提取或者结转各项责任准备金，或者未依照该法规定办理再保险，或者严重违反该法关于资金运用的规定的，由监管机构责令限期改正，并可以责令调整负责人及有关管理人员。

（三）保险公司的整顿

保险公司未依照《保险法》规定提取或者结转各项责任准备金，或者未依照该法规定办理再保险，或者严重违反该法关于资金运用的规定的，监管机构做出限期改正的决定后，保险公司逾期未改正的，监管机构可以决定选派保险专业人员和指定该保险公司的有关人员组成整顿组，对公司进行整顿。整顿决定应当载明被整顿公司的名称、整顿理由、整顿组成员和整顿期限，并予以公告。整顿组有权监督被整顿保险公司的日常业务。被整顿公司的负责人及有关管理人员应当在整顿组的监督下行使职权。整顿过程中，被整顿保险公司的原有业务继续进行。但是，国务院保险监督管理机构可以责令被整顿公司停止部分原有业务，停止接受新业务，调整资金运用。被整顿保险公司经整顿已纠正其违反《保险法》规定的行为，恢复正常经营状况的，由整顿组提出报告，经国务院保险监督管理机构批准，结束整顿，并由国务院保险监督管理机构予以公告。

（四）保险公司的接管、撤销与清算

《保险法》规定，保险公司有下列情形之一的，国务院保险监督管理机构可以对其实行接管：①公司的偿付能力严重不足的；②违反《保险法》规定，损害社会公共利益，可能严重危及或者已经严重危及公司的偿付能力的。被接管的保险公司的债权债务关系不因接管而变化。接管组的组成和接管的实施办法，由国务院保险监督管理机构决定，并予以公告。

（五）其他监管措施

根据保险法规定，保险公司在整顿、接管、撤销清算期间，或者出现重大风险时，国务院保险监督管理机构可以对该公司直接负责的董事、监事、高级管理人员和其他直接责任人员采取以下措

施：①通知出境管理机关并依法阻止其出境；②申请司法机关禁止其转移、转让或者以其他方式处分财产，或者在财产上设定其他权利。

我国《保险法》第一百五十四条规定，保险监督管理机构依法履行职责，可以采取下列措施：①对保险公司、保险代理人、保险经纪人、保险资产管理公司、外国保险机构的代表机构进行现场检查；②进入涉嫌违法行为发生场所调查取证；③询问当事人及与被调查事件有关的单位和个人，要求其对与被调查事件有关的事项做出说明；④查阅、复制与被调查事件有关的财产权登记等资料；⑤查阅、复制保险公司、保险代理人、保险经纪人、保险资产管理公司、外国保险机构的代表机构以及与被调查事件有关的单位和个人的财务会计资料及其他相关文件和资料，对可能被转移、隐匿或者毁损的文件和资料予以封存；⑥查询涉嫌违法经营的保险公司、保险代理人、保险经纪人、保险资产管理公司、外国保险机构的代表机构以及与涉嫌违法事项有关的单位和个人的银行账户；⑦对有证据证明已经或者可能转移、隐匿违法资金等涉案财产或者隐匿、伪造、毁损重要证据的，经保险监督管理机构主要负责人批准，申请人民法院予以冻结或者查封。

保险监督管理机构采取上述第①②③项措施的，应当经保险监督管理机构负责人批准；采取第⑥项措施的，应当经国务院保险监督管理机构负责人批准。

保险监督管理机构依法进行监督检查或者调查，其监督检查、调查的人员不得少于2人，并应当出示合法证件和监督检查、调查通知书；监督检查、调查的人员少于2人或者未出示合法证件和监督检查、调查通知书的，被检查、调查的单位和个人有权拒绝。

本章小结

我国保险法是调整保险合同关系、保险组织（保险业）关系和保险业监督管理关系的法律规范的总称。保险合同关系的内容文中已详述；保险组织关系主要包括保险组织的形式、设立条件、设立程序、组织机构、经营规则等方面的法律规范；保险业监督管理关系主要包括监督管理机构的权限、监督管理的内容、监督管理的方式和措施、对保险公司的接管等方面的法律规范。

复习与训练

一、名词解释

1. 保险人
2. 被保险人
3. 受益人
4. 投保人
5. 保险代理人

二、不定项选择

1. 关于保险的内涵，下列表述正确的是（　　）。
    A. 保险就是要消灭危险
    B. 保险就是保证不发生危险
    C. 保险就是保证发生危险
    D. 保险就是要分散和转移危险带来的损失

2. 关于保险的特点，下列表述正确的是（ ）。
   A. 分摊损失
   B. 合同行为
   C. 社会保障
   D. 经济补偿
3. 关于保险与赌博的区别，下列表述正确的是（ ）。
   A. 法律性质不同
   B. 道德认可不同
   C. 目的和作用不同
   D. 是否以保险利益为基础
4. 下列有关人身保险合同中的受益人的表述，不正确的是（ ）。
   A. 受益人可以为一人或者数人
   B. 受益人只能由投保人单独指定
   C. 投保人可以单独变更受益人，不需经被保险人同意
   D. 受益人先于被保险人死亡的，保险金作为被保险人的遗产由其继承人继承
5. 关于保险与储蓄的区别，下列表述不正确的是（ ）。
   A. 实施的方法不同
   B. 给付与反给付的前提条件不同
   C. 遵循的原则不同
   D. 道德认可不同

三、简答题

1. 何谓保险？如何认识保险法规范的特殊性？
2. 简述投保人的如实告知义务。
3. 保险代位权的主要内容有哪些？
4. 保险法基本原则有哪些？

四、案例分析

李某与妻子马某于2018年协议离婚，双方约定8岁的儿子随马某一起生活，每周六儿子到李某处生活一天。后来李某与赵某再婚，由于李某的儿子活泼可爱，加上赵某不能生育，所以特别喜欢李某的儿子，于2021年5月以孩子母亲的身份为孩子买了人身保险合同，约定受益人为李某。2022年6月，李某的孩子在游泳时溺水身亡。李某向保险公司提出索赔，保险公司以赵某对保险标的不具有保险利益为由，拒绝支付保险金。赵某遂将保险公司起诉到法院。

问：保险合同是否有效？李某是否可以进行索赔？保险公司是否应该赔付？

课后思考

《保险法》中的退保

退保是指在保险合同没有完全履行时，经投保人向被保险人申请，保险人同意，解除双方由合同确定的法律关系，保险人按照《中华人民共和国保险法》及合同的约定退还保险单的现金价值。

退保可分为犹豫期退保、正常退保，部分保险公司为了解决争议提供了协议退保的方

式。犹豫期退保指投保人在合同约定的犹豫期内的退保。一般保险公司规定投保人收到保单后十天为犹豫期。通常保险公司会扣除工本费后退还全部保费。超过犹豫期的退保视为正常退保。通常领取过保险金的保单，不得申请退保。正常退保一般要求保单经过一定年度后，投保人可以提出解约申请，寿险公司应自接到申请之日起30天内退还保单现金价值。保单现金价值是指寿险契约在发生解约或退保时可以返还的金额。在长期寿险契约中，保险公司为履行契约责任，通常需要提存一定数额的责任准备金，当被保险人于保险有效期内因故而要求解约或退保时，保险公司按规定，将提存的责任准备金减去解约扣除后的余额退还给被保险人，这部分金额即为保单的现金价值。

第十二章 反不正当竞争与反垄断法律制度

Chapter Twelve

学习目标

○ 了解《反不正当竞争法》和《反垄断法》的立法体系；
○ 理解不正当竞争行为与反垄断行为的概念以及它们之间的区别；
○ 掌握不正当竞争行为和反垄断行为的具体表现形式以及相关法律责任；
○ 能够识别经济生活中的不正当竞争行为和反垄断行为。

导入案例

○ 甲乙两旅行社都是享有盛名的国家承办境外游客到国内观光的经济组织。2017 年，两旅行社均接待海外游客 20 万人次，经济效益不相上下。2018 年上半年，甲旅行社以高薪为条件，致使乙旅行社海外部 15 名工作人员全部辞职，转入甲旅行社工作。甲旅行社为此成立海外旅行二部，该 15 名原乙旅行社的工作人员在转入甲旅行社时将自己的业务资料、海外业务单位名单都带入甲旅行社。2018 年上半年，两旅行社的业务均发生很大的变化，甲旅行社的海外游客骤然上升，效益大增，而乙旅行社业务受到极大影响，造成了较大的经济损失。

○ 分析：1. 甲旅行社的行为是否构成不正当竞争？如是，应属哪种不正当竞争行为？为什么？

2. 对甲旅行社的行为是否应进行法律制裁？如何制裁？

第一节 反不正当竞争法律制度

一、不正当竞争行为的概念和特征

（一）反不正当竞争法的概念

《反不正当竞争法》第二条规定，本法所称的不正当竞争行为，是指经营者在生产经营活动中，违反本法规定，扰乱市场竞争秩序，损害其他经营者或者消费者的合法权益的行为。本法所称的经营者，是指从事商品生产、经营或者提供服务的自然人、法人和非法人组织。

（二）不正当竞争行为的特征

1. 主体的特定性

不正当竞争行为的主体是经营者。非经营者不是竞争行为的主体，所以也不能成为不正当竞争行为的主体。

2. 行为的违法性

不正当竞争行为违背了自愿、平等、公平、诚信的原则，违反了法律和商业道德。

3. 后果的危害性

不正当竞争行为的危害性后果主要表现为侵犯了其他经营者的合法权益、消费者的利益，破坏了公平的市场竞争秩序。

二、反不正当竞争法的概念和调整对象

反不正当竞争法是调整在维护公平竞争、制止不正当竞争行为中发生的社会关系的法律规范的总称。

为保障社会主义市场经济的健康发展，鼓励和保护公平竞争，保护经营者的合法权益，我国于1993年9月通过了《反不正当竞争法》，并于同年12月1日正式施行，分别于2017年11月及2019年进行了两次修订。

知识拓展

反不正当竞争法与反垄断法的关系

联系：同属竞争法范畴，二者相互配合、相互补充，共同规范经营者的竞争行为，维护市场秩序。

区别：反不正当竞争法重在恢复"竞争过度行为"到有效竞争状态；反垄断法重在为"竞争不足"注入竞争活力。

三、不正当竞争行为的具体表现形式

（一）混淆行为

1. 概念

混淆行为是指经营者通过擅自使用他人具有一定影响的标识等方式，引人误认为其生产、经营的商品是他人商品或者与他人存在特定联系的行为。

2. 该行为的表现形式

（1）擅自使用与他人有一定影响的商品名称、包装、装潢等相同或者近似的标识。这类行为要求，被仿冒的商品必须是有一定影响的商品名称、包装、装潢等相同或者近似的标识；被仿冒或假冒的商品名称、包装、装潢为有影响商品所特有；经营者的手段必须是擅自做相同或者近似的使用。擅自使用，是指未经所有权人的许可而自行使用其商品的名称、包装、装潢。

（2）擅自使用他人有一定影响的企业名称（包括简称、字号等）、社会组织名称（包括简称等）、姓名（包括笔名、艺名、译名等）。

（3）擅自使用他人有一定影响的域名主体部分、网站名称、网页等。经营者擅自使用有一定影响的域名主体部分、网站名称、网页等行为，也会引人误认为是他人商品，从而给消费者和其他经营者利益造成损害，构成不正当竞争行为。

（4）其他足以引人误认为是他人商品或者与他人存在特定联系的混淆行为。经营者实施的其他所有容易引人误认为是他人商品或者与他人存在特定联系的混淆行为。

3. 混淆行为的法律责任

（1）行政责任：经营者违反《反不正当竞争法》第六条规定实施混淆行为的，由监督检查部门

责令停止违法行为，没收违法商品。违法经营额五万元以上的，可以并处违法经营额五倍以下的罚款；没有违法经营额或者违法经营额不足五万元的，可以并处二十五万元以下的罚款。情节严重的，吊销营业执照。

（2）民事责任：经营者违反《反不正当竞争法》规定，给他人造成损害的，应当依法承担民事责任。经营者的合法权益受到不正当竞争行为损害的，可以向人民法院提起诉讼。

因不正当竞争行为受到损害的经营者的赔偿数额，按照其因被侵权所受到的实际损失确定；实际损失难以计算的，按照侵权人因侵权所获得的利益确定。经营者恶意实施侵犯商业秘密行为，情节严重的，可以在按照上述方法确定数额的一倍以上五倍以下确定赔偿数额。赔偿数额还应当包括经营者为制止侵权行为所支付的合理开支。

典型案例

某县"大队长酒楼"自创品牌后声名渐隆，妇孺皆知。同县的"牛记酒楼"经暗访发现，"大队长酒楼"经营特色是：服务员统一着20世纪60年代服装，播放该年代歌曲，店堂装修、菜名等也具有时代印记。"牛记酒楼"遂改名为"老社长酒楼"，服装、歌曲、装修、菜名等一应照搬。

问题："牛记酒楼"的行为构成混淆行为吗？

解析：构成。"牛记酒楼"使用了与"大队长酒楼"相同的装修、菜名、服饰等，同样播放传统歌曲，对"大队长酒楼"包装、装潢的假冒仿冒行为，构成不正当竞争行为中的混淆行为。

（二）商业贿赂行为

1. 商业贿赂行为的概念

商业贿赂行为是指经营者为了谋取交易机会或者竞争优势而采用财物或者其他手段贿赂可能影响交易的单位或者个人的行为。

2. 商业贿赂行为的表现形式

经营者不得采用财物或者其他手段贿赂下列单位或者个人，以谋取交易机会或者竞争优势：

（1）交易相对方的工作人员。

（2）受交易相对方委托办理相关事务的单位或者个人。

（3）利用职权或者影响力影响交易的单位或者个人。

3. 商业贿赂行为的特征

（1）主体是经营者，非经营者不构成此种行为，商业贿赂行为包括行贿和受贿两个对合性行为，商业贿赂的行为主体也就包括行贿者和受贿者两方主体。

（2）主观方面表现为故意，过失不符合该行为的构成要件。

（3）客观方面表现为违反法律规定，秘密给付报酬及其他财物。"财物"是指现金和实物，包括经营者为销售或者购买商品，假借促销费、宣传费、赞助费、科研费、劳务费、咨询费、佣金等名义，或者以报销各种费用等方式，给付对方单位或者个人的财物；"其他手段"是指提供国内外各种名义的旅游、考察等财物以外的其他利益的手段。

（4）表现形式：主要表现为账外暗中给付回扣，账外指不入正规的财务账目，暗中指不在合同、发票等中明确表示出来。账外、暗中指在商品购销中落入个人腰包或者单位小金库的那部分收入回扣等，折扣和佣金则不构成此种行为。

知识拓展

回扣、折扣、佣金的区别

折扣是指购销商品时价款总额按一定比例扣除，即俗称的"打折"，在支付价款时立即扣除或者是先支付价款总额再退回一部分。佣金是指具有独立地位的中间商，如经纪人等为他人提供商业服务，撮合交易而得到的报酬。折扣和佣金在商品购销中是被允许的，但给予和接受折扣或佣金的交易双方必须采用明示和入账的方式。回扣是在商品交易中，一方在收取的货款中，扣出一部分送给对方或其委托代理人（指经办人）的钱财。回扣在形式上通常由卖方支付，用以酬谢买方或其委托代理人。但某些情况下也可能由买方支付给卖方或其代理人，如购买紧俏产品时，常出现这种情况，表现形式主要是账外暗中，这种回扣往往以各种名目出现，诸如手续费、好处费、劳务费、辛苦费、茶水费、咨询费、顾问费等。"回扣"是商业贿赂的主要形式，正确区分回扣、折扣与佣金，有效制裁商业贿赂行为，有利于维护经济秩序，保障社会经济健康发展。

4. 商业贿赂行为的法律责任

经营者违反《反不正当竞争法》第七条规定贿赂他人的，由监督检查部门没收违法所得，处十万元以上三百万元以下的罚款。情节严重的，吊销营业执照。

（三）虚假宣传行为

1. 虚假宣传行为的概念

虚假宣传行为是指经营者对商品的性能、功能、质量、销售状况、用户评价、曾获荣誉等作虚假或者引人误解的商业宣传，欺骗、误导消费者的行为。经营者不得通过组织虚假交易等方式，帮助其他经营者进行虚假或者引人误解的商业宣传。

2. 虚假宣传行为有以下特征

（1）行为主体是经营者。

（2）行为人在主观方面表现为故意，作为不正当竞争行为的虚假或者引人误解的商业宣传是故意行为，并且行为人具有谋取交易机会或者获取竞争优势的动机，具有误导他人购买商品的目的。

（3）行为人在客观方面对商品作了虚假或者引人误解的商业宣传，并产生了欺骗、误导购买者购买的后果或者可能性。

（4）一些经营者雇用他人为其"刷单炒信"（即通过网络虚构交易量、用户好评）以吸引消费者购买商品，进而谋取不当交易机会或者竞争优势的现象比较普遍。

典型案例

欣欣公司为了宣传其新开发的保健品，虚构保健品功效，并委托某广告公司设计了"谁吃谁明白"的广告，聘请大腕明星做代言人，邀请某社会团体向消费者推荐，在报刊和电视上频频地发布引人误解的不实广告。

问题：根据《反不正当竞争法》的规定，对于不实宣传需要承担法律责任的主体有哪些？

解析：因保健品是关系生命健康的产品，故欣欣公司、广告公司、明星代言人、社会团体均需承担连带法律责任。

---

3. 虚假宣传行为的法律责任

经营者违反《反不正当竞争法》第八条规定对其商品作虚假或者引人误解的商业宣传，或者通过组织虚假交易等方式帮助其他经营者进行虚假或者引人误解的商业宣传的，由监督检查部门责令停止违法行为，处二十万元以上一百万元以下的罚款；情节严重的，处一百万元以上二百万元以下的罚款，可以吊销营业执照。

（四）侵犯商业秘密行为

1. 商业秘密的概念

商业秘密是指不为公众知悉，具有商业价值并经权利人采取相应保密措施的技术信息和经营信息。商业秘密是一类特殊的知识产权客体，它既不同于专利、商标等知识产权的一般客体，又区别于政治秘密、个人隐私等一般秘密。

2. 商业秘密的构成要件

（1）不为公众所知悉，未进入公知领域，不能从公开渠道直接获取。具有下列情形之一的，可以认定有关信息不构成不为公众所知悉：该信息为其所属技术或者经济领域的人的一般常识；该信息仅涉及产品的尺寸、材料、部件的简单组合等内容，进入市场后相关公众通过观察产品即可直接获得；该信息已经在公开出版物或者其他媒体上公开披露；该信息已通过公开的报告会、展览等方式公开；该信息从其他公开渠道可以获得；该信息无须付出一定的代价而容易获得。

（2）具有商业价值，因使用为其带来现实或潜在的经济利益或竞争优势。

（3）权利人采取了合理的保密措施，具有下列情形之一，在正常情况下足以防止涉密信息泄露的，应当认定权利人采取了保密措施：限定涉密信息的知悉范围，只对必须知悉的相关人员告知其内容；对于涉密信息载体采取加锁等防范措施；在涉密信息的载体上标有保密标志；对于涉密信息采用密码或者代码等；签订保密协议；对涉密的机器、厂房、车间等场所限制来访者或者提出保密要求；确保信息秘密的其他合理措施。

3. 侵犯商业秘密行为的表现形式

（1）以盗窃、贿赂、欺诈、胁迫、电子侵入或者其他不正当手段获取权利人的商业秘密。

（2）披露、使用或者允许他人使用以前项手段获取的权利人的商业秘密。

（3）违反保密义务或者违反权利人有关保守商业秘密的要求，披露、使用或者允许他人使用其所掌握的商业秘密。

（4）教唆、引诱、帮助他人违反保密义务或者违反权利人有关保守商业秘密的要求，获取、披露、使用或者允许他人使用权利人的商业秘密。经营者以外的其他自然人、法人和非法人组织实施前款所列违法行为的，视为侵犯商业秘密。

（5）第三人明知或者应知商业秘密权利人的员工、前员工、其他单位或者个人实施本条第一款所列违法行为，仍获取、披露、使用或者允许他人使用该商业秘密的，视为侵犯商业秘密。

4. 侵犯商业秘密行为的法律责任

经营者以及其他自然人、法人和非法人组织违反《反不正当竞争法》第九条规定侵犯商业秘密的，由监督检查部门责令停止违法行为，没收违法所得，处十万元以上一百万元以下的罚款；情节严重的，处五十万元以上五百万元以下的罚款。

知识拓展

商业秘密与知识产权的异同点

1. 商业秘密的前提是不为公众所知悉，而其他知识产权都是公开的，对专利权甚至有公开到相当程度的要求。

2. 商业秘密是一项相对的权利。商业秘密的专有性不是绝对的，不具有排他性。如果其他人以合法方式取得了同一内容的商业秘密，他们就和第一个人有着同样的地位。商业秘密的拥有者既不能阻止在他之前已经开发掌握该信息的人使用、转让该信息，也不能阻止在他之后开发掌握该信息的人使用、转让该信息。

3. 商业秘密的保护期不是法定的，取决于权利人的保密措施和其他人对此项秘密的公开。一项技术秘密可能由于权利人保密措施得力和技术本身的应用价值而延续很长时间，远远超过专利技术受保护的期限。（发明专利权的期限为二十年，实用新型专利权和外观设计专利权的期限为十年，均自申请日起计算）

（五）不正当有奖销售行为

1. 有奖销售行为的概念

有奖销售是指经营者以提供奖品或奖金的手段推销商品或提供服务的行为，主要包括附赠式和抽奖式两种形式。

2. 不正当有奖销售的概念

不正当有奖销售是指经营者在销售商品或提供服务时，以欺骗或者其他不正当手段，附带提供给用户和消费者金钱、实物或其他好处，作为对交易的奖励。

3. 不正当有奖销售行为的表现形式

（1）所设奖的种类、兑奖条件、奖金金额或者奖品等有奖销售信息不明确，影响兑奖。

（2）采用谎称有奖或者故意让内定人员中奖的欺骗方式进行有奖销售。

（3）抽奖式的有奖销售最高奖金额超过5万元（以非现金的物品或者其他经济利益作为奖励的，按照同期市场同类商品或者服务的正常价格折算其金额）的行为。

4. 不正当有奖销售行为的法律责任

经营者违反《反不正当竞争法》第十条规定进行有奖销售的，由监督检查部门责令停止违法行为，处五万元以上五十万元以下的罚款。

（六）诋毁商誉的行为

1. 诋毁商誉行为的概念

诋毁商誉的行为是指经营者捏造、散布虚假事实，损害竞争对手的商誉，从而削弱其竞争力，为自己取得竞争优势的行为。

2. 诋毁商誉行为的构成要件

（1）行为的主体是市场经营活动中的经营者。

（2）经营者采用了编造、散布虚假事实的手段实施了诋毁商誉行为。

（3）诋毁行为是针对一个或多个特定竞争对手的商业信誉和商品声誉。

（4）经营者对其他竞争者进行诋毁，其目的是损害对方的商誉，主观心态是故意的。

3. 诋毁商誉行为的法律责任

经营者违反《反不正当竞争法》第十一条规定损害竞争对手商业信誉、商品声誉的，由监督检查部门责令停止违法行为、消除影响，处十万元以上五十万元以下的罚款；情节严重的，处五十万元以上三百万元以下的罚款。

典型案例

2012年广药集团收回"王老吉"商标后，加多宝公司、王泽邦第五代玄孙王健仪先后发表声明、播放"传人篇"广告，称"加多宝凉茶传承王健仪独家配方""从未传授王老吉秘方给广药集团""王泽邦后人将配方独家传授给加多宝"，多次误导消费者对王老吉的正宗性产生误解，使消费者认为广药集团没有王老吉正宗配方，"王老吉"凉茶使用的不是王老吉正宗配方。

问题：根据《反不正当竞争法》的规定，该行为构成不正当竞争行为吗？

解析：构成，是诋毁商誉行为。2015年12月23日，广州市中级人民法院对王老吉加多宝"配方案"做出一审判决，加多宝立即停止虚假宣传及商业诋毁的侵权行为，并赔偿王老吉经济损失及合理维权费用500万元。同时，还需在《广州日报》及加多宝集团官网首页刊登声明并道歉。

（七）网络不正当竞争行为

1. 网络不正当竞争行为的概念

网络不正当竞争行为是指经营者利用网络从事生产经营活动，利用技术手段，通过影响用户选择或者其他方式，实施妨碍、破坏其他经营者合法提供的网络产品或者服务正常运行的行为。

2. 网络领域不正当竞争行为的分类

（1）网络领域的传统不正当竞争行为是指经营者利用网络但未使用网络专业技术手段实施的不正当竞争行为。这类不正当竞争行为是传统不正当竞争行为在网络领域的延伸。例如，利用网络实施混淆、虚假宣传、商业诋毁等不正当竞争行为。

（2）网络领域特有的不正当竞争行为是指经营者利用网络专业技术手段，通过影响用户选择或者其他方式实施的妨碍、破坏其他经营者合法提供的网络产品或者服务正常运行的行为。

3. 网络领域特有的不正当竞争行为

（1）未经其他经营者同意，在其合法提供的网络产品或者服务中，插入链接、强制进行目标跳转。

（2）误导、欺骗、强迫用户修改、关闭、卸载其他经营者合法提供的网络产品或者服务。

（3）恶意对其他经营者合法提供的网络产品或者服务实施不兼容。

（4）其他妨碍、破坏其他经营者合法提供的网络产品或者服务正常运行的行为。

4. 网络不正当竞争行为的法律责任

经营者违反《反不正当竞争法》第十二条规定妨碍、破坏其他经营者合法提供的网络产品或者服务正常运行的，由监督检查部门责令停止违法行为，处十万元以上五十万元以下的罚款；情节严重的，处五十万元以上三百万元以下的罚款。

第二节 反垄断法律制度

一、垄断与反垄断法

（一）垄断的概念

1. 经济学意义上的垄断

经济学著述中所称的垄断，有三层含义：一是最狭义的垄断，即独占；二是狭义的垄断，是指除完全竞争之外所有的市场结构，包括垄断竞争、寡占和独占；三是广义的垄断，既指垄断结构，也指垄断行为。

2. 法律意义上的垄断

法律意义上的垄断，具有如下特征：一是仅指垄断行为，不包括垄断结构。二是指行为的主体是经营者或其利益的代表者，经营者是以营利为目的提供商品或服务的组织或个人，是垄断案件中最常见的主体；行业协会、行政机关或根据法律法规授权享有公共管理权力的其他组织，也会成为垄断行为的主体。三是行为目的或后果是排除限制竞争、牟取超额利益、排除竞争或限制竞争，这是垄断的核心特征。四是行为应当具有违法性。如果依法不构成垄断或者具备适用除外的条件，则不是法律意义上的垄断。

简言之，垄断是指经营者或其利益的代表者排除或限制竞争的违法行为。

（二）反垄断法的概念

反垄断法是调整在国家规制垄断过程中所发生的社会关系的法律规范的总称。有实质意义和形式意义之分，实质意义的反垄断法，是由反垄断法律规范所构成的，是部门法意义上的反垄断法；形式意义的反垄断法，是指一国规制垄断行为的基本法律。我国于2007年8月制定了《反垄断法》，2008年8月1日起执行，2022年6月24日进行了修正，2022年8月1日起施行。

二、反垄断法的特征及规制对象

（一）反垄断法的特征

1. 反垄断法的内容主要是规制垄断行为

与反不正当竞争法侧重维护公正、公平与正当，维持竞争秩序与竞争道德不同，反垄断法更强调自由，旨在使竞争恢复到正常状态。反垄断法的目的重在维护竞争活力，以规制垄断和限制竞争为内容。

2. 反垄断法保障企业自由和消费者利益

反垄断法通过规制妨碍自由权利行使的行为并予以打击来保证企业自由地进入或退出某一产业，不受非法排斥；企业间协议固定产品价格或限制产品数量、划分市场等限制竞争行为都会使消费者利益受损，反垄断加以禁止，实际上起到保护消费者利益的作用。

3. 反垄断法提高经济效率

竞争反映效益价值，是一种理想的资源分配机制，以合理方法带来最大收益。

（二）反垄断法的规制对象

（1）垄断协议。

（2）滥用市场支配地位。

（3）经营者集中。

（4）行政性垄断。

（三）反垄断法的适用例外制度

（1）自然垄断行业，铁路、邮电、电力、煤气、自来水等。

（2）农业生产者及农村经济组织在农产品生产、加工、销售、运输、储存等经营活动中实施的联合或者协同行为，不适用反垄断法。

（3）知识产权的行使。

（4）银行业、保险业（避免过度竞争）。

（5）对外经济贸易领域，为了保护本国的经济利益，采用一致对外的原则。

三、垄断行为的具体表现形式

（一）垄断协议

1. 垄断协议的概念

垄断协议是指排除、限制竞争的协议、决议或其他协同行为。这里协议是指两个或者两个以上的经营者通过书面协议或者口头协议的形式，就排除、限制竞争的行为达成一致意见；决议是指企业集团或者其他形式的企业联合体以决议的性质，要求其成员企业共同实施的排除、限制竞争的行为；其他协同行为是指经营者之间虽未明确订立协议或者决定，但实质上存在协调一致的行为。

2. 垄断协议的特征

（1）垄断协议的实施主体是两个以上的独立经营者。
（2）垄断协议的表现形式除书面协议或口头协议、决议外，还包括协同一致的行为。
（3）垄断协议具有限制竞争的目的或产生限制竞争的效果。

3. 垄断协议的分类

（1）横向垄断协议。横向垄断协议是指在生产或者销售过程中处于同一阶段的经营者之间（如生产商之间、批发商之间、零售商之间）达成的协议。禁止具有竞争关系的经营者达成下列垄断协议：固定或者变更商品价格；限制商品的生产数量或者销售数量；分割销售市场或者原材料采购市场；限制购买新技术、新设备或者限制开发新技术、新产品；联合抵制交易；国务院反垄断执法机构认定的其他垄断协议。

（2）纵向垄断协议。纵向垄断协议是指在生产或销售过程中处于不同阶段的经营者之间（如生产商和批发商之间、批发商与零售商之间）达成的协议，禁止经营者与交易相对人达成下列垄断协议：固定向第三人转售商品的价格；限定向第三人转售商品的最低价格；国务院反垄断执法机构认定的其他垄断协议。

> **典型案例**
>
> **外资奶粉反垄断案**
>
> 2013年国家发改委公布奶粉反垄断调查结果，合生元、雅培、多美滋等6家乳粉企业共被罚款约6.7亿元，成为当时中国反垄断执法史上开出的最大罚单。根据国家发改委官网发布的信息，该次处罚6家乳企的依据是："涉案企业均对下游经营者进行了不同形式的转售价格维持，存在固定转售商品的价格或限定转售商品的最低价格的行为。"这些行为包括合同约定、直接罚款、扣减返利、限制供货等。这是一起典型的纵向垄断案。

4. 垄断协议的法律责任

（1）行政责任：经营者违反《反垄断法》规定，达成并实施垄断协议的，由反垄断执法机构责令停止违法行为，没收违法所得，并处上一年度销售额百分之一以上百分之十以下的罚款，上一年度没有销售额的，处五百万元以下的罚款；尚未实施所达成的垄断协议的，可以处三百万元以下的罚款。经营者的法定代表人、主要负责人和直接责任人员对达成垄断协议负有个人责任的，可以处一百万元以下的罚款。

（2）组织或者帮助者的法律责任：经营者组织其他经营者达成垄断协议或者为其他经营者达成垄断协议提供实质性帮助的，适用前款规定。

（3）宽恕制度：经营者主动向反垄断执法机构报告达成垄断协议的有关情况并提供重要证据的，反垄断执法机构可以酌情减轻或者免除对该经营者的处罚。

（4）行业协会的法律责任：行业协会违反《反垄断法》规定，组织本行业的经营者达成垄断协议的，由反垄断执法机构责令改正，可以处三百万元以下的罚款；情节严重的，社会团体登记管理机关可以依法撤销登记。

（5）民事责任：经营者实施垄断行为，给他人造成损失的，依法承担赔偿责任。

（6）信用惩戒责任：经营者因违反《反垄断法》规定受到行政处罚的，按照国家有关规定记入信用记录，并向社会公示。

（7）刑事责任：违反《反垄断法》规定，构成犯罪的，依法追究刑事责任。

以上民事责任、刑事责任、信用惩戒责任适用于所有的垄断行为，以下不再赘述。

（二）滥用市场支配地位

1. 市场支配地位的概念及考虑因素

（1）概念：市场支配地位是指经营者在相关市场内具有能够控制商品价格、数量或者其他交易条件，或者能够阻碍、影响其他经营者进入相关市场能力的市场地位。相关市场，是指经营者在一定时期内就特定商品或者服务（以下统称商品）进行竞争的商品范围和地域范围。

（2）认定市场支配地位应当考虑的因素。认定经营者具有市场支配地位，应当依据下列因素：该经营者在相关市场的市场份额，以及相关市场的竞争状况；该经营者控制销售市场或者原材料采购市场的能力；该经营者的财力和技术条件；其他经营者对该经营者在交易上的依赖程度；其他经营者进入相关市场的难易程度；与认定该经营者市场支配地位有关的其他因素。

（3）可以推定具有市场支配地位的情形。可以推定具有市场支配地位的情形：一个经营者在相关市场的市场份额达到二分之一的；两个经营者在相关市场的市场份额合计达到三分之二的；三个经营者在相关市场的市场份额合计达到四分之三的。有《反不正当竞争法》第二十四条第一款第二项、第三项情形，其中有的经营者市场份额不足十分之一的，不应当推定该经营者具有市场支配地位；被推定具有市场支配地位的经营者，有证据证明不具有市场支配地位的，不应当认定其具有市场支配地位。

2. 滥用市场支配地位的行为含义和基本特征

（1）概念：是指具有市场支配地位的经营者利用其市场支配地位所实施的妨碍竞争的行为。

（2）特征：主体是具有市场支配地位的经营者；行为的目的是维持或提高市场地位；后果是对市场竞争造成实质性损害或损害可能。

3. 滥用市场支配地位的具体表现形式

禁止具有市场支配地位的经营者从事下列滥用市场支配地位的行为：

（1）以不公平的高价销售商品或者以不公平的低价购买商品。

（2）没有正当理由，以低于成本的价格销售商品。

（3）没有正当理由，拒绝与交易相对人进行交易。

（4）没有正当理由，限定交易相对人只能与其进行交易或者只能与其指定的经营者进行交易。

（5）没有正当理由搭售商品，或者在交易时附加其他不合理的交易条件。

（6）没有正当理由，对条件相同的交易相对人在交易价格等交易条件上实行差别待遇。

（7）国务院反垄断执法机构认定的其他滥用市场支配地位的行为。

4. 滥用市场支配地位行为的法律责任

经营者违反《反垄断法》规定，滥用市场支配地位的，由反垄断执法机构责令停止违法行为，没收违法所得，并处上一年度销售额百分之一以上百分之十以下的罚款。

（三）经营者集中

1. 经营者集中的概念

经营者集中，是指经营者通过合并及购买股权或资产等方式进行的企业经营行为，其直接后果可能导致同一竞争领域的经营者数量减少。通过合并、收购、委托经营、联营或其他方式，集合经营者经济力主体是两个以上的经营者；目的和后果是迅速集合经济力，提高市场份额，提升市场地位。

2. 经营者集中的类型

（1）经营者合并。

（2）经营者控制。

3. 经营者集中的具体表现形式

（1）经营者合并。

（2）经营者通过取得股权或者资产的方式取得对其他经营者的控制权。

（3）经营者通过合同等方式取得对其他经营者的控制权。

（4）经营者能够对其他经营者的控制权施加决定性影响。

其中，第一种表现为经营者合并，后三种表现为对经营者的控制行为。

4. 经营者集中前置性的申报许可制度

（1）经营者集中的申报。经营者集中达到国务院规定的申报标准的，经营者应当事先向国务院反垄断执法机构申报，未申报的不得实施集中；经营者集中未达到国务院规定的申报标准，但有证据证明该经营者集中具有或者可能具有排除、限制竞争效果的，国务院反垄断执法机构可以要求经营者申报；经营者未依照前两款规定进行申报的，国务院反垄断执法机构应当依法进行调查。

（2）经营者集中的申报豁免。经营者集中有下列情形之一的，可以不向国务院反垄断执法机构申报：参与集中的一个经营者拥有其他每个经营者百分之五十以上有表决权的股份或者资产的；参与集中的每个经营者百分之五十以上有表决权的股份或者资产被同一个未参与集中的经营者拥有的。

（3）经营者集中申报提交的材料。经营者向国务院反垄断执法机构申报集中，应当提交下列文件、资料：申报书；集中对相关市场竞争状况影响的说明；集中协议；参与集中的经营者经会计师事务所审计的上一会计年度财务会计报告；国务院反垄断执法机构规定的其他文件、资料。申报书应当载明参与集中的经营者的名称、住所、经营范围、预定实施集中的日期和国务院反垄断执法机构规定的其他事项。

5. 资料补正

经营者提交的文件、资料不完备的，应当在国务院反垄断执法机构规定的期限内补交文件、资料。经营者逾期未补交文件、资料的，视为未申报。

6. 经营者集中的审查制度

（1）审查经营者集中，应当考虑的因素：参与集中的经营者在相关市场的市场份额及其对市场的控制力；相关市场的市场集中度；经营者集中对市场进入、技术进步的影响；经营者集中对消费者和其他有关经营者的影响；经营者集中对国民经济发展的影响；国务院反垄断执法机构认为应当考虑的影响市场竞争的其他因素。

（2）初步审查。国务院反垄断执法机构应当自收到经营者提交的符合《反垄断法》第二十八条规定的文件、资料之日起三十日内，对申报的经营者集中进行初步审查，作出是否实施进一步审查的决定，并书面通知经营者。国务院反垄断执法机构作出决定前，经营者不得实施集中。国务院反垄断执法机构作出不实施进一步审查的决定或者逾期未作出决定的，经营者可以实施集中。

（3）再审。国务院反垄断执法机构决定实施进一步审查的，应当自决定之日起九十日内审查完毕，作出是否禁止经营者集中的决定，并书面通知经营者，作出禁止经营者集中的决定。

（4）延期审查。国务院反垄断执法机构经书面通知经营者，可以延长前款规定的审查期限，但最长不得超过六十日。

7. 经营者集中审查的结果

（1）禁止及其豁免。经营者集中具有或者可能具有排除、限制竞争效果的，国务院反垄断执法机构应当作出禁止经营者集中的决定。但是，经营者能够证明该集中对竞争产生的有利影响明显大于不利影响，或者符合社会公共利益的，国务院反垄断执法机构可以作出对经营者集中不予禁止的决定。

（2）附加限制性条件。对不予禁止的经营者集中，国务院反垄断执法机构可以决定附加减少集中对竞争产生不利影响的限制性条件。

（3）决定与公告。国务院反垄断执法机构应当将禁止经营者集中的决定或者对经营者集中附加限制性条件的决定，及时向社会公布。

8. 经营者集中的法律责任

经营者违反《反垄断法》规定实施集中，且具有或者可能具有排除、限制竞争效果的，由国务院反垄断执法机构责令停止实施集中、限期处分股份或者资产、限期转让营业以及采取其他必要措施恢复到集中前的状态，处上一年度销售额百分之十以下的罚款；不具有排除、限制竞争效果的，处五百万元以下的罚款。

（四）行政垄断

1. 概念

行政机关和法律、法规授权的具有管理公共事务职能的组织滥用行政权力，违反法律法规实施的限制市场竞争的行为。

2. 行政垄断的行为方式

行政性垄断行为依其作用对象的不同可分为具体行政垄断行为和抽象行政垄断行为；依行政性垄断行为的具体行为人的不同可分为直接行政垄断行为和间接行政垄断行为（即行政强制经营者限制竞争行为）。

行政性垄断行为主要有：

（1）行政性强制交易，即行政机关滥用行政权力，违反法律规定，限定或者变相限定经营者、消费者经营、购买、使用其指定的经营者提供的商品。比如，某县政府要求所有机关、事业单位购买某啤酒厂质次价高、没有竞争力的啤酒，并且下达具体购买任务。

（2）行政性限制市场准入，即行政机关滥用行政权力，违反法律规定，妨碍商品和服务在地区之间的自由流通，排除或限制市场竞争的行为。

（3）行政性强制经营者限制竞争，即行政机关滥用行政权力，违反法律规定，强制经营者从事反垄断法所禁止的排除或者限制市场竞争的行为。比如，强制本地区、本部门的企业合并，或者通过经营者控制组建企业集团；强制经营者通过协议等方式固定价格、划分市场、联合抵制等。

3. 行政垄断的法律责任

行政机关和法律、法规授权的具有管理公共事务职能的组织滥用行政权力，实施排除、限制竞争行为的，由上级机关责令改正；对直接负责的主管人员和其他直接责任人员依法给予处分。反垄断执法机构可以向有关上级机关提出依法处理的建议。行政机关和法律、法规授权的具有管理公共事务职能的组织应当将有关改正情况书面报告上级机关和反垄断执法机构。法律、行政法规对行政机关和法律、法规授权的具有管理公共事务职能的组织滥用行政权力实施排除、限制竞争行为的处理另有规定的，依照其规定。

本章小结

本章是以反不正当竞争法与反垄断法为核心，反不正当竞争法主要是制止不正当竞争行为，对于维护公平竞争秩序，促进市场经济健康发展有着积极作用；反垄断法主要是为了预防和制止垄断行为、保护公平竞争而制定的，主要调整垄断与限制竞争行为及与竞争有密切联系的社会关系，侧重维护竞争自由。本章以《反不正当竞争法》《反垄断法》为依据，全面介绍了七种不正当竞争行为的概念、特征、表现形式、监督检查、法律责任等法律制度，并且介绍了垄断的概念以及反垄断法的特征、功能以及制度体系，介绍了垄断行为的四种表现形式及其相关法律责任。

复习与训练

一、名词解释
1. 垄断协议
2. 市场支配地位
3. 行政垄断
4. 商业贿赂
5. 商业秘密

二、不定项选择
1. 我国制定《反不正当竞争法》的最直接的目的是（　　）。
   A. 鼓励和保护公平竞争　　　　　　B. 制止不正当竞争行为
   C. 反对经济垄断　　　　　　　　　D. 保护经营者和消费者的合法权益
2. 甲欲买"全聚德"牌的快餐包装烤鸭，上火车前误购了商标不同而外包装十分近似的显著标明名称为"仝聚德"的烤鸭，遂向"全聚德"公司投诉。"全聚德"公司发现，"仝聚德"烤鸭的价格仅为"全聚德"的1／3。如果"全聚德"起诉"仝聚德"，其纠纷的性质应当是下列哪一种？（　　）
   A. 诋毁商誉的侵权纠纷　　　　　　B. 低价倾销的不正当竞争纠纷
   C. 混淆行为　　　　　　　　　　　D. 企业名称侵权纠纷
3. 甲市某酒厂酿造的"蓝星"系列白酒深为当地人所喜爱。甲市政府办公室发文指定该酒为"接待用酒"，要求各机关、企事业单位、社会团体在业务用餐时，饮酒应以"蓝星"系列为主。同时，酒厂公开承诺：用餐者凭市内各酒楼出具的证明，可以取得消费100元返还10元的奖励。下列关于此事的说法哪一项是不正确的？（　　）
   A. 甲市政府办公室的行为属于限制竞争行为
   B. 酒厂的做法尚未构成商业贿赂行为
   C. 上级机关可以责令甲市政府改正错误
   D. 监督检查部门可以没收酒厂的违法所得，并处以罚款
4. 根据《反垄断法》规定，下列哪个选项构成垄断协议？
   A. 某行业协会组织本行业的企业就防止进口原料时的恶性竞争达成保护性协议
   B. 三家大型房地产公司的代表聚会，就商品房价格达成共识，随后一致采取涨价行动
   C. 某品牌的奶粉含有毒物质的事实被公布后，数家大型零售公司联合声明拒绝销售该产品
   D. 数家大型煤炭企业就采用一种新型矿山安全生产技术达成一致意见

三、简答题
1. 简述滥用市场支配地位行为的含义、特征和表现形式。
2. 简述反垄断法规定的承诺制度。
3. 简述商业秘密的构成要件。
4. 简述我国《反不正当竞争法》所禁止的有奖销售的形式。

四、案例分析
国内排名前十的土豆生产企业，集聚浙江某地召开行业高峰论坛，经共同协商达成一

致意向，决定将土豆销售价格稳定在每公斤1.5元，由于参加者众多，企业间并未签订书面协议。

根据《反垄断法》的规定，请回答以下问题：

1. 由于各企业间并没有签署书面协议，他们之间的行为可以认定为垄断协议吗？
2. 假设已签订书面协议，该协议属于垄断协议中的哪一种？
3. 假设已签订书面协议，且该协议主要是确定外销美国的土豆价格，能保障到我国的正当外贸利益，可以构成反垄断法的除外情形吗？
4. 如果各企业以土豆协会的名义，通过该稳定价格的协议并进行通告，有没有违反反垄断法的规定？
5. 如果土豆生产企业主动向反垄断执法机构报告达成垄断协议的有关情况并提供重要证据，可以免除相关处罚吗？

课后思考

阿里巴巴滥用市场支配地位被罚182亿元

2020年12月，市场监管总局依据《反垄断法》对阿里巴巴集团控股有限公司（以下简称阿里巴巴集团）在中国境内网络零售平台服务市场滥用市场支配地位行为立案调查。经查，阿里巴巴集团在中国境内网络零售平台服务市场具有支配地位。自2015年以来，阿里巴巴集团滥用该市场支配地位，对平台内商家提出"二选一"要求，禁止平台内商家在其他竞争性平台开店或参加促销活动，并借助市场力量、平台规则和数据、算法等技术手段，采取多种奖惩措施保障"二选一"要求执行，维持、增强自身市场力量，获取不正当竞争优势。构成《反垄断法》（2007年版）第十七条第一款第（四）项"没有正当理由，限定交易相对人只能与其进行交易"的滥用市场支配地位行为。根据《反垄断法》（2007年版）第四十七条、第四十九条规定，综合考虑阿里巴巴集团违法行为的性质、程度和持续时间等因素，2021年4月10日市场监管总局依法作出行政处罚决定，责令阿里巴巴集团停止违法行为，并处以其2019年中国境内销售额4 557.12亿元4%的罚款，计182.28亿元。

第十三章 消费者权益保护与产品质量法律制度

Chapter Thirteen

学习目标

○ 把握消费者的概念和消费者权益保护法的适用范围；
○ 掌握消费者的权利和经营者的义务；
○ 掌握侵犯消费者权益的法律责任承担；
○ 掌握生产者与销售者的产品质量义务、产品质量责任；
○ 能运用产品质量法的理论知识分析处理因产品质量引发的纠纷。

导入案例

○ 2014年12月，河北保监局接到保险消费者投诉，反映A银行太行大街支行在向其销售新华保险红双喜产品过程中，存在将保险产品混淆为银行理财产品、夸大收益等误导行为。调查发现，2014年1月和9月，B保险股份有限公司（以下简称B保险公司）邢台中心支公司通过与代理银行网点联合开展业务启动会和理财产品展销会等方式片面、错误介绍宣传保险产品。例如，在给银行发放的宣传材料中有"惠福宝两全保险在满13个月多少收益？3.8%或380"等内容；在理财产品展销会活动中，根据B保险邢台中心支公司提供的有关惠福宝产品宣传材料，A银行太行大街支行在其网点大厅电子展示板上写有"固定收益有保障厚惠有期有盼头 资金灵活 提前见利……惠福宝年金保险 收益高达4.15%"等内容。该银行在销售的保单上还加盖"河北沙河太行街A银行"印章（该印章也加盖于存折），使消费者误以为购买了银行理财产品。

○ **分析**：该案中A银行与B保险公司是否违法？应如何处理？

○ 王某2022年2月从本市某商场购买了老式"温暖"牌室内加热器一台，使用了2个月后，加热器起火，王某损失6 000多元。事发后，王某找到商场，商场同意赔偿1 000元，王某认为商场至少应赔5 000元，双方遂起纠纷，王某诉到法院。法院审理后认为：认定产品质量问题，应由技术监督部门出具鉴定书。但技术监督部门提出，该加热器已烧毁，又无库存，无法鉴定。法院开庭，认为不能排除消费者使用不当造成加热器起火的可能性，虽然加热器没有合格证，但产品质量问题证据不足，驳回起诉。

○ **分析**：该案中法院的做法是否正确？

第一节 消费者权益保护制度

一、消费者权益保护法概述

（一）消费者的概念和特征

1. 消费者的概念

国际标准化组织（ISO）认为，消费者是指以个人消费为目的而购买或使用商品或接受服务的个体社会成员。《中华人民共和国消费者权益保护法》（以下简称《消费者权益保护法》）对"消费者"并没有明确的定义，但该法第二条规定："消费者为生活需要购买、使用商品或者接受服务，其权益受本法保护；本法未作规定的，受其他有关法律、法规保护。"因此，对"消费者"的概念应作严格的解释，对消费者的定义应限于满足生活需要而购买、使用商品或者接受服务的个体社会成员。

知识拓展

国际标准化组织（ISO）

国际标准化组织（ISO）是一个全球性的非政府组织，成立于1947年。总部位于瑞士日内瓦，由167个成员国和超过340个技术委员会组成，通过制定由各国公认的国际标准，为国际物资交流和服务提供便利，减少贸易壁垒。中国是其正式成员，代表中国参加的国家机构是中国国家技术监督局。

国际标准化组织是一个全球性的非政府组织，其主要活动是制定国际标准，协调世界范围的标准化工作，组织各成员国和技术委员会进行情报交流，与其他国际组织进行合作，共同研究有关标准化问题。

其简称"ISO"与其全称（International Organization for Standardization）的缩写并不相同，为什么不是"IOS"呢？其实，"ISO"并不是其全称首字母的缩写，而是一个词，它来源于希腊语ISOS，意为"相等"，现在有一系列用它作前缀的词，诸如"isometric"（意为"尺寸相等"）、"isonomy"（意为"法律平等"）。从"相等"到"标准"，内涵上的联系使"ISO"成为组织的名称。

2. 消费者的特征

按照《消费者权益保护法》的规定，消费者应具有以下法律特征：

（1）消费者主体是购买、使用商品或接受服务的个人。法人和其他社会团体不具有消费者资格，因为生活消费的终极消费主体只能是自然人，既包括商品的购买者或服务的接受者，也包括商品的使用者。而法人及其他社会团体在其权利受到侵害时可依照其他法律规定得到救济。

（2）消费者的消费客体是商品或服务。消费客体包括维持消费者生存与发展所需的各方面的商品或服务。但法律禁止购买、使用的商品和禁止接受的服务不属于消费者权益保护法规定的商品和服务。

（3）消费者的消费性质是生活消费。生活消费与人的日常生活密切相关，人们在进行生活消费的过程中所受到的损害与生产消费相比更为直接和严重，更需要法律的特别保护。

（4）消费者的消费方式是购买、使用或者接受经营者提供的商品或服务。具体包括两层含义：

一是商品或服务的提供者限定为经营者，经营者既可以是法人、社会团体，也可以是自然人；二是消费者一般都支付了相应的对价，作为消费者相对人的经营者提供商品或服务是有偿的或获得了其他利益。

知识拓展

消费者必须为自然人

关于消费者是否必须为自然人，目前理论不一，国内教材也有不同的看法，地方立法普遍认为单位应成为本章主体。笔者认为，生活消费主要是个人消费，根据立法宗旨、单位的自然属性和国际通说等，消费者权益保护法应以个人作为消费的最终主体。单位购买商品或接受服务可受其他法律，如民法、合同法的调整。

（二）消费者权益保护法的制定

1. 消费者运动

与消费者相伴而生的是消费者权益。消费者权益是指消费者在有偿获得商品或接受服务时应得到的正当权益，包括安全、卫生、经济、实用等权益，其核心是消费者的权利。

消费者运动是消费者为维护自身权益，争取社会公正，自发或有组织地同损害消费者权益的行为进行抗争的社会运动。消费者运动最早发端于美国，1881年人类历史上第一个消费者协会在纽约成立。政府最初对消费者运动采取干预和压制的态度，后来也以积极的姿态参与和推动消费者运动的发展。第二次世界大战后，随着世界经济的不断发展、国民生活水平的不断提高，人们对消费的安全、卫生、质量等各方面都提出了更高的要求。

2. 消费者权益保护法的概念

消费者权益保护法是调整国家机关、经营者、消费者相互之间因保护消费者权益而产生的社会关系的法律规范的总称。消费者权益保护法的立法体例可以分为两大类：一类是专门立法，如很多国家制定了保护消费者权益的专门法；另一类是在其他立法中加入有关消费者保护方面的法律规范，如在反垄断法、反不正当竞争法、产品质量法、民商法、行政法等相关法律中规定对消费者的保护。

我国消费者权益保护法有广义和狭义之分，广义的消费者权益保护法是指保护消费者权益的法律体系，既包括保护消费者权益的专门立法，也包括有关消费者权益保护方面的其他法律规范；狭义的消费者权益保护法是指我国第八届全国人民代表大会常务委员会第四次会议于1993年10月31日通过、1994年1月1日起施行的《消费者权益保护法》，这是我国制定的第一部保护消费者权益的专门立法，旨在调整消费者与经营者之间的权利义务关系，保护消费者的合法权益，该法的颁布与实施标志着我国消费者法律制度基本形成。

3. 消费者权益保护法的立法宗旨

《消费者权益保护法》第一条规定，该法的立法宗旨是：

（1）保护消费者的合法权益。这是消费者权益保护法立法的首要目的。

（2）维护社会经济秩序。消费者与经营者之间的关系从经济上讲是一种商品交换关系，它直接关系到市场经济秩序。因此，通过消费者权益立法，可以调节消费者与经营者之间的利益关系，规范经营者的市场经营行为，维护社会经济秩序。

（3）促进社会主义市场经济健康发展。生产的目的就是消费，消费既是生产关系中的一个重要环节，又是构成市场的核心要素，最终制约着市场经济的发展状况与规模。消费者政策和法律与一个国家的产业政策和经济规划是密切相连的，所以消费者立法还具有保障和促进社会经济秩序健康发展的功能。

4. 消费者权益保护法的调整对象

消费者权益保护法调整消费者为生活需要而购买、使用商品或接受服务过程中以保护消费者权益为中心所发生的社会关系。具体包括以下四方面：

（1）国家机关与经营者之间的关系，主要是指国家有关管理部门在对经营者的生产、销售、服务活动进行监督管理和维护消费者合法权益的过程中发生的关系。

（2）国家机关与消费者之间的关系，主要是指国家有关管理部门在为消费者提供指导、服务与保护过程中发生的关系。

（3）经营者与消费者之间的关系，主要是指经营者因违法经营给消费者造成损害，消费者为实现和保护自己权益所发生的关系。

（4）消费者组织及其他个人或组织与经营者之间的关系，主要是指消费者组织及其他个人或组织为维护消费者权益而对经营者进行监督过程中发生的关系。

5. 消费者权益保护法的调整范围

（1）消费者为生活需要购买、使用商品和接受服务，其权益受《消费者权益保护法》保护，即被保护的主体限定为生活消费者。《消费者权益保护法》第二条规定："消费者为生活消费需要购买、使用商品或者接受服务，其权益受本法保护；本法未作规定的，受其他有关法律、法规保护。"

（2）经营者为消费者提供其生产、销售的商品或提供服务，应当遵守《消费者权益保护法》。《消费者权益保护法》第三条规定："经营者为消费者提供其生产、销售的商品或者提供服务，应当遵守本法；本法未作规定的，应当遵守其他有关法律、法规。"消费者与经营者是两个相对的主体，消费者的权利就是经营者的义务。因此，保护消费者权益就要同时规范与约束经营者的经营行为。《消费者权益保护法》以保护消费者利益为核心，在处理经营者为消费者提供其生产、销售的商品或提供服务过程中所发生的关系时，也适用《消费者权益保护法》的有关规定；《消费者权益保护法》未作规定的，适用其他有关法律和行政法规的规定。

（3）农民购买、使用直接用于农业生产的生产资料，参照《消费者权益保护法》执行。《消费者权益保护法》第六十二条规定："农民购买、使用直接用于农业生产的生产资料，参照本法执行。"农民购买直接用于农业生产的生产资料，虽然不是为了个人生活消费，但我国《消费者权益保护法》将农民购买、使用直接用于农业生产的生产资料纳入了调整范围，原因在于：一方面，我国农业生产力不发达，农民的经济能力处于弱势；另一方面，伪劣农用生产资料如假农药、假化肥、假种子等严重侵害了农民的经济利益，且农民受侵害后缺乏适当的法律途径寻求保护，因而将该类社会关系也纳入《消费者权益保护法》的范畴。

二、消费者的权利和经营者的义务

消费者权利是指消费者根据消费者权益保护法的规定，在消费者领域中所享受的各项权利，即消费者有权做出或不做出一定的行为或要求他人做出或不做出一定的行为。它是消费者利益在法律上的表现。我国《消费者权益保护法》规定了消费者的九项权利，即安全保障权、知悉权、自主选择权、公平交易权、求偿权、结社权、知识获取权、受尊重权、监督批评权。其中，前五项是最基本的，后四项是派生出来的。

（一）消费者权利的内容

1. 安全保障权

安全保障权是指消费者在购买、使用商品和接受服务时享有的人身、财产安全不受损害的权利。《消费者权益保护法》第七条规定："消费者在购买、使用商品和接受服务时享有人身、财产安全不受损害的权利。消费者有权要求经营者提供的商品和服务，符合保障人身、财产安全的要求。"人身、财产安全是消费者最基本的权利，是消费者最关心的一个问题，因而被列为保护消费者合法权益的一项最重要的内容。

2. 知悉权

知悉权是指消费者在购买、使用商品和接受服务时享有的了解和熟悉真实情况的权利。《消费者权益保护法》第八条规定："消费者享有知悉其购买、使用的商品或者接受的服务的真实情况的权利。消费者有权根据商品或者服务的不同情况，要求经营者提供商品的价格、产地、生产者、用途、性能、规格、等级、主要成分、生产日期、有效期限、检验合格证明、使用方法说明书、售后服务，或者服务的内容、规格、费用等有关情况。"知悉权既是消费者据以做出自由选择并实现公平交易的前提，又是其购买商品后正确和安全使用的必要保证。经营者应当向消费者提供真实的信息。

3. 自主选择权

自主选择权是指消费者享有自主选择商品和服务的权利。《消费者权益保护法》第九条规定："消费者享有自主选择商品或者服务的权利。消费者有权自主选择提供商品或者服务的经营者，自主选择商品品种或者服务方式，自主决定购买或者不购买任何一种商品、接受或者不接受任何一项服务。消费者在自主选择商品或者服务时，有权进行比较、鉴别和挑选。"自主选择权是自愿原则在《消费者权益保护法》中的具体体现。消费者为生活消费购买商品、接受服务时，与经营者之间是一种平等主体之间的民事法律关系。任何强行搭售等经营方式都是违反平等、自愿原则的，也必然损害消费者权益。

4. 公平交易权

公平交易权是指消费者享有公平交易的权利。《消费者权益保护法》第十条规定："消费者享有公平交易的权利。消费者在购买商品或者接受服务时，有权获得质量保障、价格合理、计量正确等公平交易条件，有权拒绝经营者的强制交易行为。"公平交易权是法律赋予消费者的一项基本权利，是传统商业道德的要求，也是维护我国社会主义市场经济秩序的重要内容。

5. 求偿权

求偿权是指消费者对因消费所受到的损害享有依法获得赔偿的权利。《消费者权益保护法》第十一条规定："消费者因购买、使用商品或者接受服务受到人身、财产损害的，享有依法获得赔偿的权利。"求偿权是与安全保障权密切联系的权利，是安全保障权的自然、合理延伸。人身损害赔偿包括生命健康权、姓名权、名誉权、荣誉权等方面的损害赔偿。财产损害赔偿包括财物灭失、破损等赔偿；人身损害赔偿包括人身伤、残、死亡所支付的费用等赔偿。

6. 结社权

结社权是指消费者享有的依法成立社会团体的权利。《消费者权益保护法》第十二条规定："消费者享有依法成立维护自身合法权益的社会组织的权利。"消费者依法成立维护自身合法权益的社会团体，这是《宪法》中公民结社权在消费者权益保护法中的具体化。赋予消费者这一权利旨在使处于弱者地位的个体消费者形成一个合法存在的代表消费者群体利益的强有力的组织，并将消费者组织起来，开展对商品和服务广泛的社会监督，向消费者提供消费信息和咨询服务，受理消费者的投诉，充当沟通政府和消费者的桥梁，支持受到侵害的消费者提起诉讼等。

7. 知识获取权

知识获取权是指消费者享有获得有关消费和消费者权益保护方面的知识的权利。《消费者权益保护法》第十三条规定："消费者享有获得有关消费和消费者权益保护方面的知识的权利。消费者应当努力掌握所需商品或者服务的知识和使用技能，正确使用商品，提高自我保护意识。"国家和社会应当加强对消费者的宣传、教育和培训，尽可能地为消费者提供消费常识和咨询，指导消费行为，使消费者认识商品和服务的性质、质量、特点，掌握正确使用商品和接受服务的方法、商品意外事故的处理方法，识别伪劣商品和核实计量及计价的方法以及了解获得赔偿的途径和方法等。同时，消费者也应当努力掌握所需商品或服务的知识和使用技能，正确使用商品，提高自我保护意识。

8. 受尊重权

受尊重权也称人格尊严权，是指消费者依法享有人格尊严、民族风俗习惯得到尊重的权利。《消费者权益保护法》第十四条规定："消费者在购买、使用商品和接受服务时，享有人格尊严、民族风俗习惯得到尊重的权利。"人格尊严权是人身权的重要组成部分，是《宪法》及《民法典》赋予公民的人格不受侵犯在《消费者权益保护法》中的具体体现，是消费者的精神利益，包括姓名权、名誉权和肖像权等。同时，我国是一个多民族的国家，各民族都形成了不同的风俗习惯，并在生活消费中表现出来，尊重风俗习惯，也就是尊重民族感情、民族尊严、民族意识。尊重消费者的人格尊严和民族习俗，是社会文明进步的表现，也是尊重和保护人权的重要内容。

9. 监督批评权

监督批评权是指消费者享有对商品、服务和保护消费者权益工作进行监督、批评的权利。《消费者权益保护法》第十五条规定："消费者享有对商品和服务以及保护消费者权益工作进行监督的权利。消费者有权检举、控告侵害消费者权益的行为和国家机关及其工作人员在保护消费者权益工作中的违法失职行为，有权对保护消费者权益工作提出批评、建议。"这一权利包括：消费者有权对经营者提供的商品和服务的全程进行监督；有权检举、控告其侵害消费者的行为；有权检举、控告国家机关及其工作人员在保护消费者权益工作中的违法失职行为；有权对保护消费者权益工作提出意见、批评和建议。法律赋予消费者这一权利，有助于提高消费者自身的素质，增强消费者自我保护的能力，促进消费者权益保护法的实施。

上述九项权利是《消费者权益保护法》规定的消费者享有的主要权利，也是消费者进行消费活动必不可少的。

（二）经营者的义务

经营者，是指以营利为目的向消费者提供其生产、销售的商品或者提供服务的单位和个人。在消费活动中，经营者是与消费者相对应的主体，消费者权利的实现在很大程度上依赖于经营者的合法经营，为此，《消费者权益保护法》在规定消费者权利的同时，也规定了经营者的义务，其目的在于更好地保护消费者权利，同时也要求经营者依法经营和服务，遵守职业道德，并不断提高服务质量。经营者的义务就是指经营者在生产经营活动中依法应当为一定行为或不为一定行为的义务。我国《消费者权益保护法》规定了经营者应当履行的义务。

1. 履行法定及约定义务

履行法定及约定义务，是指经营者应按照法律、法规及双方约定向消费者提供商品或服务。

（1）履行法定义务。法定义务，是指由国家法律、法规明确规定的义务。经营者向消费者提供商品或者服务，应当依照《消费者权益保护法》和其他有关法律、法规的规定履行义务。

（2）履行约定义务。约定义务，是指经营者和消费者达成的协议中所约定的义务。经营者和消费者有约定的，应当按照约定履行义务，但双方的约定不得违背法律、法规的规定。约定义务体现了双方的意思自治，依法成立的合同，对双方有法律约束力，不得擅自变更或解除。如果约定内容违法，如提供淫秽物品，则不受法律保护。

（3）履行诚信、公平交易义务。经营者向消费者提供商品或者服务，应当恪守社会公德，诚信经营，保障消费者的合法权益；不得设定不公平、不合理的交易条件，不得强制交易。

2. 接受监督的义务

根据《消费者权益保护法》第十七条的规定："经营者应当听取消费者对其提供的商品或者服务的意见，接受消费者的监督。"消费者不但在购买商品或接受服务时，而且在不购买商品或不接受服务时，有权对经营者或经营者提供的商品和服务提出意见与建议。经营者不仅要接受消费者的监督，而且还要接受全社会的监督。

3. 保证消费者人身和财产安全的义务

《消费者权益保护法》第十八条规定："经营者应当保证其提供的商品或者服务符合保障人身、财产安全的要求，对可能危及人身、财产安全的商品或服务，应当向消费者做出真实的说明和明确的警示，并说明和标明正确使用商品或者接受服务的方法以及防止危害发生的方法。"当经营者发现其提供的商品或服务存在严重缺陷，或即使正确使用商品和接受服务仍然可能对消费者人身、财产安全造成危害的，应立即向有关部门报告和及时告知消费者，并积极采取防止危害发生的措施。

4. 产品召回的义务

《消费者权益保护法》第十九条规定："经营者发现其提供的商品或者服务存在缺陷，有危及人身、财产安全危险的，应当立即向有关行政部门报告和告知消费者，并采取停止销售、警示、召回、无害化处理、销毁、停止生产或者服务等措施。采取召回措施的，经营者应当承担消费者因商品被召回支出的必要费用。"

5. 提供真实信息的义务

《消费者权益保护法》第二十条规定："经营者向消费者提供有关商品或者服务的质量、性能、用途、有效期限等信息，应当真实、全面，不得作虚假或者引人误解的宣传；经营者对消费者就其提供的商品或者服务的质量和使用方法等问题提出的询问，应当作出真实、明确的答复；经营者提供商品或者服务应当明码标价。"要求经营者提供真实信息是实现消费者知情权和选择权的保障。

6. 标明真实名称和标记的义务

《消费者权益保护法》第二十一条规定："经营者应当标明真实名称和标记；租赁他人柜台或者场地的经营者，应当标明其真实名称和标记。"名称和标记是区别商品或者服务的主要特征，它代表着一定的商业信誉。要求经营者标明真实名称和标记，也是为了保护消费者的知情权和选择权，制止不正当竞争行为。要求租赁者标明自己的真实名称和标记，旨在避免消费者产生误解和误认，使消费者能够正确地进行消费决策和确定求偿主体。即使在租赁期满后，在法律规定的情况下，消费者仍有权要求租赁的经营者承担责任。

7. 出具凭证、单据的义务

《消费者权益保护法》第二十二条规定："经营者提供商品或者服务，应当按照国家有关规定或者商业惯例向消费者出具发票等购货凭证或服务单据；消费者索要发票等购货凭证或者服务单据的，经营者必须出具。"购货凭证、服务单据是证明经营者与消费者之间存在合同关系的书面凭证，一般是指发票、保修单等。规定经营者必须履行该义务，是保障消费者依法行使求偿权的一个重要条件，便于消费者日后维护自己的合法权益。

8. 品质担保的义务

商品或者服务的质量是否符合法律、法规规定的要求或者约定的要求，直接关系到消费者的利益。因此，《消费者权益保护法》第二十三条规定："经营者应当保证在正常使用商品或者接受服务的情况下其提供的商品或者服务应当具有的质量、性能、用途和有效期限；但消费者在购买该商品或者接受服务前已经知道其存在瑕疵，且存在该瑕疵不违反法律强制性规定的除外。"这里的正常使用是指一般消费者合理使用的情况。同时还规定，经营者以广告、说明、实物样品或者其他方式表明商品或者服务质量状况的，应当保证其提供的商品或者服务的实际质量与表明的质量相符。

9. 承担"三包"或其他责任的义务

承担"三包"或其他责任的义务，是指经营者应当依法或依约定，对提供的商品或者服务，承担包修、包换、包退或者其他责任。

经营者提供的商品或者服务不符合质量要求的，消费者可以依照国家规定、当事人约定退货，或者要求经营者履行更换、修理等义务。没有国家规定和当事人约定的，消费者可以自收到商品之日起7日内退货；7日后符合法定解除合同条件的，消费者可以及时退货，不符合法定解除合同条件的，可以要求经营者履行更换、修理等义务，并且，依此进行退货、更换、修理的，经营者应当承担运输等必要费用。

10. 商品无理由退货的义务

商品无理由退货的义务，是指经营者采用网络、电视、电话、邮购等方式销售商品，消费者有权自收到商品之日起7日内退货，且无须说明理由。消费者退货的商品应当完好。经营者应当自收到退回商品之日起7日内返还消费者支付的商品价款。退回商品的运费由消费者承担；经营者和消费者另有约定的，按照约定。

商品无理由退货并不适用所有商品，下列商品不适用无理由退货：消费者定做的；鲜活易腐的；在线下载或者消费者拆封的音像制品、计算机软件等数字化商品；交付的报纸、期刊。此外，其他根据商品性质并经消费者在购买时确认不宜退货的商品，也不适用无理由退货。

11. 采用网络等方式经营者及金融服务经营者的信息提供义务

采用网络、电视、电话、邮购等方式提供商品或者服务的经营者，以及提供证券、保险、银行等金融服务的经营者，应当向消费者提供经营地址、联系方式、商品或者服务的数量和质量、价款或者费用、履行期限和方式、安全注意事项和风险警示、售后服务、民事责任等信息。

12. 保护消费者个人信息的义务

保护消费者个人信息的义务，是指经营者应当按照合法、正当、必要、公开及明示的原则收集和使用消费者的个人信息，确保个人信息安全，未经同意不得发送商业信息。该项义务包括：①经营者收集、使用消费者个人信息，应当遵循合法、正当、必要的原则，明示收集、使用信息的目的、方式和范围，并经消费者同意。②经营者收集、使用消费者个人信息，应当公开其收集、使用规则，不得违反法律、法规的规定和双方的约定收集、使用信息。③经营者及其工作人员对收集的消费者个人信息必须严格保密，不得泄露、出售或者非法向他人提供。④经营者应当采取技术措施和其他必要措施，确保信息安全，防止消费者个人信息泄露、丢失。在发生或者可能发生信息泄露、丢失的情况时，应当立即采取补救措施。⑤经营者未经消费者同意或者请求，或者消费者明确表示拒绝的，不得向其发送商业性信息。

《消费者权益保护法》对经营者除规定上述几个方面的义务外，还规定了经营者须承担的两项禁止性义务。

13. 不得从事不公平、不合理交易的义务

《消费者权益保护法》第二十六条规定："经营者不得以格式条款、通知、声明、店堂告示等方式，作出排除或者限制消费者权利、减轻或者免除经营者责任、加重消费者责任等对消费者不公平、不合理的规定，不得利用格式条款并借助技术手段强制交易。"由于格式合同、通知、声明、店堂告示等通常可能是经营者单方的意思表示，尽管法律并未禁止经营者在其经营过程中使用这种形式，但法律规定只要这些意思表示中含有对消费者不公平、不合理或者减轻、免除其侵犯消费者合法权益应当承担民事责任的内容，该内容将视为无效。

14. 不得侵犯消费者人格权的义务

《消费者权益保护法》第二十七条规定："经营者不得对消费者进行侮辱、诽谤，不得搜查消费

者的身体及其携带的物品，不得侵犯消费者的人身自由。"人格权是人身权的重要内容，是公民人格尊严的法律体现，经营者应当尊重消费者的人格权不受侵犯。

三、消费者权益保护体系

（一）国家与社会对消费者权益的保护

对消费者权益的保护，不仅是经营者承担直接的义务，也是国家和社会的共同责任。只有靠国家和全社会各方面力量形成一个完整的保护体系，通过立法确定各自的职责，明确法律责任，才能使消费者的合法权益得到真正保护。

1. 国家对消费者权益的保护

由于消费者处于弱势地位，需要国家公共管理权力对经营者与消费者之间的利益关系进行干预，从而达到两者利益上的平衡。为此，《消费者权益保护法》特别规定了国家对消费者权益保护的立法、行政、司法手段。

（1）立法保护。国家立法机关通过制定有关消费者权益的法律、法规来保护消费者的权益。国家不仅制定专门的《消费者权益保护法》，而且通过在《反不正当竞争法》《产品质量法》《广告法》中做出专门规定来实现这一目的。

（2）行政保护。各级人民政府应当加强领导、组织、协调、督促有关行政部门做好保护消费者合法权益的工作；应当加强监督，预防和及时制止危害消费者人身、财产安全的行为。

各级人民政府、各级工商行政管理部门以及物价、质量技术监督、卫生、食品检验、商检等行政管理机关，均应在各自的职责范围内采取各种措施，保护消费者的合法权益。有关行政管理部门应当听取消费者及社会团体对经营者的交易行为、商品和服务质量问题的意见，并及时调查处理。

（3）司法保护。对于经营者侵害消费者合法权益的违法犯罪行为应当予以严厉惩处，切实保护消费者的合法权益。人民法院应当采取措施，方便消费者诉讼。对于符合我国《民事诉讼法》起诉条件的消费者权益争议，必须受理并及时审判，以使消费者权益争议尽快得到解决。

2. 社会对消费者权益的保护

保护消费者的合法权益是全社会的共同责任，国家鼓励、支持一切组织和个人对损害消费者合法权益的行为进行社会监督。而社会对消费者权益的保护，主要是通过各种消费者组织来实现的。根据我国《消费者权益保护法》的规定，消费者协会和其他消费者组织是依法成立的对商品和服务进行社会监督的保护消费者合法权益的社会团体。以法律的形式确认了消费者协会的合法地位、性质及职能，并规定，消费者组织不得从事商品经营和营利性服务，不得以牟利为目的向社会推荐商品和服务。中国消费者协会于1984年12月26日在北京成立。目前，各省、市、县都普遍设立了消费者协会，根据《消费者权益保护法》第三十七条的规定，消费者协会的职能包括以下八个方面：

（1）向消费者提供消费信息和咨询服务，提高消费者维护自身合法权益的能力，引导文明、健康、节约资源和保护环境的消费方式。

（2）参与制定有关消费者权益的法律、法规、规章和强制性标准。

（3）参与有关行政部门对商品和服务的监督、检查。

（4）就有关消费者合法权益的问题，向有关部门反映、查询，提出建议。

（5）受理消费者的投诉，并对投诉事项进行调查、调解。

（6）投诉事项涉及商品和服务质量问题的，可以委托具备资格的鉴定人鉴定，鉴定人应当告知鉴定意见。

（7）就损害消费者合法权益的行为，支持受损害的消费者提起诉讼或者依照本法提起诉讼。

（8）对损害消费者合法权益的行为，通过大众传播媒介予以揭露、批评。

各级人民政府对消费者协会履行职责应当予以必要的经费等支持。

消费者协会应当认真履行保护消费者合法权益的职责，听取消费者的意见和建议，接受社会监督。

依法成立的其他消费者组织依照法律、法规及其章程的规定，开展保护消费者合法权益的活动。

对消费者权益的社会保护，除了通过消费者协会这一社会团体来实现外，舆论监督也是很重要的保护手段。因此，《消费者权益保护法》规定，大众传播媒介应当做好维护消费者合法权益的宣传，对损害消费者合法权益的行为进行舆论监督。

(二) 消费者权益争议的解决

1. 争议的解决途径

消费者权益争议是消费者与经营者在买卖商品、接受和提供服务中因权利义务关系而产生的纠纷。争议的当事人一方是消费者，另一方是经营者。消费者权益争议是一种民事纠纷。《消费者权益保护法》第三十九条规定了解决争议的五种途径。

（1）与经营者协商和解。争议发生后，消费者可以直接向经营者交涉、索赔，达成和解协议，解决消费纠纷。这是解决争议最简便的途径。

（2）请求消费者协会调解。消费者协会作为中间的调解人，在消费者和经营者之间进行调解，使双方自愿达成和解协议。消费者协会的调解是一种民间性质的调解，其调解形成的和解协议不具有法律强制力，履行依赖于双方自愿。

（3）向有关行政部门投诉。争议发生后，消费者可以根据商品或服务的性质及侵害事由向工商行政管理机关、产品质量监督部门及各有关专业行政管理部门申诉。有关行政部门对消费者的申诉应予以接受，并及时答复和处理。

（4）向仲裁机构申请仲裁。对于符合仲裁条件的消费者权益争议，不论是否经过了协商、调解、申诉，消费者都可以向仲裁机构申请仲裁，通过仲裁来解决纠纷。

（5）向人民法院起诉。消费者权益争议双方如果没有签订仲裁条款或协议，可以直接向人民法院起诉，通过诉讼程序来解决争议。

2. 确定损害赔偿责任主体的原则

当消费者的合法权益受到损害时，消费者可以依法要求经营者承担损害赔偿责任。《消费者权益保护法》是按过错责任原则确定经营者的损害赔偿责任的，而《产品质量法》则按严格责任原则确定经营者的产品责任。对于确定承担损害赔偿责任的主体，一般按以下原则进行。

由生产者、销售者、服务者承担。具体有以下四种情况：

（1）消费者在购买、使用商品时，其合法权益受到损害的，可以向销售者要求赔偿。销售者赔偿后，属于生产者的责任或者属于向销售者提供商品的其他销售者的责任，销售者有权向生产者或者其他销售者追偿。

（2）消费者或其他受害人因商品缺陷造成人身、财产损害的，可以向销售者要求赔偿，也可以向生产者要求赔偿。属于生产者责任的，销售者赔偿后，有权向生产者追偿。属于销售者责任的，生产者赔偿后，有权向销售者追偿。

（3）消费者在接受服务时，其合法权益受到损害的，可以向提供服务者要求赔偿。

（4）消费者在展览会、租赁柜台购买商品或者接受服务，其合法权益受到损害的，可以向销售者或者服务者要求赔偿。展览会结束或者柜台租赁期满后，也可以向展览会的举办者、柜台的出租者要求赔偿。展览会的举办者、柜台的出租者赔偿后，有权向销售者或者服务者追偿。

由变更后的企业承担。消费者在购买、使用商品或者接受服务时，其合法权益受到损害，因原企业分立、合并的，可以向变更后承受其权利义务的企业要求赔偿。

由营业执照的使用人或持有人承担。使用他人营业执照的违法经营者提供商品或者服务，损害消费者合法权益的，消费者可以要求其赔偿，也可以向营业执照的持有人要求赔偿。

由从事虚假广告行为的经营者和广告经营者承担。消费者因经营者利用虚假广告提供商品或者接受服务，其合法权益受到损害的，可以向经营者要求赔偿。广告的经营者发布虚假广告的，消费者可以请求行政主管部门予以惩处。广告的经营者不能提供经营者的真实名称、地址的，应当承担赔偿责任。

由社会团体、社会中介机构承担连带责任。《产品质量法》第五十八条规定，社会团体、社会中介机构对产品质量做出承诺、保证，而该产品又不符合其承诺、保证的质量要求，给消费者造成损失的，与产品的生产者、销售者承担连带责任。

（三）法律责任

1. 民事责任

（1）承担民事责任的情形。经营者提供商品或者服务有下列情形之一的，除《消费者权益保护法》规定外，应当依照《产品质量法》和其他有关法律、法规的规定承担民事责任。

①商品存在缺陷的；
②不具备商品应当具备的性能而在出售时未作说明的；
③不符合在商品或者包装上注明采用的商品标准的；
④不符合商品说明、实物样式等方式表示的质量状况的；
⑤生产国家明令淘汰的商品或者销售失效、变质的商品的；
⑥销售的商品数量不足的；
⑦服务的内容和费用违反约定的；
⑧对消费者提出的修理、重作、更换、退货、补足商品数量、退还货款和服务费用或者赔偿损失的要求，故意拖延或者无理拒绝的；
⑨法律、法规规定的其他损害消费者权益的情形。

（2）侵犯消费者人身权的民事责任。

①经营者提供商品或者服务，造成消费者或者其他受害人人身伤害的，应当支付医疗费、治疗期间的护理费、因误工减少的收入等费用；造成残疾的，还应当支付残疾者生活自助用具费、生活补助费、伤残赔偿金以及由其抚养的人所必需的生活费等费用。

> **知识拓展**
>
> 残疾赔偿金如何确定
>
> 残疾赔偿金根据受害人丧失劳动能力程度或者伤残等级，按照受诉法院所在地，上一年度城镇居民人均可支配收入或者农村居民人均纯收入标准，自定残之日起按20年计算。但60周岁以上的，年龄每增加1岁减少1年；75周岁以上的，按五年计算。受害人因伤致残但实际收入没有减少，或者伤残等级较轻但造成职业妨害，严重影响其劳动就业的，可以对残疾赔偿金作相应调整。

经营者侵害消费者的人格尊严、侵犯消费者人身自由或者侵害消费者个人信息依法得到保护的权利的，应当停止侵害、恢复名誉、消除影响、赔礼道歉，并赔偿损失。经营者有侮辱诽谤、搜查身体、侵犯人身自由等侵害消费者或者其他受害人人身权益的行为，造成严重精神损害的，受害人可以要求精神损害赔偿。

②经营者提供商品或服务，造成消费者或其他受害人死亡的，应当支付丧葬费、死亡赔偿金以

及由死者生前抚养的人所必需的生活费用。

③经营者侵害消费者的人格尊严或者侵犯消费者人身自由的，应当停止侵害、恢复名誉、消除影响、赔礼道歉并赔偿损失。

（3）侵犯消费者财产权的民事责任。

①经营者提供商品或者服务，造成消费者财产损害，应当按照消费者的要求，以修理、重作、更换、退货、补足商品数量、退还货款和服务费用或者赔偿损失等方式承担民事责任。消费者与经营者另有约定的，按照约定履行。

②对国家规定或者经营者与消费者约定包修、包换、包退的商品，经营者应当负责修理、更换或者退货。在保修期内两次修理仍不能正常使用的，经营者应当负责更换或者退货。对包修、包换、包退的大件商品，消费者要求经营者修理、更换、退货的，经营者应当承担运输等合理费用。

③经营者以邮购方式提供商品的，应当按照约定提供；未按照约定提供的，应当按照消费者的要求履行约定或者退回货款，并应承担消费者必须支付的合理费用。

④经营者以预收款方式提供商品或者服务的，应当按照约定提供；未按照约定提供的，应当按照消费者的要求履行约定或者退回预付款，并应承担预付款的利息和消费者必须支付的合理费用。

⑤依法经有关行政部门认为不合格的商品，消费者要求退货的，经营者应当退货。

⑥经营者提供商品或者服务有欺诈行为的，应当按照消费者的要求增加赔偿其受到的损失，增加赔偿的金额为消费者购买商品的价款或者接受服务的费用的一倍。

2. 行政责任

经营者有下列情形之一，如果《产品质量法》和其他有关法律、法规对处罚机关和处罚方式有规定的，依照法律法规的规定执行；前述法律、法规未作规定的，由工商行政管理部门责令改正，可以根据情节单处或者并处警告、没收违法所得、处以违法所得1倍以上5倍以下的罚款，没有违法所得的，处以1万元以下的罚款；情节严重的，责令停业整顿、吊销营业执照。

（1）生产、销售的商品不符合保障人身、财产安全要求的。

（2）在商品中掺杂、掺假，以假充真，以次充好，或者以不合格商品冒充合格商品的。

（3）生产国家明令淘汰的商品或者销售失效、变质的商品的。

（4）伪造商品的产地，伪造或者冒用他人的厂名、厂址，伪造或者冒用认证标志、名优标志等质量标志的。

（5）销售的商品应当检验、检疫而未检验、检疫或者伪造检验、检疫结果的。

（6）对商品或者服务作引人误解的虚假宣传的。

（7）对消费者提出的修理、重作、更换、退货、补足商品数量、退还货款和服务费用或者赔偿损失的要求，故意拖延或者无理拒绝的。

（8）侵害消费者人格尊严或者侵犯消费者人身自由的。

（9）法律、法规规定的对损害消费者权益应当予以处罚的其他情形。

3. 刑事责任

（1）经营者提供商品或者服务，造成消费者或者其他受害人人身伤害、死亡，构成犯罪的，应依法追究刑事责任。

（2）以暴力、威胁等方法阻碍有关行政部门工作人员依法执行职务的，应依法追究刑事责任。

（3）国家机关工作人员有玩忽职守或者包庇经营者、侵害消费者合法权益的行为，构成犯罪的，应依法追究刑事责任。

第二节 产品质量法律制度

一、产品质量法概述

(一)产品和产品质量的概念

1. 产品

广义上,产品泛指与自然物相对的一切劳动生产物,是人类运用生产资料对劳动对象加工、改造而成的物质成果,是人们和社会需要的物化体现。法律上一般对产品作狭义理解,并非任何产品都在产品责任法调整范围之内。《中华人民共和国产品质量法》(以下简称《产品质量法》)对产品的范围进行明确的限定,本法所称产品是指经过加工、制作,用于销售的产品。这里的加工既包括工业加工,也包括手工加工,但建设工程不适用。由此可见:

(1)《产品质量法》调整的产品,是以销售为目的,通过工业加工、手工制作等生产方式获得的具有特定使用性能的物品。

(2)各种未经加工天然形成的产品及初级农产品,如石油、原煤、天然气等,不适用《产品质量法》的规定。

(3)虽经加工、制作但不用于销售的产品,纯为科学研究或为自己使用而加工制作的产品不属于《产品质量法》的调整范围。

(4)建设工程不适用《产品质量法》规定。但是,建设工程使用的建筑材料、建筑物构配件和设备,属于《产品质量法》规定的产品范围的,适用该法的规定。

2. 产品质量

产品质量,是指产品在正常使用条件下,为满足合理的使用要求所必须具备的物质、技术、心理和社会特征的总和。我国产品质量是指国家有关法律法规、质量标准以及合同规定的对产品功能性、安全性、可靠性、经济性、维修性和其他特性的要求。

(1)功能性。即产品在一定条件下实现预定目的或规定用途的能力。它是产品质量最基本的特征之一。

(2)安全性。即产品在使用过程中不致危害人身、财产和环境的能力。

(3)可靠性。即产品在规定条件下和规定时间内完成规定功能的能力。

(4)经济性。即最经济地提供使消费者满意的产品质量,包括产品适当的价格和企业质量成本,也就是消费者要求的物美价廉。

(5)维修性。即产品在发生故障后能迅速修好恢复其功能的能力,表现为消除故障的速度、售后服务等。

(二)产品质量法

1. 产品质量法的概念

产品质量法,是调整产品生产、流通、交换、消费领域中因产品质量而产生的社会关系的法律规范的总称。广义的产品质量法所调整的社会关系可分为两大类:一是产品质量监督管理过程中产生的监督与被监督、管理与被管理的关系,如产品监督管理机关和产品生产者、经营者的关系;二是产品交换过程中产生的具有等价交换性质的社会关系,如产品生产者、销售者与产品用户、消费者的关系。

2. 产品质量法的立法概况

近年来，随着我国社会主义市场经济体制的建立和逐步完善，我国陆续颁布了一批与产品质量有关的法律、法规，如《全民所有制工业企业法》《药品管理法》《标准化法》《计量法》《消费者权益保护法》《反不正当竞争法》《商品检验法》《工业产品生产许可证实行条例》《进口商品质量监督管理办法》等。这些法律、法规对于调整某些领域中的产品质量关系、提高产品质量起到了一定的积极作用。

《产品质量法》于1993年2月22日第七届全国人民代表大会常务委员会第三十次会议通过，根据2000年7月8日第九届全国人民代表大会常务委员会第十六次会议《关于修改〈中华人民共和国产品质量法〉的决定》第一次修正，根据2009年8月27日第十一届全国人民代表大会常务委员会第十次会议《关于修改部分法律的决定》第二次修正，根据2018年12月29日第十三届全国人民代表大会常务委员会第七次会议《关于修改〈中华人民共和国产品质量法〉等五部法律的决定》第三次修正。修订后的《产品质量法》共有六章七十四条，旨在加强对产品质量的监督管理，提高产品质量水平，明确产品质量责任，保护消费者的合法权益，维护社会经济秩序，体现国家干预市场的精神。《产品质量法》是经济法的重要组成部分。《产品质量法》的修订，标志着适应我国社会主义市场经济发展需要的、比较完整的产品质量法律体系已经建立起来了。

3. 产品质量法的立法宗旨

《产品质量法》第一条开宗明义，规定了该法的立法宗旨，即：加强对产品质量的监督管理；提高产品质量水平；明确产品质量责任；保护消费者的合法权益；维护社会经济秩序。

4. 产品质量法的适用范围

《产品质量法》的适用范围，包括适用的产品范围、活动范围和地域范围。

（1）适用的产品范围。《产品质量法》适用的产品，是指经过加工、制作，用于销售的产品。根据法律规定，建筑工程不适用《产品质量法》的规定。建筑工程是指工业、民用建筑物，包括土木建筑工程和建筑业范围内的线路、管道、设备安装工程的新建、扩建、改建活动及建筑装修装饰工程。建筑工程产品投资大，建筑工期长，有特殊的质量要求，难与经过加工、制作的工业产品同时进行规范，需要由专门的法律调整。《建筑法》是调整建筑工程质量的法律。但是，建筑工程使用的建筑材料、建筑构配件和设备，属于加工、制作并用于销售的产品的，适用《产品质量法》的规定。

（2）适用的活动范围。"从事产品生产、销售活动，必须遵守本法。"这是对产品经营活动范围的规定。产品的生产经营活动一般包括生产、运输、保管、仓储、销售等环节，《产品质量法》主要调整其中的生产和销售环节，因为这两个环节发生的产品质量问题与消费者有着最为直接的关系。《产品质量法》调整发生在运输、保管、仓储环节中的质量问题，仅限于运输人、保管人、仓储人故意为法律禁止生产销售的产品提供运输、保管、仓储等便利条件的行为。另外，《产品质量法》也调整经营性服务环节的产品质量问题。

（3）适用的地域范围。"在中华人民共和国境内"是对适用的地域范围的规定。根据这个规定，在中华人民共和国境外从事产品生产、销售活动的，不适用我国《产品质量法》。

（4）特殊产品的法律适用。军工产品质量监督管理办法，由国务院、中央军事委员会另行制定。因核设施、核产品造成损害的赔偿责任，法律、行政法规另有规定的，依照其规定。

二、产品质量的监督

（一）产品质量监督管理体制

《产品质量法》第八条规定，国务院产品质量监督部门主管全国产品质量监督工作。国务院有关部门在各自的职责范围内负责产品质量监督工作。县级以上地方产品质量监督部门主管本行政区域内的产品质量监督工作。县级以上地方人民政府有关部门在各自的职责范围内负责产品质量监督工作。法律对产品质量的监督部门另有规定的，依照有关规定执行。

1. 产品质量监督的类型

根据《产品质量法》的规定，产品质量监督包括产品质量的国家监督和产品质量的行业监督两种。

（1）国家监督，是指通过国家立法，授权特定的国家机关，以国家名义，运用国家赋予的权力实施的监督。行使产品质量国家监督权的机关是国务院产品质量监督部门、县级以上地方产品质量监督部门和法律另有规定的部门。

（2）行业监督，是指政府有关部门在各自的职责范围内进行的监督。产品质量行业监督机关为国务院和地方人民政府有关部门，"有关部门"主要指各级地方人民政府的宏观调控部门和专业经济管理部门等。

行业监督不同于国家监督。二者的主要区别是，行业监督的主管部门不能依照《产品质量法》的规定行使行政处罚权。

2. 产品质量监督部门的行政职权

《产品质量法》第十八条规定了县级以上产品质量监督部门在执法过程中享有的各项职权。

（1）现场检查权。产品质量监督部门在对涉嫌违反《产品质量法》规定的行为进行查处时，有权对当事人涉嫌从事违反法律的生产、销售活动的场所实施现场检查。实施现场检查的主要目的是核实已经取得的违法嫌疑证据，确认违法事实，进一步收集新的违法证据。

（2）调查了解权。产品质量监督部门在对涉嫌违反《产品质量法》规定的行为进行查处时，有权向当事人的法定代表人、主要负责人和其他有关人员，调查、了解与涉嫌从事违反《产品质量法》的生产、销售活动有关的情况。

（3）查阅、复制权。产品质量监督部门在对涉嫌违反《产品质量法》规定的行为进行查处时，有权查阅、复制有关的合同、发票、账簿以及其他有关资料。复制这些资料，主要是为了防止这些证据灭失。如被嫌疑人销毁、转移等，使对违法嫌疑人进一步查处无法进行。

（4）封存、扣押权。产品质量监督部门在对涉嫌违反《产品质量法》规定的行为进行查处时，对有根据认为不符合保障人体健康和人身、财产安全的国家标准、行业标准的产品或者有其他严重质量问题的产品，以及直接用于生产、销售该项产品的原辅材料、包装物、生产工具，予以封存或者扣押。封存权和扣押权作为行政强制措施，对生产者、销售者的生产、销售活动影响较大，在适用时必须十分慎重，不能随意适用，以免适用不当给当事人造成不必要的损失。

根据《产品质量法》的规定，县级以上工商行政管理部门按照国务院规定的职责范围，对涉嫌违反《产品质量法》规定的行为进行查处时，可以行使以上职权。

（二）产品质量标准制度

1. 产品质量标准

可能危及人体健康和人身、财产安全的工业产品，必须符合保障人体健康和人身、财产安全的国家标准、行业标准；未制定国家标准、行业标准的，必须符合保障人体健康和人身、财产安全的要求。国家鼓励推行科学的质量管理办法、采用先进的科学技术，鼓励企业产品质量达到并且超过行业标准、国家标准和国际标准。对产品质量管理先进和产品质量达到国际先进水平、成绩显著的单位和个人，给予奖励。

2. 产品质量要求

产品质量应当检验合格，不得以不合格产品冒充合格产品。从法律上来说，合格产品要符合以下四个条件：一是产品必须具备应当具备的使用性能；二是产品符合在产品或者其包装上注明采用的产品标准；三是产品符合以产品说明、实物样品等方式表明的质量状况；四是产品不存在危及人体健康及人身、财产安全的不合理危险，有保障人体健康及人身、财产安全的国家标准、行业标准的，应当符合该标准。

3. 生产许可证制度

我国实行生产许可证制度。生产许可证是指国家对于具备生产条件并对其产品检验合格的工业企业发给其许可生产该项产品的凭证。国家规定，对重要的工业产品特别是对可能危及人体健康、人身和财产安全、公共利益的工业产品实行许可证制度。生产许可证制度是保证产品质量，维护国家、用户和消费者利益的强制性制度。

知识拓展

工业产品生产许可证标志

工业产品生产许可证标志由"企业产品生产许可"拼音 QiyechanpinShengchanxuke 的缩写"QS"和"生产许可"中文字样组成。标志主色调为蓝色，字母"Q"与"生产许可"四个中文字样为蓝色，字母"S"为白色。QS 标志由企业自行加印（贴）。可以按照规定放大或者缩小。

（三）企业质量及产品质量认证制度

《产品质量法》第十四条规定："国家根据国际通用的质量管理标准，推行企业质量体系认证制度。企业根据自愿原则可以向国务院市场监督管理部门认可的或者国务院市场监督管理部门授权的部门认可的认证机构申请企业质量体系认证。经认证合格的，由认证机构颁发企业质量体系认证证书"。"国家参照国际先进的产品标准和技术要求，推行产品质量认证制度。企业根据自愿原则可以向国务院市场监督管理部门认可的或者国务院市场监督管理部门授权的部门认可的认证机构申请产品质量认证。经认证合格的，由认证机构颁发产品质量认证证书，准许企业在产品或者其包装上使用产品质量认证标志。"

1. 企业质量体系认证制度

企业质量体系认证的概念。企业质量体系认证，是指国家认可的质量认证机构，根据企业的申请，按照国际通用的质量管理和质量保证系列标准，对企业的质量体系进行审核，并对符合国际通用的质量管理标准的企业颁发质量体系认证证书，证明企业的质量体系和质量保证能力符合相应要求的活动。企业质量体系认证是一种评价性活动。企业质量体系认证亦称为企业认证、质量体系注册、质量体系评审、质量体系审核等。

企业质量体系认证采取自愿原则，是否进行企业质量体系认证由企业自主决定，他人不得干涉。

企业质量体系认证的依据。企业质量体系认证的依据是国际通用的质量管理标准，即国际标准化组织（ISO）推荐世界各国采用的 ISO9000 质量管理及质量保证系列国际标准。根据国际标准化组织的有关规则和管理，国际标准需要由各国转化为本国的国家标准加以实施。ISO9000 国际标准在中国就是 GB/T19000-ISO9000 国家标准，由国家质量技术监督局于 1994 年修订发布，是我国开展企业质量体系认证的依据。

企业质量体系认证证书，是指由认证机构颁发给获准认证的企业的一种证明文件，用以证明企业的质量体系或者某项产品符合相应标准和技术规范的要求。认证证书不得擅自制作或者复制。

2. 产品质量认证制度

产品质量认证的概念。产品质量认证是由依法取得产品质量认证资格的认证机构，依据有关的产品标准和要求，按照规定的程序，对申请认证的产品进行工厂审查和产品检验，对符合要求的，通过颁发认证证书和认证标志证明该项产品符合相应标准要求的活动。

产品质量认证的目的。推行产品质量认证制度的目的是通过对符合认证标准的产品颁发认证证书和认证标志，便于消费者识别，同时也有利于经认证合格的企业和产品的市场销售，增强产品的市场竞争能力，以激励企业加强质量管理，提高产品质量水平。产品质量认证必须遵循自愿原则，任何人不得强迫企业进行认证。

产品质量认证的依据。依照《产品质量法》的规定，产品质量认证的依据是有关的国际先进标准和技术要求。对于我国的名、特、优产品，没有国家标准、行业标准的时候，可以依据国家质量技术监督局确认的标准和技术要求开展产品质量认证。对于我国与国外有关认证机构签订了双边、多边认证合作协议的产品，依据双边、多边认证合作协议中规定的标准开展认证工作。

产品质量认证证书和认证标志。产品质量认证证书，是指证明产品质量符合认证要求和许可产品使用认证标志的法定证明文件。认证证书由国务院标准化行政主管部门组织印制并统一规定编号。产品质量认证标志是认证机构为证明产品符合认证标准和技术要求而设计、发布的一种专用质量标志。产品质量认证的依据是《产品质量法》《标准化法》和《产品质量认证管理条例》。依据法律、法规规定，产品质量认证分为安全认证和合格认证。认证合格后，经认证机构批准，产品的生产者可以在认证合格的产品、产品品牌、包装物、产品说明书或者出厂合格证上使用产品质量认证标志。

产品上带有认证标志，不仅可以把准确可靠的质量信息传递给用户和消费者，对企业而言，还起到质量信誉证的作用，表明该产品经过公正的第三方证明符合规定标准。带有认证标志产品的生产企业要接受认证机构的监督复查，确保出厂的认证产品持续稳定符合规定标准要求，这样就可以起到维护消费者利益、保证消费者安全的作用。认证标志图案的构成，许多国家是以国家标准的代码、标准机构或国家认证机构名称的缩写字母为基础而进行艺术创作形成的。我国已成立的20多个产品质量认证机构都有相应的认证标志，各机构对标志的使用（包括印制、标识形式、标志颜色等）都有明确规定，获证企业在使用认证标志时应遵照执行。

我国产品质量认证制度基本内容为：①认证依据。《产品质量法》规定，国家参照先进的产品标准和技术要求，推行产品质量认证制度。这就表明，我国产品质量认证，是根据国家认可的标准进行的。②认证原则。我国产品质量认证实行自愿认证制，即产品质量认证由企业自愿申请。③认证对象。我国目前开展产品质量认证的对象主要包括电工产品、电动工具、电线电缆、低压电器、电子元器件、水泥、橡胶、汽车安全玻璃等产品。④认证方式。我国产品质量认证方式采用国际上通行的第三方认证制度。质量认证由国务院产品质量监督管理部门或其授权的部门所认可的认证机构承担。⑤认证种类。我国产品质量认证分为合格认证和安全认证两种。⑥认证的条件。中国企业、外国企业均可提出认证申请。

3. 产品质量的标准化管理制度

产品质量的标准化管理，是产品质量标准及与产品质量有关的其他标准的制定、实施活动的总称。它是实现产品质量管理专业化、社会化和现代化的前提，也是促进技术进步，改进产品质量，提高社会经济效益的基本保障。

（1）产品质量标准的制定。按照我国标准化法的规定，产品质量标准按其制定的部门或者单位以及适用范围的不同，分为国家标准、行业标准、地方标准、企业标准四级。国家标准是指由国家标准化主管机构批准发布，对全国经济、技术发展有重大意义，且在全国范围内统一的标准。行业标准是指中国全国性的各行业范围内统一的标准。对没有国家标准而又需要在全国某个行业范围内统一的技术要求，可以制定行业标准。行业标准应报国务院标准化行政主管部门备案。地方标准是在国家的某个地区通过并公开发布的标准。在我国，对没有国家标准和行业标准而又需要在省、自治区、直辖市范围内统一的工业产品的安全和卫生要求，可以制定地方标准。制定地方标准的项目，由省、自治区、直辖市人民政府标准化行政主管部门确定。地方标准应报国务院标准化行政主管部门和国务院有关行政主管部门备案。企业标准是指企业所制定的产品标准和在企业内需要协调、统一的技术要求和管理、工作要求所制定的标准。企业生产的产品在没有相应的国家标准、行业标准和地方标准时，应当制定企业标准，作为组织生产的依据。已有相应的国家标准、行业标准和地方标准时，国家鼓励企业制定严于国家标准、行业标准和地方标准的企业标准，在企业内部适用。

（2）产品质量标准的实施。我国标准化法将标准按性质的不同，分为强制性标准和推荐性标准。强制性标准必须执行，不符合强制性标准的产品，禁止生产、销售和进口。强制性标准主要有药品标准，食品卫生标准，兽药标准，产品及产品生产、储运和使用中的安全、卫生标准，劳动安全、卫生标准，运输安全标准，国家需要控制的重要产品质量标准等。推荐性标准，是指生产、交换、使用等方面，通过经济手段调节而自愿采用的一类标准，又称自愿性标准。除了强制性标准以外的标准是推荐性标准。《产品质量法》规定，可能危及人体健康和人身、财产安全的工业产品，必须符合保障人体健康，人身、财产安全的国家标准、行业标准；未制定国家标准、行业标准的，必须符合保障人体健康，人身、财产安全的要求。除此之外，质量是合同的条款之一，当事人对此应有明确的约定。无法达成明确约定的，按照国家标准、行业标准履行，没有国家标准、行业标准的，按照通常标准或者符合合同目的的特定标准履行。

（四）产品质量监督检查制度

产品质量监督检查，是指国务院产品质量监督管理部门和各级地方人民政府产品质量监督管理部门以及法律、法规规定的其他部门，根据法律、行政法规赋予的职责，代表人民政府履行职责，执行公务，对流通领域的产品质量实施监督的一种行政行为。产品质量监督检查，是国家对产品质量实施的一项强制性行政管理措施。

根据《产品质量法》第十五条的规定，国家对产品质量实行以抽查为主要方式的监督检查制度，对可能危及人体健康和人身、财产安全的产品，影响国计民生的重要工业产品以及消费者、有关组织反映有质量问题的产品进行抽查。

1. 产品质量监督抽查形式

（1）产品质量监督抽查的概念。产品质量监督抽查是指国家产品质量监督部门及地方产品质量监督部门按照产品质量监督计划，定期在流通领域抽取样品进行监督检查，了解被抽查企业及其产品的质量状况，并按期发布产品质量监督抽查公报，对抽查的样品不合格的企业采取相应处理措施的一种国家监督活动。监督检查工作由国务院产品质量监督部门规划和组织。法律对产品质量的监督检查另有规定的，依照有关规定执行。

（2）产品质量监督抽查的种类。产品质量监督抽查包括国家监督抽查和地方监督抽查。国家监督抽查是指由国家产品质量监督部门规划和组织的对产品质量进行定期或专项监督抽查，并发布国家监督抽查公报的制度。地方监督抽查是指县级以上地方产品质量监督部门在本行政区域内进行的监督抽查活动。地方抽查不得以"国家监督抽查"的名义进行，发布其质量公报不得冠以"国家监督抽查"字样。

（3）产品质量监督抽查的产品范围。产品质量监督抽查的产品范围包括三个方面：一是可能危及人体健康和人身、财产安全的产品，如食品、药品、医疗器械和医用卫生材料、化妆品、压力容器、易燃易爆产品等；二是影响国计民生的重要工业产品，如农药、化肥、种子、计量器具、烟草，以及有安全要求的建筑用钢筋、水泥等；三是消费者、有关社会组织反映有质量问题的产品，包括群众投诉、举报的假冒伪劣产品以及掺杂掺假、以假充真、以次充好、以不合格产品冒充合格产品、造成重大质量事故的产品等。

（4）产品质量监督抽样的要求。根据《产品质量法》的规定，抽取的样品应当在市场上或企业成品仓库内的待销产品中随机抽取。这是因为，产品质量监督抽查活动是产品质量监督部门代表政府进行的一种市场监督管理活动，这种监督管理活动的范围一般应仅限于流通环节，而不能扩大到企业内部，并且对于未进入流通的产品企业也不负质量责任。随机抽取样品，可以防止生产者、销售者弄虚作假，保证抽样检查的客观性、公正性。

（5）禁止重复抽样。重复抽样扰乱企业的正常经营秩序，加重企业负担，必须坚决禁止。为此，《产品质量法》特别规定，国家监督抽查的产品，地方不得另行重复抽查；上级监督抽查的产品，下级不得另行重复抽查。按照国务院于1992年8月发布的《国务院关于进一步加强质量工作的决定》的规定，为了防止重复抽查，全国性抽查计划由国家技术监督局统一组织协调。

（6）对抽查检验的要求。《产品质量法》规定，根据监督抽查的需要，可以对产品进行检验。检验抽取样品的数量不得超过检验的合理需要，并不得向被检查人收取检验费用。监督抽查所需检验费用按照国务院规定列支。

（7）对抽查检验的异议程序。为了保证质量监督抽查结果的准确和公正，被抽查的生产者、销售者如果对抽查检验的结果有异议的，有权要求复检。《产品质量法》规定，生产者、销售者对抽查检验的结果有异议的，可以自收到检验结果之日起15日内向实施监督抽查的产品质量监督部门或者其上级产品质量监督部门申请复检，由受理复检的产品质量监督部门做出复检结论。

（8）抽查检验后的处理。《产品质量法》第十七条规定，依照规定进行监督抽查的产品质量不合格的，由实施监督抽查的产品质量监督部门责令其生产者、销售者限期改正。逾期不改正的，由省级以上人民政府产品质量监督部门予以公告；公告后经复查仍不合格的，责令停业，限期整顿；整顿期满后经复查产品质量仍不合格的，吊销营业执照。监督抽查的产品有严重质量问题的，依照《产品质量法》的有关规定处罚。这里所指的有严重质量问题，是指产品存在不符合保障人体健康和人身、财产安全的不合理危险，产品属于以假充真、以次充好、以不合格产品冒充合格产品，产品属于国家明令淘汰的产品，失效、变质的产品，伪造产品产地、伪造或者冒用他人厂名、厂址，伪造或者冒用认证标志等质量标志的产品等。

2. 产品质量监督检查的其他方式

除抽查方式外，国家对产品质量的监督检查方式还包括产品质量统一监督检查、产品质量定期监督检验等其他方式。

（五）产品质量检验制度

1. 产品质量检验机构

产品质量检验机构，是指承担产品质量监督检验、仲裁检验等公证检验工作的技术机构。按照《中华人民共和国标准化法》的规定，产品质量检验机构分为两类：一类是县级以上人民政府产品质量监督部门根据需要依法设置的检验机构；另一类是县级以上人民政府产品质量监督部门授权的其他单位的产品质量检验机构。此外，还有一类检验机构属于社会中介组织性质，它们不隶属于任何政府部门和事业单位，依法设立，经有关部门考核合格后，依法独立承担产品质量检验任务。

产品质量检验机构的任务是，对产品是否合格或者是否符合标准进行检验，承担其他标准实施的监督检验。法定检验机构提供的检验数据具有法律效力，是判明产品是否合格以及解决产品质量纠纷的依据。

2. 产品质量检验机构设立的条件

（1）必须具备相应的检测条件和能力。这是指国家有关部门规定的产品质量检验机构应当具备的与其承担的检验任务相适应的条件和能力。包括组织机构条件、检验技术人员条件、技术设备条件以及质量体系、工作环境、管理制度等方面的条件。

（2）必须经考核合格。产品质量检验机构必须经省级以上人民政府产品质量监督部门或者其授权的部门依照有关规定对检验机构所具备的检验测试能力进行考核，对考核合格的申请人，发给合格证书后，方可承担产品质量检验工作，其出具的检验数据才具有法律效力。

以上是《产品质量法》对产品质量检验机构设立条件的规定，其他法律、法规对产品质量检验机构的资格条件、设置、考核、管理等有特殊规定的，依照法律、法规的相应规定执行。

3. 从事产品质量检验和认证的社会中介机构

从事产品质量检验的社会中介机构，是指经省级以上人民政府产品质量监督部门或者其授权的部门考核合格，经依法注册登记，依靠自己的知识、技术设备和经验，提供产品质量监督抽查检验、生产许可证产品的质量检验、产品质量的认证检验、产品质量争议的仲裁检验等检验服务的社会组织。从事产品质量认证的社会中介机构，是指经中国产品质量认证机构国家认可委员会审查评定，并经国务院产品质量监督部门批准，从事产品质量认证工作的社会组织。

上述两类社会中介机构与政府机关、权力机关、司法机关等国家机关不得存在上下级关系、领导与被领导关系等，不得承担政府行政管理方面的任何职能；中介机构在人、财、物方面完全独立，与国家机关没有任何关系。即《产品质量法》所规定的"不得与行政机关和其他国家机关存在隶属关系或者其他利益关系"。

4. 产品质量检验认证机构的工作原则

根据《产品质量法》的规定，产品质量检验机构、认证机构必须依法按照有关标准，客观、公正地出具检验结果或者认证证明。产品质量检验机构、认证机构的作用和任务，决定了它们在产品质量监督管理中处于一种"中间人""裁判员"的位置。它们能否依法客观、公正地履行职责，与生产者、销售者，国家检验、认证制度，广大的消费者，都有着直接关系。

5. 产品质量认证机构的跟踪调查职责

为了保证认证标志依法使用，产品质量认证机构应当依照国家规定对准许使用认证标志的产品进行认证后的跟踪检查，对不符合认证标准而使用认证标志的进行查处，以维护产品质量认证的信誉，维护广大消费者的合法权益。为此，《产品质量法》规定，产品质量认证机构应当依照国家规定对准许使用认证标志的产品进行认证后的跟踪检查，对不符合认证标准而使用认证标志的，责令改正；情节严重的，撤销其使用认证标志的资格。

（六）产品质量社会监督制度

产品质量社会监督，是指用户、消费者以及其他社会组织对产品质量进行监督的制度。《产品质量法》规定，用户、消费者有权就产品质量问题向产品的生产者、销售者查询，向产品质量监督部门、工商行政管理部门及有关部门申诉，接受申诉的部门应当负责处理。保护消费者权益的社会组织可以就消费者反映的产品质量问题建议有关部门负责处理，支持消费者对因产品质量造成的损害向人民法院起诉。任何单位和个人都有权对违反《产品质量法》规定的行为向产品质量监督部门或者其他有关部门检举。

（七）产品召回制度

产品召回制度，是指产品进入流通领域后，发现存在可能危害消费者人身及财产安全的缺陷时，经营者依法从市场上收回，并免费对其进行修理或更换的制度。

2004年发布的《缺陷汽车产品召回管理规定》是我国第一个产品召回制度。2007年国家质量监督检验检疫总局颁布了《食品召回管理规定》（已废止），建立了系统的食品召回制度，2009年颁布的《食品安全法》首次以法律形式确立了食品召回制度。2009年12月通过的《中华人民共和国侵权责任法》（已废止）规定，产品投入流通后发现存在缺陷的，生产者、销售者应当及时采取警示、召回等补救措施。未及时采取补救措施或者补救措施不力造成损害的，应当承担侵权责任。至此，产品召回制度正式以法律形式确立了。

三、生产者/销售者的产品质量责任和义务

生产者、销售者的产品质量义务，是指法律、法规规定的生产者、销售者在产品质量方面应当承担的作为和不作为的责任。

(一) 生产者的产品质量义务

《产品质量法》对生产者的产品质量责任和义务作了如下规定：

1. 保证产品的内在质量

产品质量应当符合下列三方面要求。

（1）产品不存在危及人身、财产安全的不合理危险。有保障人体健康和人身、财产安全的国家标准、行业标准的，应当符合该标准。这是要求生产者在产品的设计、制造过程中按国家或行业标准进行。在产品设计方面，确保各种系数做到安全可靠；在产品制造方面，确保精度要求；在产品标识方面，保证清晰、完整。没有制定标准的，应以人们使用或消费该产品不会给人身、财产带来危害的要求作为判别依据。

（2）产品质量应当具备使用性能，对产品存在使用性能上的瑕疵做出说明的除外。产品的使用性能是产品存在的前提，其使用性能应达到在产品说明书中阐明的功效。当然，这要与产品标准一致。对由于主观或客观原因而使产品性能有缺陷，但生产者已说明的，生产者可免除承担责任。

（3）产品质量符合在产品或者包装上注明采用的产品标准，符合以产品说明等方式表明的质量状况。

产品的内在质量应当与生产者对自身产品做出的说明一致，与该产品的国家、行业标准一致，与实物样品一致。

2. 提供符合规定的标识

生产者所提供的产品或者其包装上的标识应当符合下列要求：

（1）有产品质量检验合格证明。生产者对产品质量以合格证、合格印章方式做出保证，证明产品质量检验结果符合出厂要求。未经检验或检验不合格的，不得使用产品质量检验合格证明。

（2）有中文标明的产品名称、生产厂厂名和厂址。其目的是让消费者识别产品，特别是使用同种商标的联营企业的产品质量存在差异，产品质量出现问题后便于找到生产者。

（3）根据产品的特点和使用要求，需要标明产品规格、等级、所含主要成分的名称和含量的，相应予以标明。用户及消费者由于用途不同，对产品在某些方面的性能要求就不同。法律规定生产者标明产品的各项指标，有利于消费者合理选择、合理使用。

（4）限期使用的产品，标明生产日期和安全使用期或者失效日期。

（5）使用不当，容易造成产品本身损坏或者有可能危及人身、财产安全的产品，应当有警示标志或者中文警示说明。另外，如果生产者生产的产品是裸装的食品和其他根据产品的特点难以附加标识的裸装产品的，可以不附加产品标识。

3. 符合产品包装的要求

生产者的一般产品包装，法律没有明确规定。但是，对于特殊产品的包装，《产品质量法》第二十八条规定，易碎、易燃、易爆、有毒、有腐蚀性、有放射性等危险物品以及储运中不能倒置和有其他特殊要求的产品，其包装质量必须符合相应要求，依照国家有关规定作出警示标志或者中文警示说明，标明储运注意事项等。

4. 不得为法律禁止实施的行为

《产品质量法》对生产者还规定了禁止性的义务：

（1）生产者不得生产国家明令淘汰的产品。国家明令淘汰的产品，是指国务院有关行政部门依据其行政职能，对消耗能源、污染环境、疗效不确定、毒副作用大、技术明显落后的产品，按照一定的程序，采用行政的措施，通过发布行政文件的形式，向社会公布自某日起禁止生产、销售的产品。

（2）生产者不得伪造产地，伪造或者冒用他人的厂名、厂址伪造产品产地，是指在甲地生产产品，而在产品标识上标乙地的地名的质量欺诈行为。伪造或者冒用他人厂名、厂址，是指非法标注他人厂名、厂址标识，在产品上编造、捏造不真实的生产厂名和厂址以及在产品上擅自使用他人的生产厂名和厂址的行为。

（3）生产者不得伪造或者冒用认证标志、名优标志等质量标志。质量标志是指表明产品质量状况的证书、标记。伪造或者冒用认证标志等质量标志是指在产品、标签、包装上，用文字符号、图案等方式，非法制作、标注质量标志以及擅自使用未获批准的质量标志的行为。

（4）生产者生产产品，不得掺杂、掺假，以假充真、以次充好，以不合格产品冒充合格产品。掺杂、掺假，是指生产者、销售者在产品中掺入杂质或者造假，进行质量欺诈的违法行为。以假充真，是指以此产品冒充与其特征、特性等都不同的他产品，或冒充同一类产品中具有特定质量特征、特性产品的欺诈行为。以次充好，是指以低档次、低等级产品冒充高档次、高等级产品或者以旧产品冒充新产品的违法行为。以不合格产品冒充合格产品，是指以质量不合格的产品作为或者充当合格产品。

（二）销售者的产品质量义务

销售者是产品流转过程中的重要主体，在保证产品质量方面具有重要地位。因此，法律规定销售者应承担下列产品质量义务。

1. 执行进货验收制度

销售者应当执行进货验收制度，验明产品合格证明和其他合格标识。通过产品质量验收，可以确定产品流转过程中产品质量状况，保证销售产品的质量，也便于分清生产者和销售者的责任。

2. 保持销售产品的质量

销售者进货后在向用户、消费者出售产品之前的一段时间内，应当根据产品的性质、特点采取必要的措施，保持销售产品的质量。如果进货时产品质量符合要求，而销售时出现缺陷，销售者要承担相应的责任。

3. 销售符合质量要求的产品

销售者最重要的义务是保证所销售的产品符合规定的质量要求。不销售假冒伪劣产品，对用户和消费者来说，销售者这一义务是最直接的。对此，《产品质量法》规定：

（1）销售者应当执行进货检查验收制度，验明产品合格证明和其他标识。
（2）销售者应当采取措施，保持销售产品的质量。
（3）销售者不得销售失效、变质的产品。
（4）销售者销售的产品的标识应当符合《产品质量法》的规定。
（5）销售者不得伪造产地，不得伪造或者冒用他人的厂名、厂址。
（6）销售者不得伪造或者冒用认证标志、名优标志等质量标志。
（7）销售者销售产品，不得掺杂、掺假，不得以假充真、以次充好，不得以不合格产品冒充合格产品。

四、产品质量责任

产品质量责任，是指产品的生产者、销售者以及对产品质量负有直接责任的人违反产品质量法规定的产品质量义务应承担的法律后果。产品质量责任可分为民事责任、行政责任和刑事责任三种。

(一) 民事责任

产品质量民事责任分为产品瑕疵担保责任和产品缺陷损害赔偿责任两种。瑕疵，是指产品质量不符合法律规定或当事人约定的质量标准。缺陷，是指产品存在危及人身、他人财产安全的不合理的危险。

1. 产品瑕疵担保责任

产品瑕疵担保责任又称产品合同责任，是指销售者提供的产品违反法律规定或当事人约定的质量标准，致使用户、消费者造成财产损害所应承担的民事责任。

《产品质量法》规定，售出的产品有下列情形之一的，销售者应当负责修理、更换、退货；给购买产品的消费者造成损失的，销售者应当赔偿损失：①不具备产品应当具备的使用性能而事先未作说明的。②不符合在产品或者其包装上注明采用的产品标准的。③不符合以产品说明、实物样品等方式表明的质量状况的。

销售者依照前款规定负责修理、更换、退货、赔偿损失后，属于生产者的责任或者属于向销售者提供产品的其他销售者（以下简称供货者）的责任的，销售者有权向生产者、供货者追偿。销售者未按规定给予修理、更换、退货或者赔偿损失的，由产品质量监督部门或者工商行政管理部门责令改正。生产者之间、销售者之间、生产者与销售者之间订立的买卖合同、承揽合同有不同约定的，合同当事人按照合同约定执行。

2. 产品缺陷损害赔偿责任

产品缺陷损害赔偿责任又称产品责任或产品侵权责任，是指生产者、销售者因产品存在缺陷而造成他人人身伤害或缺陷产品以外的其他财产损失时所应承担的赔偿责任。《产品质量法》对生产者和销售者规定了不同的归责原则。

（1）生产者承担严格责任。《产品质量法》对生产者的产品责任归责原则实行严格责任原则。生产者承担产品责任的条件有：①产品存在缺陷。②造成了他人人身、财产（指缺陷产品以外的其他财产）损害。③缺陷与损害之间存在因果关系。三者同时具备，即使生产者无过错，也要依法承担责任。

如果生产者能够证明有下列情形之一的，则不须承担赔偿责任：①未将产品投入流通的。②产品投入流通时，引起损害的缺陷尚不存在的。③将产品投入流通时的科学技术水平尚不能发现缺陷的存在的。

（2）销售者承担过错责任。《产品质量法》对于销售者承担产品责任主要实行过错责任原则。由于销售者的过错使产品存在缺陷，造成人身、他人财产损害的，销售者应当承担赔偿责任。

另一种情况是实行过错推定原则。销售者不能指明缺陷产品的生产者，也不能指明缺陷产品的供货者的，销售者应当承担赔偿责任。

上述两种情况的前提仍然是存在缺陷，并且造成损害。

（3）赔偿方式和赔偿标准。

①造成人身伤害的。因产品存在缺陷造成受害人人身伤害的，侵害人应当赔偿医疗费、因误工减少的收入、残废者生活补助费等费用；造成受害人死亡的，并应当支付丧葬费、抚恤费以及死者生前抚养的人必要的生活费（此项为间接损失赔偿）等费用。

②造成财产损失的。因产品存在缺陷造成受害人财产损失的，侵害人应当恢复原状或者折价赔偿。受害人因此遭受其他重大损失的，侵害人应当赔偿损失。其他重大损失是指其他经济等方面的损失，包括可以获得的利益的损失。

③关于对受害人由此受到的精神损害的赔偿问题，《产品质量法》未作规定。精神损害，可以

给予精神赔偿，也可以给予物质赔偿。

《产品质量法》规定，因产品存在缺陷造成损害要求赔偿的诉讼时效期间为 2 年。根据特别法优于一般法的原则，如果因产品质量缺陷造成人身损害的，应当适用 2 年的诉讼时效。

（二）行政责任

1．应当承担行政责任的违法行为

根据《产品质量法》，承担行政责任的违法行为有：

（1）生产不符合保障人体健康，人身、财产安全的国家标准、行业标准的产品；生产国家明令淘汰的产品。

（2）销售失效、变质产品。

（3）生产者、销售者在产品中掺杂、掺假，以假充真、以次充好，或者以不合格产品冒充合格产品；伪造产品的产地，伪造或者冒用他人的厂名、厂址，伪造或者冒用认证标志、名优标志等质量标志。

（4）产品标识或者有包装的产品标识不符合法律规定。

（5）伪造检验数据或者检验结论。

2．承担行政责任的主要形式是行政处罚

产品质量监督部门、工商行政管理部门依照各自的职权，对违反《产品质量法》的行为可以责令纠正，并给予下列行政处罚：警告，罚款，没收违法生产、销售的产品和没收违法所得，责令停止生产、销售，吊销营业执照。

（三）刑事责任

生产者、销售者以及国家工作人员违反《产品质量法》的行为，如已触犯《中华人民共和国刑法》、构成犯罪的，依照《中华人民共和国刑法》的规定追究刑事责任。

五、诉讼时效和请求权期间

（一）诉讼时效

缺陷产品造成的损害赔偿问题的诉讼时效期间。消费者可以依据《民法典》第一千二百零三条，因产品存在缺陷造成他人损害的，被侵权人可以向产品的生产者请求赔偿，也可以向产品的销售者请求赔偿。产品缺陷由生产者造成的，销售者赔偿后，有权向生产者追偿。因销售者的过错使产品存在缺陷的，生产者赔偿后，有权向销售者追偿。《产品质量法》明确规定，因产品存在缺陷造成损害要求赔偿的诉讼时效期间为 2 年。之所以这样规定，主要是因为产品缺陷致人损害有其特殊性，许多缺陷产品造成损害很难立即发现，可能有一个潜伏期，可使受害人有较长时间观察自己受害的程度和危害后果，有充分的时间准备诉讼。

> **法条链接**
>
> 《民法典》第一百八十八条　向人民法院请求保护民事权利的诉讼时效期间为三年。法律另有规定的，依照其规定。
>
> 诉讼时效期间自权利人知道或者应当知道权利受到损害以及义务人之日起计算。法律另有规定的，依照其规定。但是，自权利受到损害之日起超过二十年的，人民法院不予保护，有特殊情况的，人民法院可以根据权利人的申请决定延长。

（二）请求权和请求权期间

请求权是指请求他人为或不为一定行为的权利。《产品质量法》第四十五条第二款规定，因产

品存在缺陷造成损害要求赔偿的请求权,造成损害的缺陷产品交付最初消费者满10年丧失,但是,尚未超过明示的安全使用期的除外。这一规定参照了国际惯例,其理由如下:

因产品设计、制造上存在的缺陷,在产品投入流通、使用后10年内一般都会表现出来,受害人对因此受到的损害应当及时行使索赔权。

产品投入流通、使用后,其物理、化学性能都会发生很大变化,生产者对产品的安全使用期的担保,一般不超过产品出厂日期10年,且在10年中生产工艺、技术水平等都有了很大的发展,如果要让生产者或销售者承担超过10年的产品责任,显失公平,不利于他们的生产积极性和自身的发展,当然,生产者明示产品的安全期在10年的不适用这一规定。因此,在产品标识、产品说明等明示保证中,明确规定安全使用期超过10年的,在生产者明示担保的安全使用期内,受害人都有权要求赔偿。根据法律规定,请求权自"缺陷产品交付最初消费者满10年丧失"。据此,交付最初消费者之日就是请求权期间的起算日。

六、产品质量纠纷的处理办法

《产品质量法》第四十七条规定:"因产品质量发生民事纠纷时,当事人可以通过协商或者调解解决;当事人不愿意通过协商、调解解决或者协商、调解不成的,可以根据当事人各方的协议向仲裁机构申请仲裁;当事人各方没有达成仲裁协议或者仲裁协议无效的,可以直接向人民法院起诉。"据此,处理产品质量民事纠纷有四种途径:协商、调解、仲裁和诉讼。当事人对这四种途径可以自由选择。

本章小结

消费者权益保护法有利于保护消费者的合法权益,维护社会经济秩序,促进社会主义市场经济健康发展。本章以《中华人民共和国消费者权益保护法》为依据,主要讲述了消费者的概念、消费者权益保护法的概念和适用范围、消费者的权利和经营者的义务、消费者权益保护机构及其职责、侵犯消费者权益的法律责任等理论问题。

产品质量法是经济法的重要组成部分,在市场行为规制法中居于核心地位。本章以《中华人民共和国产品质量法》的规定为框架,全面介绍产品、产品质量、产品质量监督管理、生产者与销售者的产品质量义务、产品质量责任等法律制度。

复习与训练

一、名词解释

1. 消费者
2. 安全保障权
3. 知情权
4. 产品
5. 产品缺陷损害赔偿责任

二、不定项选择

1. 经营者侵害消费者的人格尊严、侵犯消费者人身自由或者侵害消费者个人信息的,应当负（　　）责任。

A. 停止侵害　　　　　　　　B. 恢复名誉
C. 消除影响　　　　　　　　D. 赔礼道歉

2. "三包"具体包括（　　）。

A. 包修　　　　　　　　　　B. 包换
C. 包退　　　　　　　　　　D. 包赔损失

3. 消费者组织不得（　　）。

A. 从事商品经营
B. 进行营利性服务
C. 不得以收取费用或者其他牟取利益的方式向消费者推荐商品和服务
D. 开展宣传活动

4. 经营者应当保证其提供的商品或者服务符合保障人身、财产安全的要求，对（　　）的商品，应当向消费者作出真实的说明和明确的警示，并说明和标明正确使用商品的方法以防止危害发生。

A. 未经检验　　　　　　　　B. 有瑕疵
C. 不合格　　　　　　　　　D. 可能危及人身、财产安全

5. 消费者协会和其他消费者组织是依法成立的对商品和服务进行社会监督的保护消费者合法权益的（　　）。

A. 行政机关　　　　　　　　B. 社会团体
C. 行业协会　　　　　　　　D. 社会组织

6. 下列产品属于《产品质量法》调整范围的是（　　）。

A. 药品质量
B. 建筑工程质量
C. 食品卫生质量
D. 建筑材料质量

7. 李女士在家中做饭时高压锅突然爆炸，李女士被炸飞的锅盖击中头部，抢救无效死亡。后据质量检测专家鉴定，高压锅发生爆炸的直接原因是设计不尽合理，使用时造成排气孔堵塞而发生爆炸，本案中，可以以下列（　　）依据判定生产者承担责任。

A. 产品存在的缺陷
B. 产品买卖合同约定
C. 产品默示担保条件
D. 产品明示担保条件

8. （　　）可以不附加产品标识。

A. 瓶装白酒　　　　　　　　B. 罐装饮料
C. 散装月饼　　　　　　　　D. 皮鞋

三、简答题

1. 消费者权益保护法的基本特征有哪些？
2. 经营者发现所提供商品/服务存在严重缺陷时，应采取哪些措施？
3. 承担产品质量检验任务的机构必须具备哪些条件？

四、案例分析

1. 某日，满某到北京市一家邮政储蓄所办理存款业务，当时把填好1万元的存单和现

金递给柜台一收款员,收款员清点后,随即把钱转给复核员,同时准备输入电脑。正当操作时,复核员提出钱数不对,缺少1 000元。储户立即提出异议,双方发生争吵,储户找到邮局储蓄所领导反映,但领导认为责任不在己方。储户为维护自己的权益,向消协投诉。

根据上述案例分析:

(1)消协应怎样处理?请说明理由。

(2)如果满某对消协的处理结果不满意,还可以采取哪些救济措施?

2. 张某于展览会上向一家皮衣厂购得价格为2 100元的皮衣,并看到"当面检验,概不退货"八个字。回来后发现皮衣脱皮,质量不合格。张某要求退货,被拒绝。张某于是向电视台公布,并对皮衣厂进行曝光,使得皮衣厂销售量大减。皮衣厂告张某侵犯其名誉权,要求赔礼道歉,并赔偿经济损失。

根据上述案例分析:

(1)皮衣厂告张某侵犯其名誉权是否成立?为什么?

(2)皮衣厂是否承担产品责任?为什么?

课后思考

"7天无理由退货"不等于"7天无条件退货"

买家甲在淘宝选中某新款智能手机,想着既然淘宝支持"7天无理由退货",便想先买来试用,感觉不好再退。收货使用几天后,买家甲对该手机性能不太满意,于是申请退货退款。该店家称"已在网页显著位置注明该款手机不支持7天无理由退货,无质量问题一经使用概不退货",拒绝退款。后买家甲将该店家诉至法院,被判败诉。

《消费者权益保护法》第二十五条规定,经营者采用网络、电视、电话、邮购等方式销售商品,消费者有权自收到商品之日起七日内退货,且无需说明理由,但下列商品除外:(一)消费者定作的;(二)鲜活易腐的;(三)在线下载或者消费者拆封的音像制品、计算机软件等数字化商品;(四)交付的报纸、期刊。除前款所列商品外,其他根据商品性质并经消费者在购买时确认不宜退货的商品,不适用无理由退货。

市场监督管理总局《网络购买商品七日无理由退货暂行办法》第七条规定,下列性质的商品经消费者在购买时确认,可以不适用七日无理由退货规定:(一)拆封后易影响人身安全或者生命健康的商品,或者拆封后易导致商品品质发生改变的商品;(二)一经激活或者试用后价值贬损较大的商品;(三)销售时已明示的临近保质期的商品、有瑕疵的商品。

"无理由退货"并不等同于"无条件退货"。对于智能手机等特殊商品,一经注册激活即被视为"二手货",发生价值贬损,一般不适用七日无理由退货。本案中,买家甲已将手机激活并使用好几天,商家拒绝退款并不违反法律规定。除智能手机外,定做产品、生鲜产品、数字化商品、报纸期刊等一般也不适用7天无理由退货,消费者购买时要了解清楚退货规则,避免造成不必要的损失。

第十四章 劳动合同法律制度

Chapter Fourteen

学习目标

- 了解劳动合同的概念、特征与分类、劳动合同法的适用范围和基本原则；
- 正确理解劳动合同的订立、内容、形式及履行规则，能够识别劳动合同的类型；
- 掌握劳动合同中竞业限制和服务期的法律规定；
- 熟悉劳动合同的解除和终止的具体法律规定；
- 理解违反劳动合同的法律责任。

导入案例

邢某某于2021年4月17日入职河北某农业公司，从事公司日常记账工作，双方未签订劳动合同。公司财务总监因工作需要将公司账户的账号、密码告诉了邢某某，且事后并未修改密码。6月29日，邢某某遭受网络诈骗致使公司损失268 000元，事后向公安机关报警。2021年7月14日，河北某农业公司以财产损害赔偿纠纷案由向沽源县人民法院起诉，要求邢某某赔偿公司财产损失。法院认为，用人单位自用工之日起即与劳动者建立劳动关系，本案中邢某某入职时间虽短，且未签订劳动合同，但并不影响对劳动关系的认定，应先申请劳动仲裁。

分析：1. 劳动者在履职过程中因重大过错遭受网络诈骗造成用人单位财产损失，用人单位主张赔偿的，是否应先申请劳动仲裁？

2. 劳动者在履职过程中导致的用人单位财产损失应该如何承担责任？

第一节 劳动合同概述

一、劳动合同的概念

（一）概念

根据《中华人民共和国劳动法》以下简称《劳动法》第十六条第一款的规定，劳动合同是指劳动者与用人单位确立劳动关系、明确双方权利和义务的协议。

（二）我国劳动合同情况

（1）1982年2月，原劳动人事部发出了《积极推行劳动合同制的通知》，确定了实行劳动合同制的目的、要求和步骤，并在全国试行劳动合同制。

（2）1994年7月颁布的《劳动法》全面肯定了劳动合同制度，为推行全国劳动合同制提供了法律保障，有利于劳动合同制度的全面推行。

（3）2007年通过的《劳动合同法》于2008年1月1日施行，标志着我国劳动合同立法迈上了一个新的台阶。

（4）2009年、2018年《劳动法》历经两次修订，2012年《劳动合同法》进行了首次修订，标志着我国劳动立法日臻完善。

二、劳动合同的法律特征

（1）劳动合同的当事人一方是用人单位，另一方是劳动者。

（2）劳动合同的双方当事人具有职责上的从属关系。

劳动者进入用人单位，自己的劳动力就归用人单位支配，故须服从用人单位的合法管理和指挥，遵守规章制度。在劳动合同的履行中，劳动者必须加入到用人单位的组织中去，成为用人单位的普通一员。劳动者必须服从用人单位的劳动纪律和规章制度，接受用人单位的管理和监督。这种从属性是社会化大生产决定的，法律也对这种从属性进行了确认。

（3）劳动合同一般有试用期限的规定。

通过对劳动者一定期限的职业知识培训和实践锻炼，检验其是否适应劳动过程的要求。

（4）劳动合同在一定条件下，往往涉及第三人的物质利益关系。

主要是涉及劳动者的配偶、父母及子女等直系亲属。劳动者的配偶、父母及子女均不是合同当事人，但劳动合同的某些条款或履行结果都与其发生着紧密联系。如劳动者子女的就学问题，劳动者家属的住房问题及其他特殊困难等；劳动者因生育、年老、患病、工伤、残废、死亡等原因，部分或全部、暂时或永久地丧失劳动能力的时候，用人单位不仅要对劳动者本人给予一定的物质帮助，而且对劳动者所供养的直系亲属也要给予一定的物质帮助；对工资的衡量无论是双方协商或国家规定的最低工资，都包含着对劳动者家庭成员基本生活费用的要求。

（5）劳动合同的目的在于劳动过程的实现，而不单纯是劳动成果的给付。

（6）劳动合同条款具有较强的法定性。劳动合同首先是双方当事人在平等、自愿的基础上缔结的，具体的劳动权利与劳动义务允许双方当事人协商议定。但由于劳动关系的人身从属性特征，劳动者签订劳动合同时，也可能成为附属的一方而丧失独立意志。所以，劳动合同双方当事人在缔结劳动合同，确定劳动权利与义务时，不得违反法律法规的强制性规定。

知识拓展

众所周知，当人体体温超过37.2℃时就会出现发热症状，当体温超过39℃就属于高烧。当外界气温超过37℃时，人体就会感觉难受，容易中暑；当外界气温高于40℃时，人体代谢、调节功能就会受到影响。高温天气里，坐着不动都会出一身汗，如果还要到户外劳动，很容易被晒晕。因此，除了一些无法停工的特殊行业外，政府部门应为"高温天气"立法，强制在高温时段停止户外作业，以保障劳动者身体健康。

1960年7月1日，卫生部、劳动部、全国总工会联合制定了《防暑降温措施暂行条例》，其仅适用于"工业、交通运输业及基本建设工地的高温作业和炎热季节的露天作业"以及"田间作业"。只对防范高温作业引起的危险后果作了模糊规定，并未明确规定气温达到多少摄氏度可以停工，哪些工种应该停工或采取相应措施等。

2012年7月4日，我国《防暑降温措施管理办法》正式发布执行。根据该办法，日最高气温超过35℃室外露天作业者将可享高温津贴。用人单位应根据地市级以上气象主管部门所属气象台当日发布的预报气温，调整作业时间。

气温40℃或露天作业日最高气温达40℃以上，应停止当日室外露天作业；日最高气温达到37℃以上、40℃以下时，全天安排劳动者室外露天作业时间累计不得超过6小时，连续作业时间不得超过国家规定，且在气温最高时段3小时内不得安排室外露天作业；日最高气温达到35℃以上、37℃以下时，用人单位应采取换班轮休等方式，缩短劳动者连续作业时间，且不得安排室外露天作业劳动者加班。

三、劳动合同的分类

（一）以劳动合同期限来划分

（1）固定期限的劳动合同，即定期劳动合同，是指双方当事人在劳动合同中约定一个明确的合同有效期限，期限届满可以依法续订，否则就终止双方权利义务关系的劳动合同。

（2）无固定期限的劳动合同，即不定期劳动合同，是指双方当事人在合同中没有明确规定合同的有效期限，劳动关系可以在劳动者的法定劳动年龄和用人单位的存在期限内持续存在，只有在法定或约定的条件出现时才终止双方的权利义务关系的劳动合同。

（3）以完成一定工作为期限的劳动合同，是指双方当事人把完成某一项工作或劳动任务作为劳动关系的存续期间，约定任务完成后合同即自行终止的劳动合同。以完成一定工作为期限的劳动合同本质上是固定期限的合同，一般适用于铁路、公路、桥梁、水利、建筑以及其他工作无连续性的特定项目。

（二）以就业方式的不同来分类

（1）全日制劳动合同。是依据国家法定劳动时间的规定，从事全时工作的合同。

（2）非全日制劳动合同。是指劳动者与用人单位约定的以小时作为工作时间单位而确立劳动关系的协议。

（3）劳务派遣合同，是指劳务派遣单位（用人单位）和派遣劳动者签订劳动合同后，将派遣劳动者派遣至劳务派遣接收单位（用工单位）。在劳务派遣关系中，受派遣的劳动者和劳务派遣单位签订劳动合同，劳务派遣单位和实际用工单位签订劳务派遣协议。

（三）按劳动合同的存在形式分类

按劳动合同的存在形式不同，劳动合同分为书面劳动合同和口头劳动合同。

（四）按用人单位的所有制性质分类

按用人单位的所有制性质分类，分为国有单位劳动合同、集体单位劳动合同、私营企业劳动合同、外商投资企业劳动合同、个体经济组织劳动合同。

知识拓展

劳动合同与劳务合同的比较：

1. 合同主体不同：劳务合同的主体一方或双方既可是法人，也可是社会组织或自然人；劳动合同的一方须是用人单位，另一方只能是自然人。

2. 劳动者一方所处的法律地位不同：劳务合同的主体无论在合同签订前还是在合同履行中，其法律地位都是平等的，不存在隶属关系；劳动合同的主体在合同签订前，用人单位与劳动者的地位是平等的；但在劳动合同签订后，劳动者则隶属于用人单位，须服从用人单位的管理和指挥。

3. 合同履行中的权利义务关系不同：劳务合同中，劳务提供方向劳务接受方提供的是劳务行为的成果;劳动合同对成果也有要求,但目的在于劳动过程的实现,故而劳动过程和劳动条件就成了其必不可少的内容。

4. 劳动风险责任承担不同:劳务合同中,劳务活动由劳务提供者自行组织,其风险自担;劳动合同中,用人单位享有劳动支配权,故而承担劳动生产过程中的各种风险。

5. 劳动酬金的性质不同:劳务合同中的劳务报酬计算以市场价格来衡量,反映的是商品交换的性质,一般为一次性或分期支付;劳动合同中的劳动报酬计算以法律的规定以及当事人的约定来衡量,反映的是劳动者生存需要的性质,其支付方式及支付时间特定化为一种持续的、定期的支付。

第二节 劳动合同的形式和内容

一、劳动合同的形式

劳动合同的形式,是指劳动合同赖以确定和存在的方式,即劳动合同双方当事人意思表示一致的外部表现。它有口头形式和书面形式之分。根据我国劳动法律规范的规定,我国劳动合同的形式必须是书面的。

书面形式的劳动合同,是指直接使用文字形式表达双方当事人经过协商而达成的一致意见,确立权利义务。非全日制用工双方当事人可以订立口头协议。

二、劳动合同的内容

(一) 概念

劳动合同的内容即劳动合同的条款,是指劳动者与用人单位之间设定权利义务的具体规定。劳动合同的内容直接涉及劳动者与用人单位的切身利益,也关系到国家劳动法律、法规和政策的贯彻实施。劳动合同的内容不能完全依照双方当事人的自由意愿约定,劳动法确认的劳动基本标准是强制性法律规范,当事人必须遵照执行,在合同中依法做出相应规定,即规定的各项劳动条件不能低于法律规定的劳动基本标准。

(二) 分类

根据条款内容是否为一个劳动合同所必需,可将劳动合同的内容分为两大类:必备条款和补充条款(也称为可备条款、可选择性条款)。

1. **必备条款**

必备条款是指劳动合同必须具备的法律内容,欠缺了必备条款劳动合同就不能成立。必备条款中有些是由法律规范直接规定的,有些是由合同双方当事人协商议定的。

法条链接

《劳动法》第十九条 劳动合同应当以书面形式订立,并具备以下条款:

(一)劳动合同期限;(二)工作内容;(三)劳动保护和劳动条件;(四)劳动报酬;(五)劳动纪律;(六)劳动合同终止的条件;(七)违反劳动合同的责任。

劳动合同除前款规定的必备条款外,当事人可以协商约定其他内容。

《劳动合同法》第十七条 劳动合同应当具备以下条款:

> （一）用人单位的名称、住所和法定代表人或者主要负责人；（二）劳动者的姓名、住址和居民身份证或者其他有效身份证件号码；（三）劳动合同期限；（四）工作内容和工作地点；（五）工作时间和休息休假；（六）劳动报酬；（七）社会保险；（八）劳动保护、劳动条件和职业危害防护；（九）法律、法规规定应当纳入劳动合同的其他事项。
> ……

相较于《劳动法》而言，《劳动合同法》取消了劳动纪律条款、劳动合同终止的条件条款、违反劳动合同的责任条款，细微变化体现了侧重于对劳动者的保护。

2. 补充条款

《劳动合同法》第十七条第二款规定：劳动合同除前款规定的必备条款外，用人单位与劳动者可以约定试用期、培训、保守秘密、补充保险和福利待遇等其他事项。

（1）试用期条款。试用期是指包括在劳动合同期限内，劳动关系还处于非正式状态，用人单位对劳动者是否合格进行考核，劳动者对用人单位是否适合自己进行了解的期限。试用期包含在劳动合同期限内。劳动合同仅约定试用期的，试用期不成立，该期限为劳动合同期限。

①试用范围。对初次就业或者再就业时改变劳动岗位或工种的劳动者，劳动合同可以约定试用期。同一用人单位与同一劳动者只能约定一次试用期。

②试用期期限。根据《劳动合同法》第十九条规定，劳动合同期限三个月以上不满一年的，试用期不得超过一个月；劳动合同期限一年以上不满三年的，试用期不得超过二个月；三年以上固定期限和无固定期限的劳动合同，试用期不得超过六个月。

此外，《劳动合同法》还规定了不得约定试用期的情形：以完成一定工作任务为期限的劳动合同；劳动合同期限不满三个月的劳动合同以及非全日制用工劳动合同。

③试用期的工资。劳动者在试用期的工资不得低于本单位相同岗位最低档工资的百分之八十或者不得低于劳动合同约定工资的百分之八十，并不得低于用人单位所在地的最低工资标准。

④试用期内劳动合同的解除。劳动者在试用期内提前三日通知用人单位，可以解除劳动合同；但用人单位在试用期内解除劳动合同有条件限制。《劳动合同法》第二十一条规定，在试用期中，除劳动者有本法第三十九条和第四十条第一项、第二项规定的情形外，用人单位不得解除劳动合同。用人单位在试用期解除劳动合同的，应当向劳动者说明理由。

（2）保密条款、禁止同业竞争条款。劳动合同当事人可以在劳动合同中约定保守用人单位商业秘密的有关事项。用人单位与劳动者可以在劳动合同中约定保守用人单位的商业秘密和与知识产权相关的保密事项。对负有保密义务的劳动者，用人单位可以在劳动合同或者保密协议中与劳动者约定竞业限制条款，并约定在解除或者终止劳动合同后，在竞业限制期限内按月给予劳动者经济补偿。劳动者违反竞业限制约定的，应当按照约定向用人单位支付违约金。

（3）培训、服务期条款。用人单位为劳动者提供专项培训费用，对其进行专业技术培训的，可以与该劳动者订立协议，约定服务期。劳动者违反服务期约定的，应当按照约定向用人单位支付违约金。违约金的数额不得超过用人单位提供的培训费用。用人单位要求劳动者支付的违约金不得超过服务期尚未履行部分所应分摊的培训费用。用人单位与劳动者约定服务期的，不影响按照正常的工资调整机制提高劳动者在服务期期间的劳动报酬。

典型案例

刘某于2017年6月1日入职某科技公司，从事研发工作，双方订立了3年期的劳动合同。

2017年11月1日，某科技公司与刘某签订《培训协议》，约定将刘某送到国外进行专项技术培训2个月，并约定刘某培训结束后至少再为公司服务5年，如刘某违反服务期约定须向公司支付违约金。2020年4月底，某科技公司告知刘某，因公司业务调整，其与刘某所订立的劳动合同在2020年5月31日到期后不再延续，刘某无须再继续履行《培训协议》中约定的服务期。刘某认为，其劳动合同期限应当延续至服务期届满，某科技公司终止劳动合同的行为属于违法终止，故提出仲裁申请，要求某科技公司支付违法终止劳动合同赔偿金。

服务期期间劳动合同到期，用人单位可终止劳动合同。《劳动合同法实施条例》第十七条规定，劳动合同期满，但是用人单位与劳动者依照《劳动合同法》第二十二条的规定约定的服务期尚未到期的，劳动合同应当续延至服务期满。该条规定是在劳动合同期满情况下对劳动者离职的限制性规定，是对用人单位期待利益的保护，是否续延劳动合同至服务期届满是用人单位的权利而非义务。所以，刘某要求裁决公司属违法终止劳动合同，进而主张违法终止劳动合同赔偿金，系对于法律的误读。但是刘某可以参照《劳动合同法》第四十六条的规定请求用人单位支付经济补偿。

第三节　劳动合同的订立和效力

一、劳动合同的订立

（一）劳动合同订立的概念和原则

1. 概念

劳动合同的订立，是指劳动者和用人单位经过相互选择和平等协商，就劳动合同的条款达成协议，从而确立劳动关系和明确相互权利和义务的法律行为。

《劳动合同法实施条例》第四条规定，劳动合同法规定的用人单位设立的分支机构，依法取得营业执照或者登记证书的，可以作为用人单位与劳动者订立劳动合同；未依法取得营业执照或者登记证书的，受用人单位委托可以与劳动者订立劳动合同。

2. 劳动合同订立应遵循的原则

《劳动法》第十七条第一款规定：订立和变更劳动合同，应当遵循平等自愿、协商一致的原则，不得违反法律、行政法规的规定。

《劳动合同法》第三条第一款规定：订立劳动合同，应当遵循合法、公平、平等自愿、协商一致、诚实信用的原则。

（1）平等自愿原则。平等是指用人单位和劳动者在缔结劳动合同时法律地位上的平等。自愿是指订立劳动合同完全是出于双方当事人自己的真实意志，是双方在意思表示一致的情况下，充分体现了自己订立劳动合同的意图，经过平等协商而达成协议。劳动合同的订立必须由当事人自己的意愿独立完成意思表示，他人不得强迫对方。

（2）协商一致原则。协商一致原则是指在订立合同过程中，合同订立与否以及合同内容如何，都只能在双方当事人以协商方式达成一致意见的基础上确立。但在实践中，劳动合同具有附和性。先由用人单位事先拟好劳动合同，再由劳动者做出是否签约的决定。

根据我国《民法典》的有关规定，采用格式条款订立劳动合同的，提供格式条款的一方应当遵循公平原则确定当事人之间的权利和义务，并采取合理的方式提请对方注意免除或者限制其责任的条款，按照对方的要求，对该条款予以说明。在对格式条款产生不同理解的时候采纳有利于格式条款接受方的解释。

（3）遵守法律、法规的原则。无论劳动合同的当事人、内容和形式还是订立劳动合同的程序都必须符合有关法律和政策的规定。这一原则的具体要求是：劳动合同的当事人必须具备法定资格；劳动合同的内容必须合法；劳动合同的形式必须合法；签订劳动合同的程序合法。

（4）诚实信用原则。诚实信用是一项道德准则，要求人们讲信用、诚实不欺，在不损害他人利益和社会利益的前提下追求自己的利益。在民事法律中，诚实信用原则被称为"帝王条款"。虽然劳动合同不属于民事合同，劳动关系也不属于民事关系，但是诚实信用原则作为市场经济活动中基本的道德准则，同样应对劳动合同当事人双方的订立、履行、变更和解除劳动合同起指导作用。

《劳动合同法》第八条规定，用人单位招用劳动者时，应当如实告知劳动者工作内容、工作条件、工作地点、职业危害、安全生产状况、劳动报酬，以及劳动者要求了解的其他情况；用人单位有权了解劳动者与劳动合同直接相关的基本情况，劳动者应当如实说明。该条是诚实信用原则在《劳动合同法》中的体现。

（二）订立劳动合同的程序

订立劳动合同主要应经过要约与承诺两个阶段。

1. 要约

要约，是指劳动合同的一方当事人向另一方当事人提出的订立劳动合同的建议。要约人可以是用人单位，也可以是劳动者。要约的内容应当包括：订立劳动合同的愿望，订立劳动合同的条件，以及要求对方考虑答复的期限。其中订立合同的条件必须明确具体，以便对方当事人进行考虑、衡量和选择，然后决定是否签订合同。

2. 承诺

承诺，是指受要约人对劳动合同的要约内容表示完全的同意和接受，即受要约人对要约人提出的劳动合同的全部内容表示赞同，而不是提出修改，或者部分同意，或者有条件的接受。

当然，订立劳动合同的过程也可能是一个要约邀请—反要约邀请—要约—反要约—再要约……直至承诺的反复协商取得一致意见的过程。

劳动合同的承诺，也是一种法律行为。一般情况下，要约一经承诺，写成书面合同，经双方当事人签名盖章，合同即告成立。

依法成立的劳动合同，从合同成立之日或者合同约定生效之日起就具有法律效力。

典型案例

招聘广告中的承诺是否有效

小毕研究生毕业后，进了一家大型的国有企业。听说单位领导有意将自己送往国外培训深造，小毕庆幸自己找到了一个好单位，也觉得自己非常幸运。因此，工作中小毕自觉地加倍努力，经常自觉加班。但是何时能出国深造，领导并没有明确的答复。时间一长，小毕觉得自己受了欺骗，工作也不如以前积极了。2006年2月，小毕又看到某外资企业登出了一则招聘广告，广告中称："录用的员工将送到国外培训半年至一年。"小毕毅然辞职，并顺利地进了新单位。加入新单位的小毕对工作充满希望，想通过积极工作获得重视，得到出国机会。但是2年过去了，出国培训的事情依然没有动静，也没有听说哪位同事出国培训了。小毕找到单位负责人，认为单位应当履行在招聘广告中的承诺。单位负责人当面答应小毕一定会考虑，但是几天过去后，单位还是没有动静。小毕觉得自己两次出国都没有成功，用人单位实在欺人太甚，明明写好的条件却不兑现，严重侵犯了自己的合法利益。

某区劳动仲裁委员会受理了此案。单位在其应诉书中声称，单位与小毕的劳动合同中，并没有规定单位送小毕出国培训的条款。因此，单位没有此项义务，招聘广告中的条件并没有写进劳动合同中来，因此并没有法律效力。

现实中，用人单位通过报纸、杂志、新闻媒介等方式发布招聘广告，许多求职者则通过这些广告应聘，对于招聘广告的法律性质需要有清醒的认识，首先要厘清要约与要约邀请。

要约是希望和他人订立合同的意思表示，该意思表示应当符合以下规定：①内容具体确定；②表明经受要约人承诺，要约人即受该意思表示的约束。要约邀请是希望他人向自己发出要约的意思表示。要约邀请是要求他人向自己发出的，要约邀请本身对发出者并不具备法律约束力。

要约与要约邀请在表面有相似之处，但还是存在巨大的差别：①要约是订立合同的必经程序，要约邀请则不是；②要约通常只能向特定的受要约人发出，除非法律有规定，而要约邀请则不受此限制；③要约的内容应当包含拟定立合同的主要条款，而要约邀请则不包含；④要约的目的是希望和他人订立合同所发出的意思表示，而要约邀请则是希望他人向自己发出要约所作出的意思表示。

我国《劳动法》第十九条规定，劳动合同应当以书面形式订立，并具备7项条款，企业的招聘广告一般并不包含上述法律规定的劳动合同的必备条款。因此，招聘广告本质上与招标公告非常相似，而我国《民法典》第四百七十三条规定，要约邀请是希望他人向自己发出要约的表示。拍卖公告、招标公告、招股说明书、债券募集办法、基金招募说明书、商业广告和宣传、寄送的价目表等为要约邀请。

通过上述分析可以看出，企业发布的招聘广告应当属于要约邀请，而非要约。相比要约具有法律约束力而言，要约邀请发出后对发出人并不产生法律约束力，发出人没有履行要约邀请内容的义务。

（三）劳动合同当事人的先合同义务

1. 用人单位的义务

《劳动合同法》第八条规定，用人单位招用劳动者时，应当如实告知劳动者工作内容、工作条件、工作地点、职业危害、安全生产状况、劳动报酬，以及劳动者要求了解的其他情况；用人单位有权了解劳动者与劳动合同直接相关的基本情况，劳动者应当如实说明。

《劳动合同法》第九条规定，用人单位招用劳动者，不得扣押劳动者的居民身份证和其他证件，不得要求劳动者提供担保或者以其他名义向劳动者收取财物。

此外，用人单位必须尊重劳动者的个人隐私权，不可以任意询问劳动者与应聘工作无关的个人情况，而且对因为招聘而获悉的劳动者个人信息，负有保密的义务。

典型案例

劳动者的隐私权

某外资企业在与其销售部经理的劳动合同期满后仍然保留该经理的个人资料，例如姓名、年龄、学历、工作经验、家庭状况以及个人的健康状况等，并将这些资料出售给一猎头公司。该员工以企业侵犯其隐私权为由向法院提起诉讼。

现代隐私权作为一种新型的人格权，是保障私人生活免受干涉的重要法律手段，是对人性自由和尊严的尊重，也是社会伦理的基本要求和人类文明的重要标志。所谓隐私权，是指自然人就自己个人私事、个人信息等个人生活领域内的事情不为他人知悉、禁止他人干涉的权利。在劳动法领域，一方面，由于雇主相对于劳动者来说是强势的社会群体，他们更有可能凭借其雄厚的经济基础和优势地位侵犯劳动者的隐私权，而综观各国隐私权的相关规定，雇主享有一定程度上的侵犯劳动者隐私权的法定豁免事由；另一方面，法律对雇主秘密信息的保护手段很多，例如商业秘密法、知识产权法等，甚至劳动法也只规定了劳动者损害雇主秘密信息权利的法律后果，而对于劳动者隐私权的保护，法律规定则很少。

2010年之前，在我国，宪法和民法都没有对"隐私权"的概念、权限范围以及侵犯隐私权所应承担的法律责任作出明确的规定。换言之，中国的民事基本法没能将隐私权作为公民的一项独立的人格权确立为自己的保护对象。中国对公民隐私权的保护主要通过司法解释和单行法来实现。首先，最高人民法院在《关于贯彻执行〈民法通则〉若干问题的意见（试行）》中，采取变通的方法，规定对侵害他人隐私权，造成名誉权损害的，认定为侵害名誉权，追究民事责任。1993年，最高人民法院在《关于审理名誉权案件若干问题的解答》中，重申了对隐私权采取间接保护这一原则。其次，立法机关颁布的《未成年人保护法》和《妇女权益保障法》都对隐私权作了明文规定。《未成年人保护法》（1991年版）第三十条规定："任何组织和个人不得披露未成年人的个人隐私。"《妇女权益保障法》（1992年版）第三十九条规定："妇女的名誉权和人格尊严受法律保护。禁止用侮辱、诽谤、宣扬隐私等方式损害妇女的名誉和人格。"

2021年起实施的《民法典》新增人格权编，并专门设置"隐私权和个人信息保护"一章，第一千零三十二条明确规定了"自然人享有隐私权，任何组织或者个人不得以刺探、侵扰、泄露、公开等方式侵害他人的隐私权"。并在第一千零一十条明确了性骚扰的规定，"违背他人意愿，以言语、文字、图像、肢体行为等方式对他人实施性骚扰的，受害人有权依法请求行为人承担民事责任"。

2. 劳动者的义务

劳动者应当如实向用人单位提供本人身份证和学历、就业状况、工作经历、职业技能、健康状况等证明。

《劳动合同法》第八条规定，用人单位招用劳动者时，应当如实告知劳动者工作内容、工作条件、工作地点、职业危害、安全生产状况、劳动报酬，以及劳动者要求了解的其他情况；用人单位有权了解劳动者与劳动合同直接相关的基本情况，劳动者应当如实说明。

二、劳动合同的法律效力

（一）劳动合同的有效

1. 劳动合同的生效时间

《劳动法》第十七条第二款规定："劳动合同依法订立即具有法律约束力，当事人必须履行劳动合同规定的义务。"

《劳动合同法》第十六条规定："劳动合同由用人单位与劳动者协商一致，并经用人单位与劳动者在劳动合同文本上签字或者盖章生效。"这表明劳动合同从订立时起就生效，双方当事人都必须履行，否则将承担相应的法律责任。

此外，在现实生活中，还存在一些不正常的用工方式，如先使用劳动者，其后再订立劳动合同或者不订立劳动合同。用人单位的该行为形成事实劳动法律关系。

《劳动合同法》第七条规定："用人单位自用工之日起即与劳动者建立劳动关系。"第十条第三款规定："用人单位与劳动者在用工前订立劳动合同的，劳动关系自用工之日起建立。"该规定明确了劳动合同与实际用工情形不符时，以后者效力高于前者。

2. 劳动合同的生效要件

第一，劳动合同主体必须合格；第二，劳动合同内容必须合法；第三，意思表示必须真实；第四，劳动合同形式和订立程序合法。

特殊情况下，有些须经审批的合同，依法成立后履行审批手续才能生效，如为了控制外国人到中国就业，对其劳动合同的订立，就规定了审批程序。

(二) 劳动合同的无效

劳动合同的无效是指劳动合同欠缺生效要件或者违反法律法规的强制性规定，从一开始就不具有法律效力。劳动合同一旦被确认无效，即具备自始无效、当然无效、绝对无效的后果，不允许当事人进行补正。

> **法条链接**
>
> 《劳动合同法》第二十六条至第二十八条
>
> 第二十六条 下列劳动合同无效或者部分无效：
>
> (一) 以欺诈、胁迫的手段或者乘人之危，使对方在违背真实意思的情况下订立或者变更劳动合同的；(二) 用人单位免除自己的法定责任、排除劳动者权利的；(三) 违反法律、行政法规强制性规定的。
>
> 对劳动合同的无效或者部分无效有争议的，由劳动争议仲裁机构或者人民法院确认。
>
> 第二十七条 劳动合同部分无效，不影响其他部分效力的，其他部分仍然有效。
>
> 第二十八条 劳动合同被确认无效，劳动者已付出劳动的，用人单位应当向劳动者支付劳动报酬。劳动报酬的数额，参照本单位相同或者相近岗位劳动者的劳动报酬确定。

1. 劳动合同无效的情形

(1) 以欺诈、胁迫的手段或者乘人之危，使对方在违背其真实意思的情况下订立或者变更的劳动合同。

欺诈，是指一方当事人故意隐瞒事实真相或制造假象，使对方当事人在上当受骗的情况下表示愿意，如用人单位提供虚假的劳动条件和劳动待遇信息，劳动者提供假证件、假文凭等。

胁迫，是指一方当事人以暴力或其他手段相威胁，强迫对方当事人与自己订立合同，如用人单位以限制人身自由的手段、拖欠工资的方式等迫使劳动者与其订立或续订劳动合同。

乘人之危，是指行为人利用他人的危难处境或紧迫需要强迫对方接受某种明显不公平的条件并作出违背其真意的意思表示。

采取欺诈、胁迫、乘人之危等手段签订的劳动合同，违背了平等自愿、协商一致的订立劳动合同的原则，是一种严重违法的行为。对此类劳动合同，不仅要宣告无效，而且应追究过错方当事人的法律责任。

(2) 用人单位免除自己的法定责任、排除劳动者权利的。

如有的劳动合同规定"发生工伤事故，单位概不负责""不享受星期天休假"等，均属于用人单位免除自己的法定责任、排除劳动者权利因而无效的条款。

(3) 违反法律、行政法规强制性规定的。

这里仅指违反法律、行政法规两种劳动法律渊源。法律和行政法规分别由全国人大及其常委会或国务院制定，具有较高的效力。当事人在订立劳动合同时，必须遵循合法原则。否则，所签合同不仅得不到法律的保护，反而会受到法律的追究。

违反合法原则的具体情况主要包括：主体资格不合法、内容不合法。凡是与国家法律、行政法规相矛盾、相抵触的条款，均属无效条款。如违反《劳动合同法》的规定约定6个月的试用期、违反《劳动合同法》的规定约定违约金等都是无效的。

法条链接

《劳动合同法》第二十六条　……对劳动合同的无效或者部分无效有争议的，由劳动争议仲裁机构或者人民法院确认。

《劳动合同法》第九十三条　对不具备合法经营资格的用人单位的违法犯罪行为，依法追究法律责任；劳动者已经付出劳动的，该单位或者其出资人应当依照本法有关规定向劳动者支付劳动报酬、经济补偿、赔偿金；给劳动者造成损害的，应当承担赔偿责任。

这表明，无效劳动合同的确认，既可以是当事人一方主张劳动合同无效而另一方无异议的情形；也可以是第三人（如劳动监察机构，具体实施者多为劳动监察员）主张劳动合同无效而当事人无异议的情形；只有当事人对劳动合同无效有争议的，才应当由劳动争议仲裁机构或者人民法院确认。

2. 劳动合同无效的法律后果

无效的劳动合同，从订立的时候起，就没有法律约束力。确认劳动合同部分无效的，如果不影响其余部分的效力，其余部分仍然有效。

劳动合同的无效，由劳动争议仲裁委员会或者人民法院确认。

(三) 劳动合同欠缺必备条款的法律后果

《劳动合同法》第十七条第一款规定"劳动合同应当具备以下条款"，"应当"一词说明该条属于强制性规范。那么，劳动合同必备条款是法律强制性规定，实践中如果用人单位和劳动者签订的劳动合同不具备其中一项或多项必备条款，劳动合同是否因违反法律强制性规定而无效？一种观点认为，此时劳动合同无效。因为依据《劳动合同法》第二十六条第一款第（三）项，违反法律、行政法规强制性规定的劳动合同无效。另一观点则认为，此时劳动合同不是无效，而是根本未成立。

从表面上看，欠缺法定必备条款确实违反了《劳动合同法》第十七条第一款。但是，依据法律行为的一般理论，"违反法律、行政法规强制性规定"不仅指违反了强制性规范，而且只能是强制性规范中的效力规范，如果只是违反了取缔规范，则不属于合同效力评价中的"违法"范畴。所谓取缔规范，是指取缔违法之行为，对违法者加以行政处罚甚至刑事制裁，以禁遏其行为，但并不当然否定其在私法上的效力。

欠缺法定必备条款的劳动合同，应当认定为合同未成立。因为合同成立即意味着当事人双方就合同的主要内容达成合意，而劳动合同的主要内容就是前述的法定必备条款，立法要求所有的劳动合同都必须具备。这些条款的欠缺直接表明当事人缔约的合意本身是不完整的，而不是无效的。

第四节　劳动合同的履行和变更

一、劳动合同的履行

(一) 概念

劳动合同的履行，是指劳动合同的双方当事人按照劳动合同的约定履行各自所应承担的合同义务的行为。劳动合同依法订立就具有法律效力。当事人必须履行劳动合同约定的义务。

(二) 履行不明确条款的规则

对于劳动合同中内容不明确的条款，应当先依法确定其具体内容，然后予以履行。

劳动合同对劳动报酬和劳动条件等标准约定不明确，引发争议的，用人单位与劳动者可以重新协商；协商不成的，适用集体合同规定；没有集体合同或者集体合同未规定劳动报酬的，实行同工同酬；没有集体合同或者集体合同未规定劳动条件等标准的，适用国家有关规定。

（三）特殊情形下劳动合同的履行

在用人单位变更名称、法定代表人、主要负责人、投资人等，或者用人单位发生合并、分立等情况时，由于劳动合同必备条款中的用人单位名称、法定代表人、主要负责人等内容发生了变化，用人单位与劳动者应当从形式上变更劳动合同，但是，没有从形式上变更劳动合同的，原劳动合同也应当继续履行。

> **法条链接**
>
> 《劳动合同法》第三十三条至第三十四条
> 　　第三十三条　用人单位变更名称、法定代表人、主要负责人或者投资人等事项，不影响劳动合同的履行。
> 　　第三十四条　用人单位发生合并或者分立等情况，原劳动合同继续有效，劳动合同由承继其权利和义务的用人单位继续履行。

二、劳动合同的变更

（一）概念

劳动合同的变更是指劳动合同在履行过程中，由于法定原因或约定条件发生变化，对已生效的劳动合同进行修改或补充。

（二）劳动合同变更的条件

（1）经双方当事人协商达成一致意见的。《劳动法》第十七条规定：订立和变更劳动合同，应当遵循平等自愿、协商一致的原则，不得违反法律、行政法规的规定。

（2）订立劳动合同时所依据的法律法规已经修改或废止的。

（3）企业经上级主管部门批准或根据市场变化决定转产或调整生产任务的。

（4）劳动合同订立时所依据的客观情况发生重大变化，致使劳动合同无法履行的。

（5）法律法规允许的其他情况。

（三）劳动合同变更的程序

1. 在劳动合同依法订立之后，在合同没有履行或者尚未履行完毕之前的有效时间内进行

劳动合同双方当事人已经存在劳动合同关系，如果劳动合同尚未订立或者是已经履行完毕则不存在劳动合同的变更问题。

2. 坚持平等自愿、协商一致的原则

劳动合同的变更必须经用人单位和劳动者双方当事人的同意。平等自愿、协商一致是劳动合同订立的原则，也是其变更应遵循的原则。劳动合同关系，是通过劳动者与用人单位协商一致而形成的，其变更当然应当通过双方协商一致才能进行。劳动合同允许变更，但一般不允许单方变更。

3. 不得违反法律法规的强制性规定

劳动合同变更也并非是任意的，用人单位和劳动者约定的变更内容必须符合国家法律、法规的相关规定。

4. 变更劳动合同必须采用书面形式

劳动合同双方当事人经协商后对劳动合同中的约定内容的变更达成一致意见时，必须达成变更

劳动合同的书面协议，任何口头形式达成的变更协议都是无效的。劳动合同变更的书面协议应当指明对劳动合同的哪些条款作出变更，并应订明劳动合同变更协议的生效日期，书面协议经用人单位和劳动者双方当事人签字盖章后生效。这一规定是为避免劳动合同双方当事人因劳动合同的变更问题而产生劳动争议。

5. 劳动合同的变更也要及时进行

提出变更劳动合同的主体可以是用人单位，也可以是劳动者，无论是哪一方要求变更劳动合同，都应当及时向对方提出变更劳动合同的要求，说明变更劳动合同的理由、内容和条件等。如果应该变更的劳动合同内容没有及时变更，由于原订条款继续有效，往往使劳动合同不适应变化了的新情况，从而引起不必要的争议。

（四）劳动合同变更的效果

依法变更后的劳动合同，双方当事人必须严格履行。因变更劳动合同给一方造成经济损失的，一般由要求变更劳动合同一方承担经济赔偿责任。变更后的劳动合同文本由用人单位和劳动者各执一份。

> **法条链接**
>
> 《劳动合同法》第三十三条至第三十五条
>
> 第三十三条　用人单位变更名称、法定代表人、主要负责人或者投资人等事项，不影响劳动合同的履行。
>
> 第三十四条　用人单位发生合并或者分立等情况，原劳动合同继续有效，劳动合同由承继其权利和义务的用人单位继续履行。
>
> 第三十五条　用人单位与劳动者协商一致，可以变更劳动合同约定的内容。变更劳动合同，应当采用书面形式。
>
> 变更后的劳动合同文本由用人单位和劳动者各执一份。

第五节　劳动合同的解除和终止

一、劳动合同的解除

劳动合同的解除，是指劳动合同签订以后，尚未履行完毕之前，由于一定事由的出现，劳动合同当事人依法提前终止劳动合同的法律行为。

解除劳动合同是劳动合同从订立到履行的过程中可以预见的中间环节，解除劳动合同是不可避免的客观现实。依法解除劳动合同是维护劳动合同双方当事人正当权益的重要保证。由于劳动合同的解除是在当事人未完全履行合同规定的法律行为的情况下发生的，当事人订立合同的目的没有实现，必然会给一方或双方造成影响。因此劳动合同的解除，涉及合同双方当事人的切身利益，必须依法解除。

劳动合同订立后，依下列条件可以解除：

（一）劳动合同当事人协商一致，劳动合同可以解除

《劳动合同法》第三十六条规定，用人单位与劳动者协商一致，可以解除劳动合同。需要注意的是，关于协商解除，如果是用人单位提出的，需支付经济补偿；如果是劳动者提出的，用人单位可不支付经济补偿。

知识拓展

《劳动合同法》第四十七条 经济补偿按劳动者在本单位工作的年限，每满一年支付一个月工资的标准向劳动者支付。六个月以上不满一年的，按一年计算；不满六个月的，向劳动者支付半个月工资的经济补偿。

劳动者月工资高于用人单位所在直辖市、设区的市级人民政府公布的本地区上年度职工月平均工资三倍的，向其支付经济补偿的标准按职工月平均工资三倍的数额支付，向其支付经济补偿的年限最高不超过十二年。

本条所称月工资是指劳动者在劳动合同解除或者终止前十二个月的平均工资。

工资具体包括哪些项目？这关系到经济补偿金的数额。劳动合同法第四十七条规定的经济补偿的月工资是指劳动者在劳动合同解除或者终止前十二个月的平均工资。实践中往往有"基本工资""最低工资""实发工资""应发工资"几种不同的概念，用人单位也在工资计算方式上做文章，损害劳动者的利益。

《劳动合同法实施条例》第二十七条规定，劳动合同法第四十七条规定的经济补偿的月工资按照劳动者应得工资计算，包括计时工资或者计件工资以及奖金、津贴和补贴等货币性收入。劳动者在劳动合同解除或者终止前12个月的平均工资低于当地最低工资标准的，按照当地最低工资标准计算。劳动者工作不满12个月的，按照实际工作的月数计算平均工资。

（二）用人单位单方解除劳动合同

1. 即时辞退

也称为过错辞退，指用人单位可以不必依法提前预告而立即解除劳动合同的行为。

根据《劳动合同法》第三十九条规定，即时辞退的具体情形包括：

（1）在试用期间被证明不符合录用条件的。

（2）严重违反用人单位的规章制度的。

（3）严重失职，营私舞弊，给用人单位造成重大损害的。

（4）劳动者同时与其他用人单位建立劳动关系，对完成本单位的工作任务造成严重影响，或者经用人单位提出，拒不改正的。

（5）因本法第二十六条第一款第一项规定的情形致使劳动合同无效的。

（6）被依法追究刑事责任的。

用人单位在劳动者有上述情况出现时，有权即时解除劳动合同，无须征得他人的意见，也不必履行特别的程序，更不存在经济补偿问题，因此无须向劳动者支付经济补偿。

2. 预告解除

预告解除是指用人单位可以解除劳动合同，但应提前三十日以书面形式通知劳动者本人或者额外支付劳动者一个月工资后解除劳动合同。根据《劳动合同法》第四十条规定，预告解除的情形包括：

（1）劳动者患病或者非因工负伤，在规定的医疗期满后不能从事原工作，也不能从事由用人单位另行安排的工作的。

（2）劳动者不能胜任工作，经过培训或者调整工作岗位，仍不能胜任工作的。

（3）劳动合同订立时所依据的客观情况发生重大变化，致使劳动合同无法履行，经用人单位与劳动者协商，未能就变更劳动合同内容达成协议的。

需要注意的是，如果用人单位选择额外支付劳动者一个月工资解除劳动合同，其额外支付的工资应当按照该劳动者上一个月的工资标准确定，这里的工资属于总额的概念，既包括基本工资，还包括加班工资、津贴、补贴、奖金等工资性收入。此外，用人单位依照前款规定解除劳动合同，必须向劳动者支付经济补偿金。其中按第一项解除合同并符合有关规定的还需支付医疗补助费。

知识拓展

劳动法中"规定的医疗期"

1995年1月1日施行的《企业职工患病或非因工负伤医疗期规定》：

第三条　企业职工因患病或非因工负伤，需要停止工作医疗时，根据本人实际参加工作年限和在本单位工作年限，给予三个月到二十四个月的医疗期：

（一）实际工作年限十年以下的，在本单位工作年限五年以下的为三个月；五年以上的为六个月。

（二）实际工作年限十年以上的，在本单位工作年限五年以下的为六个月；五年以上十年以下的为九个月；十年以上十五年以下的为十二个月；十五年以上二十年以下的为十八个月；二十年以上的为二十四个月。

3. 经济性裁员

经济性裁员，是因经济原因，使企业濒临破产，被人民法院宣告进入法定整顿期间，或因生产经营发生严重困难，达到当地政府规定的严重困难企业标准而在难以正常经营的状况下，通过裁员达到增效目的的行为。

根据《劳动合同法》第四十一条规定，有下列情形之一，需要裁减人员二十人以上或者裁减不足二十人但占企业职工总数百分之十以上的，用人单位提前三十日向工会或者全体职工说明情况，听取工会或者职工的意见后，裁减人员方案经向劳动行政部门报告，可以裁减人员：

（1）依照企业破产法规定进行重整的。

（2）生产经营发生严重困难的。

（3）企业转产、重大技术革新或者经营方式调整，经变更劳动合同后，仍需裁减人员的。

（4）其他因劳动合同订立时所依据的客观经济情况发生重大变化，致使劳动合同无法履行的。

用人单位依照本条第一款规定裁减人员，在六个月内重新招用人员的，应当通知被裁减的人员，并在同等条件下优先招用被裁减的人员。

另外，经济性裁员须向劳动者支付经济补偿金。

4. 用人单位不得实施预告辞退和经济性裁员的情形

根据《劳动合同法》第四十二条规定，劳动者有下列情形之一的，用人单位不得实施预告辞退和经济性裁员解除劳动合同：

（1）从事接触职业病危害作业的劳动者未进行离岗前职业健康检查，或者疑似职业病病人在诊断或者医学观察期间的。

（2）在本单位患职业病或者因工负伤并被确认丧失或者部分丧失劳动能力的。

（3）患病或者非因工负伤，在规定的医疗期内的。

（4）女职工在孕期、产期、哺乳期的。

（5）在本单位连续工作满十五年，且距法定退休年龄不足五年的。

（6）法律、行政法规规定的其他情形。

5. 工会在用人单位单方解除劳动合同时的作用

工会对辞退有知情权、要求纠正权，有义务帮助和支持劳动者提起仲裁或诉讼。《劳动合同法》第四十三条规定，用人单位单方解除劳动合同，应当事先将理由通知工会。用人单位违反法律、行政法规规定或者劳动合同约定的，工会有权要求用人单位纠正。用人单位应当研究工会的意见，并将处理结果书面通知工会。

(三) 劳动者单方解除劳动合同

1. 即时辞职

与法律规定的用人单位即时辞退相同，劳动者在法定条件下，也享有即时解除权。根据《劳动合同法》第三十八条规定，用人单位有下列情形之一的，劳动者可以解除劳动合同：

①未按照劳动合同约定提供劳动保护或者劳动条件的，比如强行给员工"放假"或"停工"，可视为未提供劳动条件；

②未及时足额支付劳动报酬的；

③未依法为劳动者缴纳社会保险费的；

④用人单位的规章制度违反法律、法规的规定，损害劳动者权益的；

⑤因本法第二十六条第一款规定的情形致使劳动合同无效的；

⑥法律、行政法规规定劳动者可以解除劳动合同的其他情形。

用人单位以暴力、威胁或者非法限制人身自由的手段强迫劳动者劳动的，或者用人单位违章指挥、强令冒险作业危及劳动者人身安全的，劳动者可以立即解除劳动合同，不需事先告知用人单位。

此外，劳动者即时辞职的情形还包括《劳动合同法》第二十六条劳动合同无效或者部分无效的情形第一款，"以欺诈、胁迫的手段或者乘人之危，使对方在违背真实意思的情况下订立或者变更劳动合同的"。

上述《劳动合同法》第三十八条（一）至（六）项规定的解除，虽然劳动者有单方面的解除权，但是在其行使这一权利时，有通知用人单位的义务，即明确告知用人单位其基于以上的理由解除劳动合同。如果劳动者不履行告知义务，会给用人单位组织劳动和正常的生产经营带来困难。对于本条第二款的解除，劳动者可以不辞而别，不需事先告知用人单位。

2. 预告辞职（无经济补偿）

预告辞职，也称为预告解除，是指劳动者解除劳动合同不需要任何理由，只需要提前一定的期限告知用人单位即可解除劳动合同的行为。《劳动合同法》第三十七条规定，劳动者提前三十日以书面形式通知用人单位，可以解除劳动合同。劳动者在试用期内提前三日通知用人单位，可以解除劳动合同。

预告辞职没有法定理由，劳动者可以以任何理由向单位提出要求解除劳动合同。通知后超过三十日（在试用期内为三日），劳动者可以向用人单位提出办理解除劳动合同手续，用人单位应予办理，不得以扣押人事档案或扣发工资等相要挟、阻挠。

二、劳动合同的终止

(一) 概念

劳动合同的终止，是指劳动合同的法律效力依法被消灭。亦即劳动合同所确立的劳动关系由于一定法律事实的出现而终结，劳动者与用人单位之间原有的权利和义务不复存在。

(二) 劳动合同终止的事由

1. 一般规定

根据《劳动合同法》第四十四条规定，有下列情形之一的，劳动合同终止：

（1）劳动合同期满的。

（2）劳动者开始依法享受基本养老保险待遇的。

（3）劳动者死亡，或者被人民法院宣告死亡或者宣告失踪的。

（4）用人单位被依法宣告破产的。

（5）用人单位被吊销营业执照、责令关闭、撤销或者用人单位决定提前解散的。

（6）法律、行政法规规定的其他情形。

本条第（2）项的规定在目前的环境下适用是存在障碍的，根据国家有关规定，只有累计缴纳养老保险费十五年以上的，劳动者才可能享受基本养老保险待遇，由于实践中执法不严，相当一部分用人单位根本就没有参加社会保险。假如劳动者已经五十五岁以上，如果现在开始缴纳养老保险，达到享受基本养老保险待遇的条件时可能年龄已经七十有余了，但根据我国一直沿用的法定退休年龄规定，社保机构一般是不可能再接受超过法定退休年龄的劳动者缴纳养老保险费的，这就会导致一部分劳动者无法享受基本养老保险待遇，导致劳动合同无法终止的尴尬局面。

法条链接

> 《劳动合同法实施条例》第二十一条　劳动者达到法定退休年龄的，劳动合同终止。
> 《劳动合同法实施条例》第二十三条　用人单位依法终止工伤职工的劳动合同的，除依照劳动合同法第四十七条的规定支付经济补偿外，还应当依照国家有关工伤保险的规定支付一次性工伤医疗补助金和伤残就业补助金。

2. 劳动合同终止时的特殊情况

劳动合同期满，有第四十五条《劳动合同法》规定，本法第四十二条规定情形之一的，劳动合同应当续延至相应的情形消失时终止。但是，本法第四十二条第二项规定丧失或者部分丧失劳动能力劳动者的劳动合同的终止，按照国家有关工伤保险的规定执行。

第四十二条规定，劳动者有下列情形之一的，用人单位不得依照本法第四十条、第四十一条的规定解除劳动合同：

（1）从事接触职业病危害作业的劳动者未进行离岗前职业健康检查，或者疑似职业病病人在诊断或者医学观察期间的；
（2）在本单位患职业病或者因工负伤并被确认丧失或者部分丧失劳动能力的；
（3）患病或者非因工负伤，在规定的医疗期内的；
（4）女职工在孕期、产期、哺乳期的；
（5）在本单位连续工作满十五年，且距法定退休年龄不足五年的；
（6）法律、行政法规规定的其他情形。

知识拓展

关于"按照国家有关工伤保险的规定执行"

在劳动者患职业病或者因工负伤并被确认丧失或者部分丧失劳动能力时，劳动合同何时终止，不以相应情形消失为准，而是按照国家有关工伤保险的规定执行。按照《工伤保险条例》（2003年版）第三十三条、第三十四条、第三十五条的规定，对于劳动者被鉴定为丧失、大部分丧失、部分丧失劳动能力，劳动合同终止的标准不同，具体有如下规定：

第一，劳动者因工致残被鉴定为一级至四级伤残的，即丧失劳动能力的，保留劳动关系，退出工作岗位。换言之，劳动者被鉴定为丧失劳动能力的，无论其劳动能力是否恢复，用人单位都不得终止劳动合同，直至劳动者达到退休年龄并办理退休手续，享受基本养老保险待遇。

第二，劳动者因工致残被鉴定为五级、六级伤残的，即大部分丧失劳动能力的，经工伤职工本人提出，该职工可以与用人单位解除或者终止劳动关系。换言之，劳动者被鉴定为大部分丧失劳动能力的，只要工伤职工本人提出，劳动合同就可以终止，但如果工伤职工本人没有提出，不管其劳动能力是否恢复，劳动合同就不得终止。

第三，职工因工致残被鉴定为七级至十级伤残的，即部分丧失劳动能力的，劳动合同期满终止。换言之，劳动者被鉴定为部分丧失劳动能力的，不管其劳动能力是否恢复，劳动合同期满即可终止。

（三）劳动合同终止时有关支付经济补偿的规定

除用人单位维持或者提高劳动合同约定条件续订劳动合同，劳动者不同意续订的情形外，依照《劳动合同法》第四十四条第一项规定终止固定期限劳动合同的，注意：劳动合同期满时，用人单位同意续订劳动合同，且维持或者提高劳动合同约定条件，劳动者不同意续订的，劳动合同终止，用人单位不支付经济补偿。如果用人单位同意续订劳动合同，但降低劳动合同约定条件，劳动者不同意续订的，劳动合同终止，用人单位应当支付经济补偿。如果用人单位不同意续订，无论劳动者是否同意续订，劳动合同终止，用人单位应当支付经济补偿。这里仅限于固定期限劳动合同的终止，劳动合同法没有规定以完成一定工作任务为期限的劳动合同终止需支付经济补偿。

依据《劳动合同法》第四十四条第四种情形即"用人单位被依法宣告破产的"，以及第五种情形"用人单位被吊销营业执照、责令关闭、撤销或者用人单位决定提前解散的"，劳动者无过错，用人单位应当支付经济补偿。

（四）用人单位违法解除或终止劳动合同的规定

《劳动合同法》第四十八条规定，用人单位违反本法规定解除或者终止劳动合同，劳动者要求继续履行劳动合同的，用人单位应当继续履行；劳动者不要求继续履行劳动合同或者劳动合同已经不能继续履行的，用人单位应当依照本法第八十七条规定支付赔偿金。

第八十七条规定，用人单位违反本法规定解除或者终止劳动合同的，应当依照本法第四十七条规定的经济补偿标准的二倍向劳动者支付赔偿金。

赔偿金适用于用人单位违法解除劳动合同，经济补偿金适用于用人单位依法解除劳动合同，二者性质截然不同，不能同时适用。《劳动合同法实施条例》第二十五条规定了赔偿金的计算年限自用工之日起计算，这直接增加了用人单位的违法成本，劳动合同法关于赔偿金的规定追溯到《劳动合同法》施行前的工作年限，突破了劳动合同法溯及力的规定。

（五）合同解除或终止的手续

用人单位应当在解除或者终止劳动合同时出具解除或者终止劳动合同的证明，并在十五日内为劳动者办理档案和社会保险关系转移手续。用人单位出具的解除、终止劳动合同的证明，应当写明劳动合同期限、解除或者终止劳动合同的日期、工作岗位、在本单位的工作年限。如果用人单位违反规定未向劳动者出具解除或者终止劳动合同的书面证明，由劳动行政部门责令改正；给劳动者造成损害的，应当承担赔偿责任。

劳动者应当按照双方约定，办理工作交接。用人单位依照本法有关规定应当向劳动者支付经济补偿的，在办结工作交接时支付。

第六节　违反劳动合同的法律责任

一、用人单位应承担的法律责任

（一）由于用人单位的原因订立无效劳动合同

由于用人单位的原因订立的无效合同，对劳动者造成损害的，应当承担赔偿责任。

《违反〈劳动法〉有关劳动合同规定的赔偿办法》规定，由于用人单位的原因订立无效劳动合同的，或订立部分无效劳动合同，若造成劳动者工资收入损失的，应按劳动者本人应得工资收入付给劳动者，并加付应得工资25%的赔偿费用。

（二）用人单位不与劳动者订立劳动合同的

根据《劳动合同法》第八十二条规定，用人单位自用工之日起超过一个月不满一年未与劳动者订立书面劳动合同的，应当向劳动者每月支付二倍的工资。

用人单位违反本法规定不与劳动者订立无固定期限劳动合同的，自应当订立无固定期限劳动合同之日起向劳动者每月支付二倍的工资。

（三）以担保或其他名义向劳动者收取财物的

用人单位违反《劳动合同法》规定，扣押劳动者居民身份证等证件的，由劳动行政部门责令限期退还劳动者本人，并依照有关法律规定给予处罚。

用人单位违反《劳动合同法》规定，以担保或者其他名义向劳动者收取财物的，由劳动行政部门责令限期退还劳动者本人，并以每人五百元以上二千元以下的标准处以罚款；给劳动者造成损害的，应当承担赔偿责任。劳动者依法解除或者终止劳动合同，用人单位扣押劳动者档案或者其他物品的，依照前款规定处罚。

（四）用人单位制定的规章制度违反法律法规规定的

用人单位直接涉及劳动者切身利益的规章制度违反法律、法规规定的，由劳动行政部门责令改正，给予警告；给劳动者造成损害的，应当承担赔偿责任。

需要注意的是，这里的违反法律、法规规定的，包括实体上的违法和程序上的违法，给劳动者造成损害的，应当承担赔偿责任；劳动者还可提出解除劳动合同，用人单位需支付经济补偿。

（五）用人单位提供的劳动合同缺乏必备条款，单边持有劳动合同的

实践中，合同简单化、单边持有化已经成为很多用人单位的习惯性做法。根据《劳动合同法》第八十一条规定，用人单位提供的劳动合同文本未载明本法规定的劳动合同必备条款或者用人单位未将劳动合同文本交付劳动者的，由劳动行政部门责令改正；给劳动者造成损害的，应当承担赔偿责任。

（六）违法约定试用期的

用人单位违反《劳动合同法》规定与劳动者约定试用期的，由劳动行政部门责令改正；违法约定的试用期已经履行的，由用人单位以劳动者试用期满月工资为标准，按已经履行的超过法定试用期的期间向劳动者支付赔偿金。这里的赔偿金，是用人单位支付工资之外另行向劳动者支付的赔偿，既要支付工资，还需要支付赔偿金。

（七）其他情形

（1）《劳动合同法》第八十五条规定，用人单位有下列情形之一的，由劳动行政部门责令限期支付劳动报酬、加班费或者经济补偿；劳动报酬低于当地最低工资标准的，应当支付其差额部分；逾期不支付的，责令用人单位按应付金额百分之五十以上百分之一百以下的标准向劳动者加付赔偿金：

1）未按照劳动合同的约定或者国家规定及时足额支付劳动者劳动报酬的。
2）低于当地最低工资标准支付劳动者工资的。
3）安排加班不支付加班费的。
4）解除或者终止劳动合同，未依照本法规定向劳动者支付经济补偿的。

（2）用人单位违反《劳动合同法》规定解除或者终止劳动合同的，应当依照《劳动合同法》第四十七条规定的经济补偿标准的二倍向劳动者支付赔偿金。

（3）用人单位违反《劳动合同法》规定未向劳动者出具解除或者终止劳动合同的书面证明，由劳动行政部门责令改正；给劳动者造成损害的，应当承担赔偿责任。

（八）行政责任与刑事责任

用人单位有下列情形之一的，依法给予行政处罚；构成犯罪的，依法追究刑事责任；给劳动者造成损害的，应当承担赔偿责任：

（1）以暴力、威胁或者非法限制人身自由的手段强迫劳动的。
（2）违章指挥或者强令冒险作业危及劳动者人身安全的。
（3）侮辱、体罚、殴打、非法搜查或者拘禁劳动者的。
（4）劳动条件恶劣、环境污染严重，给劳动者身心健康造成严重损害的。

二、劳动者应承担的法律责任

（一）劳动者违反规定或劳动合同约定的

劳动者违反法律规定或劳动合同约定解除劳动合同，对用人单位造成损失的，劳动者应赔偿用人单位的下列损失：

（1）用人单位招收录用其所支付的费用。
（2）用人单位为其支付的培训费用，双方另有约定的按约定办理。
（3）对生产、经营和工作造成的直接经济损失。
（4）劳动合同约定的其他赔偿费用。

（二）劳动者违反劳动合同中约定的保密事项

劳动者违反本法规定解除劳动合同，或者违反劳动合同中约定的保密义务或者竞业限制，给用人单位造成损失的，应当承担赔偿责任。

本章小结

劳动合同是指劳动者与用人单位确立劳动关系、明确双方权利和义务的协议。劳动合同的订立应当遵循合法、公平、平等自愿、协商一致、诚实信用的原则。

劳动合同的内容应当包括：（一）用人单位的名称、住所和法定代表人或者主要负责人；（二）劳动者的姓名、住址和居民身份证或者其他有效身份证件号码；（三）劳动合同期限；（四）工作内容和工作地点；（五）工作时间和休息休假；（六）劳动报酬；（七）社会保险；（八）劳动保护、劳动条件和职业危害防护；（九）法律、法规规定应当纳入劳动合同的其他事项。

劳动合同的履行是指劳动合同的双方当事人按照劳动合同的约定履行各自所应承担的合同义务的行为。劳动合同依法订立就具有法律效力，当事人必须履行劳动合同约定的义务。劳动合同的变更应当坚持平等自愿、协商一致的原则，并且必须采用书面形式。

劳动合同的解除是指劳动合同签订以后，尚未履行完毕之前，由于一定事由的出现，劳动合同当事人依法提前终止劳动合同的法律行为。劳动合同的终止是指劳动合同的法律效力依法被消灭，亦即劳动合同所确立的劳动关系由于一定法律事实的出现而终结，劳动者与用人单位之间原有的权利和义务不复存在。

复习与训练

一、名词解释
1. 劳动合同
2. 非全日制用工
3. 劳务派遣
4. 集体合同
5. 劳动合同的解除

二、不定项选择
1. 2022年4月，赵某应聘到甲公司工作，双方口头约定了一个月试用期，但未订立书面劳动合同。关于双方劳动关系建立的下列表述中，正确的是（　　）。
   A. 甲公司应当与赵某补签劳动合同，双方之间的劳动关系自合同补签之日起建立
   B. 赵某与甲公司未订立劳动合同，双方之间未建立劳动关系
   C. 赵某与甲公司之间的劳动关系自赵某进入公司开始工作时建立
   D. 赵某与甲公司之间的劳动关系自试用期满时建立

2. 根据劳动合同法律制度的规定，下列关于试用期的表述正确的有（　　）。
   A. 甲公司与白某订立无固定期限劳动合同，约定试用期4个月
   B. 乙公司与陆某订立以完成一定工作任务为期限的劳动合同，试用期为1个月
   C. 丙公司约定李某从事非全日制用工，约定试用期半个月
   D. 丁公司与赵某订立1年期劳动合同，约定试用期2个月

3. 根据劳动合同法律制度的规定，关于用人单位和劳动者对竞业限制约定的下列表述中，正确的有（　　）。
   A. 劳动者违反竞业限制约定的，应按照约定向用人单位支付违约金
   B. 用人单位可以与劳动者约定竞业限制条款，应在竞业限制期限内按月支付劳动者经济补偿
   C. 竞业限制约定适用于用人单位与所有劳动者之间
   D. 用人单位和劳动者约定的从事同类业务的竞业限制期限不得超过2年

4. 劳动合同解除后，用人单位应当向劳动者支付经济补偿金的情形有（　　）。
   A. 由用人单位提出解除劳动合同并与劳动者协商一致而解除劳动合同的
   B. 用人单位符合可裁减人员规定而解除劳动合同的
   C. 用人单位决定提前解散而终止劳动合同的
   D. 用人单位被依法宣告破产终止劳动合同的

5. 用人单位可以不支付劳动者经济补偿金的情况有（　　）。
   A. 劳动者同时与其他用人单位建立劳动关系，对完成本单位的工作任务造成严重影响而解除劳动合同的
   B. 经过培训、调整工作岗位，仍不能胜任工作而解除劳动合同的
   C. 双方协商一致，由劳动者提出解除劳动合同的
   D. 劳动者开始享受基本养老保险待遇的

6. 下列说法错误的是（　　）。
   A. 用人单位违反本法规定解除或者终止劳动合同，劳动者要求继续履行劳动合同的，用人单位应当继续履行

B. 用人单位违反本法规定解除或者终止劳动合同，劳动合同已经不能继续履行的，用人单位应当支付双倍的经济补偿金

C. 用人单位终止劳动合同，超出劳动行政部门责令的限期仍未依法向劳动者支付经济补偿的，应按应付金额150%的标准向劳动者加付赔偿金

D. 用人单位违法解除或者终止劳动合同，劳动者不要求继续履行劳动合同，用人单位应当支付150%的经济补偿金

7. 下列关于劳务派遣的表述错误的是（　　）。

A. 用工单位可以将被派遣劳动者再派遣到其他用人单位

B. 用人单位可以设立劳务派遣单位向本单位或者所属单位派遣劳动者

C. 劳务派遣单位应当将劳务派遣协议的内容告知被派遣劳动者

D. 被派遣劳动者可以同用工单位协商解除劳动合同

8. 下列关于非全日制用工的表述正确的是（　　）。

A. 终止用工，用人单位不必向劳动者支付经济补偿

B. 非全日制用工双方当事人任何一方都可以随时通知对方终止用工

C. 非全日制用工双方当事人应当订立书面劳动合同

D. 非全日制用工双方当事人可以约定试用期

9. 下列关于试用期规定的表述中，错误的是（　　）。

A. 约定的试用期不得超过6个月

B. 在试用期内，劳动者可随时提出解除劳动合同

C. 同一用人单位与同一劳动者只能约定一次试用期

D. 劳动合同期限不满3个月的，可以约定试用期

10. 下列关于劳动合同履行的说法正确的是（　　）。

A. 用人单位拖欠或者未足额支付劳动报酬的，劳动者可依法向法院申请支付令

B. 劳动者拒绝用人单位管理人员违章指挥、强令冒险作业的，违反了劳动合同

C. 劳动者对危害生命安全的劳动条件，有权对用人单位提出批评、检举和控告

D. 用人单位变更名称、法定代表人或者投资人等事项，不影响劳动合同的履行

三、简答题

1. 简述劳动合同与劳务合同的区别。
2. 简述用人单位单方解除劳动合同的条件。
3. 试述劳动合同的主要条款。
4. 简述用人单位适用"二倍工资"的法律规定。
5. 简述劳动合同终止的事由。

四、案例分析

2018年9月，许某与某广告传媒公司签订《主播经纪合约》，约定许某为公司签约艺人，工作内容为通过网络（YY平台）或公共场合进行演艺活动；实际工作地点为公司办公室，由公司提供直播设备；每月保底收入4 000元，提成数额为创收的60%；合约范围内所产生的全部收益按许某60%、公司40%的比例进行分配；合约期内，许某不得委托代理人、经理人、经纪人或其他从事类似工作的公司或个人代理许某的相关演艺活动。合同签订后，许某在平台上进行直播。2019年3月，许某以拖欠工资、未依法缴纳社保为由向某广告传媒公司申请辞职。许某经仲裁后提起诉讼，要求某广告传媒公司支付经济补偿金。

根据上述案例分析：

1. 许某与某广告传媒公司签订的《主播经纪合约》是否属于劳动合同？
2. 许某与某广告传媒公司之间属于劳动关系还是劳务关系？为什么？
3. 本案应该如何处理？

课后思考

关于无固定期限劳动合同的争议

在制定《劳动合同法》时，关于无固定期限劳动合同的规定引起了较大的争议。有一些意见认为，连续签订两次固定期限的劳动合同，有可能累计时间却很短。这一项规定仅以签订固定期限劳动合同的次数为判断标准，容易导致用人单位对一些低技能、岗位专业性不强的劳动者采取到期不续签的做法，从而规避签订无固定期限劳动合同的法律义务，加重了劳动合同短期化的问题。这一项之所以这样设计，就是为了解决劳动合同短期化的问题。根据规定，用人单位在与劳动者签订一次固定期限劳动合同后，再次签订固定期限的劳动合同时，就意味着下一次只要劳动者提出或者同意续订劳动合同，就必须签订无固定期限的劳动合同。企业为了不签订无固定期限的劳动合同，但又能同时保持用工的稳定性，防止因频繁更换劳动力而加大用工成本，就会延长每一次固定期限劳动合同的期限，从而解决了合同短期化的问题。有的意见认为，这一项规定限制了用人单位的用工自主权。这种认识是错误的。因为劳动合同是由双方当事人协商一致订立的，劳动合同的期限长短、订立次数都由双方协商一致确定，选择什么样的劳动者的决定权仍掌握在企业手中。只不过在法律规定的情形出现时，用人单位才必须与劳动者签订无固定期限劳动合同。而且这种劳动合同也不是"终身制"的，在法律规定的条件或是双方协商约定的条件出现时，用人单位可以解除劳动合同。

张五常、董保华等学者在《劳动合同法》出台前后对该法进行了非常尖锐的批评。董保华认为《劳动合同法》造成了"难以进行劳动合同解除的解聘制度"。《劳动合同法》颁布后，由于缺乏对无固定期限劳动合同制度的正确认识，不少人认为无固定期限劳动合同是"铁饭碗""终身制"，认为无固定期限劳动合同一经签订就不能解除。因此，很多劳动者把无固定期限劳动合同视为"护身符"，千方百计要与用人单位签订无固定期限劳动合同。另外，用人单位则将无固定期限劳动合同看成了"终身包袱"，想方设法逃避签订无固定期限劳动合同的法律义务。这实际上是对无固定期限劳动合同的误解。

2021年1月1日起实施的《最高人民法院关于审理劳动争议案件适用法律问题的解释（一）》第三十四条第二款规定："根据劳动合同法第十四条规定，用人单位应当与劳动者签订无固定期限劳动合同而未签订的，人民法院可以视为双方之间存在无固定期限劳动合同关系，并以原劳动合同确定双方的权利义务关系。"该解释平息了《劳动合同法》第十四条第三款"用人单位自用工之日起满一年不与劳动者订立书面劳动合同的，视为用人单位与劳动者已订立无固定期限劳动合同"的论争，并排除了《劳动合同法》第八十二条第二款"用人单位违反本法规定不与劳动者订立无固定期限劳动合同的，自应当订立无固定期限劳动合同之日起向劳动者每月支付二倍的工资"中"二倍工资"的情形，即"违反本法规定不与劳动者订立无固定期限劳动合同"中未订立无固定期限劳动合同的情形适用二倍工资；"视为用人单位与劳动者已订立无固定期限劳动合同"中未订立无固定期限劳动合同的不适用二倍工资，而是以原劳动合同确定双方的权利义务关系。

第十五章 民商事争议解决法律制度

Chapter Fifteen

学习目标

○ 掌握民事诉讼的审判程序以及执行程序的基本内容；
○ 厘清仲裁与民事诉讼的区别；
○ 掌握仲裁的基本程序；
○ 了解民商事争议的解决机制。

导入案例

○ 张明在家电商场买了一台电视机，半个月后，张明正在看新闻联播时电视突然爆炸，张明和妻子的头部被炸伤。经查，爆炸原因为电视机质量不合格。张明多次找到卖家交涉均未得到解决，现在张明欲通过法律手段解决电视机和人身损害赔偿问题。
○ 分析：本案是否属于民商事争议？是否属于民事诉讼的受案范围？我国民事诉讼法的任务是什么？

第一节 仲裁制度

一、仲裁与仲裁法

仲裁，是指纠纷当事人在自愿的基础上达成协议，将纠纷提交非司法机构的第三方审理，第三方就纠纷居中评判，并作出对争议各方有约束力的裁决的一种解决纠纷的制度、方法或方式。

仲裁法是调整仲裁关系的法律规范。《仲裁法》于1994年8月31日由第八届全国人民代表大会常务委员会第九次会议通过，自1995年9月1日起施行。2009年及2017年《仲裁法》历经两次修订。

典型案例

某房屋所有者王刚与前妻生有一女王萍。前妻去世后，王刚又与张梅结婚，生有王丽、王东两个子女。后来，王刚购买了他现在居住的房屋并进行了翻建。王萍婚后与其丈夫另行购房居住。王刚去世后，张梅和王丽、王东继续在该房屋中居住。此后，王东拟将该房屋中的一间作为婚房，受到了王丽的阻挠，王东遂向某仲裁委员会申请仲裁，仲裁委员会经审理裁定，对该案不予受理。

二、仲裁法的基本原则

（一）自愿仲裁原则

仲裁机构对案件行使仲裁权，依据的是当事人的自愿申请，即当事人双方在纠纷发生前或发生后自愿达成仲裁协议，一旦纠纷发生，由当事人提出仲裁申请，仲裁机构依申请对纠纷行使仲裁权。

（二）一裁终局原则

仲裁是双方当事人自愿选择的解决经济纠纷的途径，仲裁裁决结果具有法律效力，双方当事人必须履行；裁决一经作出，当事人就同一纠纷再申请仲裁或向人民法院提起诉讼的，仲裁委员会或人民法院不予受理。

（三）独立公正仲裁原则

《仲裁法》明确规定仲裁应依法独立进行，不受行政机关、社会团体和个人的干涉。独立仲裁原则体现在仲裁与行政脱钩，仲裁委员会独立于行政机关，与行政机关没有隶属关系，仲裁委员会之间也没有隶属关系。

（四）公正及时原则

《仲裁法》强调公正、及时地仲裁经济纠纷。仲裁应当以事实为根据，以法律为准绳，公平合理、及时迅速地解决财产争议。仲裁在不违反法律的前提下，可以按照当事人的意愿，灵活地解决双方争端。

三、仲裁协议

（一）仲裁协议的概念

仲裁协议，是双方当事人自愿将其发生的或可能发生的争议提交仲裁解决的共同意思表示。仲裁协议是民商事仲裁的前提。仲裁协议应当具备下列内容：

（1）请求仲裁的意思表示。当事人在订立合同时，在"合同纠纷的解决方式"条款中，如欲选择仲裁途径解决争议，必须确切写明通过仲裁解决纠纷。

（2）仲裁事项。无论是合同中的仲裁条款，还是事后双方达成的仲裁协议，必须对提请仲裁的事项予以明确约定，否则有可能导致仲裁协议无效。

（3）选定的仲裁委员会。当事人在仲裁协议中必须约定向何地、何仲裁机关申请仲裁。

（二）仲裁协议的效力

仲裁协议的效力，是指一项有效的仲裁协议对有关当事人和机构在法律上的约束力。只有仲裁协议有效，才能排斥法院对当事人纠纷的管辖权。因此，一份有效的仲裁协议必须具备法律规定的要件。

知识拓展

仲裁协议的无效

根据《仲裁法》的规定，有下列情形之一的，仲裁协议无效：（一）约定的仲裁事项超出法律规定的仲裁范围的；（二）无民事行为能力人或者限制民事行为能力人订立的仲裁协议；（三）一方采取胁迫手段，迫使对方订立仲裁协议的。

仲裁协议对仲裁事项或者仲裁委员会没有约定或者约定不明确的，当事人可以补充协议；达不成补充协议的，仲裁协议无效。

四、仲裁机构

(一) 仲裁委员会

仲裁委员会,是指依法设立,依据仲裁协议行使一定范围内的民商事纠纷仲裁权的机构。仲裁委员会由设立地区的人民政府组织有关部门和商会统一组建。

(二) 仲裁协会

仲裁协会是仲裁机构为共同发展和维护仲裁事业而组成的自我管理、自我教育和自我服务的社会团体。中国仲裁协会是社会团体法人。中国仲裁协会的章程由全国会员大会制定。中国仲裁协会是仲裁委员会的自律性组织,仲裁委员会是中国仲裁协会的会员。

(三) 仲裁员与仲裁庭

1. 仲裁员

仲裁委员会应当从公道正派的人员中聘任仲裁员。这些人员还应当同时符合下列条件之一:①从事仲裁工作满8年的。②从事律师工作满8年的。③曾任审判员满8年的。④从事法律研究、教学工作并具有高级职称的。⑤具有法律知识、从事经济贸易等专业工作并具有高级职称或者具有同等专业水平的。

2. 仲裁庭

具体仲裁案件的审理并不直接由仲裁委员会承担,而是由仲裁委员会中的仲裁员组成的仲裁庭来进行审理。仲裁庭是对某一争议案件进行具体审理的组织,但不是常设机构。它分为合议制和独任制两种形式,前者由3名仲裁员组成,后者由1名仲裁员独立组成。

五、仲裁程序

(一) 申请与受理

1. 仲裁的申请

仲裁程序由当事人申请仲裁开始,提出申请是仲裁程序开始的必要条件。《仲裁法》规定,当事人申请仲裁应当符合下列条件:(一)仲裁协议。(二)具体的仲裁请求和事实、理由。(三)属于仲裁委员会的受理范围。

2. 仲裁的受理

仲裁委员会收到仲裁申请书之日起5日内,认为符合受理条件的,应当受理,并通知当事人;认为不符合受理条件的,应当书面通知当事人不予受理,并说明理由。

(二) 仲裁庭的组成

仲裁庭,是指由当事人选定或者由仲裁委员会主任指定的仲裁员组成的,对当事人申请仲裁的案件按照仲裁程序进行审理并作出裁决的组织形式。仲裁庭有两种组成形式:一是合议制仲裁庭;二是独任制仲裁庭。

1. 合议制仲裁庭

合议制仲裁庭由3名仲裁员组成,设首席仲裁员1名。双方当事人各自在仲裁机构的仲裁员名册中指定或者委托仲裁委员会主任指定1名仲裁员,第3名仲裁员由双方共同指定或共同委托仲裁委员会主任指定。

2. 独任制仲裁庭

独任制仲裁庭由1名仲裁员组成,由双方当事人在仲裁员名册中共同指定或者共同委托仲裁委员会主任指定1名仲裁员为独任仲裁员,单独审理。

知识拓展

仲裁员的回避

仲裁员具有法定的可能影响案件公正裁决的情况时，应依法回避。仲裁员有下列情形之一的，必须回避，当事人有权提出回避申请：①是本案当事人或者当事人、代理人的近亲属的。②与本案有利害关系的。③与本案当事人、代理人有其他关系，可能影响公正仲裁的。④私自会见当事人、代理人，或者接受当事人、代理人请客送礼的。

仲裁员是否回避，由仲裁委员会主任决定；仲裁委员会主任担任仲裁员时，由仲裁委员会集体决定。仲裁员因回避或者其他原因不能履行职责的，应当依照《仲裁法》规定重新选定或者指定仲裁员。

(三) 审理和裁决

1. 仲裁审理的原则

第一，开庭原则。开庭审理，是指在当事人和其他仲裁参与人的参加下由仲裁庭主持对案件进行审理的活动。仲裁应该开庭进行。当事人协议不开庭的，仲裁庭可以根据仲裁申请书、答辩书以及其他材料作出裁决。

第二，不公开原则。对于仲裁案件，不公开进行为原则，公开进行为例外；只有当事人协议公开的，才可以公开进行，但涉及国家秘密的除外。

2. 和解与调解

当事人申请仲裁后，可以自行和解。达成和解协议的，可以请求仲裁庭根据和解协议作出裁决书，也可以撤回仲裁申请。当事人达成和解协议，撤回仲裁协议申请后反悔的，可以根据原仲裁协议或重新约定的仲裁协议申请仲裁。

3. 裁决

仲裁裁决应当按照多数仲裁员的意见作出，仲裁庭不能形成多数意见时，裁决应当按照首席仲裁员的意见作出。独任制仲裁庭仲裁的案件，裁决按照独任仲裁员的意思作出。裁决书由仲裁员签名、加盖仲裁委员会印章。裁决书自作出之日起发生法律效力。仲裁程序实行一裁终局，仲裁案件经过一次仲裁作出仲裁裁决即告终结。

典型案例

河北省鸿运食品厂与北京市远大综合门市部签订了购销饼干机的合同。合同规定由食品厂到北京市提货，先付款后提货，同时在合同中规定了仲裁条款。食品厂提货时发现饼干机有质量问题，于是要求综合门市部退款，双方为此发生争议。食品厂2月14日向仲裁委员会申请仲裁，仲裁委员会2月21日受理此案。食品厂选择两名仲裁员，综合门市部选择1名仲裁员，作为首席仲裁员。食品厂指出首席仲裁员是综合门市部的常年法律顾问，要求其回避。仲裁委员会主任驳回了回避申请，3名仲裁员组成仲裁庭公开审理了此案。

(四) 申请撤销仲裁裁决

1. 申请撤销仲裁裁决的理由

《仲裁法》规定，当事人提出证据证明裁决有下列情形之一的，可以向仲裁委员会所在地的中级人民法院申请撤销裁决：（一）没有仲裁协议的；（二）裁决的事项不属于仲裁协议的范围或者仲裁委员会无权仲裁的;(三)仲裁庭的组成或者仲裁的程序违反法定程序的;(四)裁决所依据的证据是伪造的;(五)对方当事人隐瞒了足以影响公正裁决的证据的;(六)仲裁员在仲裁该案时有索贿受贿、徇私舞弊、枉法裁决行为的。

2. 法院对撤销仲裁裁决申请的处理及其法律后果

人民法院在受理当事人提出的撤销仲裁裁决的申请后,必须组成合议庭对当事人的申请及仲裁裁决进行审查。经审查,人民法院可以根据不同的情况作出不同的处理。

(五)仲裁裁决的执行

1. 仲裁裁决的执行

通常情况下,当事人协商一致将纠纷提交仲裁,都会自觉履行仲裁裁决。但实际上,由于种种原因,当事人不自动履行仲裁裁决的情况并不少见,在这种情况下,另一方当事人即可请求人民法院强制执行仲裁裁决。

仲裁裁决的执行,必须符合下列条件:

第一,必须有当事人的申请。一方当事人不履行仲裁裁决时,另一方当事人须向人民法院提出执行申请,人民法院才能启动执行程序。是否向人民法院申请执行,是当事人的权利,人民法院没有主动采取执行措施,对仲裁裁决予以执行的职权。

第二,当事人必须在法定期限内提出申请。仲裁当事人在提出执行申请时,应当遵守法定期限,及时行使自己的权利。超过法定期限再提出申请执行时人民法院不予受理,申请执行的期间为2年。

第三,当事人必须向有管辖权的人民法院提出申请。当事人申请执行仲裁裁决,必须向有管辖权的人民法院提出。有管辖权的人民法院是被执行人住所地或者被执行人财产所在地的人民法院。

2. 仲裁裁决的不予执行

人民法院接到当事人的执行申请后,应当及时按照仲裁裁决予以执行。但是,如果被申请执行人提出证据证明仲裁裁决有法定不应执行的情形的,可以请求人民法院不予执行该仲裁裁决;人民法院组成合议庭审查核实后,裁定不予执行。

3. 仲裁裁决的中止执行

中止执行,是指在执行仲裁裁决的过程中,由于出现某种特定的原因,而使执行程序暂时停止,待情况消除后再继续执行。按照《民事诉讼法》的规定,有下列情形之一的,人民法院应当裁定中止执行:(一)申请人表示可以延期执行的。(二)案外人对执行标的提出了确有理由的异议的。(三)作为一方当事人的公民死亡,需要等待继承人继承权利或者承担义务的。(四)作为一方当事人的法人或者其他组织终止,尚未确定权利义务承受人的。(五)人民法院认为应当中止执行的其他情形。

4. 仲裁裁决的终结执行

仲裁裁决的终结执行,是指在执行程序开始后,由于出现特定的事由,使执行程序无法再进行或者已经没有进行的必要,因而结束执行程序的制度。依照《民事诉讼法》的规定,下列情形也将导致仲裁裁决的终结执行:(一)申请人申请撤销的;(二)据以执行的法律文书被撤销的;(三)作为被执行人的公民死亡,无遗产可供执行,无义务承担人的;(四)追索赡养费、扶养费、抚育费案件的权利人死亡的;(五)作为被执行人的公民因生活困难无力偿还借款,无收入来源,又丧失劳动能力的;(六)人民法院认为应当终结执行的其他情形的。

典型案例

甲市电器厂(卖方)与乙市百货公司(买方)签订了一份买卖300台电饭锅的合同,后因电饭锅的质量问题双方发生纠纷。于是，乙市百货公司于 2016 年 9 月向某仲裁委员会申请仲裁。该仲裁委员会于 2017 年 3 月作出裁决，由甲市电器厂赔偿乙市百货公司经济损失 3 万元。裁决生效后，甲市电器厂拒不向乙市百货公司给付赔偿款。乙市百货公司向人民法院申请强制执行。执行程序开始后，甲市电器厂提出该厂与乙市百货公司签订的买卖合同中没有订立仲裁条款，事后也没有达成书面仲裁协议。经管辖法院组成合议庭审查，认定被执行人所述的情况属实。

第二节 民事诉讼制度

一、民事诉讼

民事诉讼，是指人民法院在当事人和其他诉讼参与人的参与下，审理和解决民事案件的各种诉讼活动以及由此所产生的诉讼关系的总和。民事诉讼的基本特征有：

（1）双方当事人在诉讼上具有平等性和对等性。

（2）民事诉讼是在国家审判机关主持下进行，民事纠纷按司法程序进行解决。

（3）民事诉讼具有严格的规范性。民事诉讼活动要严格依照法定的诉讼程序和诉讼制度进行。

（4）民事诉讼具有连续性与明显的阶段性。民事诉讼活动不是一蹴而就的，整个过程由若干个诉讼阶段组成。

（5）纠纷解决的强制性和最终性。民事诉讼解决纠纷方式不以双方的合意为前提条件，只要争议一方起诉符合条件即可启动，法院所做的生效裁判具有法律约束力，当事人不予履行的，法院可依法强制义务人履行义务。

知识拓展

诉讼的种类

诉讼是在法院主持下按照法定程序和方式解决纠纷的活动。社会主体有多种纠纷解决方式，诉讼是最终的、具有权威性的"公力救济"方式。按照解决争议的内容和性质不同，诉讼可以分为刑事诉讼、民事诉讼和行政诉讼。民事诉讼法与刑事诉讼法、行政诉讼法都属于程序法，具有诉讼活动的共同规律，有一些相同或者相近的规定，但由于三部程序法的目的任务和调整对象不同，因而又存在许多差异。

二、民事诉讼法

（一）民事诉讼法的概念

民事诉讼法是由国家制定的规范人民法院与所有诉讼参与人的诉讼活动和诉讼关系的法律规范的总称。

《民事诉讼法》于 1991 年 4 月 9 日第七届全国人民代表大会第四次会议通过，自公布之日起施行。其后于 2007 年 10 月 28 日第一次修正，2012 年 8 月 31 日第二次修正，2017 年 6 月 27 日第三次修正，2021 年 12 月 24 日第四次修正，并于公布之日起施行。

（二）民事诉讼法的性质

民事诉讼法的性质有：①民事诉讼法是基本法。②民事诉讼法是程序法。③民事诉讼法是部门法。

（三）民事诉讼法的任务

民事诉讼法的任务有：①保护当事人行使诉讼权利。②保证人民法院查明事实，分清是非，正确使用法律审理民事案件。③确认民事权利义务关系，制裁民事违法行为，保护当事人的合法权益。④教育公民自觉遵守法律，维护社会秩序、经济秩序。

（四）民事诉讼的受案范围

人民法院受理公民之间、法人之间、其他组织之间以及他们相互之间因财产关系和人身关系提起的民事诉讼，适用民事诉讼法的规定。根据民事诉讼法和其他有关法律的规定，法院适用民事诉讼法审理的案件有以下几类：

由民法调整的平等民事主体之间因财产关系和人身关系发生的纠纷案件。

（1）由婚姻法、继承法等调整的平等主体之间因婚姻家庭关系发生的纠纷案件。

（2）法律、法规规定属于法院适用民事诉讼法审理的经济案件。

（3）由劳动法调整的用人单位与劳动者之间因劳动关系发生的纠纷案件。

（4）依照民事诉讼法审理的由其他法律调整的社会关系发生争议的案件。

（5）按照民事诉讼法中的特别程序、督促程序、公示催告程序审理的案件。

（五）民事诉讼基本制度

1. 合议制度

人民法院审理第一审民事案件，由审判员、陪审员共同组成合议庭或者由审判员组成合议庭。合议庭的成员人数，须是单数。适用简易程序审理的民事案件，由审判员1人独任审理。陪审员在执行陪审职务时，与审判员有同等的权利义务。

2. 回避制度

适用回避的法定情形有：①是本案当事人或者当事人、诉讼代理人近亲属的。②与本案有利害关系的。③与本案当事人、诉讼代理人有其他关系，可能影响对案件公正审理的。同时，《民事诉讼法》规定，审判人员接受当事人、诉讼代理人请客送礼，或者违反规定会见当事人、诉讼代理人的，当事人有权要求他们回避。

适用回避的对象有：审判人员、书记员、翻译人员、鉴定人、勘验人。回避的方式包括当事人申请和有关人员自行回避。

3. 公开审判制度

人民法院审理民事案件，除涉及国家机密、个人隐私或者法律另有规定的以外，应当公开进行。离婚案件及涉及商业秘密的案件，当事人申请不公开审理的，可以不公开审理。不论是否公开审理的案件，人民法院一律公开宣告判决。

4. 两审终审制

当事人不服一审人民法院对民事案件所做的判决、裁定，可上诉至二审人民法院，二审所做裁判为终审裁判，当事人不得再提起上诉。但最高人民法院所做一审裁判是终审裁判，依照特别程序审理的案件也是一审终审，当事人不得上诉。

典型案例

甲公司经销部副经理乙，在合同未到期时提出辞职，后来被丙公司高薪聘请为市场经理，未办移交手续即到了丙公司。乙利用其在甲公司所掌握的商业秘密，将甲公司的技术资料、进货渠道、客户资料全部提供给了丙公司，成为甲公司的有力竞争对手，甲公司因而损失严重，于是甲公司向人民法院起诉，请求乙和丙承担连带赔偿责任，并申请不公开审理，以避免泄露商业秘密。该案审判员李某是丙公司总经理的父亲，甲公司遂申请审判员李某回避。

三、民事诉讼的参加人

（一）民事诉讼当事人概述

当事人，是指因民事权益发生争议或受到侵害，以自己的名义进行诉讼，与案件有利害关系并受法院裁判约束的人。民事诉讼当事人的特征有：①以自己的名义进行诉讼，实施诉讼行为。②与案件有利害关系。③受法院裁判的约束。

（二）共同诉讼

共同诉讼，是指当事人一方或者双方为两人以上，其诉讼标的是共同的，或者诉讼标的是同一种类、人民法院认为可以审理并经当事人同意的，为共同诉讼。共同诉讼分为必要共同诉讼和普通共同诉讼两种类型。

1. 必要共同诉讼

必要共同诉讼，是指当事人的一方或双方为两人以上，诉讼标的是同一的，当事人必须共同参加，人民法院必须合并审理的诉讼。具有共同权利或共同义务的同一方当事人为必要的共同诉讼人。必要共同诉讼具有以下特征：

（1）同一方当事人为两人以上。这是共同诉讼的基本要求。

（2）诉讼标的具有同一性。

（3）必须共同参加同一诉讼。

（4）共同诉讼的一方当事人对诉讼标的有共同权利义务的，其中一人的诉讼行为经其他共同诉讼人承认，对其他共同诉讼人发生效力。

2. 普通共同诉讼

普通共同诉讼，是指当事人一方或双方为两人以上，诉讼标的属同一种类，当事人同意、法院许可合并审理的诉讼。普通共同诉讼具有以下特征：

（1）同一方当事人为两人以上。这是共同诉讼的基本要求。

（2）有两个以上同一种类的诉讼标的。

（3）普通共同诉讼是可分之诉。

（4）普通共同诉讼的成立须由法院决定并经当事人同意。

（5）普通共同诉讼人对诉讼标的没有共同权利义务，各自与对方具有独立的诉讼标的，其中一人的诉讼行为对其他共同诉讼人不发生效力。

（三）诉讼第三人

1. 诉讼第三人概述

诉讼第三人，是指对当事人双方的诉讼标的认为有独立请求权，或者虽然没有独立的请求权但与案件的处理结果有法律上的利害关系，因而参加到他人已经开始的诉讼中，成为原被告以外的第三方当事人。根据参加诉讼的原因和诉讼地位不同，诉讼第三人分为有独立请求权的诉讼第三人和无独立请求权的诉讼第三人。

2. 有独立请求权的诉讼第三人

有独立请求权的诉讼第三人，是指对他人之间的诉讼标的有独立的请求权，因而参加到他人已经开始的诉讼中的除本诉原告和被告以外的当事人。

3. 无独立请求权的诉讼第三人

无独立请求权的第三人，是指对当事人双方的诉讼标的没有独立请求权，但与案件处理结果有法律上的利害关系，因而参加到他人已经开始的诉讼中的第三方的当事人。

（四）诉讼代表人

1. 代表人诉讼概述

代表人诉讼，是指一方或者双方当事人人数众多时，由众多的当事人推选或法院指定的代表人进行诉讼，法院裁判效力对全体当事人发生效力的制度。代表人诉讼的特征：

（1）当事人一方人数众多。人数众多，是指一方当事人在10人以上。

（2）由代表人实施诉讼行为。代表人为2~5人，代表人的诉讼行为对其所代表的当事人发生效力，但代表人变更、放弃诉讼请求或者承认对方当事人的诉讼请求，进行和解，必须经被代表的当事人同意。

（3）裁判效力及于所有当事人。

2. 人数确定的代表人诉讼

人数确定的代表人诉讼，是指人数众多的一方当事人具有共同或同一种类的诉讼标的，共同参加同一诉讼，法院合并审理的诉讼形式。人数确定的代表人诉讼有以下特征：

（1）众多当事人一方的诉讼标的是相同的或者是同一种类。

（2）人数众多一方当事人的人数是明确的。

（3）当事人推选代表人进行诉讼。

3. 人数不确定的代表人诉讼

人数不确定的代表人诉讼，是指诉讼标的是同一种类、当事人一方人数众多在起诉时人数尚未确定、在一定条件下裁判效力适用于未同期参加诉讼的当事人的诉讼形式。人民法院可以发出公告，说明案件情况和诉讼请求，通知权利人在一定期间向人民法院登记。人数不确定的代表人诉讼有如下特征：

（1）人数众多一方的诉讼标的必须是同一种类。

（2）人数众多一方的人数不确定。

（3）诉讼代表人由当事人推选或法院指定。

（4）法院裁判对参加登记的全体权利人发生效力，未参加登记的权利人在诉讼时效期间提起诉讼的，适用该裁判。

> **典型案例**
>
> 张某与丈夫王某在法院进行离婚诉讼，张某因不愿意在法庭见到王某，向法院申请不出庭，法院同意后，张某委托律师李某作为代理人进行诉讼，但没有进行特别授权。在庭审中，王某同意离婚但要求分得全部夫妻财产，李某便代理张某放弃了分割夫妻共同财产的诉讼请求，并与王某达成了离婚的调解协议。

四、管辖

（一）管辖概述

1. 管辖的概念

管辖，是指各级人民法院之间、同级人民法院之间受理第一审案件的分工和权限。管辖分为级别管辖、地域管辖、裁定管辖等。

2. 划分管辖的原则

（1）便于当事人诉讼，避免投诉无门或滥诉。

（2）规范法院行使审判权，避免相互推诿。

（3）均衡各级法院的工作任务。

（4）原则与灵活相结合。

（二）级别管辖

1. 级别管辖的概念

级别管辖，是指上下级法院之间受理第一审案件的分工和权限。我国法院组织体系分为基层人民法院、中级人民法院、高级人民法院和最高人民法院。各级人民法院分工的依据主要为案件的性质、案件争议标的金额的大小、案情的复杂程度和案件的影响范围等。

2. 基层人民法院管辖的第一审民事案件

第一审民事案件原则上由基层人民法院管辖，基层人民法院管辖由其上级人民法院管辖以外的所有第一审民事案件。

3. 中级人民法院管辖的第一审民事案件

（1）重大涉外案件。

（2）在本辖区有重大影响的案件。

（3）最高人民法院确定由中级人民法院管辖的案件。

4. 高级人民法院管辖的第一审民事案件

高级人民法院管辖在本辖区有重大影响的第一审民事案件。

5. 最高人民法院管辖的第一审民事案件

（1）在全国有重大影响的案件。

（2）认为应当由本院审理的案件。

（三）地域管辖

地域管辖，是指同级法院之间受理第一审案件的分工和权限。

1. 一般地域管辖

（1）一般地域管辖的原则。"原告就被告"，即由被告住所地人民法院管辖。

（2）一般地域管辖的例外。下列民事诉讼，由原告住所地人民法院管辖：原告住所地与经常居住地不一致的，由原告经常居住地人民法院管辖。①对不在中华人民共和国领域内居住的人提起的有关身份关系的诉讼；②对下落不明或者宣告失踪的人提起的有关身份关系的诉讼；③对被采取强制性教育措施的人提起的诉讼。④对被监禁的人提起的诉讼。

2. 特殊地域管辖

特殊地域管辖是地域管辖的一种。以当事人住所地、诉讼标的或标的物及法律事实所在地为标准来确定案件管辖法院的一种管辖制度，一般适用于种类复杂的民事诉讼案件。

3. 专属管辖

对某些特殊类型的案件，法律强制规定必须由特定的人民法院行使管辖权。

（1）因不动产纠纷提起的诉讼，由不动产所在地人民法院管辖。

（2）因港口作业中发生纠纷提起的诉讼，由港口所在地人民法院管辖。

（3）因继承遗产纠纷提起的诉讼，由被继承人死亡时住所地或者主要遗产所在地人民法院管辖。

4. 协议管辖

合同或者其他财产权益纠纷的当事人可以书面协议选择被告住所地、合同履行地、合同签订地、原告住所地、标的物所在地等与争议有实际联系的地点的人民法院管辖，但不得违反级别管辖和专属管辖的规定。

（四）裁定管辖

1. 移送管辖

人民法院发现受理的案件不属于本院管辖的，应当移送有管辖权的人民法院，受移送的人民法院应当受理。受移送的人民法院认为受移送的案件依照规定不属于本院管辖的，应当报请上级人民法院指定管辖，不得再自行移送。

2. 指定管辖

（1）有管辖权的人民法院由于特殊原因，不能行使管辖权的，由上级人民法院指定管辖。

（2）人民法院之间因管辖权发生争议，由争议双方协商解决；协商解决不了的，报请他们的共同上级人民法院指定管辖。

3. 管辖权的转移

（1）上级人民法院有权审理下级人民法院管辖的第一审民事案件；确有必要将本院管辖的第一审民事案件交下级人民法院审理的，应当报请其上级人民法院批准。

（2）下级人民法院对其所管辖的第一审民事案件，认为需要由上级人民法院审理的，可以报请上级人民法院审理。

知识拓展

移送管辖与管辖权转移的区别

移送管辖与管辖权转移都属于裁定管辖，但两者有很大区别。移送管辖是无管辖权的法院把不属于自己管辖的案件移送到有管辖权的法院，移送的是案件；而管辖权转移是有管辖权的法院把管辖权转交给无管辖权的法院，移交的是管辖权；管辖权转移由上级法院决定或者同意，而移送管辖无须上级法院批准，受移送法院也不得拒绝；管辖权转移是在上下级法院之间，是对级别管辖的补充，而移送管辖一般是在同级法院之间。

五、民事诉讼的审判程序

（一）第一审程序

1. 第一审普通程序

第一审普通程序是人民法院审理第一审民事案件通常所适用的诉讼程序，它是民事案件审判中最基本的程序，在民事诉讼法中规定得最完整，适用范围最为广泛。

（1）起诉。起诉，是指公民、法人或其他组织认为自己的民事权益受到侵害或发生争议，以自己名义向法院提起诉讼，请求法院予以解决的一种诉讼行为。起诉必须符合下列条件：

第一，原告是与本案有直接利害关系的公民、法人和其他组织。

第二，有明确的被告。

第三，有具体的诉讼请求和事实、理由。

第四，属于人民法院受理民事诉讼的范围和受诉人民法院管辖。

第五，起诉应当向人民法院递交起诉状，按照被告人数提出副本。书写起诉状确有困难的，可以口头起诉，由人民法院记入笔录，告知对方当事人。

（2）受理。受理，是人民法院对符合起诉法定条件的案件予以立案审理的诉讼行为。人民法院应当保障当事人依照法律规定享有的起诉权利。对符合起诉条件的，必须受理。符合起诉条件的，应当在 7 日内立案,并通知当事人;不符合起诉条件的,应当在 7 日内作出裁定书,不予受理。原告对裁定不服的,可以提起上诉。

(3)先行调解。当事人起诉到人民法院的民事纠纷,适宜调解的,先行调解,但当事人拒绝调解的除外。

(4)审理前的准备。

(5)开庭审理。开庭审理,是人民法院在当事人及其他诉讼参与人的参加下,在法庭上对案件进行审理的诉讼活动。

第一,庭审准备。人民法院审理民事案件,应当在开庭 3 日前通知当事人和其他诉讼参与人。公开审理的,应当公告当事人姓名、案由和开庭的时间、地点。

第二,法庭调查。法庭调查按照下列顺序进行:①当事人陈述。②告知证人的权利义务,证人作证,宣读未到庭的证人证言。③出示书证、物证、视听资料和电子数据。④宣读鉴定意见。⑤宣读勘验笔录。当事人在法庭上可以提出新的证据。

第三,法庭辩论。法庭辩论按照下列顺序进行:①原告及其诉讼代理人发言。②被告及其诉讼代理人答辩。③第三人及其诉讼代理人发言或者答辩。④互相辩论。法庭辩论终结,由审判长按照原告、被告、第三人的先后顺序征询各方最后意见。

第四,合议庭评议及裁判法庭辩论终结,应当依法作出判决。判决前能够调解的,还可以进行调解,调解不成的,应当及时判决。合议庭评议暂时休庭,评议不公开进行,实行少数服从多数的原则。

第五,宣告判决。人民法院对公开审理或者不公开审理的案件,一律公开宣告判决。

2. 简易程序

简易程序,是指基层人民法院和它派出的法庭审理简单的民事案件所适用的一种民事诉讼程序。简易程序是简化了的第一审程序,节约诉讼成本,提高审判效率,方便当事人诉讼。

基层人民法院和它派出的法庭审理事实清楚、权利义务关系明确、争议不大的简单的民事案件,适用简易程序。基层人民法院和它派出的法庭审理上述以外的民事案件,当事人双方也可以约定适用简易程序。

人民法院在审理过程中,发现案件不宜适用简易程序的,裁定转为普通程序。

3. 小额诉讼程序

基层人民法院和它派出的法庭审理事实清楚、权利义务关系明确、争议不大的简单的民事案件,案件标的额为各省、自治区、直辖市上年度就业人员年平均工资 50% 以下的,实行一审终审。

(二)第二审程序

1. 第二审程序的概念

第二审程序,是指当事人对第一审人民法院未发生法律效力的裁判不服而提起上诉,二审人民法院对案件依法审理的审判程序。

2. 上诉的提起

人民法院审判民事案件,实行两审终审制。当事人不服地方人民法院第一审判决的,有权在判决书送达之日起 15 日内向上一级人民法院提起上诉。当事人不服地方人民法院第一审裁定的,有权在裁定书送达之日起 10 日内向上一级人民法院提起上诉。上诉应当递交上诉状,通过原审人民法院提出,并按照对方当事人或者代表人的人数提出副本。当事人直接向第二审人民法院上诉的,第二审人民法院应当在 5 日内将上诉状移交原审人民法院。

典型案例

原告姜某诉被告郑某名誉侵权一案，一审法院认为被告侵犯了姜某的名誉权，应承担侵权的民事责任，法院依法判决被告在判决生效后 10 日内以书面形式公开向原告赔礼道歉，赔偿精神损害抚慰金 2 000 元。被告当场表示不服，提出要上诉，判决书送达被告 15 日却仍没有递交上诉状，法院根据原告的申请开始执行判决。被告认为他已经上诉，要等法院二审判决结果。

3. 上诉案件的审理

（1）审判组织形式和审理方式。应当由审判员组成合议庭，开庭审理。经过阅卷、调查和询问当事人，对没有提出新的事实、证据或者理由，合议庭认为不需要开庭审理的，可以不开庭审理。

（2）审判范围。第二审人民法院应当对上诉请求的有关事实和适用法律进行审查。

（3）上诉案件的裁判与调解。第二审人民法院对上诉案件，经过审理，按照下列情形，分别处理：

第一，原判决、裁定认定事实清楚，适用法律正确的，以判决、裁定方式驳回上诉，维持原判决、裁定。

第二，原判决、裁定认定事实错误或者适用法律错误的，以判决、裁定方式依法改判、撤销或者变更。

第三，原判决认定基本事实不清的，裁定撤销原判决，发回原审人民法院重审，或者查清事实后改判。

第四，原判决遗漏当事人或者违法缺席判决等严重违反法定程序的，裁定撤销原判决，发回原审人民法院重审。

第五，第二审人民法院审理上诉案件，可以进行调解。调解达成协议，应当制作调解书，由审判人员、书记员署名，加盖人民法院印章。调解书送达后，原审人民法院的判决即视为撤销。

人民法院审理对判决的上诉案件，应当在第二审立案之日起 3 个月内审结。有特殊情况需要延长的，由本院院长批准。人民法院审理对裁定的上诉案件，应当在第二审立案之日起 30 日内作出终审裁定。第二审人民法院的判决、裁定，是终审的判决、裁定。

知识拓展

可以适用于裁定的范围

裁定是指人民法院审理民事案件时，对所发生的程序上应当解决的事项作出的判定。裁定适用于下列范围：不予受理；对管辖权有异议的；驳回起诉；保全和先予执行；准许或者不准许撤诉；中止或者终结诉讼；补正判决书中的笔误；中止或者终结执行；撤销或者不予执行仲裁裁决；不予执行公证机关赋予强制执行效力的债权文书；其他需要裁定解决的事项。其中，对不予受理、管辖权异议、驳回起诉三项裁定可以上诉。

本章小结

民商事争议，又称民商事纠纷，是法律纠纷和社会纠纷的一种。所谓民商事纠纷，是指平等主体之间发生的以民商事权利义务为内容的社会纠纷。民商事争议的处理机制，是指缓解和消除民事纠纷的方法和制度。根据纠纷处理的制度和方法的不同，可从自力救济、社会救济、公力救济三种形式来论述民商事纠纷的处理机制。仲裁，是指纠纷当事人在自愿的基础上达成协议，将纠纷提交非司法机构的第三方审理，第三方就纠纷居中评判，并作出对争议各方有约束力的裁决的一种解决纠纷的制度、方法或方式。民事诉讼，是指人民法院在当事人和其他诉讼参与人的参与下，审理和解决民事案件的各种诉讼活动以及由此所产生的诉讼关系的总和。

复习与训练

一、名词解释

1. 民商事纠纷
2. 仲裁
3. 仲裁协议
4. 民事诉讼
5. 管辖

二、不定项选择

1. 根据法律规定，可以启动再审程序的主体不包括（　　）。

   A. 当事人　　　　　　　　　　B. 人民法院

   C. 人民检察院　　　　　　　　D. 各级人大常委会

2. 在民事诉讼中，以他人名义进行诉讼的是（　　）。

   A. 当事人　　　　　　　　　　B. 第三人

   C. 原告　　　　　　　　　　　D. 诉讼代理人

3. 下列做法符合民事诉讼法关于协议管辖规定的是（　　）。

   A. 当事人口头约定管辖法院

   B. 合同当事人约定二审管辖法院

   C. 合同当事人共同选定了甲、乙两个与案件有联系的地方基层人民法院为管辖法院

   D. 合同当事人约定由原告住所地法院管辖

4. 人民法院适用简易程序审理案件，应当在立案之日起（　　）内审结。

   A. 1个月　　　　　　　　　　　B. 2个月

   C. 6个月　　　　　　　　　　　D. 3个月

5. 沈阳市中级人民法院在对一合同纠纷案件进行二审时，认为原一审判决认定事实错误，正确的处理方法是（　　）。

   A. 发回一审人民法院重审

   B. 依法改判、撤销或者变更

C. 裁定撤销原判，发回重审或查清事实后直接予以改判
D. 应按再审程序处理

三、案例分析

陈某拥有房产2套，生有两个儿子和一个女儿。生前她一直与次子在其中一套房居住，另外一套租给房客王某。陈某死后，次子独自料理陈某的丧事，并将2套遗产房卖给王某。大儿子得知此事后，以老二为被告向法院起诉，要求平分遗产。在诉讼进行中，女儿提出母亲生前立有遗嘱，将2套房全部留给自己，向法院提出要求取得全部遗产房。

问：案中两个儿子、一个女儿及王某各处于什么诉讼地位？为什么？

课后思考

刘某与淘宝管辖权异议案

家住北京市A区的甲（淘宝网实名认证注册账号为"紫藤"），于2017年10月29日在乙经营的"奢华专柜名鞋"淘宝店铺里购买了一双Asics Nimbus17跑步鞋。该网店声明："本店所有商品均购自海外，原盒原吊牌，绝无假货。"乙通过快递的方式将鞋子邮寄至甲位于江西省南昌市B区老家。甲签收后打开包裹，发现鞋子严重脱胶，质量低劣，不符合网店标明的产品品质，于是要求退货。可是乙认为甲已经对货物予以签收，拒不退货。经与乙协商退货无果，甲在某论坛上发帖声讨该卖家兜售假货，并于11月26日以乙出售质量不合格商品为由，将其诉至北京市A区法院，要求其退付货款，并赔偿交通费、误工费等各项损失。与此同时，甲认为，在他发现乙所卖商品与专柜正品不符之后立即向淘宝投诉，并将与乙在网上协商退货的截图上传给淘宝，但淘宝对甲的投诉置之不理。淘宝作为大型购物网站，理应对其入驻经营者的经营行为履行监督职责，但淘宝却疏于监管，放任乙销售假冒伪劣商品，因此要求其与乙一起承担连带责任。北京市A区法院受理本案后向乙和淘宝公司送达起诉状副本、应诉通知等相关诉讼文书。淘宝公司在向北京市A区法院递交答辩状时，对本案提出了管辖权异议。淘宝公司认为，其与原告甲之间构成网络服务合同关系，原告在申请注册为淘宝用户时，点击同意了《淘宝服务协议》（协议文本共19页），该协议第9条第3项约定："一旦产生纠纷，您与淘宝平台的经营者均同意以被告住所地人民法院为第一审管辖法院。"（该条款位于协议文本的最后一页，用黑体字标明）。淘宝公司住所地在浙江省杭州市余杭区，该案第一审管辖法院应为杭州市余杭区法院，所以要求法院将本案移送至杭州市余杭区法院审理。经查，乙的户口一直在老家长沙市C区，2014年外出去深圳市D区打工，2016年年初才从深圳搬迁至上海市E区居住。为开设网店，乙于2017年8月5日在工商行政管理部门注册登记为个体工商户。

如果淘宝公司与甲并未就双方之间发生的纠纷约定管辖条款，则应根据《民事诉讼法》（2017年版）第二十三条的规定，适用合同纠纷的一般管辖规则即由被告住所地或者合同履行地人民法院管辖。淘宝公司与甲之间协议管辖条款是否有效需从以下两个层面考虑：其一，条款性质。双方之间的约定管辖的条款处于《淘宝服务协议》第9条第3项，而该协议的性质属于格式合同。其二，条款效力。根据《民事诉讼法解释》第三十一条规定，经营者使用格式条款与消费者订立管辖协议，未采取合理方式提请消费者注意，消费者主张管辖协议无效的，人民法院应予支持。根据《民法典》规定，提供格式条款一方对格式条款中免除或者限制其责任的内容，在合同订立时采用足以引起对方注意的文字、符号、字体等特别标识，并按照对方的要求对该格式条款予以说明的，可认为系采取了"合理的方式"。

参考文献

1. 王利明.民法（第九版）[M].北京：中国人民大学出版社，2021.
2. 魏振瀛.民法（第八版）[M].北京：北京大学出版社，2021.
3. 范建，王建文.商法学（第五版）[M].北京：法律出版社，2021.
4. 张守文.经济法学（第五版）[M].北京：中国人民大学出版社，2022.
5. 戚伟平.新编经济法概论（第五版）[M].上海：上海财经大学出版社，2022.
6. 李海明.民商法[M].北京：北京师范大学出版社，2022.
7. 姜海峰.物权法：规则与解释[M].北京：北京大学出版社，2022.
8. 隋彭生.合同法（第十版）[M].北京：中国人民大学出版社，2023.
9. 徐晓松.公司法（第六版）[M].北京：中国政法大学出版社，2022.
10. 郝晶.保险法[M].上海：复旦大学出版社，2021.
11. 吴汉东.知识产权法（第六版）[M].北京：北京大学出版社，2022.
12. 甘培忠.企业与公司法学（第十版）[M].北京：北京大学出版社，2021.
13. 吕明瑜.竞争法教程（第三版）[M].北京：中国人民大学出版社，2021.
14. 陆岳松.劳动与社会保障法教程[M].北京：中国政法大学出版社，2020.
15. 刘映春.经济法概论[M].北京：中国人民大学出版社，2020.